谨以此书庆祝
深圳特区报创刊 40 周年

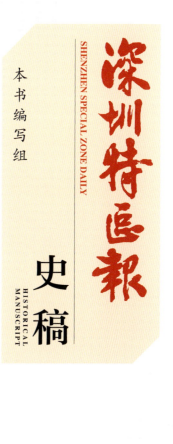

本书编写组

深圳特区报

SHENZHEN SPECIAL ZONE DAILY

史稿

HISTORICAL MANUSCRIPT

社会科学文献出版社
SOCIAL SCIENCES ACADEMIC PRESS (CHINA)

《深圳特区报史稿》编写组

主　任：陈　寅
副主任：丁时照　吕延涛
成　员：刘军锋　方兴业　郭秦川　綦　伟
　　　　徐　松　尹传刚　张　琦

第二版序一 ①

柳斌杰

时光荏苒，岁月如梭，转瞬间《深圳特区报》今年就迎来了40年报庆。作为该报一名忠实的老读者，我由衷地表示祝贺！这么多年来，我几乎每天都看《深圳特区报》，受益良多。能够为这部报史执笔作序，如同老友重逢，既亲切又感慨。

习近平总书记指出，新闻舆论工作者要做党的政策主张的传播者、时代风云的记录者、社会进步的推动者、公平正义的守望者。而《深圳特区报》的发展历程，正是对这一新闻职责的忠实履行。

40年来，《深圳特区报》始终站在改革开放前沿，以先进的理念和正确的导向讲述中国改革开放的故事，坚持党报的党性和人民性的统一、社会效益和经济效益的统一，不断深化改革，不断融合发展，不断守正创新，是全国党报的一面旗帜。

最早接触《深圳特区报》时，我还在团中央工作，记得那时候报纸是竖排繁体字，试刊的时候就在头版刊登广告，开创了中国报纸的先河。那时候该报讲述的春天故事吸引了所有的改革者。再后来，深圳特区报社作为党中央确定的党报改革试点单位，我常去调研指导，工作联系就更多了。40年的实践使我和同行们一致认为，《深圳特区报》在中国的报史上有其特殊的地位，应当认真研究总结。中国有"文章

---

① 本书在《旗报——〈深圳特区报〉史稿》基础上修订、增补而成，属该书第二版。

合为时而著"的传统，伟大的时代，必有不凡的先声。在改革开放的历程中，有些文字的分量极重，不仅是写作的经典，更在历史上留下力透纸背的一笔。例如评论，有《光明日报》1978年刊发的《实践是检验真理的唯一标准》，而新闻作品，则要推《深圳特区报》1992年刊发的《东方风来满眼春——邓小平同志在深圳纪实》（以下简称《东方风来满眼春》）。

《东方风来满眼春》诞生在《深圳特区报》并不难理解。成长于特区的热土上，《深圳特区报》创立伊始，就带有敢闯敢试、敢为天下先的特区基因。透过这份报纸，我们总是能第一时间了解到深圳的每一项新动作、每一个新创举，在字里行间倾听着历史车轮前行的轰鸣声。当我们检视深圳从一个边陲小镇成长为一座国际大都市的历史时，《深圳特区报》是一个绝好的窗口和视角，因为其从一开始，就是特区发展最忠诚的记录者和传播者。

如果说，深圳实现了世界城市史上独一无二的飞速发展，那么，《深圳特区报》留下的，也是一份不可或缺的见证和记载。从这个意义上讲，这部书不仅仅是《深圳特区报》一家的"报史"，也是深圳的"城史"。其意义远超对一份报纸的记忆。

在关注本地之外，《深圳特区报》也是一份格局开阔的报纸。每逢国家重大事件和节点，就会看到《深圳特区报》大气的版面与厚重的报道，从"神舟飞天"、"重走长征路"、追寻"中国共产党的精神"，到讲述脱贫攻坚的"大决战"，涉足各个领域的主题报道都是用心用情、别开生面，已经超过了许多城市机关报的关注范畴，让人们感受到一家媒体强烈的社会责任、国家视野和世界眼光。

从《深圳特区报》上一次报史修编到现在的这十年里，中国的传媒形态正在发生巨变，各家媒体都在积极改革创新、寻找出路。《深圳特区报》一直是引领创新的一家媒体，除了新闻宣传之外，在报业经营模式上，也有颇多突破和创新。在如今风起云涌的融媒大潮中，《深圳特区报》除了书写时代，还要解剖自己、改造自己，要重新审视往日的辉煌，也要慎重选择当下的新路，更要设计一个未来的全媒体发展样本。

因此，我们在这部书里，还看到了《深圳特区报》在媒体融合发展之路上的努力。这十年里，《深圳特区报》打造了"读特"客户端，坚持移动优先战略，并加大对现代传播技术的运用力度，通过流程优化、平台再造，实现各种媒介资源、生产要素的有效整合，让人们看到一份新的《深圳特区报》。它不仅印在纸上，还推在手机上、各种屏幕上；不仅是文字和图片，还有越来越多的创新形态。这部书展现的已不仅是一份报纸、一家媒体的发展历程，也是媒体融合时代里，党报发展与改革的经验与思考。

此时此刻，这种探索仍未停止。这份正在进行时的记录，是弥足珍贵的，也是令人期待的。

新时代，党中央赋予深圳全面先行示范的使命，而特区传媒业当然也要先行先试，一直作为报业先锋的《深圳特区报》，我们对其也抱有先行示范的厚望。

习近平总书记在 2020 年深圳经济特区建立 40 周年庆祝大会上的讲话中提出，特区要续写更多"春天的故事"。春天是一个生机勃勃、草木葳蕤的季节，对于年轻的深圳来说，春天是有着特殊意味的。《深圳特区报》诞生于 1982 年的春天，可谓风华正茂。我想，续写更多"春天的故事"是《深圳特区报》的使命职责，也是其充满希望的前路。祝愿《深圳特区报》未来更精彩！

是为序。

2022 年 3 月

（作者为清华大学新闻与传播学院院长、原国家新闻出版总署署长）

第二版序二
守正创新谱新篇
——写在《深圳特区报》创刊 40 周年之际

陈　寅

一份报纸，40 年担当。

2022 年 2 月，第 31 个年头以新春系列评论唱响时代强音；2021 年 7 月 1 日，头版头条刊发报告文学《莲花山下揽奇迹》印证一个百年大党的伟大；2020 年 8 月 26 日，用万字综述《改革东风鼓千帆　初心不改谱新篇》和百版特辑向深圳经济特区生日致敬；2019 年 10 月前后，推出大型系列报道《中国力量——走进中国大工程大项目》献礼新中国 70 华诞……

这就是中共深圳市委机关报——《深圳特区报》。习近平总书记在深圳经济特区建立 40 周年庆祝大会上指出，"深圳是改革开放后党和人民一手缔造的崭新城市，是中国特色社会主义在一张白纸上的精彩演绎。"《深圳特区报》无疑是这段波澜壮阔城市缔造史的忠实记录者，是这一精彩演绎的有力推动者。

创刊 40 年来，《深圳特区报》从 6 间铁皮屋起步，艰苦奋斗、砥砺前行，创造了特区党媒跨越式发展的奇迹；敢闯敢试、敢为人先，树立了"改革开放第一报"的响亮品牌；牢记使命、守正创新，在新时代新征程上谱写融合发展新篇章。

（一）

特区风云一纸书。

深圳是中国改革开放的一面旗帜，《深圳特区报》诞生在改革开放的火热年代，成长于改革开放的先锋之城，始终以记录特区风云、引领改革舆论、传播时代强音为使命。

1992年邓小平南方谈话之后，《深圳特区报》推出长篇通讯《东方风来满眼春》和系列评论"猴年新春八评"，成为《深圳特区报》史上的经典之作，亦堪称中国新闻史上的精彩一笔。它们不仅对深圳、中国乃至全世界都产生深远意义和影响，而且使为改革立威、为改革者壮行，领观念更新、开风气之先成为《深圳特区报》最鲜明的标识。

创刊40年来，《深圳特区报》在思想舆论上始终高举旗帜，走在前列。特别是党的十八大以来，《深圳特区报》秉持特区党媒的职责担当，踔厉奋进新时代；持续掀起学习宣传贯彻习近平新时代中国特色社会主义思想的热潮，为新思想在深圳落地生根、开花结果提供有力舆论支持；主动作为，大胆创新，以全媒体手段，浓墨重彩报道党的十八大、十九大等重要会议精神，倾力倾情报道习近平总书记两次考察深圳和两次对深圳工作作出重要批示精神，精心营造"双区"建设的强大舆论声势，有力助推深圳不断开创改革开放事业新局面。在此过程中，《深圳特区报》不断巩固、完善、壮大理论评论优势，形成"新春系列评论"、"沈仲文"、理论周刊和"沈学思"等理论评论品牌，引领了社会思潮和改革实践。

作为深圳市委机关报，《深圳特区报》紧紧围绕深圳市委市政府中心工作，全力服务深圳改革发展大局。每逢重要节点，都精心策划推出具有政治高度和创新水准的重磅报道，做大做强主题宣传；在突发事件和重大灾害中，不惧艰险奔赴现场，冲在一线,用生动鲜活的报道扛起责任;坚持以大力弘扬特区精神、粤港澳大湾区人文精神和社会主义核心价值观为己任,发掘和讴歌先进人物典型,涵养城市文化气质,以文化人、以文化物、以文化城……

40年来,《深圳特区报》始终牢牢把握正确舆论导向,始终坚持党性原则,坚守人民立场,勇当先锋,不辱使命。

（二）

"改革创新是我们的立报之魂"。此言非虚。

深圳改革开放创新的基因深深融入《深圳特区报》的"血脉"中。它不仅记录特区改革开放的奇情壮采、发出中国改革开放的时代强音,也是深圳文化体制改革的排头兵和中国报业改革的先行者和积极探索者。

细读这部报史,处处闪耀着敢闯敢试、敢为人先的深圳精神。《深圳特区报》甫经创刊,就首辟世界经济版,在当时全国各省市党报中堪称最早。《深圳特区报》是我国最早将市场机制引入报刊体制内的党报之一,创办之初就确定了以广告收入反哺报纸的经营思路,1985年3月20日,头版刊登全版广告,勇开全国先河;1989年,成为全国首家全部版面采用电脑激光照排系统的报纸;1993年4月起,全面实行"独立核算、自负盈亏、自我发展、自我约束",成为全国最早实行企业化经营的党委机关报;1998年,开始自办发行,成立报业发行公司;1999年11月1日,成为国内首批走向集团化经营的党报;2011年,"雪花杯·深圳特区报"国际棋联女子大奖赛开幕,开创由地方城市媒体承办顶级国际象棋赛事先河……

《深圳特区报》媒体融合的探索之路起步也很早。1997年即推出基于电子报的人间网,向全球网民传播深圳声音;2010年

10月，成立新媒体部，负责建设自己的网站特网，对报纸、网络媒体进行资源整合，打造新型融媒体；2012年6月，将所有采编人员纳入新媒体运营框架中，建章立制对采编人员参与新媒体采编工作进行考核激励；2016年3月28日，深圳特区报新闻类客户端读特上线，开启媒体融合发展新阶段，目前读特客户端下载量超过4000万，形成融媒发展新格局。

40年，一次又一次率先、争先。《深圳特区报》作为唯一进入中南海并受到中央领导高度重视的特区党报，其综合实力和影响力在国内城市党报媒体中一直位居前列，曾多次获得"中国城市党报十强""影响中国党报优秀品牌"等重要奖项。

《深圳特区报》40年的发展史，浓缩着中国40多年改革开放异常丰富的时代内容，也是中国新闻事业不断改革的重要内容与宝贵财富。《深圳特区报》在书写这座崭新城市历史的同时也成就了自己。

（三）

潮平岸阔风帆劲，四十不惑再出发。

《深圳特区报》要以创刊40周年为新的起点，在深圳市委的坚强领导下，努力成为新时代研究阐释和学习宣传习近平新时代中国特色社会主义思想的典范、新时代国际传播的典范、新时代"两个文明"全面协调发展的典范、新时代文化高质量发展典范、新时代意识形态安全典范。

实现"五个典范"的目标，《深圳特区报》必须继承创刊40年来的优良传统，更进一步敢闯敢试、敢为人先、埋头苦干，守正创新，举旗引领，走在前列。

在贯彻新思想上先行示范。《深圳特区报》要更好地承担起新时代党的新闻舆论工作的职责和使命，以坚持正确政治方向为首要责任，忠实地把"两个确立""两个维护"贯穿到工作的全流程、全领域，全覆盖，全员全效。用习近平新时代中国特色社会主义思想武装头脑，以习近平总书记关于新闻舆论工作重要论述为根本遵循，增强战略定力，站稳政治立场，在"乱花渐欲迷人眼"的诱惑干扰面前，保持"乱云飞渡仍从容"的政治定力，在新闻舆论工作中不断巩固马克思主义在意识形态领域的指导地位，"咬定青山不放松"。

在深度融合发展上先行示范。《深圳特区报》要着力提升多层次、多维度、全景式、立体化的全媒体传播能力和水平。与读特客户端、深圳新闻网等新媒体紧密联动、一体发展。优化一体化内容生产流程，构建三合一、全天候、全业态策采编发流程体系，确保优质高效实现"一次采集、多元编辑、多方计酬、多端发布"，在全国范围形成"双区党媒"一体化品牌效应。以"深政观察"微信公众号为平台，聚合政务报道精锐力量，组建高水平专业队伍和专家顾问团队，精准发力，打造从政治、经济、特区视角讲述深圳故事的特色公众号，充分发挥政务报道融合转型"试验田"的重要作用。

在占领新闻制高点上先行示范。《深圳特区报》要在"全球视野、国家战略、广东大局、深圳特色"四维空间中聚焦主责主业。在做精做优上下功夫，努力成为在全国具有强大影响力和传播力的特区党报新标杆。突出报道权威性、内容精品化，做精政务报道、做优理论评论、做响品牌栏目、做强深度报道、做活特色报道，加强重大主题重磅策划报道，占领主流舆论传播制高点。尤其要立足深圳超大城市和年轻城市的特点，不断生产"出圈"的精品、爆款，当好优质新闻产品的供应商和服务商。紧紧围绕中央赋予深圳的一系列重大国家战略任务，聚焦提升国际传播力，代言中国道路、中国理论、中国制度、中国文化的深圳实践与样本，打造国家外宣的"战略前哨"，坚决守好意识形态安全"南大门"。

在体制机制改革上先行示范。当前新闻媒体体制机制改革已进入爬坡过坎、滚石上山的关键阶段，新一轮科技革命和产业变革方兴未艾，5G、云计算、大数据、区块链、人工智能等迅猛发展，对党报的改革发展形成倒逼之势。《深圳特区报》要以深圳文化强市建设为立足点，进一步做强党媒事业，推进高质量发展。要对标一流，以先行示范的标准，加强顶层设计，通过资源整合，推动融合发展，深化技术赋能，锻造人才队伍等，在各重要领域和关键环节精准发力，补短板、强弱项，以改革促进深融真融，以改革倒逼转型创新，撬动媒体创新创造活力，做大做强《深圳特区报》新型主流媒体，打造高水平城市文化品牌和文化体制机制改革的先锋阵地。

深圳是一座造梦之城、奋斗之城。40多年，从追梦、造梦到圆梦，深圳奇迹就是这么来的。《深圳特区报》要发扬优良传统，追求新时代的事业梦想，奋力打造与深圳特区、先行示范区相匹配的党委机关报，争做在全国具有强大影响力和传播力的"特区党报新标杆"，不断擦亮"改革开放第一报"的金字招牌。要继续多声部、全方位、立体化地唱响"深圳好声音"，为深圳建设好中国特色社会主义先行示范区、创建社会主义现代化强国的城市范例、率先实现社会主义现代化提供坚强思想保证和强大精神力量，续写在习近平新时代中国特色社会主义思想引领下深圳蓬勃发展更多"春天的故事"。

2022 年 4 月

（作者为深圳报业集团党组书记、社长）

第一版序一 ①

邵华泽

《深圳特区报》是我相知多年的"老朋友"了，可以说只要在家，都要看看它。我有幸多次到深圳特区报社参观、学习、交流。1993 年冬，我应邀题下"雄风"二字，承蒙当年吴松营社长厚爱，通过工匠将其镌刻在石头上，如今这石刻仍矗立在深圳特区报业大厦那艘著名的"新闻旗舰"船头。后来，报社将题字印在自己制作的 1994 年新年贺卡上，也寄给了我一张。一晃近二十年了，这份有纪念意义的礼物我一直珍藏着。

这位"老朋友"经常给我以新的收获。每当深圳有了新创意、新举措、新经验，它都会在第一时间告诉我。龙年伊始，《深圳特区报》连续报道深圳市委书记王荣同志率队到湖南、湖北、贵州考察学习的消息，让人读后印象颇深。作为改革开放的"窗口"和"排头兵"，不以"老大"自居，放下身段，虚心向内地省市学习，此举充分展示了深圳的胸襟、境界和务实作风。"龙年新春八评"也令我眼前一亮，篇篇谈的都是老百姓关心的话题，观点切中要害，论述深刻精当，语言简明生动，体现了一份党报的社会担当。

我为什么会这么关注这位"老朋友"？因为它来自深圳经济特区这块改革开放的沃土，生于斯，长于斯。它忠实记录并传播着深圳改革开放中林林总总的新生事物，生动体现

---

① 此文为《旗报——〈深圳特区报〉史稿》序一，中国人民大学出版社，2012 年 5 月第 1 版。该书由张昆、陈寅主编，记录《深圳特区报》1982 年至 2012 年的历史。

着深圳打造现代化、国际化先进城市的特质，也鲜活地展现了深圳人改革、开拓、创新、开放、包容、奉献、关爱的精神追求。同时，深圳的精神也渗透融会于这份报纸的"血脉"。它锐意进取，勇发先声。特别值得一提的是1992年春天刊发的长篇通讯《东方风来满眼春》，通过真情实录，率先报道了邓小平同志在深圳视察时的重要谈话。小平同志南方谈话像轰响在中国上空的一声春雷，催动了解放思想和改革开放的大潮。这篇通讯的发表亦成为新闻界在思想解放运动中的一件标志性事件。

今年恰逢小平同志南方谈话发表20周年，《深圳特区报》也迎来了自己的"而立"之年。当前，我国的改革事业步入关键期、攻坚期，更需要继续坚持解放思想、实事求是，发扬敢为天下先的精神。在这方面，深圳以及《深圳特区报》承载着新的历史使命。而立之年如何立？对《深圳特区报》来说，以编修报史的方式来总结过去、着眼未来，不失为一着妙棋。

我觉得，《深圳特区报》是很值得总结和纪念的，它不仅仅是改革的产物，也不断改革着自身，在风起云涌的大潮中各方面都获得了长足的发展，它走过的30年路程很不简单、很不平凡。《深圳特区报》虽然植根深圳，但以自己新闻宣传的影响力、报业经营的影响力、积极参与和支持全国新闻界活动的影响力，在全国获得了很高的知名度。作为一份有30年历史的具有强大传播力的新型城市党报，《深圳特区报》不仅在深圳的发展史上有重要的位置，在中国改革开放以来的传媒史上也有着不可替代的地位。

《旗报——〈深圳特区报〉史稿》由华中科技大学新闻与信息传播学院院长、博士生导师张昆和深圳特区报社现任总编辑陈寅同志主编，全书梳理了30年的创业发展历程，内容不单介绍了《深圳特区报》从铁皮房办报到确立全国大报地位的创业史，更有着对报纸"传播改革强音，报道权威资讯"的特殊基因的提炼，也有对党报改革的思考和探索，还有着对面临全媒体语境的报纸如何突围与应对的分析，等等。内容丰富翔实，理论与实际案例结合，观点发人深省。

目前，国内报社修史的不多，深圳特区报社此举的意义在于，总结和提炼了自身 30 年发展历程与经验，使本书成为报社员工的共识和精神财富，而且作为来自先行先试的深圳经济特区的办报经验，相信也会对全国报业同行提供有益的启示。

是为序。

壬辰孟春于青溪书屋

（作者为中国记协原主席、人民日报社原社长）

第一版序二 ①

方汉奇

深圳是中国改革开放的"试验场"。在这片"试验场"中,《深圳特区报》处在最前沿地带。伴随着中国改革开放的进程,《深圳特区报》艰难探索,历经风雨和繁华,如今,已走过 30 年不平凡的日子。本书就是对《深圳特区报》这30 年历程的一个系统考察。

回顾改革开放 30 余年来的历程,无论是就中国当代史还是中国当代报刊史而言,《深圳特区报》都承载了太多的历史意义,值得我们来认真书写。

毫无疑义,《深圳特区报》直接影响了中国改革开放的历史进程。1992 年,一代伟人邓小平视察南方,《深圳特区报》以特有的政治敏感性记录和报道了邓小平南方谈话,一篇《东方风来满眼春》的通讯传递了"春"的消息,引领了中国进行市场经济改革、建立社会主义市场经济体制的发展方向。在此节点之后,中国政治、经济和社会结构发生了翻天覆地的变化。《深圳特区报》对中国改革开放的进程无疑产生了重要而深远的影响。

同时,作为中国"改革开放的窗口",《深圳特区报》在诸多重大的政治经济问题上,敏锐捕捉和发现改革的信号,大力传播特区"试验场"的新事物、新观念和新经验,为中国的改革开放大业鸣锣开道,一直扮演着中国改革开放的推

---

① 此文为《旗报——〈深圳特区报〉史稿》序二,中国人民大学出版社,2012 年 5 月第 1 版。该书由张昆、陈寅主编,记录《深圳特区报》1982年至 2012 年的历史。

动者和鼓吹者的角色。

《深圳特区报》更是中国当代报业改革和党报改革的代名词。"春江水暖鸭先知",《深圳特区报》处在政治经济改革的最前沿,因此也是报业改革的先行者和积极的探索者。它是中国最早将市场机制全面引入报刊体制内的党报之一。公务用车社会化、稿件评级制度、薪酬制度、末位淘汰制、采编分离、首席记者制等如今传媒界耳熟能详的名词,很多都是从《深圳特区报》这一"母体"孕育、"发明"和推广出去的。

作为党报改革的先锋,《深圳特区报》追求"办全国最好看的党报",在报纸经营、新闻制作上积极创新,通"天"接"地",产生了良好的经济效益和社会效益,形成了继"《华西都市报》现象""《北京青年报》现象"之后又一重要媒体现象——"《深圳特区报》现象",成为我国党委机关报改革创新的成功典范。

《深圳特区报》也是"深圳速度"的集中体现,是深圳城市发展的一个缩影。20世纪90年代初,《深圳特区报》的广告额和发行量每年成倍甚至成几倍增长,造就了报界的传奇,为其后续发展打下了坚实的基础。2001年其子报《晶报》刷新了中国报业史上的"深圳速度":39天办一个子报,创办5个月发行量突破50万份。报业"深圳速度"的锤炼紧紧依托深圳市这一地缘环境下经济和文化实力的雄厚基础。换言之,深圳从20世纪80年代初的"文化荒漠"变为现在的"文化绿洲",《深圳特区报》无疑是重要的见证者,也是直接的参与者和最大的受益者之一。

纵观这份报纸30年的历程,其一直以高扬改革开放的旗帜为使命。从这个意义上说,《深圳特区报》堪称"旗报"。

张昆教授、陈寅总编辑主编的这部著作,试图将《深圳特区报》这一报业的"弄潮儿"放在中国改革开放宏大纵深的历史背景下进行全面梳理，因而具有丰富的时代内涵和积极的现实意义。全书主要体现如下特点。

一、既是个案，又超越个案。作为个案研究，本书分三个时期勾勒了《深圳特区报》从经济性质单一的党报发展到深圳特区报业集团直至现今的深圳报业集团的历史过程。这一分期表面上是根据《深圳特区报》的组织形态变动而展开的，其实质是组织形态变化的背后具有全国性和区域性政治与市场方面的明显线索。作者在分析各时期《深圳特区报》的发展时，主要围绕全国报业发展局面、广东本土报业态势、本土决策层和报刊内部环境等方面进行"解剖"，展现了这一时代律动下深圳特区报人的所思所想和所作所为。因此，其研究就超出了简单的一报一隅的意义。

二、总体概括与历史细节相结合。对一份报纸的30年史进行研究，不可能面面俱到，宏观上的概括少不了。本书作者利用大量一手资料，对深圳特区报社的办报观念、经营机制、新闻业务变革以及诸多新闻作品进行了总体梳理。特别是对于众多重大事件和活动的报道，本书大多能择其要而深入解读，以此展示各个时期报纸的思维和舆论的走向。

同时，作者还借助当事人采访、当事者的回忆材料、报刊资料，还原了部分历史现场，提供了不少历史细节。在本书中，一批决策者的形象和观念得到描绘，《东方风来满眼春》"猴年新春八评"等名篇的采写和编辑全过程得到了翔实的再现，使得全书在概括之中又现生动和丰富。

三、讲成绩，也讲问题和困惑，叙述较为客观、理性。《深圳特区报》有着辉煌的历史和成绩，这是历史的主调，值得浓墨重彩。但同时，作者也未回避辉煌和成绩背后的问题。本书花了不少篇幅来阐述《深圳特区报》发展过程中出现的问题，甚至困惑。如对于"8·10"事件中《深圳特区报》的表现，本书做了详细的描述，同时进行了反思。对于数字化背景下的《深圳特区报》发展以及报业国际化发展问题，本书都提出了一些问题，在夹叙夹议中引经据典，展开了多方面的分析，体现了作者的关切与独立思维。

30年不过是历史的一瞬。《深圳特区报》的30年史留给人们的不仅是那座现代化的报业大楼和许多光鲜的记忆，还包括对全球化、新技术条件下中国党报未来命运的深层思考。2011年10月，中共中央做出《关于深化文化体制改革推动社会主义文化大发展大繁荣若干重大问题的决定》，从文化建设的高度对大众媒介做了新的论述，为《深圳特区报》的进一步发展提供了新机遇和新思路。期盼《深圳特区报》乘着这一东风，直面压力，再闯新路，为中国当代新闻史续写新的辉煌篇章。

是为序。

2012年3月3日

（作者为中国人民大学一级荣誉教授，

中国新闻史学会名誉会长）

第一版序三 ①
为时代立言
—— 写在《深圳特区报》创刊 30 周年

王京生

今年是小平同志南方谈话 20 周年，也是党的十八大召开之年。在这个历史关口，《深圳特区报》浓墨重彩地推出了"龙年新春八评"。这组评论，从《根本出路还是改革》始，到《深圳将继续证明》终，再发改革强音，让人油然想起 20 年前，也是《深圳特区报》刊发的那组石破天惊的报道——《东方风来满眼春》和"猴年新春八评"。

在改革开放的历史节点上，《深圳特区报》从未缺席。

2012 年是《深圳特区报》的而立之年。30 年来，深圳市委一直非常倚重《深圳特区报》。而作为在深圳这片热土上成长起来的市委机关报，《深圳特区报》不负众望，已经成为改革开放的一面旗帜，代表着深圳的速度、深圳的风采，成为国内颇具实力和影响力的媒体之一。

如今的《深圳特区报》，正在致力于成为一份有强大传播力的新型城市党报，心怀全国，影响海内外，继续为时代立言，为改革呐喊，为中华民族的复兴伟业做出自己的贡献。

---

① 此文为《旗报——〈深圳特区报〉史稿》序三，中国人民大学出版社，2012 年 5 月第 1 版。该书由张昆、陈寅主编，记录《深圳特区报》1982 年至 2012 年的历史。

（一）

敢为天下先，是《深圳特区报》的鲜明气质。

深圳是改革开放的"试验场"，《深圳特区报》是改革开放的"窗口"。透过这扇窗，人们看到了波澜壮阔的改革场景，听到了万马奔腾的改革强音。

特区成立之初，深圳河畔尚是一穷二白。《深圳特区报》崛起于几间铁皮房中，要做开荒牛，要办特区报。市委明确表态：再困难也要把《深圳特区报》办起来。老一辈深圳特区报人满怀理想激情，艰苦创业，创新突破，用手中纸笔忠实记录着特区创立伊始的种种艰辛，热情激发着深圳每一次"杀出血路"的探索精神。"时间就是金钱、效率就是生命""空谈误国、实干兴邦""鼓励创新、宽容失败"等"深圳十大观念"如今已为国人所熟知。而这影响力的背后，是深圳特区报人作为亲历者、践行者和传播者，深入调研、率先报道、传遍全国、感动世人的辛劳身影。正是凭借开拓者的付出和努力，《深圳特区报》在较短时间内声名鹊起。

小平同志南方谈话之后，《深圳特区报》推出长篇通讯《东方风来满眼春》，海内外为之轰动，《深圳特区报》一时"洛阳纸贵"。"猴年新春八评"观点鲜明、文风清新，如滚滚春雷，催动着解放思想和改革开放的大潮，一时间，南国春风暖遍神州大地。此后，《深圳特区报》更以"立足深圳、关注珠三角、面向全国、走向海外"为战略抱负，大胆创新、锐意进取，不断向全国一流大报的目标迈进。

进入 21 世纪后，深圳报业集团成立，《深圳特区报》成了集团的领航旗舰。无论是推动科学发展，还是建设和谐社会；无论是打造深圳质量，还是弘扬城市精神；无论是创建全国文明城市，还是建设国际化城市；无论是实施"文化立市"战略，还是再造干事创业的火红时代……《深圳特区报》都在讴歌改革新业绩、引领时代新潮流、树立社会新风尚等方面高歌前进,一马当先。

30年来,深圳一直勇立于中国改革开放的潮头。

30年来,《深圳特区报》一直与改革同生、与时代同行。

30年来,《深圳特区报》人一直筚路蓝缕,与城市共荣,传递着改革的声音、深圳的声音。

(二)

辅政亲民是《深圳特区报》一种宝贵的品质。

一直以来,"听党指挥、服务人民、英勇善战"是《深圳特区报》的优良传统。《深圳特区报》始终坚持围绕中心、服务大局,在当好市委市政府参谋助手的过程中发挥了重要作用。

媒体是"国之利器",既传达党和政府的声音,弘扬主旋律;也传递老百姓的声音,凝聚社会共识。宣扬党的方针,解读政策措施,谓之辅政;反映市民心声,关切民间疾苦,谓之亲民。多年来,《深圳特区报》坚持正确的舆论导向,开风气、启民智、鼓实劲、鞭腐恶,为市委代言,为百姓代言。

市委市政府每有重大决策出台,《深圳特区报》总能勇当先锋、不辱使命。经济特区成立后,深圳的改革开放举措屡开全国风气之先,在分配制度改革、干部人事制度改革、工程招标改革、住房商品化制度改革等方面常有"杀出一条血路"的创举。《深圳特区报》率先对种种改革举措进行详尽报道,使改革开放的新思想不断破茧而出,强烈冲击着国人的旧观念,促进人们的思想解放,以强大的舆论引导力量推动改革进程。改革在深化,《深圳特区报》的先锋使命不变。当中央批准深圳综合配套改革总体方案时,《深圳特区报》率先大张旗鼓地宣传深圳加快建设国际化城市和中国特色社会主义示范市的举措。当深圳试水多项改革时，《深圳特区报》通过大讨论等多种形式，了解民意、吸纳民智，为市委市政府提供了科学的决策参考。

在舆论监督中，《深圳特区报》敢于碰硬，大胆批评，探索以解决民生问题为重点的监督之路。《深圳特区报》依托名牌栏目"直通车"，邀请市领导直面市民，在现场接访中解决民生问题，一篇篇监督报道使一个个"老大难"问题迎刃而解。《深圳特区报》的"市民论坛"，是全国纸媒中较早推出的报网互动栏目，主管部门、专家学者与网民对话沟通当下热点问题，网上即时直播，论坛与网议并举，市民呼声得到了倾听，市民难题得到了纾解，成为推进社会和谐进步与发展的名牌栏目。媒体是社会的良知，高质量的舆论监督，体现了《深圳特区报》对大局真正的负责。

多年来，在重大事件的现场，总有《深圳特区报》人忙碌的身影、理智的声音、客观的报道；在改革发展遭遇挫折时，《深圳特区报》总会发文吁请市民共同爱护经济特区，珍惜来之不易的改革开放成果；在突发事件中，深圳特区报社记者更是纷纷请战奔赴惊险的现场；在奥运会、世博会、大运会等盛事的报道中，《深圳特区报》不断刷新报道的规模，创新报道形式，绽放出一次又一次精彩。

报人邵飘萍曾说："新闻的灵魂应冷静活跃于理智之世界，而耕耘于世人感情之田亩。"

《深圳特区报》牢牢把握正确的舆论导向，紧紧贴近市民读者，以真实的报道、客观的声音、冷静的剖析、热情的投入，书写出了一份报纸的担当和责任。

（三）

开拓创新是《深圳特区报》肩负的时代重任。

多年来，深圳特区报社以报兴业，以业强报，率先自办发行，率先建立现代企业制度，率先走向集团化经营，率先展开技术革新，报纸经营收入和实现利税均居中国纸媒前列，曾以总分第一荣获"中国十大领军报业"称号。在国内十所顶级新闻传媒学院参与评出的中国品牌媒体榜中，《深圳特区报》最近两年连续被评为全国城市党报十强。

今天的《深圳特区报》，已成了一张深圳文化名片，体现着深圳打造现代化、国际化先进城市的特质，记录着深圳人改革、开拓、创新、开放、包容、奉献、关爱的精神追求。

而立之年，面对未来，《深圳特区报》路在何方？

《深圳特区报》，改革先锋的使命长存。在深圳特区报社的展厅里，有许多位党和国家领导人及老领导的题词——从"改革开放的窗口"到"立足深圳，面向全国"，从"走改革创新之路"到"再创报业辉煌"，历任的多位中央领导同志也多次称赞"《深圳特区报》办得好"。他们对《深圳特区报》有着一个共同的期待，那就是希望《深圳特区报》勇当改革先锋，继续为改革开放鼓与呼，传播改革强音。一份报纸，承载着这么殷切而厚重的期望，实属不易，《深圳特区报》当更自信、更自强。

《深圳特区报》，家国情怀和国际视野并存。深圳人从来就有一种可贵的家国情怀——家，就是把一个城市当作寄予一生梦想并为之奋斗的地方；国，就是在改革开放的最前沿时刻想到国家利益、国家主张。若非有这样的意识，《深圳特区报》也不会产出那么多有深远影响的新闻作品，这都是站在国家立场上的一种公开表达。同时，一流的报纸，应该有全国视野乃至全球视野，而不应局限于一时一地，随着视野的开拓，《深圳特区报》

可以赢得更为海阔天空的未来。

《深圳特区报》，领航意识和创意能力须进一步增强。报人以报纸的影响力为尊严。一张特别能战斗，打出威风、办出影响的报纸，是报业从业人员的骄傲。现在，面对着信息多元的社会，面对着新媒体的竞争，面对着全国全球百舸争流的传媒发展新格局，《深圳特区报》应继续发挥深圳人敢为天下先、敢于担当的责任意识，敢闯敢试，提升创意创新能力，担负起舆论引导先锋的责任，争当中国传媒领头羊，再创发展新奇迹。

——要牢记使命，始终聚焦改革开放和现代化建设的伟大实践，始终宣扬社会主义核心价值观，始终为市委市政府中心工作呐喊助航，始终以推动社会进步和提升城市文化软实力为己任，唱响时代最强音，为推进改革开放事业发展凝聚强大精神力量。

——要更加亲民，继续发扬新闻媒体深入实际的优良传统，面向基层，服务群众，拜人民为师，向实践学习。察民情，道民声，与基层群众共呼吸、同命运，想群众之所想，急群众之所急。

——要改革创新，用时代要求审视新闻传播工作，不断创新观念、创新内容、创新形式、创新方法、创新手段，努力使新闻宣传工作体现时代性、把握规律性、富于创造性。

在深圳特区报业大厦后面，有一条新闻路，承载着深圳特区报人的新闻理想和追求，丈量着深圳特区报人昂扬矫健的步伐，见证着深圳特区报人为深圳、为中国而激情燃烧的岁月。小小新闻路，连接的是时代的大舞台。

在深圳特区报业大厦前面，是宽阔的深南大道。深圳湾畔，深圳特区报业大厦犹如高扬风帆的"旗舰"，正在破浪起航，驶向报业之海……

雄关漫道真如铁，而今迈步从头越。

《深圳特区报》，崛起于改革热土，挺立于广阔天地间。从今天出发，承载着 30 年的光荣与梦想，迎着新一天的太阳，我们坚信：一份与时俱进的报纸，将从这里继续远航，驶向更加壮丽的明天。

2012 年 3 月

（作者为中共深圳市委原常委、

深圳市委宣传部原部长）

目录

第一篇

大报地位确立

1982 ～ 1992

第一章	《深圳特区报》创刊

《**深**圳特区报》和任何事物一样，必然经历一个从无到有、从小到大、从弱到强的历史过程。尽管这份报纸的创刊有别于国际共运党报史上的一般情形[①]，不是在深圳市委成立伊始就立即创刊，而是经历了一个从酝酿、试刊到创刊的过程；然而，《深圳特区报》的构想却萌发于特区初创的拓荒年代。

第一节　特区需要办一张报纸

从 1980 年 8 月 26 日深圳经济特区正式建立，至 1981 年 6 月 6 日《深圳特区报》试刊，深圳市委一方面想方设法满足特区强烈的新闻宣传需求，另一方面开始酝酿创办党委机关报。

一　高规格的市委外宣小组

中央建立深圳经济特区的目的在于"发展对外经济合作和技术交流，促进社会主义现代化建设"[②]。这使深圳产生强烈的新闻宣传需求：第一，要招商引资就要把深圳的信

[①] 在国际共运党报史上，一般的情形是，当无产阶级政权未建立时，宣传党的主张的报刊先于党组织而产生；政权建立后，若需要创办机关报，机关报的创办与党组织的建立几乎同时进行。

[②] 《广东省经济特区条例》，法律出版社，1980，第 1 页。

息传播给客商。这种信息包含两方面：一是深圳相关政策的信息，客商需要知悉深圳引进资金技术的政策以及所能享受的优惠待遇；二是深圳投资环境的信息，因为客商还需要了解道路怎么样、通信设施怎么样、当地人对外资的看法如何等等。第二，客商陆续来了，深圳的经济也日益活跃起来了，企业的产品以及提供的服务需要通过媒体广为传播。第三，深圳既然是先行一步，就要思想更为解放。而在刚刚经历了极左思潮的年代，深圳的干部群众也不是人人都转变了思想观念，因而，很有必要利用新闻宣传来解放人们的思想。第四，深圳建设的是社会主义经济特区，而在对外开放的过程中难免会有资本主义的意识形态渗透进来。因此，当时深圳建设社会主义精神文明、抵制资本主义意识形态的任务就显得既重要又迫切。自然，这在很大程度上要依靠新闻宣传来完成，这是因为"报刊、新闻、广播、电视是我们党进行思想政治工作的重要武器"[1]。

可是，深圳建市之初是一个报业的荒漠，不但没有党委机关报，就连创刊于1956年的《宝安农民报》（后改为《宝安报》）也已于"文革"前停刊。到特区建立时，深圳的新闻媒体只有一个有线广播。一边是迫切需求，一边是一穷二白，对处于拓荒阶段的深圳市委来说，要落实中央建设特区的战略决策，必须建立强有力的宣传机构和队伍。因此，深圳市委便因地制宜地从如下几方面开展了初期的新闻宣传工作。首先，修复广播站，利用它传播来自中央的政策和全国的动态，以及发自深圳的声音。其次，由宣传部新闻科组成报道组，具体负责报道事宜。当时有两个任务：一是将稿件投向外地的各种媒体；二是负责接待来深圳采访的中央媒体记者，如当时新闻科的丘盘连就曾多次陪人民日报社资深记者华山在深采访。[2]再次，市委决定成立对外宣传小组，以加强对外宣工作的领导。市委书记、市革委会副主任黄施民任组长；市委常委、市革委会副主任、外事办主任叶明华，市委宣传部部长李伟彦，九龙海关副关长孙广冶任副组长。[3]这个小组比市委宣传部的报道组级别高得多，组长是市委领导，宣传部部长只任副组长，而报道组的组长只是宣传部新闻科

---

[1] 《中共中央关于当前报刊新闻广播宣传方针的决定》（1981年1月29日），载新华社新闻研究所《新闻工作文献选编》，新华出版社，1990，第280页。

[2] 据笔者采访丘盘连的记录，时间：2011年8月25日；地点：深圳特区报社35楼东会议室。

[3] 参见陶一桃《深圳经济特区年谱（1978.3—2010.3）》（修订版），中国经济出版社，2010，第28页。

的科长。由此可见，当时深圳市委非常重视对外宣传，这种认知与当时深圳作为全国改革开放的前沿地位是分不开的。

二 酝酿创办深圳市委机关报

在建立特区前的 1979 年 7 月 15 日，《中共中央、国务院批转广东省委、福建省委关于对外经济活动实行特殊政策和灵活措施的两个报告》指出："随着对外经济活动的开展，势必带来资本主义思想和资产阶级生活作风的影响，要把工作做到前头，加强思想政治工作，坚持四项基本原则，防止和抵制非无产阶级思想的侵蚀和影响。"[1] 尽管这当中并没有提及创办报纸，但是，当时深圳创办和利用报纸是执行该指示的题中应有之义。时任深圳市委新闻秘书的曾锦棠就曾想过要办报，这个想法还得到了有关领导的肯定。[2]

深圳经济特区建立后，这种想法就更加迫切。1980 年 8 月，李伟彦调任市委宣传部部长，新闻科给他的见面礼，就是提出办报的建议，希望得到他的支持。不久，办报问题正式列入宣传部的工作议事日程。一天，李伟彦与同住在招待所的市委书记吴南生散步时说，特区需要办一张报纸，要有个宣传喉舌。[3] 可见，创办特区党委机关报已成为当时的重要话题。

三 特区初期为何没有办报

深圳需要报纸，领导们也都很重视办报，那么，在特区设立初期为什么没有办报呢？

首先，当时深圳的财政确实非常紧张，一时难以筹措办报经费。当李伟彦按照吴南生的意思去找副市长司马鲁要钱办报时，得到的是这几句话："没钱，我们办特区中央不拨款，只有 3000 万元的贷款，现在各个方面都等钱用呐，办报纸哪来的

---

① 深圳市史志办公室：《深圳改革开放纪事（1978—2009）》，海天出版社，2009，第 606 页。
② 参见曾锦棠《一报震南天，特事写新篇——〈深圳特区报〉诞生记》，《深圳特区报》1999 年 9 月 25 日。
③ 参见李伟彦《回忆〈深圳特区报〉初创的日子》，载吴松营《深圳传媒业的崛起》，深圳报业集团出版社，2010，第 68 页。

如今高楼林立的深南大道当年只是不到 2 公里的水泥路，两旁还是一片农田　何煌友摄于 1979 年

钱？"① 巧妇难为无米之炊，办报的事就只得往后推了。

其次，当时深圳的确有比办报更重要的事要做。"四通一平"② 就比办报更重要。"吴南生刚到深圳不久，一场瓢泼大雨把住在新园招待所的市领导及城市规划专家都浸泡在齐腰深的水中。工程师呕心沥血绘制的规划设计图也被洪水冲走了，香港旅客也不得不卷起裤腿，在漂浮着粪便的车站跋涉。"③ 可见，相对办报而言，"四通一平"解决的是生存问题。

再次，当时深圳相当缺乏办报的人手，这也是一个原因。深圳市委宣传部新闻科仅有 5 人，尽管这些人大多有

---

① 李伟彦：《回忆〈深圳特区报〉初创的日子》，载吴松营《深圳传媒业的崛起》，深圳报业集团出版社，2010，第 69 页。

② 即通水、通电、通车、通电信以及平整土地。参见陶一桃、鲁志国《中国经济特区史论》，社会科学文献出版社，2008，第 39 页。

③ 陶一桃、鲁志国：《中国经济特区史论》，社会科学文献出版社，2008，第 40 页。

采编经验，还有一两个科班出身，但真正懂得办报的却一个也没有。而以当时深圳的经济状况，要想从外地马上调入相应的人才也不是一件容易的事。有一个例子，1981 年年末，来深圳前担任省委组织部副部长的市委常委刘波，受梁湘委托返回广州，召开会议，下达任务，个别动员，结果只有 20 多人愿意来深圳。此时已是深圳结束无市委机关报历史数月之后了，情况尚且如此，那就更不用说数月前的情况了！另外，深圳本地的人才状况也不容乐观。"1979 年，宝安县撤县建市时，整个深圳市仅有六名大学生，两名工程师"①，因此，李伟彦在吴南生问起报纸的事考虑得怎么样的时候，便说："目前缺人……"②的确，要凑齐起码的办报人员是需要一个过程的，这对办报的影响不言而喻。

第二节 《深圳特区报》试刊

1980 年 11 月 15 日，深圳市委常委会正式决定办报；1981 年 6 月 6 日，第一期《深圳特区报》试刊出炉；1982 年 5 月 24 日《深圳特区报》正式创刊。

一 深圳市委机关报的筹办

（一）胡耀邦批示："要积极去办"

筹办之际，中央和广东省委以各种方式表达了对深圳思想文化建设的关切："1980 年 12 月 24 日，胡耀邦主持召开广东、福建实行特殊政策、灵活措施座谈会，会议指出：广东、福建的特区是经济特区，不是政治特区。要做到既实行对外开放，又要坚持四项基本原则；既要发展经济，又要保持良好的社会风气。做搞好经济的模范，做抵制资产阶级思想和各种腐朽的社会风气侵蚀的模范……"③1981 年 2 月 2

---

① 南兆旭：《深圳记忆：1949—2009》，深圳报业集团出版社，2009，第 188 页。
② 李伟彦：《回忆〈深圳特区报〉初创的日子》，载吴松营《深圳传媒业的崛起》，深圳报业集团出版社，2010，第 68 页。
③ 陶一桃：《深圳经济特区年谱（1978.3—2010.3）》（修订版），中国经济出版社，2010，第 26 页。

日，中共中央党校范若愚等人于 1 月 24 日考察深圳后，向中共中央总书记胡耀邦呈交了《广东深圳的特区建设问题》报告，建议在抓特区经济建设的同时，认真抓好特区的思想文化建设。胡耀邦在报告上批示"要积极去办"①。"2 月初，胡耀邦的批示由中宣部转到广东省委，又转到深圳市委。"② 广东省委很重视，不久便由省委宣传部牵头，组织了一个由南方日报社、广东省广播局、广东省文化局、广东省社科院、广东人民出版社等部门负责人参加的调查组前往深圳，帮助深圳搞好包括办报在内的思想文化建设。③ 这些关切无疑促进了报纸的筹办。

（二）3 个报名供市委选择

筹办一份正式的党委机关报到底该从何处着手呢？

（1）**新闻科拿方案**。1980 年 11 月 18 日，市委宣传部把制定办报方案的任务交给新闻科，并要求根据当时市财政困难的情况，多搞几个方案，供市委选择。新闻科的同志在讨论办报方案时，大家常常"口出狂言"，争得面红耳赤。④ 最后新闻科提出两个方案：一是与北京的中国科普出版社或深圳一家有印刷能力的单位合作办报；二是先办试刊，委托香港《文汇报》或《大公报》印刷，印刷的外汇费用由市财政解决。⑤ 在后一个办报方案中，新闻科还提出 3 个报名供市委选择：一是《深圳特区报》，二是《深圳商报》，三是《深圳报》，倾向于《深圳特区报》。这两个方案报给市委后，市委原则上同意第二个方案，即先办试刊，并将报名确定为《深圳特区报》。

（2）**搭建筹办班子**。确定办报方案后，1981 年 2 月 20 日，深圳市委呈送《关于兴办深圳报纸的请示》给广东省委宣传部。市委成立《深圳特区报》试刊领导小组：组长由市委副书记黄施民兼任，副组长为市委宣传部部长李伟彦和市委组织部部长欧阳杏，领导成员包括市计委主任江兆新，市财政局局长蔡自强，市委宣传部副部

---

① 深圳市史志办公室：《深圳改革开放纪事（1978—2009）》，海天出版社，2009，第 53 页。
② 吴松营：《深圳传媒业的崛起》，深圳报业集团出版社，2010，第 4 页。
③ 参见李伟彦《兴建八大文化设施的一段史实》，载吴松营、陈寅《特区的脚印——〈深圳特区报〉"我看深圳 15 年"征文选》，中国青年出版社，1996，第 50～51 页。
④ 参见丘盘连《雄风集》，海天出版社，2000，第 3 页。
⑤ 参见李伟彦《回忆〈深圳特区报〉初创的日子》，载吴松营《深圳传媒业的崛起》，深圳报业集团出版社，2010，第 69 页。

长张坚，以及宣传部新闻科、宣传科负责人曾锦棠、黎颖。领导小组下设《深圳特区报》试刊采编组，由曾锦棠担任采编负责人，刘叶城担任经营组负责人。[①]这个筹办小组是重量级的：有主管宣传的黄施民副书记，有市委宣传部、组织部的两位部长；这个筹办小组还是务实的：有计委主任和财政局局长，一个是负责宏观经济布局的，一个是具体管钱的，他们对解决办报的资金、物资难题的作用是直接的。当然，具体的筹备工作还是由宣传部负责。

（3）宣传部具体筹办。1981年4月14日，广东省委宣传部就《关于兴办深圳报纸的请示》复函：同意深圳市委创办机关报《深圳特区报》。[②]有了省里的支持，再加上确定的办报方案和得力的筹办班子，剩下的就是一些具体工作了。

（三）试刊前究竟有多少人参与

筹办的最后阶段，宣传部围绕着迫切需要解决的问题开展工作。

召集办报人员。在当时的深圳，尽管"1981年，深圳从各地调来1750人"[③]，但这并不意味着其人才状况就可以乐观了，"当时特区建设八字还没一撇，艰苦的工作环境、并不明朗乐观的未来，喜欢往'高处'走的人没几个愿意来做开荒牛，所以当时用人主要是'就地取材'，市属单位中谁是'笔杆子'……筹办人员都可以提议推荐"[④]。《深圳特区报》利用这种办法在试刊前究竟召集了多少人员呢？有三个说法。说法一，据李伟彦回忆，"当时有曾锦棠、黎颖、丘盘连、刘学强、黎珍宇、刘叶城、林雨纯、彭茂光，加上自告奋勇前来参加筹办报纸的张黎明、江式高、莫漠、戴木胜等12人（未计张洪斌）"[⑤]。当时参与筹办的黎珍宇附此说。[⑥]说法二，据曾锦棠回忆："除了新闻科五人加宣传科的彭茂光外，还从内地调进及从本市各单位抽调了一些人参加，他们是江式高、林雨纯、戴木胜、张黎明，共10人（未计张洪

① 参见深圳特区报社编委办公室编印《深圳特区报社组织沿革》，第4页。

② 参见吴松营《深圳传媒业的崛起》，深圳报业集团出版社，2010，第4页。

③ 南兆旭：《深圳记忆：1949—2009》，深圳报业集团出版社，2009，第188页。

④ 黎珍宇：《垦荒岁月》，《深圳特区报》2000年12月4日。

⑤ 李伟彦：《回忆〈深圳特区报〉初创的日子》，载吴松营《深圳传媒业的崛起》，深圳报业集团出版社，2010，第69页。

⑥ 参见黎珍宇《垦荒岁月》，《深圳特区报》2000年12月4日。

斌)。"① 说法三，据江式高回忆，"11 个人，有两个版本，一个就是所有的人 11 个，一个就是采编人员 11 个"②。也难怪连那些当事者都说不清到底在试刊前召集了多少人，因为有些人还在原单位挂着，并不是彻底加盟，如彭茂光等，这些人计不计算在内，各有各的说法；另外，在试刊的过程中不断有人中途加入进来，是难以记得十分准确的。不过，在试刊前大体聚集了十余人，应是事实。值得一提的是，新华社派驻深圳的记者、后来成为《深圳特区报》首任总编辑的张洪斌也是在这个时候参加进来的，不久即担纲主事。

（四）3000 元的开办费

（1）**筹措办报资金**。据当初估算，购买简单印刷设备、招兵买马，基本费用少说也得一百几十万元，显然，在当时深圳财政异常吃紧的情况下，是不可能拿出那么多钱来办报的。在《深圳特区报》筹备班子搭建起来后，宣传部"申请到了 3000元开办费，用作购买文具和工作人员交通费、夜餐费"。有意思的是，深圳当初拿到的国家贷款是"3000 万元"，《深圳特区报》拿到的开办费刚好是这个数的万分之一——"3000 元"，有人把当初的"3000 万元"称为深圳经济特区建设的"酵母"③，我们也不妨把这"3000 元"称为创办《深圳特区报》的"酵母"。

（2）**选择办报地址**。即从市委机关的宿舍中挪出一间大约 10 平方米的房间用于办报。该房间位于当时市委大院右侧，是将原宝安县委的礼堂用隔板隔开后形成的诸多房间中的一间，今址在蔡屋围一侧成人教育大楼一带。

（3）**申请刊号**。当办报请求获得广东省委宣传部的支持后，去省里申请刊号似乎不是一件难事。然而，当时的《深圳特区报》筹办工作还没有准备妥当，为了不耽误试刊，李伟彦派张黎明火速赶往广州去办理此事。待到填表时，张犯难了：社长是谁？总编辑是谁？社址在哪？电话是什么？便只好请示李伟彦，李告诉她，社长就填李伟彦，总编辑就填张洪斌，社址就填深南大道 1 号，电话就填宣传部的电

---

① 曾锦棠：《一报震南天，特事写新篇——〈深圳特区报〉诞生记》，《深圳特区报》1999 年 9 月 25 日。
② 据笔者采访江式高时的记录，时间：2011 年 8 月 27 日；地点：深圳逸和轩茶楼。
③ 陶一桃、鲁志国：《中国经济特区史论》，社会科学文献出版社，2008，第 40 页。

话 2188。[①] 就这样把表填了，刊号也就随之批下来了。

（五）著名书法家秦咢生题写报名

（1）**题写报名。**起初，报社曾考虑请德高望重的叶剑英元帅题写报名，后来又觉得以此事惊动中央和国家领导人不妥，最后决定请广东的著名书法家秦咢生先生书写。秦咢生先生写了爨宝子体及行楷体这两种字体，每种字体都各书写了两份。试刊第一期报名采用爨宝子体，以后改为行楷体。

（2）**确定办报方针。**《深圳特区报》究竟要办成一张什么样的报纸呢？有人主张以传统模式办报，稳中求发展；有人主张必须创新，这样才能体现特区的风格。后来市领导汇总大家的意见，经过讨论，为《深圳特区报》提出了一个定位："是党的报纸，但不要'党八股'，既区别于内地报纸，又不同于港澳报纸；既继承中国新闻专业的传统，又有分析地吸取境外报纸有益的经验；版面安排要求比内地报纸轻松活泼，从内容到形式要体现特区的特点。特别强调的是，作为市委、市政府的喉舌，《深圳特区报》要宣传中央、国务院关于办特区的政策，要有改革开放的声音，要立足深圳，全国发行，兼顾海外，为特区建设充当重要的舆论工具。"[②] 概括来说，这个方针大体就是：继承传统，力求创新，立足深圳，面向全国，兼顾海外。应该说，这个方针与中央创办特区的精神以及特区的使命是一致的。

二 胡耀邦表示：有点新鲜味道，是新事新办的味道

编辑一份报纸不是瞬间就能完成的事情，编好后找谁印刷？出版后怎样发行？反响如何？这些都面临着考验。

（一）第一期试刊印了 8 万份

《深圳特区报》的正式试刊是在 1981 年 6 月 6 日，但是"特区报试刊第一期的稿

---

① 参见李伟彦《回忆〈深圳特区报〉初创的日子》，载吴松营《深圳传媒业的崛起》，深圳报业集团出版社，2010，第 70 页。

② 李伟彦《回忆〈深圳特区报〉初创的日子》，载吴松营《深圳传媒业的崛起》，深圳报业集团出版社，2010，第 71 页。

件，在1981年5月30日前就全部编好了"。这一过程看似平淡，却蕴含着无穷的艰辛。

编辑这份四版的报纸，在今天看来是一件很简单的事情。然而，在那时候的深圳却困难重重。第一，当时深圳的新闻资源是短缺的。甚至还流传着这样的看法："深圳小小一块地方有什么新闻好刊登呢？"这种看法不能说毫无道理，它道出了深圳新闻资源短缺的实际情况。当时特区市区人口不过几万人，社会新闻是不多的；招商引资才刚迈出步伐，商业信息也不多；根据中央精神，当时深圳行政机构没有与中央和广东省对等设立，因而政务新闻也极少。面对新闻资源短缺的困难，采编人员是这样做的：主要介绍深圳经济特区建设情况及前途预期。因为这方面的素材相对多一些，深圳经过年余的建设，也确实取得了一些成绩。这样不但突破了新闻资源短缺的瓶颈，还很好地体现了既定的办报方针。第二，当时召集来的采编人员没有一个是真正办过报的。进入实质性编辑工作时，难点出来了，报纸到底怎么编？大家心里真的没有底。而解决这个困难的办法，就是去《南方日报》和《广州日报》学习，现炒现卖。第三，按照现代的办报要求，绝对人手也是不够的，何况办报人员大多是一些没有经验的人。怎么解决这个问题呢？首先，现有人员不做明确分工，往往一个人干几个人的事，就连"编外"的宣传部部长也参与具体办报业务。其次，联络通讯员，召开通讯员会议。在第一期试刊上，就有不少通讯员的名字，如廖虹雷、马克营、宋振光、魏烈惠、周顺斌、寒涛等等。最后，请香港人写稿，在第一期试刊上，就有香港人陈崇炜等人的文章。第四，当时深圳的工作、生活环境非常糟糕，尤其是蚊子多。据称，"梁湘记得，初到深圳，他暂时在新园招待所第四幢一个小房栖身，晚上批阅文件时，一团团嗡嗡叫的蚊子轮番向他袭击，使他无法安静。与干部谈话，嘴巴一张，就有两三只蚊子钻进口里。有一晚，招待所一位姓刘的服务员，给住房喷洒灭蚊剂，翌晨，死蚊布满地板，她将其清扫一大堆，用杆秤一称，八两重！"[1]而当时办报地点的环境与新园招待所相比，更差。可见，当时试刊的工作环境是多么艰苦！

报纸要想面世，光解决采编问题还不够，还必须经历两道"关卡"。第一道是去何处印刷。这的确是个难题：自办印刷几无可能；到别人的印刷厂去印，也付不起

---

① 朱崇山、陈荣光：《深圳市长梁湘》，花城出版社，2011，第110页。

那笔费用。好在这个时候香港《文汇报》等媒体伸出了援手，表示"你们报纸什么时候有收入就什么时候结账"。《大公报》也表示支持。《香港夜报》还免费赠送了一套旧的印刷设备。后来，几经商量，报社选择了去《文汇报》印刷（这在一定程度上决定了《深圳特区报》竖排、繁体的版式），[①] 若再有问题，则找《大公报》帮忙。第二道是审阅能不能通过。1981 年 6 月 1 日，《深圳特区报》在香港《文汇报》印出了第一期试刊的大样，以梁湘书记为首的市领导看了以后，表示满意。梁湘还立即给报社批了 5000 元，用来购买采访用的自行车。深圳领导这关过了之后，6 月 5 日即印样报 50 份，由张洪斌带到北京给正在参加特区工作会议的谷牧、任仲夷、吴南生等中央和省领导审阅。是日晚，张洪斌给黄施民副书记打来电话，告知领导们都表示满意。然后，市委办公厅将这个消息第一时间告知了留守在香港的曾锦棠等同志。当晚，决定付印。[②]

1981 年 6 月 6 日，8 万份《深圳特区报》试刊正式面世了！[③]

（二）胡耀邦表示：有点新鲜味道，是新事新办的味道

继 1981 年 6 月 6 日出了第一期试刊后，《深圳特区报》于同年 6 月 20 日、8 月 8 日、9 月 8 日、12 月 24 日，又陆续出了 4 期试刊。在这半年多的时间里，这些试刊是怎样发行的呢？其社会反响又如何呢？

首先，通过邮局发行，这是当时所有报纸发行的主渠道。其次，参与采编的人兼做发行。当这些报纸从香港运到文锦渡深圳口岸时，报社的七八个人早就等候在那里，他们充当临时搬运工人。报社每个人都提着一捆报纸上街卖报，火车站、汽车站、东门、蔡屋围路口，都有报社的人在叫卖报纸。再次，找一些可以帮忙的人来做发行。人们感到新鲜——咦，《深圳特区报》！争着先睹为快，几大捆报纸不一会儿就给抢光了。

试刊面世后，各种担心和议论便随之而来。参与办报的人们"在为新生宝贝担

① 参见深特报字〔1985〕23 号文件，1985 年 8 月 31 日。

② 参见李伟彦《回忆〈深圳特区报〉初创的日子》，载吴松营《深圳传媒业的崛起》，深圳报业集团出版社，2010，第 71～72 页。

③ 一说，刊头日期是 6 月 6 日，实质出刊日期是 6 月 11 日。载吴松营《深圳传媒业的崛起》，深圳报业集团出版社，2010，第 6 页。

013

《深圳特区报》1981 年 6 月 6 日试刊号头版

心"[1]。读者的看法多种多样：许多读者来信、来电，赞扬说，《深圳特区报》的诞生是中央改革开放政策的产物，给人耳目一新的感觉。不少人肯定竖排繁体以及其开放性做法，说这像是特区的报纸，新鲜活泼、气度不凡；但也有人提出，是不是商业味太浓了些？有的人本来就不大主张办特区报，这回看了试刊更不顺眼，说《深圳特区报》和香港报纸没有多大区别，难道深圳真的要复辟资本主义吗？就在这个当口，从中央到地方的一些领导纷纷对《深圳特区报》表态支持。时任中共中央总书记胡耀邦在看过《深圳特区报》试刊之后表示：

创刊当天报社员工上街卖报

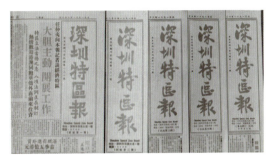

《深圳特区报》试刊第一期到第五期报头

"有点新鲜味道，是新事新办的味道！"[2] 时任中宣部新闻局局长王揖来深圳考察时表示："你们的报纸看了两期，很活泼，有很多新的突破，特别是比较引人注意。"[3] 时任广东省特区管委会负责人吴南生针对社会上对《深圳特区报》"会不会引'狼'入室"的担心，表示："此话应改动一个字，把'狼'改为'郎'，也许这张报纸还能引'郎'入室呢！"[4]

三 言商的市委机关报

试刊前，《深圳特区报》办报方针中有这么一条：既区别于内地报纸，又不同于

---

[1] 黎珍宇：《垦荒岁月》，《深圳特区报》2000 年 12 月 4 日。

[2] 吴松营：《深圳传媒业的崛起》，深圳报业集团出版社，2010，第 6 页。

[3] 江式高根据 1981 年 7 月 15 日王揖来深圳特区报社开座谈会的录音整理，未经王揖本人审阅。

[4] 李伟彦：《回忆〈深圳特区报〉初创的日子》，载吴松营《深圳传媒业的崛起》，深圳报业集团出版社，2010，第 72 页。

港澳报纸。5期《深圳特区报》试刊，总体看来是顺应了这种期待的。那么，试刊时期的《深圳特区报》究竟有哪些特色呢？

（一）5期试刊 1/3 是广告版面

在《深圳特区报》制定办报方案时，曾经还有一个拟定报名《深圳商报》，后来大家觉得党委机关报用此报名不太合适，遂定名《深圳特区报》。[①] 但是，从试刊的5期来看，《深圳特区报》的确是一份言商的党委机关报。以传统的眼光来看，的确有些不可思议，以至在当时有人直呼"商业味太浓了！"殊不知，这恰恰是其鲜明的特色。

一方面，试刊上刊登的基本上都是商业新闻，只有少量政务新闻。5期试刊每期刊载新闻 30 余条，其中政务新闻 1 条左右，5 期共刊载政务新闻 6 条，且大多与深圳经济建设直接相关，涉及中央领导与特区相关的活动、中央与特区相关的会议以及广东省领导对深圳的推介等消息。所有新闻中没有一条是有关深圳主要领导的新闻，也没有本地会议新闻。在当时这样做，的确有一定的根据——中共十一届三中全会决定："多歌颂工农兵群众，多歌颂党和老一辈革命家，少宣传个人。"1980年 7 月 30 日《中共中央关于坚持"少宣传个人"的几个问题的指示》再次明确指出："报纸上要多宣传马列主义、毛泽东思想，多宣传社会主义优越性和工、农、兵、知识分子为四个现代化奋斗的成就，多宣传党的政策方针决议，少宣传领导人个人的没有重要意义的活动和讲话。"[②] 尽管有一些政策依据，但真正这样做仍不容易。

另一方面，商业广告占到相当比例。从试刊期间的《深圳特区报》版面来看，5期试刊的总版面当中，大约有 1/3 的版面是广告版面，其中，第二期和第五期试刊的广告版面比例最大，均在 40% 左右。从现在的城市党报来看，广告在整个版面中的比例尚难占到 1/3，甚至连经营不错的都市类报纸也大概只在这个比例。[③] 在当时广告刚刚开放的年代，几乎没有报纸会拿出如此多的版面来刊登广告，而《深圳特区报》之所以敢于这么做，很大的可能是因为：第一，这里是特区，可以做这方面

---

① 参见曾锦棠《一报震南天，特事写新篇——〈深圳特区报〉诞生记》，《深圳特区报》1999 年 9 月 25 日。
② 新华社新闻研究所：《新闻工作文献选编》，新华出版社，1990，第 277 页。
③ 参见宋庆萍《报纸广告也该限量》，《青年记者》2010 年第 9 期。

的尝试；第二，当时还只是试刊，做得不好，影响有限；第三，当时经费严重不足，亟须设法创收。

（二）改革开放以来第一家在头版刊登广告的报纸

在 5 期的试刊中，《深圳特区报》造就了别具一格的业务风格。

首先，新闻版面广泛设立经济类专栏，以介绍对深圳建设有用的经济资讯。这类专栏有："港澳市场"，主要介绍港澳的市场情况；"中国（内地）经济零讯"和"世界（国际）经济零讯"，主要介绍最新的国内外经济资讯；"社团介绍"，主要介绍香港的经济社团。此外，还邀请一些香港人士撰稿介绍香港的经济情况，如陈崇炜、齐禧庆、陈坚明、黄锡豪等就曾受邀为《深圳特区报》撰稿。这些香港人士撰写的有关香港的文章，对深圳的受众更具说服力，因为他们在香港经济的一线，掌握的材料更直接。同时，《深圳特区报》亦通过香港商人之口传递在中国内地尤其是在深圳投资的利好信息，如在第一期试刊上就有对香港商人冯景禧的访谈，借冯景禧的口表达"在中国（内地）投资门路广阔、前景光明"。这种做法能很好地发挥"自己人"[①]效应，对港商和其他境外的商人来说，这较之中国内地或深圳人所说的类似话语更可信，招商的效果更好。

其次，《深圳特区报》在广告经营方面创造了内地报纸多项第一。其一，它是改革开放以来第一家在头版刊登广告的内地报纸。自第一期试刊以来，每期头版都有 1/4 版左右用来刊登广告。"当时中共中央宣传部新闻局负责人洪一龙同志，他是比较早就把广告纳入广义新闻范畴来认识的，从一开始就鼓励并鼎力支持我们在一版刊登广告。"[②]其二，是改革开放以来第一家刊登整版广告的内地报纸。在第五期试刊上，刊登了一整版的广告。其三，是改革开放以来第一家刊登房地产广告的报纸。自第一期试刊到第五期试刊，都刊登有房地产广告：友谊大厦（第一期四版）、海丰苑（第二期二版）、金城大厦（第二期四版）、德兴大厦（第三期头版）、丽苑大

[①] 所谓"自己人"效应，即是指"宣传者和受传者之间存在的，或受传者认为宣传者和他们有某种意义上的相似性，因而提高了宣传者的影响力"。见曾欣然、张大均等《宣传心理学原理》，四川人民出版社，1990，第 66 页。

[②] 丘盘连：《雄风集》，海天出版社，2000，第 7 ～ 8 页。

厦（第四期头版）、翠竹苑（第四期三版）、熙龙花园大厦（第五期五版）、怡景花园（第五期六版）。在今天看来十分寻常的房地产广告，在当时刊登却备受争议甚至非议。因为在传统的计划经济思维中，土地是不能有偿使用的，《深圳特区报》当时刊登这样的广告承受着相当大的压力。

再次，版面上别具一格。其一，报头套红印刷；其二，竖排，繁体；其三，经常用彩版印刷。整个报纸面貌相对当时其他内地报纸而言，可谓焕然一新。

最后，副刊也颇具特色。其一，邀请香港著名作家撰稿，在试刊第一期的副刊上，有时任广东作协副主席陈残云致香港文艺界的信，呼吁香港文艺界关注《深圳特区报》副刊。同在这一期还有香港作家曾敏之为祝贺《深圳特区报》试刊所填的词。其二，试刊第三期将整个副刊版编成了一个图片彩版，该版的主题是"深圳摄影作品选"，所登作品均取材于"特区建设新貌和地方风光"。

四 中宣部牵头从中央单位引进人才

试刊期间，根据各方反映，报社认真总结经验教训，积极为正式创刊做准备。

首先，不断做出调整。其一，报名字体的调整。第一期试刊用的是爨宝子体，后因群众反映看不惯，遂自第二期后改用行楷字体。其二，版面布局的调整。第一期试刊运用了大篇幅的特稿，在之后四期中都不再运用；第一期试刊设置的"兄弟特区在前进"栏目，之后各期也不再设置；第一期试刊设置的"香港经济简讯"等栏目，在之后的四期中为"中国（内地）经济零讯"、"世界（国际）经济零讯"等栏目所取代；第二期试刊增加了"香港纵横谈"栏目，之后各期都无此栏目；第五期试刊较前四期多了4版，其中还将一个整版辟为广告版，此外，在版面上增加了两类体裁——社论和本报评论员文章。其三，印刷色彩的调整。第一期试刊头版和四版彩色印刷，第二期全部改为黑白（套红），第三期则将头版和四版改为彩版。

其次，继续引进人才。这段时间，《深圳特区报》的人才引进靠两条腿走路。一方面，靠自己的能力陆续引进，并继续执行一切从简的引进办法。第一期试刊成功后，又陆续调进了陈建新、胡向东等人。那时，只要有人介绍，或毛遂自荐，宣传部部长李伟彦同意后即可送交组织部审批调入。后来，宣传部将人事权下放给报社，

1982年的旧报址——
通心岭新村第11幢和
楼下的铁皮房 江式高 摄

指定由张洪斌、曾锦棠和江式高三人共同审查研究决定便可调进人员。[①]另一方面，则借助上级组织的力量，积极动员其他媒体单位的新闻工作者来《深圳特区报》工作。有两件事值得一提：一件是通过省委宣传部动员南方日报社、羊城晚报社、广州日报社的人来深圳特区报社工作，当时通过这个渠道调入深圳特区报社的有陶牧等人。另一件是由中宣部牵头在中央新闻机构物色人选，当时江式高去北京招聘人才，中宣部给联系的单位有人民日报社、新华社、光明日报社、广电总局等，实际上，愿意到深圳的人不多。"深圳"这两字，有的人还念成"深川"，也搞不清在哪里。当时想到报社来的，一些是想换一换环境的，更多的是夫妻分居

---

① 参见曾锦棠《一报震南天，特事写新篇——〈深圳特区报〉诞生记》，《深圳特区报》1999年9月25日。

的，尤其是广东籍的。人民日报社、新华社提供的都是夫妻分居的名单。另外，直接调来的少，借调的多，也就是调一年、两年试试看，如果不行再回去。[①] 需要补充说明的是，当时尽管愿意来的不多，但也不是谁想来就可以来。当时光明日报社就有人想来而没有被选中。[②]

再次，组建临时领导班子。在试刊期间，1981年8月31日，深圳市委任命张洪斌为《深圳特区报》负责人。在正式创刊前的1982年4月26日，深圳市委任命张洪斌为《深圳特区报》总编辑，从广州日报社调来陶牧负责总编室工作，还任命王玉明为总经理，主管行政工作。这是一个临时性的领导班子，负责筹备出周报的工作。[③]

最后，确定社址。根据市委决定，将市委宿舍区通心岭新村第11幢作为正式创刊后的深圳特区报社地址。因为既要办公又要住宿，房间根本不够用，就在楼前楼后的空地上搭起6间铁皮房。

第三节 《深圳特区报》正式创刊

自1981年6月至1981年12月，《深圳特区报》进行了5期试刊。转眼就是1982年，报纸是还要试下去？还是正式创刊？或者干脆就此打住，暂时不办《深圳特区报》？这是摆在深圳市委面前的紧迫问题。

历史选择了在1982年的5月24日正式创办《深圳特区报》。

一 深圳正处于争议的旋涡

（一）多名老报人认为深圳不能办报

当时深圳正处于争议的旋涡：时任广东省委秘书长张岳琦在《回忆深圳特区艰难起步的几点往事》一文中写道：对特区的争议一直不断，最严重的是1982～1983年

---

① 据江式高接受笔者采访时的记录，时间：2011年8月27日；地点：深圳逸和轩茶楼。
② 据许兆焕接受笔者采访时的录音，时间：2011年8月27日；地点：深圳特区报社阅览室。
③ 参见《深圳特区报社组织沿革》，深圳特区报社编委办公室编印，第3～5页。

1982 年 5 月 24 日《深圳特区报》创刊号

这段时间。① 有一个很有意味的故事，"长期在广东省委负责接待工作的陈开枝回忆：上世纪 80 年代初他接待内地的一个考察团。到了吃饭时间，发现团里的一位省委副书记迟迟不来，就到他房间去看，结果发现他正在抱头痛哭。一问才知道，是因为他在深圳亲眼看到：'党的红旗倒了，资本主义

① 参见李振河主编，深圳市政协文史和学习委员会编《深圳，一个城市的奇迹》，中国文史出版社，2008，第 50 页。

在你们这里复辟了！'"[1] "在境外，对经济特区这个新事物，也有各种理解，评头品足。在香港报纸和西方报刊上，大量刊登文章，曲解、攻击中国的经济特区。"[2]

而此时，报界同行对深圳办报环境的评估也不乐观：1982 年春节后，梁湘委托分管宣传工作的市委常委林江和市委宣传部部长李伟彦，邀请广州、香港等地知名度较高的老报人到深圳迎宾馆聚会，请他们为深圳办报出主意。这些老报人却一致认为：深圳不能办报！[3]

不过，也有令人乐观的一面。首先，5 期试刊为正式创刊积累了经验，积聚了人才，同时也得到了包括胡耀邦在内的各级领导的赞誉。其次，当时深圳的发展也为正式创办《深圳特区报》创造了一定的条件，如随着财政收入的较快增长，创办《深圳特区报》的经费逐步得到落实，日益繁荣的经济也为办报提供了广告资源。

（二）梁湘说：倾家荡产也要把《深圳特区报》办起来

1982 年 5 月 11 日，深圳市委宣传部在给广东省委宣传部《关于〈深圳特区报〉正式出版发行的报告》中写道："根据建设经济特区的要求，市委最近召开常委会讨论决定在总结试刊工作的基础上，调整和加强深圳特区报社的力量，并定该报于 5 月 24 日正式出版。"[4] 这是深圳市委决定创办《深圳特区报》的正式记录。能够做出这样的决定，与市委主要领导的坚决态度是分不开的："梁湘同志铁了心，在好几次干部会议上表明自己的态度说，就是倾家荡产，也要把《深圳特区报》办起来。""1982 年上半年，特区报的创刊号一定要拿出来！"

市委的决策犹如给了《深圳特区报》一张"准生证"，但这份报纸的真正诞生，还有赖于报社上下的艰苦努力。首先，以张洪斌为首的报社领导为此付出了诸多艰辛，"对于深圳特区报的创办，张洪斌付出了大量心血"[5]。其次，报社员工为了早日出报，也都在艰苦的环境中努力地工作着。大家每天在铁皮房子里工作到凌晨 2 点

① 南兆旭：《深圳记忆：1949—2009》，深圳报业集团出版社，2009，第 102 页。
② 李振河主编，深圳市政协文史和学习委员会编《深圳，一个城市的奇迹》，中国文史出版社，2008，第 252 页。
③ 参见黄年《深圳新闻史上的里程碑》，《深圳特区报》1995 年 9 月 20 日。
④ 深宣报字〔1982〕17 号文件，1982 年 5 月 11 日。
⑤ 黄一平：《张洪斌：殚精竭虑办首份特区党报》，《深圳特区报》2010 年 4 月 4 日。

左右，而且不管采访、编辑，什么活都干。"几个人睡一间屋，铁皮房里就餐。蟋蟀在草丛里叫，蚊虫成团在头顶上飞……那时真称得上朝乾夕惕，无分昼夜。"[1] 据黎珍宇回忆："那时总编辑治社很严，晚上安排值班，女同志也不例外。我虽年轻但胆子不算小，在晚上摸黑骑车经过荒凉的山地去社里值班时，心里还是发怵的。"[2]

二 创刊初期的《深圳特区报》特色

正式创刊出版的《深圳特区报》为周报，定价 5 分。这个时期的《深圳特区报》在许多方面都令人耳目一新，其特色主要表现在如下四个方面。

（一）在香港编印报纸

据深圳市委办公厅文件，1982 年 5 月，临时组建的深圳特区报社，只有这样几个部门：总编办公室、工业部、财贸部、政文部、农业部、广告美工科、出版发行科、值班办公室。[3] 当时报社全体人员约 90 名，编辑记者仅二三十人。就是这样的一个情形，还要兵分两路——从中抽出部分力量赴港编印报纸。当时抽调去港负责编报的有陶牧、邢平安、胡向东、丘盘连、卢绍武、戴木胜等人。

在这种情况下，报社的每一个人都不敢有半点懈怠。留在深圳编报的工作人员十分艰辛，派驻香港的工作人员更是异常紧张。每个星期四上午，编辑带着稿件匆匆赶往香港，到达后放下行李即直奔排字车间发排稿件。那时还是铅字排版，逐字审改看样已很紧张，隔了一条深圳河有时还要按上级要求换稿、重组版，常常弄得焦头烂额。

工作环境也非常艰苦。香港文汇报社在湾仔文汇报大楼的 11 楼给深圳特区报社安排了一间 20 平方米左右的办公室，办公、吃、住，都在那个屋子里，桌子不够时，就趴在床上工作[4]，甚至因为人多地方小，床铺不够睡，两人共床或是睡地板也

---

[1] 许兆焕：《笔底生涯一片情》，《深圳特区报》2002 年 5 月 24 日。

[2] 黎珍宇：《垦荒岁月》，《深圳特区报》2000 年 12 月 4 日。

[3] 参见深委办〔1982〕33 号文件，1982 年 5 月 5 日。

[4] 参见《深圳首份报纸在港印刷——陶牧讲述〈深圳特区报〉创刊前后的故事》，《深圳特区报》2010 年 5 月 24 日。

1982年创刊时，在铁皮房召开首次采编人员工作会议。右起第3人为时任中共深圳市委常委林江；讲话者为张洪斌 江式高 摄

是常事。

在一个工作异常繁忙、条件非常艰苦的环境下工作，究竟靠什么维持那种生气勃勃的工作状态呢？首先，《深圳特区报》的创办者们都有着一种拓荒牛的精神，都想在这片热土上干出点事业，不太计较个人得失；其次，也是靠当时报社领导的激励与管理。张洪斌就曾在大会上说："谷牧（时任国务委员，主管经济特区）站在国商大厦上讲，特区的事业，你们现在还没有看到它的意义，过几十年后再回过头来看，那意义是非常深远的。"当时管理也很严格，到香港看一场电影都需要请示。①

（二）直接刊用外电办好"世界经济"专版

正式创刊后的《深圳特区报》继承了试刊时期的"言

① 据丘盘连接受笔者采访时的记录，时间：2011年8月25日；地点：深圳特区报社35楼东会议室。

商"风格。据抽样统计分析，第 1、2、3、4、5、6、33、42、59、68 期的《深圳特区报》，总新闻量是 375 条，其中政务新闻 23 条，仅占总量的 6% 左右，而本地政务新闻仅 8 条，只有总量的 2% 左右。即便是这少量的政务新闻，也大多与深圳的经济建设直接相关。

基于这种风格，《深圳特区报》创刊即开辟"世界经济"专版[1]，设置于第三版，由贺海亭（原新华社记者）负责。[2]这个专版由试刊时期的若干介绍世界经济动态专栏演变而来，在当时全国省市报刊中堪称第一家，后来还被珠海、海南等地的报纸纷纷效仿。[3]

有关"世界经济"专版的报道方针和内容，因为当时市里一切工作都围绕特区建设这个中心，报社就把"为特区建设服务"作为"世界经济"专版的报道方针。特区建设的一个重要目标就是引进外资，引进先进技术，为了适应这一发展战略需要，"世界经济"专版主要侧重报道三大国际市场：国际资本市场、国际商品市场、国际技术市场。[4]最

---

[1] 2009 年 1 月 21 日刊出最后一期后停刊。

[2] 1983 年成立世界经济部，由贺海亭担任主任。

[3] 贺海亭的观点，据编著本书座谈会录音，时间：2011 年 7 月 14 日；地点：深圳特区报社 35 楼东会议室。

[4] 参见贺海亭《新版走新路》，《深圳特区报》1995 年 9 月 5 日。

1982 年 5 月 24 日第 3 版，这是《深圳特区报》最早的"世界经济"专版

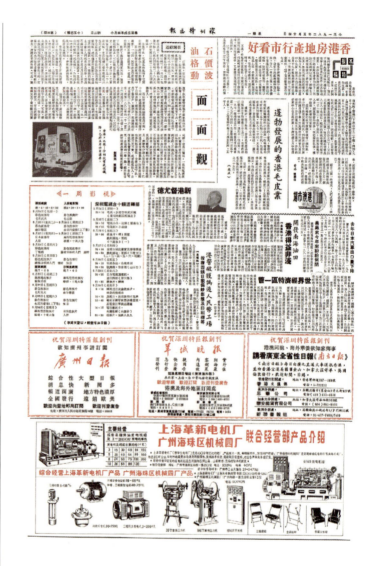

后，就剩下稿源的问题了。既然当时国内不能满足稿源需求，那就只好求诸国外。可是，当时除了《参考消息》可以直接利用外电外报消息，其他国内公开发行的一切报纸均不能这样做。怎么办？贺海亭等人决定试一下，直接利用外电外报消息。理由有两个：首先，外电外报的消息都是经济和技术方面的，不涉及政治和外交方面的敏感问题；其次，报社改编或综编外电外报消息，不像《参考消息》那样直接采用。"试验"的结果是不仅没有招致任何批评，反而受到

了肯定和鼓励。首先是深圳市委肯定："世界经济"专版办得比预想的要好；其次，1984年《中国新闻年鉴》到深圳特区报社来约稿，要求写一篇"世界经济"专版报道经验，刊于该年鉴1985年版的"新闻改革典型经验"栏目里。

"世界经济"专版成功开辟的原因有两个。一方面，依托于深圳日益发展的外向型经济形势。据统计，1982年深圳国内生产总值是8.26亿元，其中出口总额0.16亿美元，实际利用外资0.74亿美元；1983年相应的数据分别增至13.12亿元、0.62亿美元、1.44亿美元。[1]这种形势使特区对来自外界的经济信息有着旺盛的需求，这也是催生"世界经济"专版的根本原因。另一方面，深圳拥有毗邻港澳的地理优势，有利于获取境外媒体的新鲜信息，这为开辟"世界经济"专版提供了可能。这一时期"世界经济"专版的稿件大多来源于港、澳、台以及新加坡等地的报纸，深圳的这个区位优势帮了大忙。[2]此外，市里和报社舍得花外汇为世界经济部订阅境外报纸，如中国香港的《大公报》《文汇报》《明报》《华侨日报》《星岛日报》《信报》，新加坡的《联合早报》，马来西亚的《星洲日报》，泰国的《中华日报》，等等。[3]

（三）1983年开始向欧洲发行

创刊初期的《深圳特区报》广告业务除了保持试刊时期的一系列特色之外，还出现了一些新的突破。

1982年12月6日，《深圳特区报》刊登了第一条严格按中英文对照的商业广告——"抽芯铝铆钉"广告[4]，所有的文字都用中英文对照，广告词有这样一段中文："本产品品质优良，操作简便，铆接牢固，外形美观。经公证单位测试证明：性能优越，牢固可靠。"对应的就是一段英文："ALUMINIUM ALLOY BLIND RIVETS ARE BEAUTIFUL IN FORM AND FINE IN QUALITY WITH SUCH NOTABLE FEATURES AS SIMPLE OPERATION.TIGHT RIVETING.THEY ARE PROVED BY TESTS TO BE OF EXCELLENT FUNCTION.STRONG AND RELIABLE."

---

[1] 参见深圳改革开放史专家写作组《深圳改革开放史（陈列提纲）》，2005，第314页。

[2] 据编著本书座谈会录音，时间：2011年7月14日；地点：深圳特区报社35楼东会议室。

[3] 据田诒忠（曾在世界经济部工作，后任人事处长等职）回忆录音，时间：2011年7月14日；地点：深圳特区报社35楼东会议室。

[4] 需要提示的是，此前《深圳特区报》已出现过中英文混合的广告，但那些广告均不是严格的中英文对照。

　　1983 年 7 月 25 日，《深圳特区报》第 4 版刊登了自改革开放以来我国内地第一条合法股票广告[1]——广东省宝安县联合投资公司招股广告，内有这样的文字："欢迎省内外国营集体单位，农村社队和个人（包括华侨、港澳同胞）投资入股，每股人民币十元。实行入股自愿，退股自由，保本付息，盈利分红。县地方财政拥有 20% 股权。公司确保股东权益，享受优惠待遇。"

　　此外，这一时期《深圳特区报》广告业务呈现"四多"的特点。一是广告版面多，1983 年 2 月 14 日的《深圳特区报》破天荒地登载了 8 个整版的广告。二是以报纸为广告对象的广告多。据不完全统计，这一时期《深圳特区报》登载了下列报纸的广告：《中国日报》《中国财贸报》《电子报》《南方日报》《羊城晚报》《广州日报》《汕头日报》《浙江日报》《宁波日报》《解放日报》《新民晚报》《厦门日报》《福州晚报》《长江日报》《成都晚报》《贵阳晚报》《经济生活报》《红岩少年报》等。三是外地广告多。几乎每期都有，涉及地域也很广泛，如北京、上海、浙江、福建、贵州、黑龙江、吉林等地。四是广告营业额增多。据《深圳特区报》广告营业额报表，1982 年为 48.78 万元，1983 年为 165.43 万元，增加 116.65 万元。

　　值得一提的是，其间《深圳特区报》在发行上频频突破。在创刊一周年之际，应深圳发展形势和国外读者的需求，《深圳特区报》开始向欧洲发行，发行业务委托香港《文汇报》及其欧洲办事处代理。每期报纸均由航空运抵伦敦分发，一般在当天，最迟不超过隔日即可在伦敦看到《深圳特区报》。1983 年 7 月 1 日起，在全国公开发行。1983 年 9 月，正式成立出版发行部。这些突破，为周报升格为日报奠定了坚实的基础。

（四）文艺副刊名家荟萃

　　试刊时期，《深圳特区报》文艺副刊名为"大鹏"，是采用了通讯员曾锦初的建议。[2]"大鹏"由书法家启功题写刊名，主要刊登短篇文学作品，文艺介绍、欣赏、随笔，文艺动态，文艺界掌故，以及其他有关文学、艺术方面的稿件。

---

[1]　参见《第一家股份制公司诞生的冲击波——深圳早期股份制改革探索纪事》，《深圳特区报》1998 年 11 月 22 日。

[2]　参见曾锦棠《一报震南天，特事写新篇——〈深圳特区报〉诞生记》，《深圳特区报》1999 年 9 月 25 日。

正式创刊后,《深圳特区报》尽管人手不够、经验缺乏,但特别重视文艺报道。不久即出版随报免费赠送的文艺杂志——《海石花》[1]。"当时是仿照《大公报》之《大公》等文艺杂志来办,基本上是照猫画虎!"即便如此,也办得有声有色,当时《海石花》随报赠送时,就有邮局或报贩私自扣下,标价出售。[2]

1983 年 1 月 3 日,《深圳特区报》还创办了"文锦"副刊[3],由书法家麦华三题写刊名,主要刊登有关自然和社会各方面的知识性、趣味性稿件。副刊负责人是许兆焕、李丹。当时的副刊图文并茂,刊登的大都是一些与深圳相关的人、事、物,起着从文艺的角度推介深圳的作用。其间,还不乏名人、名家之作,如戈宝权、杨沫、秦牧、启功、曾敏之、关山月、何香凝、李昭等人的文章、画作或题词,深受读者欢迎。"尽管文艺副刊不唱主角,但老百姓很爱看,很喜欢它。"[4]

第 1 期《海石花》
丁庆林 摄

---

[1] 《海石花》创办于 1983 年 1 月 3 日,见《致读者》,《深圳特区报》1983 年 1 月 3 日。

[2] 据编著本书座谈会录音,时间:2011 年 7 月 14 日;地点:深圳特区报社 35 楼东会议室。

[3] "大鹏"和"文锦"副刊于 1986 年 5 月 1 日合并为"罗湖桥"副刊。

[4] 据笔者采访许兆焕时的录音,时间:2011 年 8 月 27 日;地点:深圳特区报社阅览室。

三 市委批了 1400 万元筹建经费

1983 年 8 月 9 日，深圳市委常委会召开了《深圳特区报》改出日报的专题讨论会。会议决定，《深圳特区报》要不迟于该年 12 月 1 日出日报。[①] 自此，从市委到报社都在为出日报而积极准备着。

（一）确立办报方针

深圳市委常委会为《深圳特区报》正式改出日报做了 7 方面的部署："（1）特区报应以节约为原则，所需资金，要迅速搞出一个总的概算上报市政府，部分流动资金可用银行贷款解决；（2）所需采编人员和印刷、制版、排字工人，要抓紧选调或招聘，包括个别到香港招聘技术骨干，或选送部分印刷工人去香港《文汇报》学习技术；（3）急用的机械设备，要从速购买，已买回来的要抓紧安装；（4）市邮电局要积极解决报社的电讯问题和支持报纸的发行工作；（5）纸库问题由市建设公司和规划局负责解决，11 月底前交付使用；（6）交通工具可按需要逐步增添；（7）驻外地的记者站要按需要和量力来设，可先设北京站，然后是上海和广州站。"[②]

接着，报社"围绕出版日报工作，先后召开了党组、编委和全体干部职工会议，反复进行动员。分部门深入讨论，研究具体落实措施"[③]。据《深圳特区报》1983 年 9 月 20 日给深圳市委的报告记载，当时对办报方针、任务以及版面等事宜做了这样的规划：办报方针是"以马列主义、毛泽东思想为指针进行宣传和组织报道。积极地、及时地宣传党中央的路线、方针、政策；大力而准确地宣传举办经济特区的方针和政策，努力报道特区的物质文明建设和精神文明建设"；办报总任务是"力求通过自己的准确、鲜明、生动、活泼的宣传，鼓舞、激励、启发、推动特区人民为搞好经济特区的物质文明和精神文明而共同奋斗"，具体任务是"要及时报道特区经济建设的发展进程和成就，要注意报道国内各省市的外贸活动和重大经济活动，要迅速地报道国际市场和港澳市场行情，改出日报后，适当增加国内外时政新闻的报道，

[①] 参见深常纪〔1983〕29 号文件，1983 年 8 月 10 日。

[②] 参见深常纪〔1983〕29 号文件，1983 年 8 月 10 日。

[③] 深圳特区报社办公室编印《〈深圳特区报〉工作简报》（第一期），1983 年 11 月 12 日。

同时，在国际新闻方面除采用新华社新闻稿外，要适时地直接选用一些外电、外报、外刊稿件"；版面方面，版式基本不变，但可以"不定期增加四至八个版"，版面布局是"第一版为要闻版，主要报道特区的重要新闻和全国、全世界的重大政治、经济等新闻；第二版为特区版，主要报道深圳特区的经济建设和思想、文化建设等方面的新闻，不定期地刊载兄弟特区新闻；第三版为世界经济版，报道港澳和世界市场的新闻、经济信息、国际要闻，不定期地开展特区经济理论讨论；第四版为文艺副刊"[1]。

10月11日，深圳市委常委会原则上同意了这个报告。[2] 至11月，"编辑部各个部门详细研究了出版日报的报道计划、版面安排、专栏增设和稿件来源等问题。有的部门还根据需要和可能，制定了记者每日的发稿、见报指标和编辑每月的编稿任务，以及有关奖惩办法"[3]。此外，报社还邀请全国邮电部门，参加《深圳特区报》召开的全国发行会议等三个会议，解决了包括香港、澳门在内的报纸的发行问题。

（二）梁湘说：这块地就给特区报

要出日报，就不能再拿到香港去印，因为时间上来不及；要出日报，就不能再在那个"11幢及铁皮房"里办公，因为出日报所需的人员要远多于从前，绝对工作空间需求要大大超过从前。此外，自办印刷也需要相当大的场地来建印刷厂。为此，1982年，在财政非常紧张的情况下，市委常委会经过讨论，批了1400多万元用来为报社建办公楼、宿舍楼、印刷厂以及引进印刷设备。

1983年6月2日，旨在为《深圳特区报》引进设备的深圳特区新闻通讯服务公司成立。8月20日，市委组织部任命张荣为深圳特区报印刷厂厂长。9月11日，从瑞典引进的三台瑞典"桑那"牌轮转胶印报机（小型）安装完毕，9月15日开始试机，12月1日正常运作。报社新建的印刷厂采用柯式胶印，正式投产，生产能力为3万份/小时/台，二对开张，单面套红；总生产能力为9万份/小时，18万对开张/小时。《深圳特区报》从此正式由自己的印刷厂印刷，终于实现了采、编、印一条

---

[1] 深特报字〔1983〕35号文件，1983年9月20日。

[2] 参见深常纪〔1983〕46号文件，1983年10月11日。

[3] 深圳特区报社办公室编印《〈深圳特区报〉工作简报》（第一期），1983年11月12日。

深圳特区报印刷厂从瑞典引进的"桑那"牌轮转胶印报机

龙生产。1983 年为国家创收利润 7 万元，1984 年为国家创收利润 66 万元。

新建大楼，相对设备引进要复杂一些。首先是在哪里建？社址拟选在市委大楼东侧一百米左右的地段。那里离市委近，又靠深南大道，交通方便，但当时还是一片荒坡地，荆棘丛生，存留几个碉堡。不过从地理位置来看，那里无疑是一块黄金宝地，好几个单位都争着要。当时，报社派专人多次跑市里有关部门，要求把报社基建的红线图定下来，但总是无功而返。怎么办呢？最后还是张洪斌直接向市委书记梁湘汇报，梁湘旋即拍板："这块地就给特区报，其他部门不要争了！"[①] 才算是正式将新建大楼的地址定下来。随之就进入大楼的正式兴建阶段：先是炸掉碉堡，平整土地。时任总经理王玉明找到福建打石队，放了两个炸药包，点了一炮就把碉堡炸掉了。1981 年底，两个工程队分别进驻工地，动工修建办公大楼和宿舍楼。1983 年下半年，宿舍楼、9 层苏式风格的主体办公大楼相继建成并投入使用。其间，王玉明几乎没有一个休息日。1982 年 12 月，他老伴得了脑中风，

---

① 马强：《一张报纸开启一座城市的记忆》，《深圳特区报》2007 年 5 月 24 日。

1983 年落成的报社新址

昏迷了差不多一个月，可他只能早晨和晚上去医院看望，白天坚持在工地上。[1]

（三）首设党组并成立编委会

（1）**组建正式领导班子并明确分工。**1983 年 8 月 20 日，市委组织部正式任命深圳特区报社各级领导成员，批准成立党组和编委会：张洪斌任党组书记兼总编辑、编委；谢建琼任党组副书记、副总编辑、编委；王玉明任党组成员、总经理、编委；丘盘连任党组成员、副总编辑、编委；周光瑶任副总编辑、编委；许兆焕任副总编辑、编委；薛以凤任党组成员、编委。[2] 报社下设编辑部和行政部门：编辑部下设总编室、工业部、财贸部、世界经济部、副刊部、政文部、摄影部和通联部；行政部门有经理部、办公室、行政科、广告科、出版发行部、资料室和印刷厂。报社党组和编委成员做了具体分工："张洪斌负责全面工作，谢建琼主管工业部、财贸部工作，王玉明主管行政、经营管理、基建和印刷厂工作，丘

① 参见肖意《"为早日建成办公楼我一直泡在工地"》，《深圳特区报》2007年 5 月 25 日。
② 参见深圳特区报社办公室编印《深圳特区报社组织沿革》，第 7 页。

033

盘连和薛以凤主管总编室工作，丘盘连还主管摄影部、农业部宣传报道工作，薛以凤还主管群工部工作，周光瑶主管世经部和政文部工作，许兆焕主管副刊部工作。"①

（2）**继续引进人才**。报社一切从简、特事特办，尽可能地为人才提供优待。从新疆日报社调来的杜吉轩回忆："记得当时就打了个电话，寄了几份作品复印件，深圳特区报社就给我发调令了，完全不符合通行的调任程序！"②另据人民日报社记者穆扬在深圳特区报社的见闻："在工作条件上尽力给予他们各种便利，给编采人员发与工作有关的用品和书报费，订立带有奖罚性质，但以奖励为主的稿酬制度。分配住房时，从顺序和面积上多给一些照顾，使之优于本市和外地的同级干部的条件。夫妇两地分居者，优先把他们调到一起。液化石油气灶具也尽量先分给这些'书生'。"③这样一种人事观念和做法，不但引进了一批优秀人才，还使大家乐意为出报加班加点地工作。

（3）**训练技术工人**。那段时间，报社除派9名技术骨干赴香港文汇报印刷厂参观学习外，还请香港文汇报印刷厂厂长和师傅到报社实地传授经验。排字车间每小时能捡1000字以上的有11人，其中有4人每小时可捡1200字以上，照相制版车间的工作基本走上轨道。④

（4）**召开通讯员会议**。1983年11月前，深圳特区报社先后在深圳市、宝安县和香港召开了通讯员会议，共有180多人参加。"大家根据日报的任务和版面要求，纷纷介绍了本单位本部门的情况，并与报社编辑记者一起拟定了近期的报道题目，列出了下一步的新闻线索。许多通讯员还提出，在《深圳特区报》出版日报前，一个人要完成3篇以上的稿件。香港一名作者在座谈会后不到1个月时间，就给本报（深圳特区报）副刊部寄来了20篇专栏稿件。"⑤

到1983年11月底，各项准备工作均达到预期目标，出版日报可谓万事俱备，只欠东风了。

---

① 深圳特区报社办公室编印《〈深圳特区报〉工作简报》（第一期），1983年11月12日。
② 据笔者采访杜吉轩时的录音，时间：2011年8月25日；地点：深圳特区报社35楼东会议室。
③ 穆扬：《抓住"特"字做文章——〈深圳特区报〉见闻》，《新闻战线》1984年第2期。
④ 参见深圳特区报社办公室编印《〈深圳特区报〉工作简报》（第一期），1983年11月12日。
⑤ 深圳特区报社办公室编印《〈深圳特区报〉工作简报》（第二期），1983年11月14日。

第二章	《深圳特区报》迅速成长

1983 年 12 月 1 日，《深圳特区报》正式改出日报。同时，市委进一步加强报社的领导力量，12 月 10 日，任命罗妙为深圳特区报社社长；张一村为党组副书记、副总编辑。1984 年 1 月 13 日，市委确定深圳特区报社编委会为报社领导核心。编委会由罗妙、张洪斌、张一村、谢建琼、许兆焕、丘盘连、薛以凤 7 人组成。1986 年 1 月 20 日，市委任命区汇文为《深圳特区报》总编辑。[①] 这一时期，《深圳特区报》进入迅速成长阶段。

第一节　不断改革的《深圳特区报》

一　酝酿推行中层干部选聘制

1984 年 7 月 18 日，报社编委会出台了《〈深圳特区报〉关于改革的初步设想》，涉及新闻改革、机构改革和人事制度改革三方面。

关于新闻改革。当时，在新闻报道中存在的主要问题是长稿多，提炼不够，缺少提出问题、回答问题的指导性强的稿子。对此，应采取这样一些措施：①组织记者认真学习关于特区建设的方针、政策和市委各个时期工作的指导思想、部署与要求，明确各个时期的报道思想和重点报

---

① 参见深圳特区报社编委办公室编印《深圳特区报社组织沿革》，第 7～9 页。

道题目；②正副总编辑和各采编部主任要严格把关，坚决刹长风、精选稿件；③在制度上应体现鼓励写短稿，写提出问题、回答问题的稿件；④加强对记者队伍的业务培训。

关于机构改革。①合并政文、工业、财农三个采编部为采访部，由两名副总编辑抓采访工作，其中一人兼采访部主任，统一领导深圳地区的采访工作，以精简机构，减少层次，更好地调配力量，保证重点稿件的采访。②逐步将新闻通讯服务公司、印刷厂等附属单位改成独立核算的经济实体，由报社下达利润指标，超额分成，下放人权、财权。③广告考虑采取承包的办法，超额分成。

关于人事制度改革。"拟在今年年底明年年初，在报社的中层干部中实行选聘制，即各部的主任、经理通过民主选举由报社编委会聘用，任期两年。目前因人员来自四面八方，互相不大了解，暂不宜实行选聘制。"①

二 明确以经济报道为主

1984 年 9 月 11 日，深圳市委发文同意深圳特区报社《关于〈深圳特区报〉的性质、方针和任务的报告》。这个报告较 1983 年 9 月 20 日《关于〈深圳特区报〉办报方针和版面安排设想问题的请示和报告》更全面和具体，是深圳特区报社第一个全面论述办报的纲领性文件。

这份报告相对此前的请示报告，修订了如下内容。首先，对报纸的性质做出了明确的规定——"深圳市委领导下的党报"，这点在此前的请示报告中未有提及。其次，对办报的方针补充了这样两点："坚持四项基本原则、坚持党的对外开放和建立经济特区的决策"和"必须根据'特事特办，新事新办，立场不变，方法全新'的精神，既要坚持报纸的党性原则，又要在报纸的内容、新闻的写作、报纸的版面和标题等方面，大胆创新"。再次，对报纸的任务增加了两项："传播港澳和海外的经济、科技信息及介绍科学的管理方法"和"以经济报道为主"。最后，对报纸的读者做了明确的定位："本市干部和广大群众以及国内、港澳和海外的经济工

---

① 深圳特区报社编委会：《〈深圳特区报〉关于改革的初步设想》，1984 年 7 月 18 日。

作者。"[1]

三 率先开展在内地"造几个香港"的讨论

1983年12月19日，《深圳特区报》开辟"理论探讨"[2]专版，始为月刊，后扩展为周刊。该版初由政文部负责，后于1986年4月27日，由从政文部独立出的理论组负责。1986年10月9日，由新成立的理论部负责，具体由彭茂光、李干明等人负责。该版初期的编辑方针是：坚持以改革开放为主旋律，致力于总结、传播深圳发展外向型经济和体制改革的新鲜经验。积极举办各种专题的理论研讨会和学术讨论会，与市内外的理论工作者一起，反映群众意愿，探讨和论证深圳的各项改革方案，为市领导做决策提供参考。

其间，"理论探讨"专版率先在报纸上开展了按国际惯例办事、在"内地造几个香港"的讨论；热心研究香港及当代资本主义社会发展商品经济的成功经验及其法律体系，探讨特区经济发展的规律性；大力宣传邓小平建设有中国特色社会主义理论，宣传党的路线和方针政策，紧紧围绕经济建设这个中心，为改革开放和两个文明建设鼓与呼；积极探访名家和举办理论活动：1986年采访经济学家、中国人民大学教授方生，1985年11月至1986年3月以通信的形式开展"外向型经济问题"讨论，1988年与全国暨广东港澳经济研究会、广东特区经济研究会、暨南大学特区港澳经济研究所联合举办"自由港经济模式研讨会"，等等。

四 "开放与改革"专版透出新鲜气息

1986年12月1日，《深圳特区报》在第二版开辟"开放与改革"专版（半版）。据当天的《改版致读者》介绍，这个版的定位是："立足深圳，反映开放改革在这块试验园地的进程，同时也将努力反映其他特区、沿海开放城市以及全国其他地方在开放改革中创造的突出成就和经验。反映开放改革中一些探索性的做法或不成熟的

---

[1] 深委〔1984〕48号文件附件，1984年9月11日。
[2] 后曾改为"理论观察""理论探索"，2010年9月21日扩版为"理论周刊"。

第一期"开放与改革"
专版

经验，揭露问题和剖析反面经验；反映理论、思想等各学术
界的动向和研究成果；反映思想文化方面开放改革的态势；
反映观念意识更新过程中的新人新事新气象，以及其中产生
的矛盾和斗争；反映各个阶层的人们的活动和精神风貌。"
拟设的栏目有："改革之我见"、"星期论坛"、"经济漫话"、
"点睛录"、"对比与反思"、"海外人语"、"家庭百态"、"外
地人在深圳"、"大世界"、"改革人物志"、"改革锦闻"、"开
放动向"、"经济短讯"、"也许就是你"（漫画）等，以及一

些摄影和资料专栏。专栏期待有这样一些特点："对开放改革的报道角度高一点,信息量大一点,涉及面广一些,层次丰富一些,多少给人一种立体感,报道力避就事论事,从工作到工作,见物不见人;立论力求有见解有新意,字里行间能透出开放改革气息。"①

起初,"开放与改革"专版由夜编部负责编辑。1987年10月10日,深圳特区报社编委会向市政府机构编制办公室递交了《关于调整报社内部机构的报告》,主张"原夜编部分成要闻部和二版编辑部②"。11月11日,市编办批复了此报告,同意设立二版编辑部。③自此,二版编辑部负责"开放与改革"专版的采编工作,负责人为杜吉轩。

此间,"开放与改革"专版开展了一些重要讨论,如"关于深圳特区如何加入国际大循环讨论",二版编辑部联合中国公共关系协会深圳办事处,先后邀请深圳部分企业集团的总经理、深圳金融界负责人、深圳部分区和企业代表就深圳如何参加国际大循环、把特区经济推向世界大舞台等问题进行了专题座谈。此外,还发表了一些重要人物的专访,如《高占祥论特区文化》(1986年12月4日)、《深圳在文化交流中要有所作为——访文化部副部长英若诚》(1987年3月17日)、《按实际发展需要建特区,"造香港"——访全国港澳经济研究会、省经济特区研究会副会长周维平》(1988年7月23日)、《学习香港,再造"香港"——访国家体改委综合试点司司长周少华》(1988年9月6日)、《改革"变形",会使改革失败——访中国社会科学院经济研究所所长董辅礽》(1988年11月11日)等。

"开放与改革"版出至1988年12月31日后,随着1989年1月1日版面大调整而停办,但有部分内容被后来的"沿海新闻·时事"版所继承。

五 帮助读者"吃透香港"

1984年下半年,报社编委会把"世界经济"专版的报道方针从"为特区建设服

---

① 《改版致读者》,《深圳特区报》1986年12月1日。
② 深圳特区报社编委会:《关于调整报社内部机构的报告》,1987年10月10日。
③ 参见深圳市人民政府机构编制办公室《关于深圳特区报社调整内设机构报告的批复》,1987年11月11日。

务"扩大成"为改革开放服务"。[①]

随着报道方针的转变,"世界经济"专版栏目设置也相应做了调整。20 世纪 80 年代初期,到深圳和内地投资的客商绝大部分来自香港。当时广东省委负责同志说,吃透了香港,也就掌握了国际市场。为了帮助读者"吃透香港","世界经济"专版特约中山大学港澳研究专家郑德良开辟专栏"当代香港",连载 100 多期,全面介绍香港的经济发展过程,以及香港政府和各类经济中介组织所发挥的作用。"世界经济"专版上还开设了"港澳市场"专栏,专门分析港澳服装、建材、玩具、电器等市场行情的变化。商战中,不光要知己知彼,还要懂得运用法律。"世界经济"专版又特请北京国际法研究所等部门开辟"国际法"和"国际商法"专栏。当 1985 年深圳宝安公司等股份制企业诞生之时,证券和证券市场将在中国改革开放中扮演重要角色,"世界经济"专版特约华东师大金融系教授在《深圳特区报》开辟了"国际证券市场"专栏。[②] 尤其值得一提的是,这段时间开办的"外商征购商品"专栏,直接提供产品信息,很受欢迎。每期出版后,深圳和内地的一些企业与单位纷纷来电来函,有的直接派人来报社联系。这个专栏每期都被内地一些报纸转载。[③]

六 3 个副刊合并为"罗湖桥"

1986 年 5 月 1 日,《深圳特区报》将"大鹏""文锦""画苑"3 个副刊合并成 1 个,定名"罗湖桥"。"罗湖桥"定位为综合性文艺副刊,坚持"贴近生活,贴近群众,扶持文学,发展文化"的方针,广采博纳,及时地以各种题材的文艺作品反映日新月异的新时代、新生活、新思想、新道德、新风尚。每周 3 个版,逢周一、周三、周五刊出。主要栏目有"海边细语""域外风情""作家剪影""香港水荇""知识窗""史海钩沉""天南地北""深圳掌故"等。合刊后"深圳本土作者开始在副刊版面上渐成气候,副刊文章从内容上也有了显著的变化。高雅的风花雪月不再成为

---

① 贺海亭:《新版走新路》,《深圳特区报》1995 年 9 月 5 日。
② 参见新民《实至名归——记广东省首届新闻金梭奖得主贺海亭》,《深圳特区报》1995 年 8 月 25 日。
③ 参见丘盘连《坚定不移地宣传好开放改革》,《新闻战线》1987 年第 6 期。

主流，深圳人的改革精神与热火朝天的创业生活，逐渐成为版面上的重头戏"①。

为什么要合并 3 个副刊为 1 个副刊呢？这是因为当时报社有一个"从各个侧面反映特区社会风貌和建设进程"的思路，依此思路，需要压缩副刊以腾出版面来增设专刊。②

七　版式上繁体字改简化字、竖排改横排

（一）繁体字改简化字

1984 年 3 月 27 日，时任广东省委书记任仲夷视察深圳特区报社时，罗妙社长曾就改简化字一事征求他的意见，"任仲夷说：'这个我不好说。'他思考一会儿后又说：'从我国文字发展方向来看，恐怕还是要用简化字。'"③1984 年 12 月 17 日，深圳特区报社编委会给市委递交《关于〈深圳特区报〉改出简化字问题的报告》，该报告对改简化字一事表达了三方面的意思：其一，"胡乔木同志关于《深圳特区报》改繁体字为简化字的指示和市委贯彻这个指示的决定，我们一致表示拥护"；其二，"因印刷设备、资金和技术力量有待补充，还需要有个筹备过程，我们经过认真的研究，决定明年第二季度（即四月一日）改出简化字报纸"；其三，"急需增加植字机一台、植字机简化字盘四副、简化字铜模四十副以及一些附属设备，共计需增加投资人民币四十三万元、港币二十一万元。请市财政局拨出专款解决"。④对此报告，副市长邹尔康批示：赞成 1985 年第二季度改为简化字，经费由市财政解决。12 月 28 日，深圳特区报社编委会给市委宣传部递交《关于〈深圳特区报〉改出简化字的报告》，再次表示：决定从 1985 年 4 月 1 日起，《深圳特区报》由繁体字改为简化字。⑤

这一计划因资金、设备和技术等原因推迟了一年多，1986 年 5 月 1 日，《深圳

① 齐霁：《从改革开放 30 年看〈深圳特区报〉副刊的变化》，载吴松营《深圳传媒业的崛起》，深圳报业集团出版社，2010，第 426 页。
② 参见深圳特区报编社委会《关于改进深圳特区报社工作的报告》，深特报字〔1986〕17 号文件，1986 年 6 月 1 日。
③ 深圳特区报社：《任仲夷三月二十七日视察〈深圳特区报〉时的谈话》（凭记录和有关同志的回忆整理，未经本人审阅），1984 年 3 月 27 日。
④ 深特报字〔1984〕31 号文件，1984 年 12 月 17 日。
⑤ 参见深特报字〔1984〕33 号文件，1984 年 12 月 28 日。

1986 年 5 月 1 日,《深圳特区报》改以简化字出版

特区报》版面终于改为简化字。

（二）竖排改为横排

1986年11月22日，深圳特区报社编委会给深圳市委及宣传部的报告——《关于〈深圳特区报〉改竖排为横排的报告》："本报从今年五月开始，改繁体为简体后，受到读者欢迎，但竖排没有改，对此各方仍有意见，内地读者不时来信对竖排报纸提出批评。实践证明，竖排报纸有许多不便，版面编排不活，外文字母、阿拉伯数字以及技术上的名称、符号、方程式等，难于处理，不但不符合全国报刊印刷规范，而且也不适宜人们视觉习惯，横排就不存在这些问题。经

1987年1月1日，《深圳特区报》版面改为横排

报社编委会研究，拟从一九八七年一月一日起，改竖排为横排。"① 是年底，深圳市委批准了这个报告。②

1987年1月1日，《深圳特区报》版面改为横排。

八　分配与人事制度改革

（一）记者稿酬不封顶

1984年8月深圳市搞了首次工资改革，新闻出版单位也在改革范围之列。

根据深圳市政府的工资改革精神及深圳特区报社的具体

---

① 深特报字〔1986〕27号文件，1986年11月22日。
② 参见深委办函〔1986〕28号文件，1986年12月23日。

情况，1984 年 10 月，报社实施了第一次分配制度改革。[1] 这次改革分为四大块。其一，关于浮动工资：报社在完成出报任务后，每月从经济收入中提取部分款项作为采编人员的浮动工资。采编人员每月平均浮动工资为 45 元。其二，关于内部稿费：记者完成定额任务后超额[2]的可领内部稿费，内部稿费不封顶。编辑费按工业、财农、政文、摄影四个部的超额平均数提取，然后根据责任大小、能力高低和工作表现，按一、二、三等级评定分配。其三，关于奖惩：实行好稿、好标题、好版面奖励制度——好稿一等每篇 30 元、二等 20 元、三等 10 元，好标题一等 20 元、二等 13 元，好版面一等 60 元、二等 40 元、三等 20 元，评选活动由编委办和夜编部组织，每月进行一次；设置惩罚差错办法——记者原稿出现重大事实差错不论是否被编辑纠正一律扣该记者浮动工资 10 元（一般错误扣 5 元），原稿出现重大政治错误各级编辑在编发时又未予纠正者，扣除从该记者到各级编辑的当月全部浮动工资，出报后发现其他差错依差错大小扣发当事人浮动工资 25 元到 5 元不等，扣发金额一律归报社所有；设立发现差错奖——校对发现重大差错奖励 15 元，发现一般差错奖励 10 元，其他工作人员，包括记者、编辑，发现非本职内的差错并及时提议纠正的，也按上述办法予以奖励。其四，关于加班补助：晚上工作至 11 时半的领夜餐 1.3 元，吃夜餐后继续工作至凌晨 1 时以后的再加 1 元。长期做深夜班工作的，定额给予保健津贴，夜编部每人 35 元，世经部定额 4 人，也给予同等保健津贴。同时规定，请事假超过 1 个月、病假超过 2 个月者，不发定额津贴。[3]

1985 年 3 月实施的《〈深圳特区报〉浮动工资和超额稿费发放办法》对第一次工资改革的方案做了一定的调整。

1985 年 10 月，深圳特区报社对此前的工资改革方案做了颠覆性的改动。[4] 首先，取消每月的浮动工资，理由是"报社的平均工资加浮动工资已超过市规定的行政事

---

[1] 此项改革未获市主管部门和劳动工资部门批准。见深圳特区报社编委会《关于报社整改若干问题的决定》，1985 年 9 月 30 日。

[2] 当时有一套评分的标准，具体的评分工作由编委办和夜编室根据评分标准来完成，超额分值，每分 0.5 元。参见深圳特区报社《〈深圳特区报〉编辑部浮动工资和内部稿费发放试行办法》，1984 年 11 月 30 日。

[3] 深圳特区报社：《〈深圳特区报〉编辑部浮动工资和内部稿费发放试行办法》，1984 年 11 月 30 日。

[4] 据称，此次改动是根据省、市常委扩大会议的精神并结合报社的实际情况做出的。见深圳特区报社编委会《关于报社整改若干问题的决定》，1985 年 9 月 30 日。

业单位的平均工资水平"。其次，取消非采编人员领取的采编部门超额稿费平均数50%的工资，改为在非采编人员中，实行岗位责任制考勤考绩奖，并控制在平均每人每月 30～35 元。理由是"为了更好地调动非采编人员的积极性，并使报社内部非采编人员与采编人员的限额劳动收入保持一定比例"。再次，将好稿奖的评定周期改为每季度一次。此外，还有一些小幅调整，如将超额稿费和编辑费划分等级，长期夜班保健津贴实行按级发放，降低夜餐费，等等。[①]

（二）"优化组合"打破"铁饭碗"

1988 年秋冬之际，深圳特区报社进行了首次人事制度改革——"优化组合"。推进这一重大改革的背景有三方面：首先，当时全国新闻界有一个良好的改革氛围；其次，1987 年深圳市级行政机构改革为深圳特区报社的人事制度改革做了铺垫，如《深圳市级行政机构改革方案》中的"实行定编定人落实岗位责任"、"民主评议……做好多余人员的安排工作"[②] 等条款就直接为深圳特区报社的"优化组合"改革所仿效；再次，《深圳特区报》准备从 1989 年元旦开始由每日四版扩至八版，并且准备不增加人手或少增加人手，在这种情况下，工作量将成倍增加，因而，需要引入竞争机制，以充分挖掘报社的内部潜力。[③] 此外，社会上盛行"下海"之风，也使报社员工的士气受到了一定的影响。"当时有个名言：'出生入死'，意思就是，出报社就生了，在报社里就死了。"[④] 因此，面对这种局面，报社需要有一种打破"铁饭碗"的机制，以留住优秀人才，淘汰不合格人员。

此次"优化组合"的主要内容有：①总的目的是将竞争机制引进人事管理工作，充分发挥报社现有工作人员的积极性，挖掘内部潜力，办好报纸。②报社对处级以下干部及所有专业技术人员实行聘任制，对工人不论是合同工还是固定工一律实行合同制。③各采编部主任、行政部门主要负责人的产生先经群众评议、推荐、人事部门考察，然后由报社编委会择优聘任并报市委组织部备案；部门副职由部门正职

① 参见深圳特区报社编委会《关于报社整改若干问题的决定》，1985 年 9 月 30 日。
② 深委〔1987〕7 号文件，见深圳市经济体制改革委员会《深圳经济特区改革文件选编》（一），1989，第 341～346 页。
③ 参见深特报字〔1988〕26 号文件，1988 年 8 月 2 日。
④ 据笔者采访江式高时的录音，时间：2011 年 8 月 27 日；地点：深圳逸和轩茶楼。

提名，由编委会聘任。④部门领导按核定编制及专业人员比例和工作任务，提出本部门的用人标准及所需工作人员名单，待组合人员填写工作志愿表（每人可填写三个志愿）。凡领导提名和个人志愿一致的，编委会领导又无特殊考虑的人员，即算认可；如几个部门都需要的人员，应根据工作需要，确定一个部门，在可能的情况下，照顾本人第一志愿；如三个志愿都没有部门愿意接受，对其中基本符合应聘条件，工作又需要的，由报社领导帮助沟通，尽量聘用，经过组织协调，仍没有部门聘用的，则作为富余人员。⑤"优化组合"后，所有报社内人员一律享受新聘任的职务待遇，对少数表现优秀而现有专业技术职务较低的人要聘用到较高的专业技术职务，享受相应的专业技术职务待遇，反之，降职聘任人员享受降职后所聘专业技术职务待遇（原职务级别保留在档案里）。⑥对暂时未被"优化组合"或在"优化组合"后被解聘的人员，分情况进行处理。⑦定编、定岗、定各部门工资总额，实行各部门"减员不减工资总额，增员不增工资总额"的工资总额包干制度。⑧报社编委会给各部门如下权力：根据"优化组合"各项原则，聘任和解聘本部门的工作人员；制定并实施符合本部门情况的管理制度和工作规程；制定并实施本部门工资余额及奖金分配原则等。⑨设立编委基金：每年从报社总收入中提取 3% ～ 5%，作为编委基金。这笔基金主要用于奖励、培训干部，改善职工待遇，尤其是知识分子的福利待遇。[①]

"优化组合"的实际效果怎样呢？总体稳定，偶有几个人有想法但通过说服教育后也就都没事了。此外，也没有人被"组合"出报社。[②]

第二节 《深圳特区报》报道亮点频现

一 首次发起全国外向型经济问题讨论

1985 年，深圳开始谋划朝外向型经济转型。6 月 5 ～ 7 日，深圳市委、市政府

---

① 参见深圳特区报社编委会《〈深圳特区报〉实行"优化组合"方案》《特区报社优化组合工作实施办法》，1988 年 9 ～ 11 月。
② 据笔者采访丘盘连时的录音，时间：2011 年 8 月 25 日；地点：深圳特区报社 35 楼东会议室。

邀请专家学者举行学术座谈会，进一步探讨深圳经济、社会发展战略问题。与会者认为，深圳建设已跨入开拓阶段，这个阶段的主要任务是转向外向型经济。①

然而，什么是外向型经济？深圳为什么要发展外向型经济？深圳怎样发展外向型经济？对这些问题，在当时还没有一个明确的答案。因而，需要动员全国的智力资源来对这些问题进行讨论。

1985年11月至1986年3月，《深圳特区报》理论版发起以通信形式进行的"深圳特区外向型经济问题"讨论，来稿共刊发了10期56篇。这是全国报纸首次开展关于外向型经济的公众讨论，此讨论引起了社会各界的重视，参加者有于光远、周维平等全国各地知名学者，内容概括为以下几个方面。②

第一种观点认为，特区经济应该是"外向型经济"。这是因为，首先，深圳是我国对外开放程度最高的地区，它的经济不是一般的"开放型"经济；其次，"双向型"的提法，把特区的开放方向和目标与应起的功能作用混同了；再次，特区和国际市场紧密联系，因而它的经济活动依靠市场来调节，主要靠国际市场的价值规律来调节，特区只有实现外向型经济才能与之相适应。

第二种观点认为，特区经济应该是"开放型"。这是因为，一是所谓"开放型"，就是既对外开放，又对内开放，发展商品、技术、知识的内外交流。外引和内联两种优势的结合，既有利于商品外销，又有利于技术引进，发展进出口贸易。二是特区是发挥"两个扇面"辐射作用的枢纽站。特区的"外向"特点，只能是双向开放中以外向为主的开放型经济，而我国另一些地区则是以内向为主的开放型经济。三是所谓外向型经济模式主要是指商品的出口与进口，是针对内销的问题说的。如果特区的商品只能出口，不能内销，才算是外向型经济模式，那么，这样的外向型经济模式实际上是不存在的。四是强调特区商品外销，就不准特区商品内销，这无异于作茧自缚。

第三种观点认为，应避免简单化。深圳特区经过几年的实践，初步确定今后的

---

① 参见陶一桃《深圳经济特区年谱（1978.3—2010.3）》（修订版），中国经济出版社，2010，第127、132、136、145、156、164页。

② 参见李干明《深圳特区发展外向型经济的标志与对策——〈深圳特区报〉开展"外向型经济问题"讨论综述》，《特区经济》1986年第1期。

战略发展目标为"外向型的，以先进工业为主、工贸并举、工贸技结合的综合性经济特区"。可见这个战略发展目标的内涵比"外向型"或"开放型"丰富得多，把"外向型"作为特区经济的一个重要特征是完全正确的，但把它作为战略发展的目标就过于简单化了，易于引起误解，也会给实际工作造成被动。

二　为特区改革拓荒营造良好舆论环境

"时间就是金钱，效率就是生命"，这个国人耳熟能详的口号，就出现在 20 世纪 80 年代初的深圳。然而，当时的《深圳特区报》却因种种原因[1]，只在一篇叫作《从南山到大鹏湾——各省市外贸代表团参观深圳纪行》[2] 的文章中对此有所提及。

蛇口竖起的"时间就是金钱，效率就是生命"巨型标语牌　江式高 摄

1984 年后，《深圳特区报》紧跟时代的步伐，大力报道深圳的大胆创新，刊出了一批具有历史意义的新闻名篇。

---

[1]　具体原因参见原卿有《勇于探索和遗珠之憾——"时间就是金钱，效率就是生命"口号见报的前前后后》，《新闻战线》2008 年第 7 期。

[2]　见《深圳特区报》1982 年 11 月 22 日。

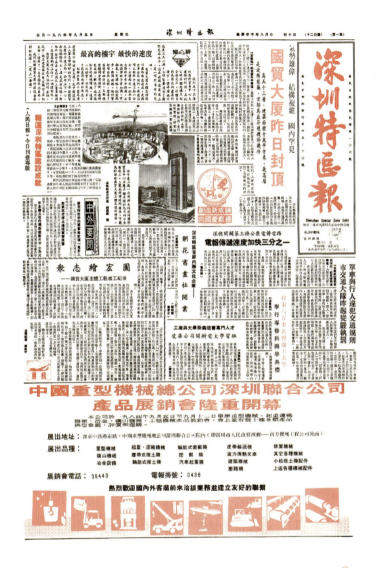

1984 年 9 月 5 日《深圳特区报》报道"深圳速度"

（一）全程追踪报道"三天一层楼"的"深圳速度"①

从 1984 年 5 月 1 日到 1986 年 4 月 24 日，《深圳特区报》对象征"深圳速度"的国贸大厦建设实施了超全程的跟踪报道，综合运用了消息、通讯、新闻评论三种文体，共计发稿

---

① 据新华社报道，1984 年 3 月 15 日，深圳国际贸易中心大厦施工单位创造了 3 天一层楼的我国建筑史上的新纪录。从此，"三天一层楼"成为深圳速度的象征。见深圳市史志办公室《深圳改革开放纪事（1978—2009）》，海天出版社，2009，第 109 页。

1984年，国贸大厦建筑工人创造了"三天一层楼"的"深圳速度"

江式高摄

1984年9月4日，国贸大厦封顶　刘廷芳 摄

8篇，堪称全面报道。

1984年5月1日《深圳特区报》发表消息《我国高层建筑新工艺　大面积滑模施工成功——国贸大厦滑模施工昨晚胜利结束》："我国目前最高层的国际贸易中心大厦采用的滑模工艺，历时二百零七天，结束了主楼层内筒天面的施工，比原计划提前二十天。去年九月十九日在标准层第五层使用（滑模工艺），从此，施工速度不断加快，从七天一层，提高到平均三天一层。"① 1984年9月5日发表消息《气势雄伟　结构复杂　国内罕见——国贸大厦昨日封顶》："我国目前第一高楼——深圳国际贸易中心大厦昨天结束了主体工程建设……整个工程气势宏伟，结构复杂，国内罕见……跨入了世界建筑业的先进行列，大厦垂直偏移只有几毫米，得到了市质检站的好评……比计划用工减少了二千个工作日。"② 1985年12月29日发表消息《三年辛苦不寻常——国贸大厦胜利完工》："我国目前最高的建筑深圳国际贸易中心，经过三十七个月日夜奋斗，目前已经完工……中建三局一公司曾经创造了三天一层的高速度，而被人们誉为'深圳速度'。"③

在"深圳速度"报道过程中，《深圳特区报》评论员文章扮演了重要的角色。1984年7月6日，《深圳特区报》发表评论员文章《一曲豪迈的志气歌》。文章写道："国际贸易中心大厦已经巍然屹立在深圳河畔。这座当今我国内地第一高楼，以三天一层的建设速度，以大面积内外筒同时滑升成

① 卓福田、黄春申：《我国高层建筑新工艺　大面积滑模施工成功——国贸大厦滑模施工昨晚胜利结束》，《深圳特区报》1984年5月1日。

② 叶兆平：《气势雄伟　结构复杂　国内罕见——国贸大厦昨日封顶》，《深圳特区报》1984年9月5日。

③ 叶兆平：《三年辛苦不寻常——国贸大厦胜利完工》，《深圳特区报》1984年12月29日。

功而令人称奇。如果说这项工程的胜利建成，在中国建筑史上揭开了新的一页的话，那是当之无愧的。"①1986年4月24日又发表评论员文章《壮志凌云 勇攀高峰》："目前国内最高的楼宇——五十三层的深圳国贸大厦，它那挺拔俊秀的雄姿令人瞩目，它那三天一层的速度、先进的施工技术和优秀的工程质量赢得国内外同行的好评。然而，这幢大厦的承建单位——中建三局一公司在施工中卓尔不凡的表现，更令人肃然起敬！"②这些评论不仅揭示、充实了"深圳速度"的精神内涵，而且在改革开放的背景下，预演了中国作为世界大国崛起的前奏曲。

（二）南岭村报道首上《人民日报》头版

1986年3月1日，池雄标、胡志民撰写的消息《南岭——社会主义的文明新村》，刊发在《深圳特区报》头版。次日，消息被《人民日报》头版转载，这是《深圳特区报》的报道首次被《人民日报》重要版面转载。

当时，中国的农村经济尤其是乡镇企业获得了快速的发展。中国的乡镇企业此时已在全国的经济版图中占据重要位置，而作为深圳特区管辖下的一个行政村——南岭村，是中国乡镇企业快速发展的代表。"一九八五年，南岭村工业纯收入达一百零六万元（其中一半为外汇），占全村总收入的百分之六十六……和一九七九年比，人均收入从一百五十五元增加到两千七百三十二元……群众思想政治觉悟不断提高，连年完成和超额完成国家下达的各项生产和税收任务；全体村民积极生产，遵纪守法，团结互助，尊老爱幼，村内没有人赌博、偷盗、打架、斗殴和搞迷信活动。"③无论是经济建设还是精神文明建设，南岭村均堪当典型，值得推广。

（三）报道首次公开招聘局长，全国轰动

当时的深圳，不光在经济方面奋力开拓，在人事制度改革方面也敢闯敢冲，创造了许多"奇举"。1986年首次公开招聘正副局长，就是诸多"奇举"中最为吸引人的一幕。1986年2月22日和23日的《深圳特区报》分别刊登了首次公开招聘审计

① 本报评论员：《一曲豪迈的志气歌》，《深圳特区报》1984年7月6日。
② 本报评论员：《壮志凌云 勇攀高峰》，《深圳特区报》1984年4月24日。
③ 池雄标、胡志民：《南岭——社会主义的文明新村》，《深圳特区报》1986年3月1日。

局与标准计量局正副局长的消息和"招聘启事"。招聘结果于 1986 年 7 月 11 日揭晓，7 月 13 日的《深圳特区报》头版头条报道了此事，并配有评论员文章——《广开才路　选贤任能》。

7 月 13 日，《深圳特区报》关于招聘结果的报道为《改革人事制度的又一尝试　我市首次公开招聘局级干部揭晓》，报道包括以下几个方面的内容。其一，招聘结果。"十一日，市委发出通知，任命报名应聘的深圳大学讲师李信发为市审计局局长，南头区经济办公室主任沈启凡、市建设银行会计部副经理黄权章为副局长；任命中航深圳工贸中心企业部项目经理黄镜钊为市标准计量局局长，深圳大学讲师刘爱基、宝华电子公司综合技术部主任张达元为副局长。任期三年。"其二，决策及招聘经过。"审计局和标准计量局政策性、专业性较强，胜任这两局领导职务的干部人选不足。为此，市委组织部经市委和市政府领导同意，决定在社会上公开招聘。二月二十三日本报刊登了这一消息和广告，在社会上引起了强烈的反响，各地报名应聘者共一百五十一人，其中市内九十六人。市里成立了由领导、专家和人事干部参加的招聘小组，具体负责此项工作。他们按照干部'四化'标准和考察干部德才'十二要素'，对应聘人员经过认真调查、测试（包括笔试、口试）、考核，从中筛选出十一个人，再让他们在由市委领导、省对口局领导、有关专家和专业局代表参加的会议上，各自发表施政意见，并做公开答辩。市委书记、市长李灏，分管工业的市委常委、副市长周溪舞和市委常委刘波，亲自给应聘人员提问题，从政治、业务素质、组织领导能力等进行全面考核，择优录取，最后按干部审批程序确定了两局正副局长的人选。"其三，公开招聘的意义。"这是深圳市首次在社会上公开招聘局级领导干部，是我市改革干部选拔制度的一项重要突破，是多渠道发现、选拔人才的一次有益尝试……市委对这次招聘工作很满意。李灏说，在社会上公开招聘、选拔局级领导干部，是人事制度改革的一个重要方面。这种做法应该给予充分肯定，今后要逐步推广。"①

许多年后，当时被聘为深圳市标准计量局局长的黄镜钊还深情地回忆道："正是这张报纸，还是竖排的，繁体字，一条小小的消息，改变了我的一生，也改变了很

---

① 黄年：《改革人事制度的又一尝试　我市首次公开招聘局级干部揭晓》，《深圳特区报》1986 年 7 月 13 日。

多人的命运……直到任命结果在《深圳特区报》登出来，头版头条，一下子全中国都知道了，这才发现，原来这么轰动啊！"①

（四）记录"惊天一槌"首获全国好新闻一等奖

1987年12月1日，深圳响起了土地拍卖的"惊天一槌"！为什么说是"惊天一槌"呢？因为这一槌将要改变的是《中华人民共和国宪法》，当时的《宪法》第十条第四款规定："任何组织或者个人不得侵占、买卖、出租或者以其他形式非法转让土地。"②

这样的惊天之举，不能不让国人高度关注："1987年12月1日下午4点，深圳会堂被挤得水泄不通。中共中央政治局委员、国家体改委主任李铁映，国务院外资领导小组副组长周建南，中国人民银行副行长刘鸿儒，广东省政府副秘书长兼省特区办主任丁励松，深圳市领导李灏、李传芳、朱悦宁等，以及上海、宁波、青岛等17个沿海城市市长都来到了拍卖现场观看这次历史性的卖地。"③这惊天一槌同样也引起了众多媒体的关注。"当天晚上，香港几家电台、电视台就抢着播发了深圳拍卖土地的实况和消息。第二天，《人民日报》《经济日报》等国内十几家大报全在显著位置报道了这个具有历史意义的事件。美国的《纽约时报》，泰国的《中华时报》，香港的《文汇报》《大公报》《信报》以及澳门的《澳门时报》等36个国家和地区的新闻媒体报道了这一'中国经济体制改革的里程碑'事件。"④自然，居于事发前沿的《深圳特区报》更是对此倾注了极大的热情。翌日，刊登了由记者叶兆平、钟闻一采写的消息《突破国有土地传统管理方式　首次土地公开拍卖深圳举行》《卖地记》，

---

① 陈海峰：《一条消息改变一个人的命运　首位公选局长一不小心名扬全国》，《深圳特区报》2007年5月24日。

② 引自深圳市史志办公室《深圳改革开放纪事（1978—2009）》，海天出版社，2009，第134页。"惊天一槌"发生后，1987年12月29日，广东省第六届人大常委会第十三次会议通过《深圳经济特区土地管理条例》，增加了土地使用权可以有偿出让、转让、抵押等内容。1988年4月，全国人大通过《宪法修正案》，在《宪法》原第十条第四款后加上了"土地使用权可以依照法律的规定转让"的条文。

③ 叶兆平：《拍卖土地的第一槌》，载吴松营、陈寅《特区的脚印——〈深圳特区报〉"我看深圳15年"征文选》，中国青年出版社，1996，第164～165页。

④ 叶兆平：《"深圳土地拍卖第一槌"报道前后》，载吴松营《深圳传媒业的崛起》，深圳报业集团出版社，2010，第390页；叶兆平、钟闻一：《突破国有土地传统管理方式　首次土地公开拍卖深圳举行》，《深圳特区报》1987年12月2日。

刘廷芳拍摄的《中国首次土地拍卖》。该图片 1987 年获第七届全国新闻摄影银牌奖，1999 年获共和国 50 年新闻摄影奖，2008 年获改革开放 30 年摄影大赛金奖

中国首次土地拍卖

1987 年 12 月 1 日下午，深圳市人民政府举行首次土地使用权公开拍卖，此次拍卖 8588 平方米地块 50 年使用权。有 44 家企业参加角逐，竞拍从 200 万底价开始，叫价声、应价声此起彼伏，当 11 号从座位上站起来高举应价牌，喊出"525 万！"时，拍卖官一声锤响，整个拍卖会结束，全过程只用了 17 分钟。从此开创了新中国有偿使用土地的先河。

同时还配有评论员文章《土地管理体制的重大改革》。12 月 3 日，《深圳特区报》还刊登了叶兆平采写的通讯《胸中自有丘壑——访拍卖土地首块买主骆锦星》。1988 年 3 月 27 日又发表了记者刘廷芳反映拍卖现场的摄影报道《525 万》。这些报道引起了国内外的普遍关注。

《突破国有土地传统管理方式　首次土地公开拍卖深圳举行》一文涉及四个方面的内容。其一，拍卖结果。"昨天下午，深圳市人民政府以公开拍卖的方式做成了一笔土地交易……44 家在深圳有法人资格的企业参加了这场拍卖土地的角逐。深圳经济特区房地产公司以 525 万元的最高价得到了这块面积为 8588 平方米的地块 50 年的使用权。"其二，拍卖经过。"竞争是从拍卖主持人开出 200 万元的底价拉开战幕的。每当拍卖官喊出一口价时，总有几十个竞争者举起应价牌应价，有的则迫不及待地边举牌边喊价。在地价喊到 400 万元以后，参加竞争的只剩特区房地产公司、市工商银行房地产公司和深华工程开发公司。经过激烈的角逐，拍卖

官一槌击下，特区房地产公司最终以525万元的最高价成了这块土地的使用者……拍卖是从下午4时半开始的。整个拍卖进行了17分钟。"其三，出席人员。前文已提及。其四，反响及意义。"一位来自香港的专业人士称赞这次拍卖活动非常成功。他说：'这次历史性的第一次土地拍卖，标志着从今天起，内地的土地使用正式进入了市场经济轨道。'……香港测量师学会会长、英国特许资深产业测量师刘绍钧认为：'这次拍卖的程序、规则，完全符合国际惯例。'……骆

锦星说：'尽管地价比较高，但还是有利可图。我们要精打细算，使土地发挥更大的经济效益。'……自7月1日市政府土地管理改革方案出台以来，包括昨日公开拍卖在内，已用三种不同形式有偿转让了三块土地，得到了2336.88万元的土地费。而1985、1986两年全特区收取的土地使用费不过是2300多万元。"[①]《卖地记》主要报道了拍卖的一些细节：最后一名领取应价牌的竞争者、击槌器的"来历"以及拍卖途中的精彩场面等。《胸中自有丘壑——访拍卖土地首块买主骆锦星》主要报道了骆锦星对拍得这块土地的感想和看法。

发生在深圳的"惊天一槌"，带来巨大而深远的影响。1988年4月12日，根据中共中央的建议，七届全国人大第一次会议修改了《中华人民共和国宪法》有关土地的条例，将禁止出租土地的"出租"二字删掉，新规定为："土地的使用权可以依照法律的规定转让。"接着，《中华人民共和国土地管理法》也依此进行了修改，新规定为："国有土地和集体所有的土地的使用权可以依法转让……国家依法实行国有土地有偿使用制度。"自此，中国土地使用权终于可以合法交易，这才有了后来房地产市场的迅速发展。

《深圳特区报》报道"惊天一槌"的消息、通讯、评论和图片发表后，有两篇获奖：《突破国有土地传统管理方式　首次土地公开拍卖深圳举行》获全国好新闻一等奖。这是《深圳特区报》首获全国好新闻一等奖。新闻摄影作品《525万》则获当年全国新闻摄影展银牌。

（五）为住房制度改革鼓与呼

1988年深圳市的住房改革，在全国打响了住房商品化的第一枪。当时的深圳也是被逼无奈：政府用于每平方米住宅的投资为380元，每平方米住房租金只有0.09元（1987年9月起改为0.14元），特区财政每年为支付住宅贷款利息、房屋折旧以及补贴维修管理的费用高达1亿元。投资越大，建房越多，补贴就越多，包袱也越重。低房租政策，刺激了人们多占房、占大房、占好房的欲望。没有购买力制约的需求，将是无法满足的需求。年年建房，年年"不见房"。有的人"锦上添花"，越

[①] 叶兆平、钟闻一：《突破国有土地传统管理方式　首次土地公开拍卖深圳举行》，《深圳特区报》1987年12月2日。

住越大，越住越好，可谁也"不领情"——"我是交了房租的"；需要"雪中送炭"的人需求得不到满足，则气得"跺脚骂娘"①。改革者的勇气，被逼无奈的现实，加上《深圳特区报》的鼓与呼，共同促成了深圳住房制度的首次改革。

在住房制度改革的酝酿期，《深圳特区报》就开始报道此事，回应人们的疑问，营造舆论环境。2月5日，《深圳特区报》刊登了《深圳住房制度改革设想　李传芳副市长与本报记者对话纪实》一文，目的就是"以这次对话会为起点，陆续宣传住房制度改革的有关问题"。这篇文章的主要内容为：住房改革分三步走向商品化。第一步，将租金提高到准成本水平；第二步，将租金提到完全成本水平；第三步是商品化。鼓励买房是改革方案的主要精神；企业与行政事业单位同步进行。②2月26日，《深圳特区报》又刊登了《不可逆转的趋势——深圳住房制度改革决策过程纪事》的报道，揭示住房商品化是大势所趋，原有的住房制度使房地产业成为一个蚀本的行业，导致了社会畸形的消费结构，并指出："改变这种现状的办法还是有的，那就是打破长期以来住宅国家全包的福利制，坚决推行住房商品化，彻底改变低房租是社会主义优越性的福利观念，是政治待遇的等级观念，树立起住房是商品，是个人消费的观念。"③

6月10日，深圳住房改革方案出台。当日《深圳特区报》就进行了报道，主要涉及方案出台的原因、过程及方案的特点。"据统计，深圳特区建立以来，至去年年底已投入建设住房资金22.4亿元，占特区总投资23%，共建成住房590万平方米。但是由于旧住房制度的弊病，住房短缺的现象越来越严重，亟须改革……深圳经济特区住房制度改革方案的设计工作从1986年开始着手进行。市住房改革办公室通过住房普查，取得了12万个数据，建立起评价方案优劣的指标体系，对各种方案进行测算、论证，为决策提供了可靠的依据。这一改革方案曾九易其稿，市委常委曾多次开会反复讨论，市政府有关部门曾多次通过论证会、座谈会、对话会等形式，广泛征询了专家及各界人士的意见……这一改革方案的主要特点是：从准成本起步，

---

① 叶兆平：《不可逆转的趋势——深圳住房制度改革决策过程纪事》，《深圳特区报》1988年2月26日。
② 参见韩松、李干明整理《深圳住房制度改革设想　李传芳副市长与本报记者对话纪实》，《深圳特区报》1988年2月5日。
③ 叶兆平：《不可逆转的趋势——深圳住房制度改革决策过程纪事》，《深圳特区报》1988年2月26日。

即发放住房补贴，同时按照住房的准成本价标准提高房租，一步到达准成本水平；这一改革方案的另一主要特点是：方案中制定了多项鼓励职工买房的措施。"[1]

第三节 《深圳特区报》经营迅速突破

在新闻报道热火朝天开展的同时，《深圳特区报》的经营也迅速突破。据《深圳特区报》发行报表，1984 年发行 11 万份，1985 年跃升至 23 万份；据《深圳特区报》的广告营业额报表，1983 年广告营业额 165.43 万元，1984 年跃升至 412.05 万元，1988 年更是高达 1165.87 万元。

一 发行向境外和内地扩展

（一）在江苏发行 1.1 万份

《深圳特区报》创办初期，发行主要集中在深圳、广东其他地区及香港等地区，后来逐渐向国内其他主要省、自治区、直辖市拓展。根据当时深圳特区报社的发行报表，将发行情况以表格的形式反映如下。

年份	发行量（无特别说明即当年 12 月份统计）	发行范围（深圳、广东其他地区及境外的地区除外）的拓展	备注
1984	11 万份（该年 9 月份统计）	1 月 1 日开始向北京、天津、河北、山西、内蒙古、辽宁、吉林、黑龙江八省、自治区、直辖市发行航空版；7 月 7 日开始向上海、江苏、浙江、山东、安徽、福建、江西、四川八个省市发行航空版。	在北京人民日报社印刷厂设立航空版分印点，负责印刷向北京等地发行的航空版；在上海文汇报社印刷厂设立航空版分印点，负责印刷向上海等地发行的航空版。

---

[1] 叶兆平、钟闻一：《经过深入调查 反复论证测算——深圳住房改革方案出台》,《深圳特区报》1988 年 6 月 10 日。

（续表）

年份	发行量（无特别说明即当年12月份统计）	发行范围（深圳、广东其他地区及境外的地区除外）的拓展	备注
1985	23万份	除继续在上述地区发行，有两个新情况：其一，1月1日，在江苏省的发行量达到1.1万多份，并出现在江苏全省发行无空白市、县的情况。其二，谋划发行范围的进一步扩大：3月22日，《深圳特区报》发起召开了全国部分省、自治区、直辖市发行工作座谈会。	1月1日《海石花》月刊改为向国内外公开发行，单独订阅。全国4个经济特区、14个沿海开放城市以及北京、四川等17个省、自治区、直辖市邮局和报刊发行部门的负责人共60多人参加了3月22日的座谈会。
1986	16万份		
1987	20万份		
1988	18.8万份		

这份表格反映了这段时间《深圳特区报》的发行概况，这里有两点情况需要说明：第一，境外发行量比较有限，以1985年为例，发行总量是23万份，其中发行港澳及海外的只有大约3000份[1]，不过，比我国其他出口的报纸发行量要高[2]；第二，除在江苏发行大增之外，"《深圳特区报》在上海、浙江地区的订阅比较多，自费订阅所占的比例比较高"。

（二）任仲夷说：特区报应该在香港多发行

《深圳特区报》自试刊起，就一直有在境外发行。这一时期，《深圳特区报》延续了这个特点。这不仅是因为当初办特区的初衷，更是因为1985年、1986年之际，深圳开始真正朝外向型经济爬坡。尽管大家对外向型经济有不同的理解，但有一点应该是可以肯定的，那就是深圳与国际市场的联系越来越紧密。在这种语境下，《深圳特区报》作为传播深圳信息的主要媒介，服务境外是其不可推卸的责任。当时广东省的领导对此也很重视，任仲夷在1984年考察深圳特区报社时就曾说："香港地

---

[1] 参见深特报字〔1985〕23号文件，1985年8月31日。

[2] 张洪斌曾说："特区报在香港发行也是比较多的，要比其他出口报纸要多些。"见深圳特区报社《任仲夷三月二十七日视察〈深圳特区报〉时的谈话》（凭记录和有关同志的回忆整理，未经本人审阅），1984年3月27日。

区很重视我们的报纸，特区报应该在香港多发行。"

全国发行且发行规模日益扩大。尽管自1983年7月1日起《深圳特区报》即开始正式向全国公开发行，但真正进入全国发行的实质阶段应是在1984年以后，因为自那时起《深圳特区报》才在北京、上海等地设立分印点。其间《深圳特区报》在内地的发行规模随着分印点的设立及内地各省、自治区、直辖市对改革开放及海外信息的需求日益迫切而不断扩大。正如任仲夷所说："将来上海、大连、青岛等沿海城市实行对外开放政策，这些地区，不是特区，类似特区，有的不是特区，胜似特区……它们为了了解特区特事特办的情况，订阅《深圳特区报》会多一些的。因为深圳特区搞得比较早。"[1]

发行波动大。在1985年和1986年这两个年份出现了发行量突升与突降的情况。1985年《深圳特区报》的发行量比1984年增长了一倍以上，由11万份上升到23万份。可是在1986年，又来了个急刹车，由上一年的23万份突降至16万份，降幅高达30.4%。1985年发行量突然上升的主要原因，一是深圳市委市政府对《深圳特区报》发行工作高度重视，1984年3月，深圳市政府下发《关于进一步做好〈深圳特区报〉发行工作的通知》，要求各级党委政府认真做好特区报的订阅发行工作；二是深圳经济大幅增长的拉动。1986年发行量突然下降，源于1985年的全国宏观经济调控、银根紧缩，深圳面临特别严峻的形势。一是银行给深圳的贷款大面积收缩，基建投资一下子被砍去10亿元，导致17万人的建设队伍只剩下9万人，20幢18层以上的高楼被停建；二是许多优惠措施也被收了回去，国家对深圳出口商品的权限大加限制，控制出口商品竟达244种，[2]处在这种形势下的《深圳特区报》自然也受到影响。

二 广告经营特事特办

（一）广告经营概况

根据当时的广告报表，1984～1988年《深圳特区报》的广告经营情况如下表：

---

① 深圳特区报社：《任仲夷三月二十七日视察〈深圳特区报〉时的谈话》（凭记录和有关同志的回忆整理，未经本人审阅），1984年3月27日。

② 参见陶一桃、鲁志国《中国特区经济史论》，社会科学文献出版社，2008，第57页。

年份	广告营业额 （万元）	业务亮点	获得的荣誉	备注
1984	412.05			
1985	629.11	3月20日，首次用整个头版刊登广告，开全国头版刊登全版广告之先河。（广告题目为："海林杰国际信息工程有限公司开业志庆"）	5月，参加全国第一届中央及省报报纸广告设计评比，《深圳特区报》广告——"上步购物中心"荣获三等奖。	10月28日，编委会制定《关于广告业务的几项规定》。
1986	402.60			
1987	689.86			4月30日，成立深圳特区报社开发经营部。
1988	1165.87	3月，中国报纸行业经营管理协会大会推选深圳特区报社为中国报协理事单位。		自1月1日开始，为适应广告市场需求，《深圳特区报》每旬逢8日增出一大张。

（二）刊登广告也是传播经济信息

第一，敢于突破广告业务传统，不断创造新亮点。1985年3月20日用整个头版刊登广告，这是《深圳特区报》在广告业务上的一大亮点。作为党委机关报的《深圳特区报》为什么能够这样做呢？除了敢于突破传统之外，还有省主要领导的支持。任仲夷曾说，"要加强经济报道，报纸刊登广告也是传播经济信息的一种办法"①。这一观点，为广告业务的创新提供了理论根据和意识形态方面的支持。依此观点，广告和新闻都是传递经济信息的办法，既然如此，用来刊登新闻的重要版面也就可以用来刊登广告。如果觉得有的广告很重要，当然就可以像新闻一样上头版头条。既然可以用整个头版来刊登新闻，也就可以用整个头版来刊登广告。

第二，广告营业额总体上迅速增长与个别年份大幅下跌并存。1988年的广告营业额是1984年的2.8倍，1986年的广告营业额还不到1985年的2/3，甚至不及1984年。广告营业额总体上增长迅速主要得益于三个因素：其一，这段时间深圳经济总体上增长很快，1984年的国内生产总值是23.41亿元，而到了1988年就升至86.98

---

① 深圳特区报社：《任仲夷三月二十七日视察〈深圳特区报〉时的谈话》（凭记录和有关同志的回忆整理，未经本人审阅），1984年3月27日。

1985 年 3 月 20 日，《深圳特区报》首次以整个头版刊登广告，开全国头版刊登全版广告之先河

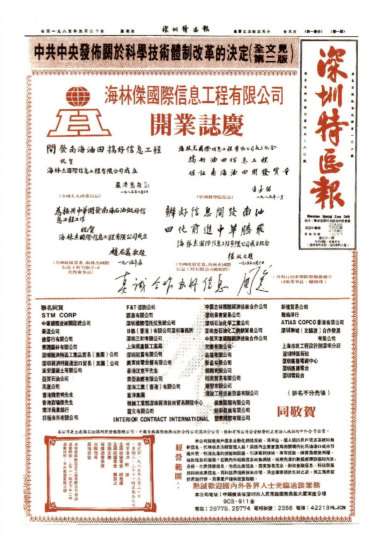

亿元①，几近 1984 年的 4 倍。其二，广东省及深圳市主要领导支持报纸多登广告。1984 年 3 月 27 日，省委书记任仲夷在深圳特区报社考察期间，针对时任深圳特区报社总编辑张洪斌所说的"特区报在广告比较多的情况下，每天曾出过两大张，最多出过三大张"的情况，他指出："特区报将来广告可以多些，应和《人民日报》《南方日报》不同。《人民日

———————

① 参见深圳改革开放史专家写作组《深圳改革开放史（陈列提纲）》，2005，第 314 页。

报》《南方日报》是政治报，特区报也是政治报，但又是特区报。我们这里是经济特区，报纸要有区别。"当了解到"报纸本身要赔钱，主要靠广告收入来补贴"时，任仲夷表示："适当多刊登一些广告，可以支持它。"当了解到"当时国家规定，每天广告不得超过版面的八分之一版"时，他又表示："在经济特区要特事特办，突出一个'特'字来，刊登广告可以多一点，可以超过八分之一版。"[1] 这种支持是很宝贵的，从领导层面解决了多登广告的版面问题，为广告增收提供了直接依托。其三，报社采取了一些刺激广告增收的措施。自1984年起，报社开始搞广告承包，超过定额后，可以分成。1984年定额是240万元[2]，而当年的广告营业额是412.05万元，远远超过定额。据田诒忠的日记，他在1984年的12月领了双份工资，数额是"469.18元"，该年6月的工资是"178.5元"，11月的工资是"239元"[3]。可见，广告承包带来的总额增长，以及员工的收入增长，对报社员工该是多大的激励！至于广告营业额在1986年大幅下跌，其原因与该年发行量大跌的原因基本一致。

第四节　深圳市委批准扩版

这一时期，《深圳特区报》业务全面跃升，经营屡创佳绩，向下一步发展的关键就是扩版。早在1984年3月，广东省委书记任仲夷视察深圳特区报社时就曾指出："今后，特区报每天出一大张恐怕还不够。"[4] 深圳特区报社内部也在不断研究扩版的问题，并曾尝试过扩版的做法：先是不定期地扩版，后变为每月逢8日增出一大张。

从现存的文件来看，真正将扩版事宜提上日程是在1988年。先是报社内部研究讨论，进而向深圳市相关领导汇报，最后正式向深圳市委汇报。其核心都是能不能

---

① 深圳特区报社：《任仲夷三月二十七日视察〈深圳特区报〉时的谈话》（凭记录和有关同志的回忆整理，未经本人审阅），1984年3月27日。

② 参见复旦大学1982级新闻系研究生调查组《深圳特区新闻事业巡礼》，《新闻大学》1982年第2期。

③ 田诒忠：《三则日记看工资》，载吴松营、陈寅《特区的脚印——〈深圳特区报〉"我看深圳15年"征文选》，中国青年出版社，1996，第102页。

④ 深圳特区报社：《任仲夷三月二十七日视察〈深圳特区报〉时的谈话》（凭记录和有关同志的回忆整理，未经本人审阅），1984年3月27日。

扩版、扩版还需要什么的问题。在 1988 年 8 月 2 日《关于〈深圳特区报〉1989 年改出八版的请示》中，报社对这两个问题做了较为详细的论证。

一 决定从 1989 年起改出八版

关于扩版的可行性，报社编委会提出了如下理由。[①] 第一，社会上和报社里都有这个需求。当时，国内一些中心城市的报纸已扩大了版面。《广州日报》《天津日报》于 1987 年，《解放日报》于 1988 年分别改出八版，实践证明效果是好的。处在改革开放前沿的《深圳特区报》也有此需求。第二，从采编力量和印报设备能力看，基本上可以适应。报社当时有编辑、记者 134 人（包括编委 8 人），评上高级职称的 30 人、中级职称的 74 人。只要充分调动办报积极性，并增加个别所缺的采编人员，是有可能出好八个版的。至于印报设备，当时有三台瑞典"桑那"胶印机，出八版不成问题。第三，报纸 1989 年普遍提价，时机有利，出八版不会增加市财政负担。

1988 年 9 月 7 日，《深圳特区报》关于扩版的请示得到深圳市委常委会正式批准："会议同意《深圳特区报》一九八九年改出八版。关于改出八版后所增加的外汇额度与财政补贴，包括添置设备所需经费，由市财政局认真审核后，本着少花钱、多办事的原则，尽可能给予支持。关于报社内部机构人员的优化组合问题，请市委宣传部、组织部和人事局给予帮助与支持。关于增派驻港记者问题，同意在原有一名驻港记者的基础上，再增派一名，由深业集团公司代管，活动经费由报社自行解决。"[②]

二 在全国报业率先全部版面采用电脑激光照排系统

1985 年报社制定《印刷厂定额承包制（试行方案）》，试行承包制，实行"规定工资 + 浮动工资"的工资结构，并规定了各车间的生产指标，多超多奖，少超少奖，不超不奖，不完成生产指标的扣发浮动工资。

1986 年 8 月，编委会决定"理论探讨"专版为电脑排版试点。9 月 8 日，由电

---

① 参见深特报字〔1988〕26 号文件，1988 年 8 月 2 日。
② 深常通〔1988〕3 号文件，1988 年 9 月 7 日。

脑排版的"理论探讨"第 44 期与读者见面。10 月 9 日，市编制办将报社印刷厂定为企业单位。此时印厂企业编制有 120 人，设有 8 个车间：排字车间、制版车间、铸字车间、机修车间、轮转车间、平印车间、胶印车间、装订车间。

1987 年 1 月 8 日，报社编委会聘请黄念慈为深圳特区报印刷厂厂长。

1988 年 8 月，印刷厂添置了华光Ⅳ型高级台式出版系统和精密照排系统，随后建立电脑激光照排车间。10 月 2 日，印刷厂与北京昆仑电脑公司签订合同，由该公司承包电脑照排系统设备安装和技术人员的培训。12 月 28 日，深圳特区报印刷厂的华光Ⅳ型电脑激光照排系统经过 3 个月的筹建，正式投产，《深圳特区报》由此成为长江以南首家采用电脑照排的日报，投产速度全国最快。

1989 年 1 月 1 日，报社由四版扩为八版，成为全国 6 家日出八版的大报之一，并且前四版采用电脑照排。1 月 18 日，市委书记李灏等领导到报社参观，称赞电脑照排功能像魔术般变化神速。3 月 21 日，广东省政协主席吴南生到深圳特区

《深圳特区报》在全国报业率先采用电脑激光照排系统印刷，宣告结束铅字排版印刷的历史

苏联新闻代表团专家们
来深圳特区报社参观电
脑激光照排系统

报社视察，参观了电脑激光照排车间。3 月 25 日，香港大公报社社长杨奇带该报 12 人专程来参观电脑照排中心。4 月 1 日，电脑照排扩至八个版，《深圳特区报》成为全国第一家全部版面都采用电脑激光照排新技术的日报。5 月 24 日，华光 Ⅳ 型计算机——激光照排系统在《深圳特区报》采用大屏幕组版，整版输出中文报纸，经过 5 个多月的正常运作，通过了国家验收。国家经委副主任、印刷装备领导小组组长范慕韩专程来报社参加验收会。至此，沿袭多年的铅字组版时代在《深圳特区报》正式结束，深圳特区报印刷厂成为无铅印刷厂。这不但使中文印刷质量和印刷工作效率出现了一次巨大的飞跃，也为中国报业的快速发展扫除了巨大的技术障碍。

1991 年 12 月 10 日，经中国报协评委认定，深圳特区报印刷厂电脑激光照排车间被评为全国报业经营管理先进集体。1992 年 5 月，报社购置一台美国进口高斯印报机（小型）投产，生产能力为 3 万份 / 小时，二对开张，其中一对开张为单面彩，一张双面套红，印厂总生产能力提高到 12 万份 / 小时、24 万对开张 / 小时、开启了彩报印刷新历程。

第三章

《深圳特区报》大报地位确立

1988 年 5 月 9 日，市委调整深圳特区报社领导班子：区汇文任深圳特区报社社长，王荣山任总编辑，王初文、许兆焕、丘盘连、陈锡添任副总编辑，姜开明任总经理，薛以凤任编委。[①]正是在这一任期，《深圳特区报》确立了全国大报地位。

所谓大报，学界、业界对此鲜有一致看法。通常以为，判定一份报纸为大报，至少要符合两个标准：其一，有一些经典之作或做法深受同行好评，并能在一定程度上影响整个国家、社会的历史进程；其二，有可观的经营效益，并能在全国报界占据显要位置。至 1992 年，《深圳特区报》是完全符合这两个标准的。在业务层面，1992 年《深圳特区报》推出的"猴年新春八评"和《东方风来满眼春——邓小平同志在深圳纪实》（以下简称《东方风来满眼春》）不但在同行中引起了强烈反响，而且有力地推动了整个国家、社会的进步。在经营层面，其经营效益也非常可观，1989 年《深圳特区报》的广告营业额已居于全国报纸广告营业额十强之列；1992 年，更是居于全国报纸前 7 名。

第一节 1992 年"8·10"股票风波中的《深圳特区报》

1989 年 1 月 1 日，《深圳特区报》如期改出八版，自

---

① 参见深圳特区报社编委办公室编印《深圳特区报社组织沿革》，第 12～13 页。

此阔步迈向大报行列。然而，在此征途上，难免遭遇大风大浪，1992年的"8·10"事件对《深圳特区报》而言就是一次严峻的考验。

一 全国120万投资者聚集深圳

1992年8月7日，中国人民银行深圳市分行，深圳市工商行政管理局、公安局、监察局联合发表《1992年新股认购抽签表发售公告》，宣布发行国内公众股5亿股，发售新股认购抽签表500万张，每个人凭身份证可以买10张。一次性抽出50万张有效中签表，中签率为10%，每张中签表售价100元，可以认购本次发行公司的股票1000股。

这一公告把全国的120多万投资者聚集到了深圳街头。当天就有人到发售点排队，到8月9日早晨，深圳大街上到处都是排队购买新股认购抽签表的人，且有不少人是从外地带着成捆的身份证远道而来的。然而在发售的时候，一些发

成千上万的人涌进深圳购买新股认购抽签表
赵连勤、王叙熙 摄

排队的人不分老幼、无论男女，一个一个紧紧地搂抱在一起，只为能买到新股认购抽签表

江式高 摄

售点的人以维持秩序为名，往队伍里安插自己的熟人，因而引起了冲突，致使有的发售点的工作陷于停顿；一些发售点的人私分新股认购抽签表，以致排队者还没有几个买到，发售窗口就已挂上"表已售完"的牌子。这种现象引起了群众的强烈不满，甚至引发冲突。

8月11日，深圳市委果断决定加发50万张新股认购抽签表，同时对此前发售过程中的徇私舞弊行为进行严肃查处，事件因此平息。①

二 股票风波中的《深圳特区报》

在事件发生之前，8月9日的《深圳特区报》有过一篇《新股抽签表今起发售 数十万人通宵排队待购》的报道。报道称："虽有数十万人排队，但据记者观察，各发售点的秩序基本良好。银行、证券、工商、公安、监察等部门为

---

① 参见深圳市史志办公室《深圳改革开放纪事（1978—2009）》，海天出版社，2009，第170页。

发售好五百万张抽签表做了大量的工作，工作人员冒着烈日，汗流浃背地维持秩序。入夜，又为维护良好秩序而彻夜不眠。排队的人们虽然购表心切，但大多数都自觉配合工作人员维持秩序，听从安排。"① 文中丝毫没有表现现场的异常空气。

8月10日，《深圳特区报》一篇反映发售情况的报道《我市新股认购抽签表一天发售完毕》称："这次新股发行尊重市场经济规律，体现了'公正、安全、高效'原则。"载有这篇消息的《深圳特区报》出版后，在读者中引起了不满情绪。这篇报道是怎么出炉的呢？据当事者回忆："当晚，记者回来说：'太混乱了，惨不忍睹。'但出于谨慎，报道没有去描绘现场如何混乱的真实情况，只写道：'一些网点人多拥挤，秩序较为混乱……没有发生重伤和死亡事故。'"② 作为深圳市委机关报，面对改革开放的重大事件，特别是本地突发的负面消息，如何准确地报道新闻真相，引导社会舆论，正是《深圳特区报》这一主流传媒应该汲取的经验和教训。

"8·10"事件发生后的次日，《深圳特区报》刊登了《市政府负责人强调：识大体　顾大局　保护改革开放成果——昨晚极少数人闹事被制止》的报道，对"8·10"事件做了回顾，并引述深圳市负责人的话对事件做了进一步评析："发行股票是改革中的一件新事、好事，但我们还缺乏经验。此次发售新股认购表，市政府事先做了大量准备工作。在发售认购表的当日，市工商、监察部门派出700多人，在300个发售点执勤，大批干警也协助维持秩序。但由于事前对外地来深购表人数估计不足，上百万人排队购表，供应量大大不足，一些发售点出现了混乱和违纪问题。对于群众来访投诉，市政府热情予以接待和受理，并进行坚决查处，同时，对这次发售新股抽签认购表工作认真总结经验教训。但是，对于那些煽动群众闹事、破坏社会秩序的极少数坏人，要坚决予以打击。"③ 报道不仅描述了"8·10"事件的梗概，而且分析了政府职能部门在处理事件中的失误和不足，对于民众情绪的宣泄起到了一定的作用。

8月12日，《深圳特区报》围绕"8·10"事件发表了一篇消息和一篇评论。消

---

① 华奋、钱飞鸣：《新股抽签表今起发售　数十万人通宵排队待购》，《深圳特区报》1992年8月9日。

② 张晋：《新闻观察与思考》，九州出版社，2010，第69页。亦可参见陈锡添《不唯上　只唯实》，《新闻爱好者》2002年第4期。

③ 《市政府负责人强调：识大体　顾大局　保护改革开放成果——昨晚极少数人闹事被制止》，《深圳特区报》1992年8月11日。

息为《广大市民反对极少数人闹事 呼吁维护特区安定团结局面》，记者对若干不同身份的市民进行了采访，被采访人一致"对 10 日晚极少数不法分子闹事的行为，表示谴责，呼吁珍惜深圳安定团结的局面，巩固改革开放的成果"。与这篇消息相配合，《深圳特区报》还发表了《维护稳定大局 推进改革开放》的评论，指出"我们需要认真总结经验教训，加以改进，使今后的股票发行工作更为顺利。而对这次新股认购抽签表发售过程中的违纪行为，市政府坚决予以查处……应该看到，这次新股认购抽签表发售工作中出现的问题，是探索中的问题，前进中的问题，不必大惊小怪，它不会影响深圳股市的健康发展"①。

除消息和评论外，当天《深圳特区报》还发表了深圳市市长郑良玉 11 日晚的电视讲话文字稿："广大群众要像爱护自己的眼珠一样爱惜深圳安定团结的局面……十日晚上有极少数不法分子利用我市发售新股抽签表供不应求和组织工作中的一些缺点，聚众闹事，严重破坏了社会治安，危害了特区的安定团结。这个事件的发生，有损深圳的形象，影响了特区改革开放事业的蓬勃发展。尤其是在今年年初小平同志视察深圳以来，特区各项事业欣欣向荣的时候出现这种情况，十分令人痛心与气愤！"②郑良玉市长的讲话，和前面的消息、评论一道，营造了有利稳定的氛围。

第二节 "猴年新春八评"传播南方谈话精神

1992 年 2 月 20 日至 3 月 6 日，《深圳特区报》发表了以邓小平南方谈话精神为主旨的八篇系列评论，这就是著名的"猴年新春八评"。这是第一次透露邓小平南方谈话精神的一组文章。在当时"三不"③指示的背景下，《深圳特区报》是怎么想到用这种方式来传播邓小平视察深圳讲话精神的？这些评论是怎样写作的？究竟有哪些内容和特色？在社会上反响又如何？值得人们关注。

---

① 本报评论员：《维护稳定大局 推进改革开放》，《深圳特区报》1992 年 8 月 12 日。
② 《郑良玉市长的电视讲话》，《深圳特区报》1992 年 8 月 12 日。
③ 即不接见、不报道、不讲话（指不作正式讲话）。

一 "特区还能不能办下去"

在 20 世纪 80 年代末 90 年代初，国际国内形势发生了重大的变化。国际上，东欧剧变、苏联解体，改变了世界力量格局，影响到人类历史的走向。在国内，经济领域内，从 1989 年到 1991 年，全国经济增长速度连年下滑；在思想文化领域，保守势力有相当的力量，改革的阻力不小，这突出地反映在舆论界集中批评"皇甫平"系列文章的事件上。

1991 年 2 月 15 日至 4 月 12 日，中共上海市委机关报《解放日报》根据邓小平的谈话精神，连续发表了署名"皇甫平"的《做改革开放的"带头羊"》等四篇评论，综合其要旨：对改革开放要有新思路；"资本主义有计划，社会主义有市场"；不能把发展社会主义商品经济和社会主义市场同资本主义简单地等同起来；等等。这些话语，无疑是在沉闷的天空划出了一道道闪电。但是，全国稍有分量的报刊，除了《半月谈》对"皇甫平"的文章表示赞同和支持之外，绝大多数都没有反应。

这一时期，"深圳就是搞资本主义""深圳就是靠国家的特殊政策养肥的""深圳就是修正主义的温床"等各种批评、指责，也铺天盖地而来。外商在忧虑和彷徨之后，带着他们的资金纷纷撤走。许多工厂停工，多数基建工地冷冷清清。尽管深圳市委、市政府采取了各种措施，使全市经济保持一定的增长，但 1990 年全市国民生产总值 135.85 亿元，增速约 35%，为办特区以来最低。整个深圳一片迷茫，上上下下忧心忡忡。[①]

在这种背景下，深圳市委宣传部为推动改革开放，主持拍摄了大型电视政论片《世纪行——四项基本原则纵横谈》（以下简称《世纪行》），1990 年 5 月摄制完成。全片长约 150 分钟，共分为四集，以 100 多年来风云变幻的国际共产主义运动史和中国近现代史的变迁为主线，运用许多鲜为人知的历史音像资料组成生动感人、耐人寻味的电视画面，形象地表现四项基本原则是立国之本、改革开放是强国之路这一重大主题。《深圳特区报》倾力报道《世纪行》，前后共刊发报道 200 多篇。1991 年 3 月 15 日，《深圳特区报》刊发消息，报道称国家副主席王震在深圳视察期间，

---

① 参见吴松营《邓小平南方谈话真情实录——记录人的记述》，人民出版社，2012，第 7、27 页。

接见了《世纪行》摄制组在深圳的主要创作人员杨广慧、吴松营、刘奇光等。

在当时的历史条件下，《深圳特区报》大量报道《世纪行》，对推动中国沿着改革开放的航向前进，有着不可忽视的作用。但是，这毕竟不可能改变整个中国复杂的大形势。① "中国将来会怎么样？""深圳特区还能不能办下去？"，这样的疑问依然存在。就在这个历史关头，1992年1月19日至23日，88岁高龄的邓小平第二次来到他亲自倡导创办的深圳经济特区视察，发表了十分重要的谈话，再度指明了中国坚持改革开放、加快发展的正确方向。

二 市委组建写作班子

1992年1月17日，深圳市委宣传部指定《深圳特区报》派副总编辑陈锡添和摄影部主任江式高参加对邓小平的采访。② 据区汇文回忆：很快他（指陈锡添）就把小平同志的讲话精神传回编辑部，大家听了都很振奋。小平同志的讲话，回答了当前大家所关心的一系列重大问题，比如，我们的路到底该怎么走？据小平同志身边的工作人员说，平时他不说什么，但在关键时刻还是要说话的。十四大将要召开，当时正处在关键时刻，所以他的讲话非常重要。与此同时，"小平同志来到深圳的消息很快就在群众中传开了，香港新闻界同行也打电话来向我们索取照片，还问我们有什么讲话精神"。由于当时受到"不报道"的指示限制，于是，用系列评论传播讲话精神的念头萌发了。"报社编委会开会研究，既然消息不好发表，就可以采取撰写系列评论的形式，尽快把小平同志的讲话精神准确地宣传出去，以免以讹传讹。"③

深圳特区报社立即部署，并拟出了六个题目，甚至有人利用春节赶出了两篇评

---

① 吴松营：《邓小平南方谈话真情实录——记录人的记述》，人民出版社，2012，第7～15页。
② 当时派摄影记者江式高去拍照，后来这些照片被陆续发表。如1992年3月12日的《深圳特区报》以头版半个版、四版一整版的篇幅刊登了其中的部分照片，1992年3月26日的《深圳特区报》配合通讯《东方风来满眼春》又发表了一幅。当中一幅名叫《东方风来满眼春》的照片还被收入《中国摄影家作品精华》《中国新闻摄影精品集》《镜头写春秋——共和国50年瞬间精华诞生记》等文献。参见江式高《用镜头讲述历史——小平同志1984、1992年视察深圳随行摄影追记》，载吴松营《深圳传媒业的崛起》，深圳报业集团出版社，2010，第367～369页。
③ 区汇文：《"八评"的写作经过及我们的体会》，《岭南新闻探索》1992年第2期。

论。① 市领导也鼓励宣传小平同志讲话精神。2月3日除夕，市委副书记厉有为到深圳特区报社进行春节慰问讲话时强调，要写出十篇八篇有分量的文章，宣传小平同志的重要指示。在邓小平视察深圳时担任全程记录人的宣传部副部长吴松营，向刚刚从北京参加会议回来的杨广慧部长汇报时，也建议：不能直接发消息，就用评论文章的形式，既能够更深入地阐述小平同志重要谈话的精神实质，又避免"破例"违反宣传纪律的问题。杨广慧表示同意和支持。②

2月10日（大年初七）早上刚上班，陈锡添就带着两篇评论的稿子到市委宣传部。杨广慧部长略看了一遍，说："稿子我不细看了。我们先研究一下生产方式。如果一个人写，只是开个小作坊的小工业。能不能搞个大生产方式，组织一个写作组，发挥集体的智慧和能力？"2月12日，杨广慧向吴松营和市委政策研究室主任刘文韶传达了市委的意见：市委同意成立学习宣传邓小平重要谈话精神的写作组，杨广慧担任组长，刘文韶和吴松营担任副组长。由吴松营通知深圳特区报社社长区汇文，要求报社抽调3～5位写作骨干，并指定陈锡添一定要参加。刘文韶当时答应政研室也抽人。写作组的人员名单最后报杨广慧审定，具体有：市委宣传部刘明如、于德江，市委政策研究室丁星，深圳特区报社王初文、陈锡添、钱汉江。③

2月14日上午，写作组全体人员进驻深圳迎宾馆的荔园楼，旋即围绕着系列评论的写作进行了通盘策划。为了保质保量地完成好每一篇文章，写作组采取了两方面的措施：一方面按照行之有效的程序进行分工协作，八篇文章除了分别起草外，每篇文稿都是写作小组集体讨论和修改的结晶，篇篇需要经过六道工序完成，即讨论提纲—分工执笔—组长初改—常委认可—集体修改—常委签发。常委即市委常委、宣传部部长杨广慧，他既当指挥员，又当战斗员，始终同写作组成员生活在一起。另一方面，为了把文章写好，写作组拿来了上海"皇甫平"的评论文章做参考，还借来了《中华思想宝库》等六种辞书，搜寻精辟语言，现学现卖。写作组成员集中住在迎宾馆，每天闭门谢客，数易其稿，有的改得"面目全非"，但大家都有锲而不舍的精神；

① 写这两篇评论的人是陈锡添。据杨广慧口述，王轲真整理《"猴年新春八评"问世始末》，载吴松营《深圳传媒业的崛起》，深圳报业集团出版社，2010，第312页。

② 参见吴松营《邓小平南方谈话真情实录——记录人的记述》，人民出版社，2012，第140页。

③ 吴松营：《邓小平南方谈话真情实录——记录人的记述》，人民出版社，2012，第141～142页。

有些同志为了赶时间写作，三过家门而不入，留下了许多动人的故事。比如，政策研究室的丁星在写《扭住中心不放》这篇文章时，赶上夫人生孩子，特批的探亲假结束时，他一步三回头跟儿子告别，回到了迎宾馆继续写作。①

当时对于这组重要评论，在选题、写作、审稿和刊发方面进行了精心策划。

其一，关于文章署名。原本打算用"侯新平"这个笔名，表"猴年新春评论"之意，后来觉得这样一种署名容易引起误解，"'侯新平'何许人也？人家以为是一般秀才的文章"，会致震撼力不够，遂改署名"本报编辑部"。这样就达到社论的档次，增加了权威性，其他传媒转发时也便当多了。②

其二，关于评论选题。"首先着眼于能够体现小平同志

"猴年新春八评"主创人员在研究写作事宜

---

① 参见朱文蔚《"猴年新春八评"出炉的幕后故事》，《深圳特区报》2007年5月24日。

② 参见王初文《让人爱读而不是硬着头皮读——从"八评"看商品经济条件下新闻评论改革》，《岭南新闻探索》1992年第2期。

讲话的主要精神。"[1] "当时想搞九评,其中有一评是关于接班人的问题。后来感到,小平同志讲的接班人,重点放在高层领导,地方报刊在这个问题上很难讲些什么,泛泛而论,写不出新意,所以放弃了这个题目。"因此,最终依据讲话精神确定了这样八个题目:"扭住中心不放""要搞快一点""要敢闯""多干实事""两只手都要硬""共产党能消灭腐败""稳定是个大前提""我们只能走社会主义道路"。

其三,关于刊发顺序。开头要出彩,结尾要压轴。"小平同志反反复复地讲,一定要扭住经济建设这个中心不放……这是一个关键问题……大家议论的结果……决定把它作为这组评论的开篇。""那么,选哪一篇作'尾'呢?小平同志在深圳多次讲到要坚持社会主义,并强调只能走这条道路。所以确定以'我们只能走社会主义道路'作为结尾。因为苏联解体以后,社会主义制度究竟还灵不灵,是大家普遍关心,而又必须做出明确回答的问题,选择这个题目结尾,可以统揽全局,比较完整。"开头和结尾确定之后,刊发的先后顺序就基本上可以定下来了,因为中间的顺序安排相对容易。

其四,关于写作要求。市委对这组评论要求很高,主要有六点:第一,要有新意;第二,要有理论色彩;第三,要有针对性;第四,文风要好、文章要短(原定每篇1500字左右);第五,不要授人以柄;第六,要有点文采。市委领导还强调,不要一篇文章登出来以后,引起各种各样的争论。

其五,关于审稿程序。杨广慧在市委常委会上提议由他一人审稿,如有实在拿不准的地方再请示各位书记。之所以这样,是因为考虑到"集体一起写出的文章,如果每篇都让领导改,那是最苦的事情,一个领导一个看法,一种文风,文章写不出来呀!"[2]

其六,关于版面安排。不仅放的位置显著,标题字特别大,而且每篇放的位置不变,加上围框套红,就显得很醒目和突出了。也就是说把文章全部放在头版头条位置,大字、竖题、围花、统一格式,给读者一个评论套餐的印象。

其七,关于刊出周期。报社作了周密的考虑。新闻贵在及时,评论也要讲求时

---

[1] 区汇文:《"八评"的写作经过及我们的体会》,《岭南新闻探索》1992年第2期。

[2] 杨广慧口述,靳萍整理,钱汉江编审《原深圳宣传部长杨广慧追记1992年小平视察南方宣传报道》,《深圳特区报》2008年5月6日。

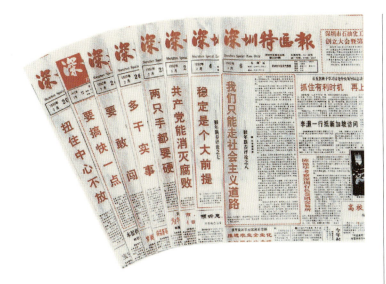

"猴年新春八评"

效，晚了，效果会打折扣。因此，这组评论刊出时间不能拖得太长，特别是小平同志的讲话在很多地方还没有传达，能够争取早一天登就早一天登，能够连续登就有连贯性，给人以深刻印象。当时曾考虑一天出一篇，但担心稿子接不上，八天一口气出完，读者也可能消化不了，故决定每隔一天出一篇；还考虑到星期天人们往往不那么关注报纸，所以周日不登。①

为了取得预期的宣传效果，在"猴年新春八评"刊发前，《深圳特区报》展开了有力的造势活动。一方面，发布预告，在第一篇评论发表的前一天，即1992年2月19日，《深圳特区报》刊登了一则《本报明日发表重要评论》的消息，称"本报明日一版将发表本报编辑部的重要评论《扭住中心不放》。这是本报撰写的猴年新春八篇系列评论中的第一篇。其余七篇也将在近日陆续发表。题目分别是：《要搞快一点》《要敢闯》《多干实事》《两只手都要硬》《共产党

---

① 参见区汇文《"八评"的写作经过及我们的体会》，《岭南新闻探索》1992年第2期。

能消灭腐败》《稳定是个大前提》《我们只能走社会主义道路》。敬请读者垂注"。另一方面，主动与其他媒体联系、沟通。当时主要联系了这样四类媒体：一类是中央的《人民日报》等，一类是省城广州的《南方日报》《羊城晚报》等，一类是香港的《文汇报》《大公报》等，一类是深圳本地的电台、电视台等。

三 "猴年新春八评"的大论小作

"猴年新春八评"加起来约万字篇幅，可谓字字珠玑。那么，它们究竟有哪些内容和特色呢？

《扭住中心不放》透露的主要信息是："中央要深圳特区当好建设有中国特色的社会主义的排头兵，我们就更要扭住经济建设这个中心不放。贫穷不是社会主义，社会主义的根本任务就是发展生产力。生产大发展，并日益满足人们不断增长的物质和文化生活的需要，这才是国家富强、人民富裕，有中国特色的社会主义的样子。积数十年正反两方面的经验，中国建设社会主义，必须全面贯彻'一个中心，两个基本点'的基本路线。一个中心，就是以经济建设为中心。这个路线不能变，也不会变，至少要管一百年。"

《要搞快一点》透露的主要信息是："形势的发展，要求深圳要搞快一点。就是说，改革开放的步伐要快一些，经济建设要上得快一些，经过若干年努力，带头造一个社会主义的'香港'。"

《要敢闯》透露的主要信息是："敢闯，就是在改革开放的实践中，敢于闯不合时宜的政策法规的'禁区'；敢于闯前人未曾涉足的'盲区'；敢于闯矛盾错综复杂令人望而却步的'难区'。最终，闯出有中国特色的社会主义……可以说，深圳所有改革成果，无一不是冒着种种风险、克服重重困难闯出来的。如果因循守旧，畏葸不前，不敢越雷池一步，就不会有任何作为……敢闯，就不要怕犯错误。搞改革开放，办特区，都是试验。试验，就必须敢闯。在闯的过程中，行差踏错在所难免。对了，放开；错了，纠正。无论成功或者失败，都是一种贡献……只要出以公心，任何'禁区'、'盲区'、'难区'，就都是我们闯的用武之地了。"

《多干实事》透露的主要信息是："一个实际行动胜过一打纲领。言行之间，行重于言……如果只讲不做，再好的理论、路线也是空中楼阁，再好的蓝图也是海市蜃楼。空谈泛论、纸上谈兵的形式主义，是为人民群众所深恶痛绝的……空谈误国，实干兴邦。"

《两只手都要硬》透露的主要信息是："在推进改革开放的大业中，要一只手抓改革开放，一只手抓打击各种犯罪活动。两只手都要硬。"

《共产党能消灭腐败》透露的主要信息是："共产党能不能消灭腐败？这是历史早已回答了的问题。在改革开放、发展商品经济的当今，这个问号，随着那些腐败现象的沉渣泛起又悄然浮现。然而，我们的回答同样是：共产党能消灭腐败……尽管腐败现象只是支流，中国共产党对此也毫不手软，始终如一，坚决打击。不论他是什么人，有什么所谓背景，腐败犯罪都要依法严惩，直至处以极刑。"

《稳定是个大前提》透露的主要信息是："特别是当今，我国进入了改革开放的年代，发展社会主义商品经济的年代，建设有中国特色的社会主义的年代，尤其需要稳定。社会不稳定，政治不稳定，一切改革措施都难以制定，更难于实施；经济建设也会步履蹒跚；建设有中国特色的社会主义的设想，也只能停留在设想……世界也需要中国稳定。中国乱不得。中国乱了，不可避免会危害到国际社会……稳定是为了发展，发展才是硬道理，是社会主义建设的主题。没有发展，也就没有长期的稳定。"

《我们只能走社会主义道路》透露的主要信息是："我们只能走社会主义道路。那些国家之所以剧变，绝不是因为走了社会主义道路，而是没有走好，逐渐走偏了。最后背离了社会主义道路……如果中国不坚持社会主义，不改革开放，不发展经济，不改善人民生活，也只能是死路一条……资本主义一些东西可以用，资本主义这条道路不能走……今天，谁也不会因为深圳多了一些外资，搞了股市，就怀疑其社会主义性质。特区姓'社'，不姓'资'。"

"猴年新春八评"题材重大，高屋建瓴，立意深远。其组合拳的形式、朴实大气的文风，受到了读者的好评。具体而言，这组评论表现了如下特点。

第一，传递事实信息。通常，评论是用来传递理性信息的，传递事实信息不是它的任务。而"猴年新春八评"却重在传递事实信息，即透露邓小平视察深圳讲话精神之实。也就是说，这八篇评论表面上的确还是评论，其用意却主要不是"评"，而是"报"——报道邓小平南方谈话精神。

第二，大论小作。在这八篇评论中，每篇评论的主题都至少足以洋洋洒洒数千乃至上万字，即使按一般的社论写法怎么也得有两三千字，而这八篇评论的篇幅却都只在千字上下，这就是大论小作。有专家认为："八篇文章，每篇千把字，通俗精简、阅读省时、容易领会，这就很适合商品经济发达社会生活节奏加快下的读者需求。"①

第三，标题传"神"。这个"神"既是"精神"之"神"，亦是"神采"之"神"，也就是说，这八篇评论的标题既传递了邓小平南方谈话精神，在形式上也给人以神采飞扬之感。因为原汁原味地用小平同志的原话作标题，既传递了精神，也避免了标题的一般化。

第四，文风活泼。八篇评论运用了多种文体，多种修辞，多种诗文、俚语、警句等，纵横捭阖，收放自如，兼具理论文章、杂文、散文等多种文体韵味，这样就使文章显得色彩斑斓。

第五，持论稳重。"八篇评论的写作，始终脚踏实地，以深圳的实际材料来阐发具有全局意义、面向海内外宣示的观点和道理，而不是听到风就是雨，一味从概念出发猛刮风。这完全符合地方报所处的地位和宣传纪律。"②

四　境内外媒体纷纷转载"猴年新春八评"

在"猴年新春八评"的写作谋划阶段，领导们曾担心被别人抓住把柄。八篇评论一经发表，却在境内外产生了强烈的反响。大批主流媒体纷纷转载转引，"仅据深圳特区报社手头资料统计，就有30多家国内外新闻媒介转发了'八评'"③。而且其转引位置显著，如《文汇报》《大公报》都是以显著位置登出来，《文汇报》第一篇全文转载了，《大公报》把文章的主要精神都登了，两报连续两天登头条。转引媒体

---

① 马戎：《试谈〈猴年新春八评〉的写作特色》，《岭南新闻探索》1992年第2期。
② 区汇文：《"八评"的写作经过及我们的体会》，《岭南新闻探索》1992年第2期。
③ 王初文：《让人爱读而不是硬着头皮读——从"八评"看商品经济条件下新闻评论改革》，《岭南新闻探索》1992年第2期。

的层次也很高，如《人民日报》将第一篇评论全文转载了，后来还详细摘要转发了另外三篇。海外的媒体如日本共同社、英国BBC、新加坡《联合早报》等分别致电深圳特区报社索要传真稿。甚至在"八评"正式发表前，一些海外媒体就有预感。"（评论的预告）消息一登，就引起社会特别是新闻界的关注，驻在北京和香港的好几家外国通讯社都纷纷打电话来要我们的稿子。"① 这些评论的发表还引起了中央高层的关注。"当时，国务院副总理邹家华在办公室看到第一篇评论之后，派人打电话给深圳特区报社，要求把这篇评论电传给他们，还要求把其他评论及时传过去。"② 正是基于这些强烈的反响，后来，这些评论获得了全国改革好新闻二等奖、广东评论写作组特别奖、广东新闻奖一等奖、深圳首届新闻奖特别奖等奖项。

与当初的担心比较，结果真有点儿喜出望外。用王初文的话来说，这种反响"是始料不及的。一家地方报纸的评论，在新华社没有发通稿的情况下，传播得这么广泛，在广东报刊史上是罕见的。言论有别于新闻，它不是传播新闻事实，而主要是说理论证，提倡某种政治主张或思想观念，要获得不同背景的传媒转发，是不容易的"③。

"猴年新春八评"引起如此大的社会反响，首要及根本原因在于评论对象本身"有货"。1992年春邓小平视察深圳及其讲话极富新闻价值，用区汇文的话来说就是："小平同志这个关键人物在关键时刻来到深圳，说了关键的话。"④

其次亦有赖于深圳市委及深圳特区报社的"敢闯"精神。按照惯例，凡是党和国家领导人的言论行动与事关全局的消息，都必须先由新华社和党中央机关报发稿，且当时还有"不报道"的明确指示。尽管以系列评论的方式来传播邓小平南方谈话精神不违背宣传纪律，但是，明眼人一看便知，这些评论的确透露了重大而敏感的信息，特别是搞新闻工作的同行们，一看这些题目就知道是有来头的。因而，这种做法事实上是突破了惯例、打破了"禁令"的，其后果是显而易见的：搞不好，上

---

① 区汇文：《"八评"的写作经过及我们的体会》，《岭南新闻探索》1992年第2期。

② 杨广慧口述，王轲真整理《"猴年新春八评"问世始末》，载吴松营《深圳传媒业的崛起》，深圳报业集团出版社，2010，第314页。

③ 王初文：《让人爱读而不是硬着头皮读——从"八评"看商品经济条件下新闻评论改革》，《岭南新闻探索》1992年第3期。

④ 区汇文：《"八评"的写作经过及我们的体会》，《岭南新闻探索》1992年第2期。

面追究责任，深圳市委和深圳特区报社都难辞其咎，深圳市委和深圳特区报社不会不知道这里面的利害关系。在这个当口，如果稍加犹豫，"猴年新春八评"就可能难产了。然而，深圳市委和深圳特区报社没有犹豫，他们铆足了劲，着实准备"闯"一把，于是才有了"猴年新春八评"的诞生。

第三节 《东方风来满眼春》

1992年3月12日，《深圳特区报》编发了一个半版由记者江式高摄制的邓小平视察深圳的独家照片。香港的《紫荆》杂志经请示北京主管部门同意，向深圳特区报社索要这些真实、生动的独家照片，在"3月号"上大篇幅地刊登出来。[①]

3月26日，由记者陈锡添撰写的通讯《东方风来满眼春》在《深圳特区报》头版头条刊出。

一 读者迫切期望了解南方谈话精神

《东方风来满眼春》发表的时代背景与"猴年新春八评"几无二致，但由于是在"猴年新春八评"发表之后，所以又有一些新的情况。

第一，通过"猴年新春八评"这种方式披露邓小平南方谈话精神的做法取得成功，为接下来的宣传工作开了一个好头。

第二，在《东方风来满眼春》发表之前，广东省的报纸上就已经出现了报道邓小平南方视察的通讯，这些通讯尽管篇幅不长（均在2000字上下）、影响有限，但为《东方风来满眼春》的发表做了很好的铺垫。《珠海特区报》于2月21日和3月23日分别发表了《邓伯伯，您好》和《鼓角催征——记邓小平访问过的亚洲仿真公司》两篇通讯。这两篇通讯重点展示了珠海良好的科研环境。《邓伯伯，您好》一文记录了邓小平对时任珠海市委书记梁广大说的一段话："你们这里环境太好了，科

---

① 参见吴松营《邓小平南方谈话真情实录——记录人的记述》，人民出版社，2012，第146页。

《东方风来满眼春》刊于 1992 年 3 月 26 日深圳特区报头版

技人员会喜欢珠海的！"《鼓角催征》则通过回访邓小平视察珠海期间到访过的亚洲仿真公司，展现了科研人员的良好精神风貌："硕士吴芳说，邓小平说，要爱我们的国家哟，要发达起来，中国穷了几十年，是时候了。我心里很激动，就像战士听到了冲锋号。"3 月 21 日和 23 日，《南方日报》分别在头版头条刊登了《邓小平在"先科"人中间》和《邓小平说：我要握握年轻人的手》两篇通讯。前者充满生活气息，用邓小平与叶挺将军儿子叶华明董事长（先科公司董事长）拉家常、与四川籍女工叙乡情等场景，生动地描绘了邓小平作为长者慈祥随和的一面；后者则从邓小平关心青年科技工作者的角度入手，着重叙述了邓小平视察珠海亚洲仿真公司的情况。①

第三，《东方风来满眼春》发表前，中央已下文传达邓小平南方谈话精神。这就意味着，中央已经在考虑如何着手在全国学习和贯彻邓小平南方谈话的精神了。当时，中央〔1992〕2 号文件已经出来，只是在相对高一级的领导干部中传达。经过多方努力争取，3 月 22 日，深圳市委宣传部派人从北京带回一份中央 2 号文件的复印件，并将这份文件交给《深圳特区报》，让其依此文件精神把握好长篇通讯的尺度。②

当时，国内外公众迫切期望了解邓小平南方谈话的详细情况，这种普遍的社会期待为《东方风来满眼春》的轰动性影响埋下了伏笔。

二　陈锡添的采写经过

邓小平视察深圳期间，陈锡添是被派去采访的唯一文字记者，这使他能够亲临现场，见到别人无法见到的一些场景，如当时的具体情景、邓小平的言谈举止等。以至许多年后，陈锡添谈及此事时还表示："小平同志的音容笑貌仍浮现脑际，整个采写过程仍记忆犹新。"③ 这次采访，对于一个记者显得弥足珍贵。陈锡添谦虚地表示："比我能写，比我优秀的记者多的是，但当时偏偏是我得到了这个机会，能够随行采访小平，这不得不说是幸运。"④

陈锡添一接到采访任务就意识到："光是'邓小平到深圳'这几个字就是全中国全世界极其重大的新闻了。这次采访责任重大，非同小可。"在采访的过程中，他又敏锐地意识到："小平同志在深圳 5 天没有作任何报告，在国贸大厦作了较长时间的

---

① 这部分除个别地方有改动外，基本引自蔡铭泽《新时期广东报业发展研究》，福建人民出版社，2006，第 167 ～ 168 页。

② 参见吴松营《邓小平南方谈话真情实录——记录人的记述》，人民出版社，2012，第 147 页。

③ 据称，当时深圳市委书记李灏带了一个小录音机，放在口袋里，希望日后核对讲话记录时派上用场。可能由于技术原因，讲话没有录上。参见朱文蔚《"猴年新春八评"出炉的幕后故事》，《深圳特区报》2007 年 5 月 24 日。

④ 陈锡添接受《南方日报》记者采访时记录。见《"这篇稿子发不出去，我一辈子遗憾"》，《南方日报》2008 年 4 月 24 日。

谈话。其余只是在参观的过程中，在车上同陪同的省市负责人随便聊天、谈笑风生，谈话的形式随便轻松，但内容却非常重要，而且每次谈话所谈的问题都不尽相同，涉及的面很广。"在陈锡添眼里，邓小平"是一位慈祥可敬的老人，他和蔼可亲，聊天时谈笑自若，幽默横生，没有慷慨激昂之状。他经常扳着手指，平和地娓娓道来。特别是老人摸摸天鹅绒竹芋的叶子，问这芋长不长芋头？那返老还童的心态，那'稚态可掬'的神情，再联想到这是一位叱咤风云数十年，新中国第二代领导人的核心、中国改革开放的总设计师时，在我（陈锡添）的心头，对他的爱戴崇敬，亲切的强烈感情，喷涌而出。特别是在国贸大厦楼下，面对成千上万激情澎湃一睹他风采的群众，他笑容满面，频频招手致意，这种伟大领袖人物与广大人民群众水乳交融、融洽无间的动人场面，深深地感染了我。"① 于是他"下定决心，一定要写好这篇报道，将他的重要谈话准确地写出来，将他的可敬可爱的形象表现出来"。

现在回过头来审视这段历史，陈锡添围绕《东方风来满眼春》的采写活动实际上经历了一个曲折的过程，这一过程大致可以分为五个阶段。

第一个阶段，随同采访。陈锡添很珍惜这个采访机会，尽自己最大的努力记录着所闻所见的一切："大家坐在一起时，我（陈锡添）几乎是屏住呼吸，调动自己的记忆力并快笔疾书，将他（邓小平）的谈话记录下来……边参观、边谈话时，我用纸片急速记下一句半句，或一两个词，再把其整段话刻在脑中，晚上在宾馆立即趁热打铁，通过片言只字勾起整段话的回忆，迅速整理下来，写成大事记。我简直是有闻必录，他一言一行、一举手、一投足，都详细记录。"甚至在采访时打破常规，"尽量往前挤，争取靠近小平同志，力求听到他的每一句话"。这样下来，陈锡添不但获得了非常丰富的一手材料，而且对这些材料做到了烂熟于心。

第二个阶段，计划遇阻。在邓小平将要离开深圳时，陈锡添就曾正式向有关方面提出"发个消息或通讯"的请求，但未获批准。3月12日《深圳特区报》专门刊载邓小平视察深圳的新闻图片，陈锡添原本准备了500字左右的图片说明，试图从正面去报道一下邓小平视察深圳的事情，结果都被删减了。尽管几个报道计划遭到了否决，但是，陈锡添并没有放弃要写小平同志视察深圳的通讯的想法。

---

① 陈锡添：《春风浩荡十年间——采写小平南巡报道追记》，《报告文学》2002年第3期。

第三个阶段，构思核实。据陈锡添回忆，"直到 3 月 15 日，社长区汇文同志主动提出，代替我值夜班，要我找个静静的地方将这篇通讯写出来"。自此，陈锡添开始了对文章谋篇布局的构思。"开始想，设几个小标题吧，又包含不了太多的题材，会漏掉一些重要谈话和细节，写得不全面。后来决定干脆来个'流水账'，按时间顺序写，这样可以挥洒自如。时间和地点明确，现场感强，给人以全景式的感觉，可将小平同志每天的参观安排、活动细节，在什么场合谈了哪些话，一一表述无遗，可增强感染力和说服力，使读者恍如随着小平同志的步履，听其言谈，观其举止。"与此同时，陈锡添"还跟踪采访了一些人物，进一步了解和核实细节"。这样一来，"整篇通讯的写作就成竹在胸了"。

第四个阶段，正式写作。当陈锡添正要着笔的时候，一件紧急事情中止了这个进程，那就是市委宣传部要制作一部电视纪录片《邓小平同志在深圳》，指定陈锡添写解说词。3 月 22 日，刚刚完成纪录片解说词的撰稿任务，"中午我（陈锡添）到办公室取报纸，在《南方日报》一版上，一个标题赫然入目：《小平同志在'先科'人中间》。这是《南方日报》驻深记者间接采访的一篇 1000 多字的通讯。'怎么，可以发表了？'我脑子这样转了一下。立刻告知当时的社长区汇文，他致电《南方日报》总编辑，得到的答复是：经请示省委领导同志，同意发表。我立即赶回家中，坐在沙发上大口地喘着气，'我失职了！'这念头像一个锤子重重地敲在我的脑袋上。我想，如果我们的老大哥报纸《南方日报》《羊城晚报》派出记者将小平同志参观过的地方一篇篇地写出来，我再发表通讯，不就成了'马后炮'？我胡乱地啃了几口饭，就一头钻进房间，铺开稿纸……"就这样，《东方风来满眼春》这篇影响中国历史进程的鸿篇巨制从作者的心中，开始喷涌而出了。

为了赶时间，区汇文对于《东方风来满眼春》没有先审稿再排版，而是提出边写边排，写完再审。由于陈锡添早已丘壑在胸，自 22 日下午开始动笔，24 日下午稿件的小样就出来了。

第五个阶段，审阅修改。24 日晚，区汇文社长审阅了全部发排好的小样，并做了修改。25 日上午，陈锡添和区社长一起拿着稿子到市委，请宣传部部长杨广慧审阅。杨部长让他们自己把关，并且注意要把小平同志写成人，不要写成"神"。当天下午，陈锡添又对稿件个别地方做了润色和改动。晚上，深圳特区报社夜编室的编

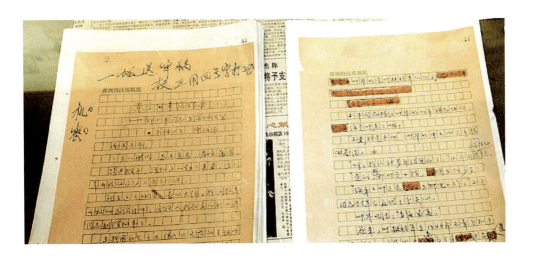

陈锡添写作《东方风来满眼春》的手稿
丁庆林 摄

辑们又对稿件做了一些修改，场面气氛相当热烈。一会儿是编辑陈寅找陈锡添说："你稿子上写'过了猴年'，这不对，春节还未到，还未到猴年哩！应改为'过了新年'。"一会儿是值班的要闻部副主任陈桂雄来找陈锡添说："这篇通讯写得太好了，我看了很激动，但有一个词，我要改了它，这就是'人们的目光和闪光灯束都一齐投向这位领一代风骚的人物身上'，这句的'人物'要改成'伟人'。"还说，"你同意我要改，你不同意我也要改。"①

终于，3月26日，《东方风来满眼春》面世了。事后，陈锡添表示，有这样两处没有写进文章当引以为憾事。一处是"没有把邓小平的一段很重要的谈话写上去：邓小平有一段话'不要搞政治运动，不要搞形式主义，领导头脑要清醒，不要影响工作'。这四句是原话，我（陈锡添）记得非常清楚。这四句话听起来很散，但其实连贯性是很强的——不要搞政治运动，不要搞形式主义，说明政治运动就是形式主义；领导头脑要清醒，说明搞政治运动的领导头

① 陈锡添：《春风浩荡十年间——采写小平南巡报道追记》，《报告文学》2002年第3期。

脑不清醒；不要影响工作，说明搞政治运动、形式主义是领导头脑不清醒，就是在影响工作，所以不要搞政治运动。但这几句话临上版之前，我把它删掉了"。另一处是"小平同志还说，年纪大了，要自觉下来，否则容易犯错误。像我这样年纪老了，记忆力差，讲话又口吃，所以我们这些老人应该下来，全心全意扶持年轻人上去，等等。这些我（陈锡添）都没敢写"。①

三　浑然天成　情景交融

《东方风来满眼春》以新闻通讯的体裁，详细报道邓小平同志关于中国改革开放的重要谈话。这篇新闻"雄文"彰显了鲜明的写作特色。

第一，标题韵味十足，珠联璧合。有人对此曾做过这样的评价："题目字字珠玑，韵味深长，给人以春意盎然催人振奋的美感，大有让人不忍释手、卒读方快的强烈吸引力。作者以唐代诗人李贺诗《江南府试十二月乐词·三月》中的咏春名句为标题，报道邓小平同志视察深圳，吹来加快改革步伐春风的内容，使题文达到高度的和谐统一。"②这个评价无疑是客观的，只是稍显不够全面，还应该看到这个标题珠联璧合的一面。主题"东方风来满眼春"着重写意，副题"邓小平同志在深圳纪实"着重写实，整个标题写意与写实相结合，既韵味十足又不失明白晓畅。

第二，语言春风拂面，娓娓道来。文章开头的四句"南国春早。一月的鹏城，花木葱茏，春意荡漾"③，就犹如吹来一缕清新的春风，令人心旷神怡。这四句虽是铺垫，却文如作赋，逸而不散，轻重得宜，充分运用了汉语神奇的表意功能：汉语中"相关的两件事凑在一起，不用任何连接词"就能表情达意。④它所要表述的并不是春天的自然景象，而是要表达华夏大地在改革春天里所呈现的一派勃勃生机之意。《东方风来满眼春》旨在全面传播邓小平闪烁智慧灵光的改革开放思想，话语乃精华之笔。该文记述随情景着力运行，无斧凿之痕，引读者畅快阅读。

---

① 陈新华、吴清华、钟华友：《"雄文"的遗憾》，《南风窗》2003 年第 13 期。
② 赵清永：《从"东方风来满眼春"谈起——报刊标题语言文化浅议》，《汉语学习》1993 年第 3 期。
③ 陈锡添：《东方风来满眼春——邓小平同志在深圳纪实》，《深圳特区报》1992 年 3 月 26 日。
④ 参见王力《中国语法理论》，中华书局，1954。转引自赵清永《从"东方风来满眼春"谈起——报刊标题语言文化浅议》，《汉语学习》1993 年第 3 期。

第三，结构浑然天成，逻辑顺畅。《东方风来满眼春》犹如一幅天然舒展的画卷，展开的节奏如同行云流水，没有任何做作。全篇以时空转换为序，以邓小平在深圳的活动为线索，流畅地再现了邓小平在火车站月台、乘车游览深圳过程中、国贸大厦、先科激光公司、华侨城、仙湖植物园、深圳市迎宾馆、离开深圳之时的情景。

第四，细节兴味盎然，再现场景。《东方风来满眼春》中的若干个细节给人以强烈的现场感。如："车子到达先科激光公司时，该公司董事长叶华明等人迎上前去，和小平同志热烈握手。有人介绍说，叶华明是叶挺将军的儿子。小平同志握住叶华明的手亲切地问：'你是叶老二吧？''不是，我是老四。'叶华明伸出四只手指回答说。'呵，我们快40年没见面了。'小平同志深情地说。'是的，我那时是小孩，现在50多岁了。''你弟弟叶正光在哪里工作？'小平同志对革命家的后代十分关心。叶华明说：'在海南岛。'"又如："小平同志和杨主席两位老战友在仙湖植物园相逢，自然高兴万分。'我们在一起几十年啰。'小平同志深情地说。'我们是1932年认识的。'杨主席说着扳起指头数起来：'42、52、62……92，六十年了！'这时身背三部相机的杨绍明走过来，握着小平同志的手：'邓伯伯，新年好！'邓榕说：'他是全国摄影协会副主席呀！'小平同志幽默地说：'你们杨家有两个主席啰！'全场大笑起来。"再如："小平同志被这些珍稀植物吸引住了，他观赏得很仔细，注意听介绍，还不断提问。他指着一棵天鹅绒竹芋问：'它长不长芋头？'植物园负责人答：'不长，只供观赏。'邓榕接着说：'爸爸很喜欢吃芋头。'植物园的同志说，这种竹芋的叶子，摸上去像绒布。小平同志听了，好奇地摸了一下。"这样的例子不胜枚举。

四 江泽民高度肯定

《东方风来满眼春》发表后，在海内外引起了广泛轰动，它不仅是一篇新闻名作，更是影响了中国当代历史进程的重要文献。

在媒体同行当中，《羊城晚报》领导看到该报驻深记者传回的《东方风来满眼春》时，立即掂量出该新闻的分量，马上决定对已基本拼好的3月26日报纸的主要新闻版做重大调整，下午在头版刊登。28日，上海《文汇报》及北京《中华工商时报》全文转载。28 日晚，光明日报社指示驻深记者站向陈锡添索要邓小平视察深圳的照片，并决定 30 日全文转载。当陈锡添将此消息转告新华社深圳支社时，支社于 29 日晚将通讯全文转至总社。30 日《光明日报》《北京日报》全文转发后，新华社也于当日全文播发，并同时以少有的规格为播发此文专门配发了一条消息："本社今天向国内外转发了《深圳特区报》3 月 26 日发表的一篇通讯《东方风来满眼春——邓小平同志在深圳纪实》。《深圳特区报》这篇 1 万多字的通讯，详细记述了邓小平同志于 1 月 19 日至 23 日访问深圳期间的主要言行，尤其是他对改革开放所作的重要讲话。"① 中央人民广播电台很快根据新华社通稿，全文播发这篇《深圳特区报》的长篇通讯。30 日当晚，中央电视台在《新闻联播》之后，于 7：30 由主持人邢质斌口播《东方风来满眼春——邓小平同志在深圳纪实》全文，达 45 分钟。31 日，《人民日报》在头版头条的位置转载了《深圳特区报》的这篇长篇通讯，同时刊登邓小平在深圳特区视察时的 4 张照片。② 还有"《解放军报》，香港《文汇报》、《大公报》等众多大报全文转发，数百家国内地市级报纸和海外报刊，亦全文或摘要发表"③。正是基于巨大的影响力，在第二年举行的中国新闻奖评审中，该通讯获得了中国新闻奖特等奖。

这篇通讯还获得了当时党和国家领导人的肯定。4 月 1 日，即将访日的中共中央总书记江泽民在会见日本驻华记者时，被问及对《深圳特区报》发表《东方风来满眼春》长篇通讯的评价。江泽民的回答十分肯定："邓小平同志视察南方时的重要讲话，早已在全党和全国传达。现在发表邓小平同志视察深圳的报道，可以使全国人民更好地了解他的谈话精神，以便全面地贯彻落实。"新华社当即向全世界播发了这条消息。④

在大众层面，《东方风来满眼春》成为全国人民了解邓小平 1992 年南方谈话精神的重要渠道。其间，还发生过一件趣事："一位湖南农民写信给作者说，看了《东方风来满眼春》，才知道小平同志爱吃芋头，他要寄一些给小平同志。后来当地邮局

---

① 张松平：《〈东方风来满眼春〉写作前后——访〈深圳特区报〉副总编辑陈锡添》，《新闻前哨》1999 年第 1 期。

② 参见吴松营《邓小平南方谈话真情实录——记录人的记述》，人民出版社，2012，第 152 ～ 154 页。

③ 江式高：《〈东方风来满眼春〉助推改革开放新浪潮》，《深圳特区报》2002 年 5 月 24 日。

④ 参见吴松营《邓小平南方谈话真情实录——记录人的记述》，人民出版社，2012，第 156 页。

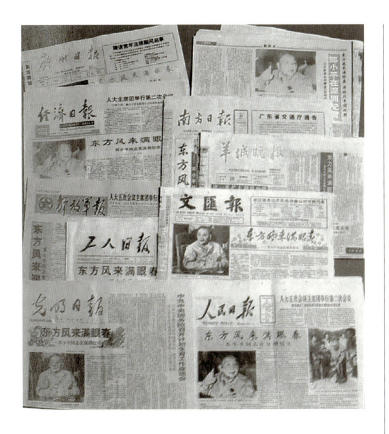

国内各大报纸纷纷转载
《东方风来满眼春》

果然帮助他把芋头寄到了北京。"①

　　如今，登有这篇通讯的那期《深圳特区报》不但进了中国革命历史博物馆，还进了法国卡昂和平博物馆②，进了普通高中课程标准实验教科书《语文（必修5）》。

　　《东方风来满眼春》何以会取得如此大的社会反响呢？首先，还是邓小平视察深圳这个事件本身极具影响和价值。其次，全国宣传和学习邓小平南方谈话精神的氛围越来越浓。特别是中央在此前下达了邓小平南方谈话的要点，预示着一场学

---

① 韩松、傅汉南、潘慧球：《报海撷英——深圳特区报'83—'93'年获奖作品选》，海天出版社，1994，第40页。

② 参见王石、缪川《道路与梦想——我与万科20年》，中信出版社，2006，第76页。

1992 年 3 月 30 日晚，中央电视台主持人邢质斌口播《东方风来满眼春》，达 45 分钟

习邓小平南方谈话精神的活动即将在全国范围内广泛展开。这是《东方风来满眼春》在社会上引起巨大反响的政治环境。

　　特别需要指出的是，作者陈锡添及其同事、领导们敢于担当的责任意识和协作精神，亦是其获得成功的重要原因。陈锡添是凭着"幸运的机会"和"有准备的头脑"[1]，写出了《东方风来满眼春》，但文章的顺利发表绝不是他一个人的功劳。譬如，在邓小平深圳视察期间担当记录人的吴松营，与陈锡添同一个房间朝夕相处，他们每天晚上共同整理记录到深夜，最后形成的那份记录，为陈锡添撰写《东方风来满眼春》提供了可靠的保证；当时那份复印的中共中央 2 号文件，也成为这篇"雄文"难得的"尺度"；还有区汇文主动替陈锡添值夜班而为他腾出写稿的时间，并细心帮他修改稿件；报社的同事纷纷为文稿建言献策；等等。[2] 更重

---

① 陈锡添接受《南方日报》记者采访时曾做过类似表示，见《"这篇稿子发不出去，我一辈子遗憾"》，《南方日报》2008 年 4 月 24 日。

② 参见陈锡添《春风浩荡十年间——采写小平南巡报道追记》，《报告文学》2002 年第 3 期。

《东方风来满眼春》获
得的中国新闻奖奖杯
丁庆林 摄

要的是深圳市委、报社领导共同承担了相应的风险。当时的
深圳市委书记李灏在市委常委会上说过这样一件事，在 1992
年的"两会"上有一位中央领导同志问他这个稿子怎么出来
的？李灏回答说不知道，家里定的吧。意思是他在北京开
会，不知道这个稿子是怎么出来的，是"在家"的深圳市领
导定的。这位中央领导说，你们的胆子好大啊！这种风险从
陈锡添发稿后忐忑不安的心情亦可见一斑，发稿后他并没有
如释重负的感觉，反而有些害怕了，睡不着觉。"不是怕丢
官。乌纱帽掉了算啥？一个小小的副总编算什么？国家的大
事，才是真正重要的啊！通讯中很多是'邓小平说'，'邓小
平说'，弄错了怎么办啊？"[1]

---

[1] 陈新华、吴清华、钟华友：《〈东方风来满眼春〉发表前后》，《采写编》
2003 年第 4 期。

第四节　经营业绩大幅攀升

随着报纸的影响力扩大，《深圳特区报》的经营业绩也快速拉升。据《深圳特区报》发行报表，1989 年发行 10.8 万份，1992 年攀升至 25 万份；据《深圳特区报》广告营业额报表，1989 年的广告营业额是 2064.86 万元，1992 年攀升至 7583.24 万元。短短的三年时间，分别年增长 1.3 倍和 2.7 倍。

一　报道南方谈话后，9 个月增加了 9 万份

1989 ～ 1992 年《深圳特区报》的发行概况如下表。

年份	发行量	突出举措情况
1989	10.8 万份	10 月 22 日，《深圳特区报》在广州举办大型发行咨询活动，吸引近 5 万名读者前来咨询。
1990	12.6 万份	1 月 16 日，《深圳特区报》开展 "出早报出好报一条龙奖" 活动，范围包括所有采编部门和印刷厂，并与市邮局签订出早报的邮发合同。
1991	15.6 万份	12 月，发行量比上年同期增加 23.8%，在深圳市，平均 17 个人就订阅一份《深圳特区报》；实现了全国所有大中城市和全国 95% 的县都有订户。1991 年度报纸的发行量逐月逐季上升，10 月与上年同期相比，增长 48.1%（深圳市增长 49.4%），成为报纸创刊以来同期发行增幅最大的一年。
1992	25 万份	1992 年 5 月，总发行量与上年同期相比，上升了 36.7%。报纸的发行覆盖面已遍及全国各省份，5 月订数超过上年同期 20% 以上的有 17 个省份，超过 40% 以上的有北京、湖南等 4 省份。而上海市比上年同期订数增加 138.5%。

《深圳特区报》在短短的三年间，就实现了发行量的翻番，这一骄人的成绩是怎么得来的呢？有两个原因不能忽略。

第一，对邓小平视察深圳讲话精神的积极报道，促进了《深圳特区报》发行量的大幅上升，尤其是《东方风来满眼春》一文的发表，更是使《深圳特区报》一时洛阳纸贵。据统计："《深圳特区报》因此而名噪全国，发行量陡增：在该文见报后的 9 个月时间，平均每个月的订数增加 1 万份以上。"[①] 日本、韩国和中国香港的一些

----

① 张松平：《"南巡讲话" 公开报道前后》，《南风窗》1998 年第 11 期。

读者纷纷来信、来电、来人要求订阅和购买《深圳特区报》。湖北、湖南、四川、安徽等省读者也来信和来电询问如何能尽快订阅到《深圳特区报》。深圳许多读者也反映说，每天早上最关心的是能否早点看到《深圳特区报》。①

第二，深圳特区报社采取的发行措施，在一定程度上促进了《深圳特区报》发行量的上升，如在广州举办大型发行咨询活动、开展"出早报出好报一条龙奖"活动、与市邮局签订出早报的邮发合同等。1992 年 10 月 3 日，深圳特区报社提出了一系列措施，在香港和澳门扩大发行量：一是对在港澳的 1000 多家中资机构，派人调查摸清其名称、地址等，并给这些单位赠送 1000 份左右报纸，以扩大宣传和影响；二是对港澳地区的全国或省人大代表、政协委员、港事顾问及部分社会知名人士，全部赠送报纸；三是适当提高给《文汇报》发行部门及报贩的销售酬劳；四是与《澳门日报》协商，请其代为发行；五是每天增加 200 份送香港，由香港《文汇报》代送；等等。② 这些刺激发行的措施取得了显著的效果。

二 广告营业额进入全国报纸前 7 名

与报纸发行迅速上升的同时，深圳特区报社的广告营业额也扶摇直上，1992 年进入全国报纸前 7 名。1989 ～ 1992 年深圳特区报社广告营业额情况见下表。

深圳特区报社广告营业额的大幅攀升，与该报发行量的上升直接相关。发行量上去了，报纸的广告价值自然提升，广告客户自然会蜂拥而至。还有一个重要的原因，就是这一时期深圳经济的迅猛发展。深圳经济发展相关指标：1989 年、1990 年、1991 年、1992 年国内生产总值分别是 115.66 亿元、171.67 亿元、236.66 亿元和 317.32 亿元；社会消费品零售总额分别是 54.57 亿元、66.76 亿元、82.83 亿元和 114.89 亿元。③ 深圳经济实力逐年雄厚，自然为深圳特区报社广告营业带来巨大的潜在市场。

---

① 参见何田《在改革开放大好形势下〈深圳特区报〉发行量大幅上升》，《深圳特区报》1992 年 5 月 24 日。
② 参见深特报字〔1992〕28 号文件，1992 年 10 月 3 日。
③ 参见深圳改革开放史专家写作组《深圳改革开放史（陈列提纲）》，2005，第 314 页。

年份	广告营业额	业务亮点	获得荣誉	备注
1989	2064.86 万元		4月，据中国广告协会统计，名列全国报纸广告营业额最高的十家报社之一。	
1990	2988.42 万元		3月，副总经理兼广告部经理刘叶城被推选为中国广告协会报纸委员会副主任。	
1991	5124.48 万元	4月20日，开始利用中缝刊登广告。		4月15日，"特刊"合并到广告部[①]，"企业特刊"改名为"广告特刊"。
1992	7583.44 万元		进入全国报纸广告营业额前7名。	

第五节　江泽民题词："改革开放的窗口"

1992年5月24日，是《深圳特区报》创刊10周年的日子。报社给深圳市委呈送了《关于〈深圳特区报〉创刊10周年纪念活动的报告》，对庆典做了周详的部署。[②] 为了认真总结经验，5月18日邀请深圳市有关部门的领导来报社座谈，听取意见并感谢他们对报社的支持。5月20～30日在深圳市美术馆举办"《深圳特区报》创刊十周年藏书画展"，营造文化氛围。广东省新闻学会和报社在庆典前夕举行颁奖大会，奖励"猴年新春八评"写作组。

一　江泽民为《深圳特区报》题词："改革开放的窗口"

当时，报社全体同仁都有一种渴望，期冀这份为改革开放鼓与呼的报纸，能够得到党和国家领导人的题词。为此，报社领导班子积极进行了努力。

据时任深圳特区报社总编辑王荣山回忆："1992年春天，经过报社事先的一番逐级请示和联系，中办工作人员打电话告诉说，江泽民总书记的题词已经写好了，让

---

① 原先由采编部门主办。
② 参见深特报字〔1992〕11号文件，1992年5月4日。

我们去取。当时我在北京开会，就到中办就把这个题词带回来了。江泽民总书记为一个地方报纸题词，这是对深圳改革开放成绩的肯定，是对我们报纸的肯定，希望《深圳特区报》能将特区的经验、做法推广到全国去。"①

据时任深圳特区报社副总编辑陈锡添回忆："当时我按照组织程序与国务院副秘书长安成信通话，提出请田纪云副总理为《深圳特区报》创刊10周年题词。他满口答应。接着他又问我：'要不要请李鹏总理也题词？'我说：'那当然更好了！'他很爽快地说：'那好，我代你们去请李鹏总理、田纪云副总理为你们题词。'结果，这两位领导的题词都到了，我心里十分高兴，报社同仁当然也兴奋极了。"②

1992年5月24日，《深圳特区报》创刊10周年的盛典隆重举行。省有关部门领导、省记协、省新闻学会、南方日报社、羊城晚报社、广州日报社，以及北京新闻界的负责同志，海南、厦门、珠海、汕头等特区报业的负责同志应邀参加。深圳市委主要领导在会上做指示。

其中最引人注目的是各级领导及有关单位的题词与祝贺：

江泽民（时任中共中央总书记）题词："改革开放的窗口"；杨尚昆（时任国家主席）题词："立足深圳，面向全国"；李鹏（时任国务院总理）题词："希望《深圳特区报》宣传党的基本路线，为办好特区鸣锣开道"；田纪云（时任国务院副总理）题词："宣传改革开放，弘扬深圳精神"；谷

江泽民为《深圳特区报》创刊10周年题词："改革开放的窗口"

---

① 据深圳特区报社记者刘永新采访王荣山总编辑记录，2012年3月。
② 据陈锡添审阅本书初稿批注。

牧（时任全国政协副主席）题词："为改革开放鸣锣开道"；叶选平（时任全国政协副主席）题词："向国内外更广泛地宣传改革开放和特区建设"；朱穆之（时任国务院新闻办公室主任）题词："站在全国改革开放前面，为现代化建设鸣锣开道"；谢非（时任广东省委书记）题词："传播先进思想，反映特区风貌"；朱森林（时任广东省省长）题词："创刊十载笔耕勤，讴歌百业迎春生，不怨韶华易逝去，新区傲立惊世人"；林若（时任广东省人大常委会主任）题词："办成一张更具改革开放特色的报纸"；李灏（时任深圳市委书记）题词："发扬成绩，总结经验，奋发努力，更上一层楼"；郑良玉（时任深圳市市长）题词："宣传国家法规政策，反映人民创造精神"；厉有为（时任深圳市人大常委会主任）题词："十载开拓十载旺，百代弘扬百代兴"；周溪舞（时任深圳市政协主席）题词："坚持实事求是，提高办报水平"；① 任仲夷（时任中共中央顾问委员会委员）题词："特区报要办得更有特色"；刘田夫（时任中共中央顾问委员会委员）题词："光辉十年"；梁灵光（时任全国人大常务委员会委员）题词："改革开放的号手，建设特区的尖兵"；杨应彬（时任广东省政协副主席）题词："为建设深圳特区鸣锣开道"；陈越平（时任中共广东省顾问委员会副主任）题词："两个文明齐奋进，改革开放创新篇"；黄浩（时任广东省委常委、宣传部部长）题词："为特区实践开路，促特区建设发展"；穆青（时任新华社社长）题词："闯繁荣富强新路，唱改革开放赞歌"；高狄（时任人民日报社社长）题词："做改革开放的先锋"；邵华泽（时任人民日报社总编辑）题词："任重道远"；李彦（时任中华全国新闻工作者协会副主席）题词："坚持党的基本路线，密切联系群众，勇于创新，更好地为加快深圳特区的改革开放和经济建设服务"；丁希凌（时任中共广东省顾委委员、广东省原记协主席）题词："进一步解放思想，闯出一条新路，把《深圳特区报》办得更富有生气，更新鲜活泼，更引人入胜，更具有特色"。②

中央各有关单位纷纷发来贺信、贺电③，各级领导、报界同行也亲临庆典现场表示祝贺。除深圳市的领导外，还有人民日报社副总编辑保育钧，全国记协副主席、广东省记协主席张琮，中宣部新闻局局长王福如，国务院新闻办公室一司司长李源

---

① 以上题词见《深圳特区报》1992 年 5 月 23 日。
② 以上题词见《深圳特区报》1992 年 5 月 24 日。
③ 均见《深圳特区报》1992 年 5 月 23 日。

潮，中共中央办公厅调研室主任陈进玉，南方日报社总编辑刘陶，广东省委宣传部报刊处处长王春芙，广州市记协主席谢烽，香港文汇报社总经理胡焕长，香港大公报社副总经理冯仲良，香港《星岛日报》集团策划总经理黄锦西，香港经济导报社社长谢明干、总编辑陈可焜，香港《紫荆》杂志社社长陈洪，厦门日报社总编辑方汉生等。[1]

《深圳特区报》盛大的庆典成了继往开来的枢机。1992年5月24日，《深圳特区报》报徽的正式启用，就是这一枢机的最好注解：报徽中央是"深"字第一个拼音字母，下端的英文字母"SZSZD"是《深圳特区报》的英文缩写，外围是地球，象征《深圳特区报》将风行全球。

《深圳特区报》报徽

二 《深圳特区报》积十年之功铸就品牌

首先，《深圳特区报》发展迅速，贡献重大。《深圳特区报》从1982年的几十人，发展到1992年的400余人；从到香港印刷发展到自己拥有激光照排车间；从4版周报发展到8版日报（1992年开始每个周末还出12个版）；从铁皮房搬进现代化的办公楼；由一份边陲小报跃至全国广告营业额前7强。它不遗余力地宣传深圳的改革新做法、新成果，如对"深圳速度""惊天一槌"等的全面报道。它"突破"禁令，发表"猴年新春八评"，率先宣传邓小平南方谈话精神，发表《东方风来满眼春》，加速和扩大邓小平南方谈话精神在全国的传播。它不断创造办报的新模式，如兼顾舆论导向和

经济效益的均衡发展，显示出按照新闻规律办事和参与市场竞争的强烈意识。

其次，《深圳特区报》的特色获得了业界和社会的高度认可。以"改革开放的窗口"为代表的题词，既是对《深圳特区报》的寄语，也是对《深圳特区报》特色的高度肯定。《深圳特区报》积十年之功铸就了"改革开放的窗口"这块招牌。

再次，《深圳特区报》成就的取得离不开改革开放。是改革开放的大环境成就了深圳，成就了《深圳特区报》。因此，在推动《深圳特区报》发展的各种因素中，改革开放具有决定性的意义。没有改革开放，就没有深圳经济特区，就不可能产生《深圳特区报》；没有改革开放，就没有深圳经济特区的崛起发展，就不可能《有深圳特区报》的成功。

第二篇

报业舰队起航

1993 ～ 2002

| 第四章 | # 《深圳特区报》舰队形成 |

1992 年，伴随着邓小平南方谈话和党的十四大召开，中国大地掀起了新一轮改革开放的热潮，特别是确立了建设社会主义市场经济体制的目标。中国社会开始发生深刻的变化，这也直接推动着中国报业的转型升级。《深圳特区报》正是从此至 2002 年进入报史上发展最迅猛的时期。

其中至 1999 年深圳特区报业集团诞生前，《深圳特区报》顺应中国体制改革进入"深水区"的大背景，在新闻报道、管理体制、报业经济等方面，想大事办大事，全面实施改革创新，使报社由只办一张报纸逐渐扩张成为由系列报刊组成的新闻舰队，浩浩荡荡，气势磅礴。这一历史轨迹和蕴涵在其中的深层原因，给中国新闻史留下诸多的科研课题。

第一节 "办全国有影响的大报"

江泽民总书记给《深圳特区报》创刊 10 周年的题词"改革开放的窗口"，既是对《深圳特区报》十年成就的高度评价，也是对这张特区党报的殷切期望。如何落实这一题词精神，推动《深圳特区报》这个"窗口"在改革探索中先行一步？深圳市委决定，深圳特区报社一方面要在业务、经营、管理方面积极转型，另一方面要组建新的报社领导班子。1993 年 8 月，市委任命市委宣传部副部长吴松营为深圳特区报社社长、总编辑。《深圳特区报》也自此拉开大变革、大发展的序幕。

一　财政脱钩实行自负盈亏

（一）报社实行独立核算的背景

在全国，1992 年，沈阳日报社率先打破"铁饭碗"实行内部聘任制，成为党报改革的一个样板。1993 年，在汹涌澎湃的社会主义市场经济大潮推动下，全国有 128 家报纸实行聘任制、岗位制。①

在深圳，以"猴年新春八评"和《东方风来满眼春》名满天下的《深圳特区报》，经过多年的快速发展也面临许多难题，与改革发展的形势不相适应。集中表现在：人员老龄化，急需补充新鲜血液；员工收入不高，内部奖金级差小，留不住人才；设备和技术相对落后，更新换代需要资金；重采编轻经营，经营人数不到采编人员的 1/10 等。② 在这种情势下，市委决定让深圳特区报社进行体制改革，实行企业化经营管理：经济上要独立核算、自负盈亏；人事制度上也要建立一套能上能下的竞争机制。

（二）从"事业"到"企业"的脱胎换骨

深圳特区报社按照市委的部署，制定了第二个十年（1992 ～ 2002）发展纲要，即《深圳特区报社深化改革，发展报业的方案》。1993 年 4 月 12 日，深圳市委思想文化工作领导小组通过了这一方案。

这一改革方案的主要内容是：深圳特区报社实行事业单位企业化管理，财政不再给予任何补贴，也不能像其他事业单位那样让职工享受政府福利房的分配；报社要建立"独立核算、自负盈亏、自我发展、自我约束"的现代企业制度。

于是，深圳特区报社成为当时全国较早实行企业化管理的党委机关报之一。

根据该方案，报社之后十年的发展目标是：①以党的十四大精神为指针，依照深圳市委的要求，把《深圳特区报》办成市委直接领导下坚持党性原则、立足深圳、面向全国、沟通海外、信息量大、报道面广、"窗口"色彩浓厚的、"97"之后参与国际传媒竞争的报纸。要强调提高报道深度和贴近群众生活，使报纸的指导性和可

---

① 参见张敬华《进入市场　关注读者——论我国报业经营机制的转变》，《新闻爱好者》2000 年第 6 期。
② 参见吴松营《办报和经营两分开必不可免》，《新闻战线》2008 年第 4 期。

读性更好地结合起来，为群众所喜闻乐见。②深圳特区报社要转换机制，变"事业单位，企业管理"为"事业单位企业化经营和管理"，组建有中国特色的社会主义报业集团股份有限公司，把报社办成拥有系列报刊、集约式经营、经济实力比较雄厚的事业、企业兼容体，成为党、政府和人民可信赖的、有战斗力的工作部门。围绕上述目标，报社之后十年的具体任务是：创办子报、扩版、加强记者站建设、扩大发行和发展报业经济。①

在《深圳特区报》发展史上，这是一个重要的转折点，它意味着在深圳市委领导下，一向属于传统事业单位的深圳特区报社，在改革开放的市场经济形势中，将发生重大的变化，开始以企业或公司的形式在社会生活中寻找新的位置。从"事业"到"企业"，这不仅仅是简单的名称更换，其变革之深堪称"脱胎换骨"②。首先，这一改革方案说明进入 20 世纪 90 年代以来，伴随中国市场经济体制改革，报社走向集团既是历史发展大势的驱使，也是新闻产业规律的必然。其次，这一改革方案规划了之后十年深圳特区报社的发展方向和具体任务，提纲挈领，对报社的发展起到了积极的促进作用。无论是组织结构、经营方式、薪酬制度，还是用人制度，报社都将按照建立现代企业制度的要求进行大刀阔斧的改革。这一改革方案获得批准，如同吹响了深圳特区报社深化改革的号角。

二 确定"立足深圳、关注珠三角、面向全国、走向海外"发展战略

（一）参与海外竞争，扩大海外市场

1993 年 9 月 3 日，深圳市委对深圳特区报社领导班子进行了调整：报社实行编辑委员会的领导体制。吴松营为社长、总编辑；副总编辑王初文、陈锡添、丘盘连；总经理姜开明；编委薛以凤。③会后，就领导班子的分工问题做了研究，原来的编委分工原则不变，个别做调整：吴松营负责报社的采编、行政和经营管理等全面工作；王初文协助吴松营负责报社的日常工作，同时，分管总编室、理论部、世经部、资

---

① 参见深特报字〔1993〕7 号，1993 年 3 月 26 日。
② 钱晓文：《从市场营销理念看"事转企"》，《青年记者》2008 年第 19 期。
③ 参见深圳特区报社委办公室编印《深圳特区报社组织沿革》，第 16 ～ 17 页。

料室等部门的具体工作；丘盘连分管人事部、体育部、社会服务部、记者部等部门的具体工作；陈锡添分管经济部、文艺部、摄影部、风采编辑部等部门的具体工作；姜开明分管行政、财务管理、报刊印刷、发行和基建工作；薛以凤分管时事部、台港澳部门的具体工作。这一人事变动意味着深圳特区报社开始形成新的管理团队。

新班子深入调查研究，确立了"立足深圳、关注珠三角、面向全国、走向海外"的发展战略，并提出"要把《深圳特区报》办成一张在全国有影响的大报"的新理念。新的发展战略与原来报社"立足深圳，面向全国，沟通海外"的思路，多了"关注珠三角"的内容，并将"沟通海外"改成"走向海外"。对这种战略思想的调整和变化，报社编委会认为：随着改革的深化，珠三角成为中国经济增长最快的地区之一，这必将对新闻、信息、文化产生迫切的需求。在新的形势下，报纸要面向全国，首先必须面向珠三角，关注珠三角。《深圳特区报》自 1982 年创立以来的前几年，一直处于创业起步期，所以只能尽量沟通海外。到了 1993 年，《深圳特区报》已经有了较好的基础和相当实力，要真正当好"改革开放的窗口"，就不但要面向全国，而且要勇于走向海外，参与海外的竞争，占领海外阵地，扩大海外市场。①

（二）"办全国有影响的大报"的内涵

办"全国有影响的大报"，并不是简单的口号或标签，而是《深圳特区报》的灵魂。从某种意义上说，《深圳特区报》的办报实践，正是对这一理念认识的不断深化、明晰的过程。

何谓"有影响的大报"？吴松营认为："任何一家有影响力的大报，无不以它独到的政治眼光，果敢参与重大事件的报道，使报纸拥有光芒四射的辉煌历史。办报就要有眼光和胆识，敢于去判断，敢于先行一步走在前面。"②党报的性质决定了"政治家办报"的原则不能动摇。衡量一张报纸有没有影响力，影响力大还是小，政治家的眼光、艺术家的技巧和企业家的开拓精神是三个必不可少的因素，也是"政治

---

① 参见吴松营《深圳传媒业的崛起》，深圳报业集团出版社，2010，第 13 页。
② 万仕同：《体制创新：为了第二次腾飞——写在〈深圳特区报〉创刊 20 周年之际》，《新闻战线》2002年第 5 期。

1993 年深圳特区报社
总编室的工作场面

家办报"在新时期的新含义、新任务、新要求。[1]

　　所谓"政治家的眼光",就是必须讲政治,必须具有良好的政治素质,具有很强的政治鉴别力和政治敏锐性,必须树立高度的政治责任感。自觉在思想上、政治上与党中央保持一致,在任何复杂多变的形势面前,都要保持清醒的头脑。具体到《深圳特区报》,特殊环境和特殊任务决定了要"坚持和宣传邓小平建设有中国特色的社会主义理论,坚持和宣传党的基本路线、党的改革开放政策"[2]。

　　所谓"艺术家的技巧",就是要讲究宣传艺术,增强吸引力、感召力和说服力,把报纸办得生动活泼、喜闻乐见。特区经济成分、价值观的多元化,信息渠道和娱乐方式多样化,决定了"报纸要使自己的政治宣传为读者所接受,就非讲宣传艺术不可"[3]。"这个技巧,本质上就是按新闻规律办

---

[1]　参见吴松营《眼光、技巧和开拓精神——谈社会主义市场经济条件下的政治家办报》,《新闻战线》1996 年第 6 期。

[2]　参见吴松营《眼光、技巧和开拓精神——谈社会主义市场经济条件下的政治家办报》,《新闻战线》1996 年第 6 期。

[3]　参见吴松营《眼光、技巧和开拓精神——谈社会主义市场经济条件下的政治家办报》,《新闻战线》1996 年第 6 期。

事，吸引读者、争取读者、引导读者。"①

所谓"企业家的开拓精神"，就是"从计划经济的襁褓中走出来，敢于和能够在经济上自负盈亏，实行企业化管理，接受市场的挑战"②。

这三者的关系中，坚持政治家办报，同按新闻规律办事、按市场经济规律办事，是相互统一、相互促进的。新的办报理念，确定了报社未来的发展方向，为充分发挥《深圳特区报》的党报优势，放大"改革开放的窗口"的品牌效应，打开了视野。可以说，这种创新的新闻思想，已经将报纸的传播方式上升到新闻产业的运作层面，这在20世纪90年代初的中国新闻界可以说是超前的。

第二节　新闻报道的锐度、深度、厚度

这一时期，《深圳特区报》在新闻报道领域遇到的大事多、难事多。如何正确引导社会舆论，营造良好的舆论环境，最大限度地满足受众需求？作为党委机关报必须具备高度的社会责任感，做到政治敏锐度、思想的深度、文化的厚度以及可用性和可读性的统一。③《深圳特区报》围绕精心策划重大新闻事件报道、探讨重大理论和社会热点问题、系统传播改革开放的大量新闻信息，以及连续进行改版扩版和招标，大胆进行了一系列新闻改革创新。

一　《深圳特区报》历史上首次出《号外》

（一）争得"8·5"大爆炸伤亡数字报道权

1993年8月5日13时26分，深圳市安贸危险物品储运公司（简称"安贸公司"）清水河化学危险品仓库突然发生剧烈爆炸，引起大火，1小时后发生第二次爆炸；8

① 参见吴松营《眼光、技巧和开拓精神——谈社会主义市场经济条件下的政治家办报》，《新闻战线》1996年第6期。

② 参见吴松营《眼光、技巧和开拓精神——谈社会主义市场经济条件下的政治家办报》，《新闻战线》1996年第6期。

③ 参见杨树弘《党委机关报刊的民本意识和社会责任》，《新闻导刊》2005年第3期。

月 6 日凌晨 5 时大火被扑灭。这起事故造成 15 人死亡、873 人受伤；炸毁和烧毁仓库 12 栋，面积 2.4 万平方米；炸坏消防车 15 辆，留下 3 个 24 米宽、10 米深的大坑；共造成直接经济损失 2.5 亿元。用一位中央领导同志的话说："这是共和国成立以来发生的最大的一次爆炸事故。"[①]

因为有了"8·10"股票风波的教训，《深圳特区报》在这次重大突发事件的报道中，体现了鲜明的主体意识和责任意识。在要不要报道的问题上，《深圳特区报》抢占了先机。8 月 5 日 14 时 30 分，吴松营[②]和王荣山总编辑主持召开报社中层以上干部会议，成立"清水河突发事件报道指挥中心"，24 小时值班，并增派各路采访人员，组成报道组，赶赴现场捕捉新闻。

在"8·5"大爆炸发出第一声巨响后，记者赵连勤、王军等就立即冲向火灾现场。接着，胡野秋、吴伟、唐亚明、幸智敏等记者也分赴现场和指挥部。但是发新闻稿时，市里指示，不登伤亡情况，不登两名副局长牺牲；只登发生爆炸、市里正组织全力灭火。[③]报社编委会认为，要和市里沟通，力争其改变主意。但得到的依然是"按市委意见办，不要考虑新闻规律"的答复。几经权衡，副总编辑陈锡添决定"冒险"："一定要按真实的情况写。一切责任由我来负！"王荣山和陈锡添冲过层层封锁线，一直到火灾现场。[④]在现场指挥灭火的广东省委副书记黄华华听了汇报后，立即指示："你们如实报道，据初步统计，到目前为止死 5 人，伤超过百人，两位副局长死亡也可以报。"[⑤]这一真实的历史片段说明，《深圳特区报》以敢于担当的责任意识争取到了对这一大爆炸事件伤亡数字的报道权。

8 月 5 日 16 时，深圳市委宣传部副部长吴松营主持召开各新闻单位紧急会议，传达了市委负责人的指示：要求这次报道一定要抢在香港媒体前面，不要渲染，要客观、准确，要突出公安、武警、消防部队英勇救灾的精神。

《深圳特区报》有关"8·5"大爆炸的报道规模宏大、信息立体。至 8 月 17 日，《深圳特区报》刊发"8·5"大爆炸报道 152 篇、新闻图片 25 幅。报道主体分别有

---

① 深圳市史志办公室：《深圳改革开放纪事（1978—2009）》，海天出版社，2009，第 357 页。
② 吴松营于 8 月中旬被市委正式任命为深圳特区报社社长兼总编辑，但 8 月初其已到报社开展工作。
③ 根据赵泓采访陈锡添录音整理，2011 年 8 月 30 日。
④ 根据赵泓采访陈锡添录音整理，2011 年 8 月 30 日。
⑤ 根据赵泓采访陈锡添录音整理，2011 年 8 月 30 日。

"8·5"大爆炸现场
王军 摄

《深圳特区报》真实报道
"8·5"大爆炸

国家领导人、政府、医院、公安干警和伤员。体裁有消息、评论、通讯、人物专访。总体上做到了快速、全面、平衡、客观，在充分尊重、有效保护受众的知情权方面也迈出新的步伐。8月6日一版头条消息《清水河仓储区昨发生重大爆炸事故》，对事故发生的情况、损失、救援等给予全景式报道。8月7日一版通讯《决战在子夜》，再现了在省市领导的指挥下，公安、武警战士以人背肩扛的方式，用一袋又一袋的水泥覆盖压灭了熊熊大火的惊险过程。同时，《深圳特区报》采写的一组现场新闻稿件，立体化地再现了各方参与灭火救灾的情景，包括省血液中心送来应急血液的消息。显然，《深圳特区报》对"8·5"大爆炸的报道，充分掌握了主动权，尊重了新闻规律，也树立了深圳传媒的公信力。

在北京开会的广东省委书记谢非闻讯赶赴深圳查看灾情时说："在飞机上就看了《深圳特区报》，已清楚了解火灾情况。《深圳特区报》这次报道真实全面，报道得好。"

"8·5"大爆炸的报道也留下某种教训，当时《深圳特区报》高度赞扬救火的英雄精神，而对重大火灾事故的反思不足，受到一些干部群众批评。这个责任虽然不完全在报社，但面对如此重大的突发灾害事件，报道上没有把握好度，报纸便留下了遗憾。

（二）第一时间出版邓小平逝世《号外》

1997年2月19日，邓小平同志逝世，深圳特区报社采取了特别的措施组织报道。

（1）出版《号外》：《极其悲痛地哀悼邓小平同志逝世》。这是《深圳特区报》史上第一张《号外》。2月20日凌晨2时40分，新华社开始播发邓小平同志逝世的消息。等新华社发完中央《告全党全军全国各族人民书》和治丧委员会名单时已是凌晨4时44分，而20日的报纸已在2时前全部定稿和排版。现场指挥的吴松营果断决定：在正版排版印刷前抢时间赶印《号外》。凌晨6时，《深圳特区报》创刊以来首次出版的《号外》送到了罗湖火车站广场、大剧院广场及市区其他公共场所，免费派发给行色匆匆的市民和旅客，时间要比深圳其他报纸提早2小时以上。这期《号外》也引起了海内外传媒的关注，香港电视台即时做了特写报道。

为邓小平逝世出《号外》，首先打破了那种认为"只有特大好消息才能出《号

左图：《深圳特区报》史上第一张《号外》：《极其悲痛地哀悼邓小平同志逝世》

右图：邓小平同志逝世，深圳市民悲痛欲绝，自发向邓小平画像献花，抱着《深圳特区报》的《号外》失声痛哭　郑东升 摄

外》"的误区。所谓《号外》，"就是报纸在固定的出版期编号发行之外，临时出版的单张，通常用于急需刊布的特别重大的最新消息"①。在旧中国，由于时局常变，报纸经常用《号外》的形式抢发新闻。从题材上，只要是"重大的最新消息"都有可能出版《号外》，《深圳特区报》用行动改变了人们对《号外》的传统认识。其次，确保了新闻时效。就《号外》的功能而言，最重要的就是抢时间、争速度，谁能把消息抢先送达读者手中，谁就是新闻竞技场中的赢家。再次，记录历史，具有珍贵的文献价值。有人称"《号外》是历史进程的大事记，是社会发展的见证者"②。《深圳特区报》关于邓小平逝世的《号外》，发行量大，涉及面广，具有较高的历史价值，很多读者纷纷收藏。

---

① 董天策、孟盈：《报纸号外探究》，《当代传播》2004 年第 2 期。
② 黄俊贵：《"号外"报纵谈》，《江西图书馆学刊》2004 年第 1 期。

（2）**刊发邓小平同志视察深圳的图片专页。** 在第 5 版整版刊发邓小平在深圳的图片专题。由于这些照片为《深圳特区报》独有，反映了深圳人民与邓小平同志特殊的情感，许多读者把这天的报纸珍藏起来作纪念。

（3）**增出《'92 邓小平在深圳》特辑。** 按照报社编委会指示，《深圳风采》周刊增出《'92 邓小平在深圳》特辑。该特辑抢在 2 月 24 日，即邓小平同志追悼大会前一天出版，在全市引起强烈反响。有的企业直接到报社一次买下 1000 本。5 万册特辑当天销售一空。深港两地的传媒纷纷报道了特辑出版的消息。①

（三）1998 年抗洪，记者足迹遍及 6 省 17 个地区

1998 年 6 月至 9 月，中国长江、嫩江、松花江流域发生了新中国成立 40 多年来最大的洪灾。抗洪抢险成为党和国家的头等大事。

深圳特区报社先后派出甘雄、王军、马彦、刘晓东、习风、薛小兴、但平 7 名记者赶赴抗洪一线采访，他们在灾区克服交通、饮食、住宿等困难，活跃在抗洪前线，足迹遍及 6 个省 17 个地区，写出了许多感人的报道。据统计，深圳特区报社记者在一线发回的见报稿件 115 篇、图片 50 幅，反响热烈。反映驻深 53026 部队抗洪事迹的长篇报道《洪水冲不垮的长堤》《英雄本色》，采访深入、细节生动，写出了官兵们

1998 年 9 月，《深圳特区报》记者在抗洪第一线　王军 提供

---

① 参见深圳特区报社文件《高举邓小平理论旗帜，为建设现代化报业集团而努力奋斗——深圳特区报社 1997 年工作回顾与 1998 年工作展望》，1997 年 12 月 15 日。

奋勇拼搏的精神和与大堤共存亡的气概。《省长的热泪》一文发表后，一位打工者写信给作者说："《省长的热泪》让我流泪。"他从每月仅有的 500 元收入中，拿出 100 元，寄给了九江灾区。深圳大冲一家餐馆的女老板，读了《洪水淹不了上学路》的报道后，直接到报社找到记者，在报社的帮助下资助一位受灾学生上大学。

《深圳特区报》还开辟专栏，发表多篇评论员文章，宣传弘扬抗洪精神。在一版开辟了"弘扬伟大抗洪精神，确保我市经济增长 14%"栏目，跟踪报道政府、企业所采取的措施。刊发的《洪水过冰城》《决战嫩江》《险情千里外，亲情咫尺间》等长篇通讯，系统介绍深圳市各行各业发扬抗洪精神，脚踏实地工作，确保经济的增长。在全国人民抗洪救灾的关键时刻，《深圳特区报》在一版发表评论员文章《最大最好的支持》。文章指出，做好本职工作、保证完成全市经济增长指标，是对抗洪救灾的最大最好支持。1998 年 8 月 19 日，中共中央政治局委员、广东省委书记李长春看了《深圳特区报》的这篇评论后，对这篇响应江泽民总书记号召、把抗洪热情引导到实现经济增长目标的评论，给予了充分肯定。[①]

二 500 天倒计时报道香港回归

（一）两次"走京九"

1995 年 11 月，总投资 400 亿元的京九铁路全线铺通。为报道这一国家重点建设工程沿线，深圳特区报社 9 月 4 日派出叶兆平、金敏华、邓锦良、唐亚明、朱文蔚、许光明、刘澍泉 7 名记者兵分两路采访：一路从北京南下，一路由深圳经东莞北上，两队在九江会合。市委书记厉有为亲自为采访队授旗并讲话。9 月 7 日起，《深圳特区报》在头版开辟"千里走京九沿线走笔"专栏，一个多月下来，共刊登数十篇通讯、消息，以及一批图片。其中，有报道京九沿线广大群众及各级政府大力支持和积极参与铁路建设情景的《和平人的"京九"情》《可敬的"第三代"》等；有报道沿线各地风土人情、建设风貌和未来发展前景的《京九牵"姻缘"》《阜阳：中国铁路的新枢纽》等；有揭示京九铁路对沿线中国东部欠发达地区尤其是革命老区经济

---

① 参见陈寅、胡谋、易运文、张学虎《鲜明的音符 激越的旋律——来自深圳宣传思想战线的报告》，《人民日报》1999 年 3 月 3 日。

发展产生重大作用的《井冈山的希望在京九驰骋》《青山遮不住》等；有剖析京九铁路对加强深港澳和内地联系的《南昌人的挑战观》；等等。

采访活动结束后，《深圳特区报》还推出"放眼大京九"后续报道，发表了《腾飞的巨龙》《崛起的经济带》《大京九给深圳带来什么》等系列文章。

"千里走京九"系列报道推出之后，社会反响巨大。铁道部副部长孙永福特别提到："《深圳特区报》的'千里走京九'系列报道搞得很成功，影响很大，对鼓舞铁路建设职工和宣传沿线经济开发起了有力的促进作用。"①深圳市委政研室副主任陈图深对"千里走京九"系列报道回应道："沿线的京九热惊醒了我们。深圳麻痹不得。再不研究相应对策，工作就会被动。"中央人民广播电台的一位记者在阅读京九系列报道后评价道："这组报道体现了《深圳特区报》的大报意识、大报风范。就报道本身来讲，最大的意义恐怕在于唤醒了深圳人的京九意识。"对深圳的大部分读者来说，《深圳特区报》"大京九"系列报道无疑开启了一个陌生的世界，看了报道才知道京九离自己这么"近"。

1997年8月19日，在京九铁路正式开通一周年前夕，深圳特区报社特别推出"重走京九看巨变"大型采访活动，再次派出3名记者从东莞常平站出发，一路北上，先后深入粤、赣、鄂、皖、豫、鲁、冀等省20多个地市县，历时一个多月，行程近3000公里。11月26日，京九铁路沿线20多家地市级报纸的社长、总编辑云集深圳特区报社，共商京九沿线新闻报道合作大计。

（二）纪念两个"胜利50周年"的报道

1995年是"世界反法西斯战争胜利50周年"和"中国抗日战争胜利50周年"。为纪念这两个"50周年"，报社精心组织策划宣传报道，获得了"宣传群众，鼓舞群众，组织群众"的良好效果。②

东江纵队是抗日战争的一支重要力量。4月18日至6月1日，《深圳特区报》在一版开辟了"沿着东纵的脚印"专栏，报社同时派出一支由弓玄、彭茂光、苏荣才、刘勇、王军、张挺生、刘爱莲等人组成的采访队，沿着东江纵队的足迹，到当年东纵战斗过的地方实地采访，连续报道东纵战士在抗战期间，坚持在华南战场抗击日寇的英勇事迹。该系列报道由副总编辑丘盘连统筹负责。在30天的采访过程中，记者先后采访了东纵主要活动的粤、赣、湘三省的39个市县中的31个，到达65个镇，采访180多个点，请20多位军师级东纵各部队领导现场讲解当年情况，访问各地东纵

---

① 张炯光、黄启明：《铁道部领导在香港表示　本报"千里走京九"搞得很成功》，《深圳特区报》1995年10月13日；金敏华：《读者与"京九"更近了——本报大京九系列报道引起广泛关注》，《深圳特区报》1995年11月20日。

② 引自深圳特区报社内部资料，胡志民《回眸历史　启迪后人——本报纪念两个"50周年"系列报道述评》。

"沿着东纵的脚印"采访队在大鹏土洋采访东纵老战士 王军 提供

老战士 200 多人，行程逾 6000 公里。共发稿 40 多篇，其中专栏文章 30 篇、消息 5 篇、专版文章 8 篇，另发图片 8 幅。

采访第一站选在大亚湾，这是日军在华南的入侵点，人们相对比较陌生。为了了解这段历史，采访队先后驱车数百公里走访了惠阳周田村的叶挺故居、宝安坪山的曾生故居、东莞榴花塔和增城永和镇。

在这次采访活动中，记者采访了许多东纵老战士，其中印象最深的要数 102 岁高龄的谭天度老人。当年他任东莞、宝安地区抗日民主政权——东宝行政督导处主任。因为他职务不高，记者开始并未将他列入采访计划。但随着采访的深入，记者了解到谭老不仅是东纵老战士，而且是中国甚至可能是全世界当时年龄最大、党龄最长的共产党员，所以寻找到这位革命前辈，进行了深入采访。

在东纵历史上，意义最大也是影响最大的一件事，当属

1941 年底的营救文化人。为了挖掘这段历史，采访队找到了当年营救文化人的大本营——宝安龙华镇的白石龙村。

采访队完成任务回到深圳时后，还穿针引线，帮助当年试图在五岭地区会师，却失之交臂的 359 旅与东纵的几位老战士在深圳"会师"[1]。

《深圳特区报》两个"50 周年"报道，总体上有三个特点。

一是规模宏大。从 4 月到 9 月，《深圳特区报》前后共发表消息、通讯、专访、回忆录、言论、影评、理论探讨等各种文章 250 多篇，图片 50 多幅，开设了"沿着东纵的脚印""中国抗战和世界反法西斯战争大事件""老将军话抗战""政史追踪""本报特稿" 5 个专栏，发表了袁庚、黄冠芳、叶存、彭丰、王锦侠等同志回忆东江纵队在粤东和港九地区英勇作战、营救中国文化精英的回忆录。

二是重点突出。在采写和组编二战版面时，突出四个重点，同时做到四个兼顾。即在介绍二战的历史时，重点介绍中国抗日战争在反法西斯战争中的地位和作用，同时兼顾苏、美、英、法等国的作用；在介绍中国抗日战争时，重点叙述中国共产党领导人民在敌后抗战的历程，同时兼顾国民党军队在七七事变、台儿庄战役、徐州会战等几个大的战役中发挥的作用；在介绍中国共产党领导的抗日武装队伍时，重点介绍东江纵队在华南、港九一带浴血奋战的战绩，同时兼顾华北、山东、东北等地抗日军民的战斗业绩；在重点揭露日本军队在中国犯下的滔天罪行时，同时兼顾揭示日军在亚太地区和德军在欧洲所犯下的罪行。

三是强调特色。注重采编独家新闻，开辟独家专栏，刊登独家专稿。在 5 月和 8 月两次活动高潮时，《深圳特区报》分别发表了两篇独家长篇访问记《山河百战为和平——访国际纵队老战士、西班牙内战参与者克洛克先生》和《战斗光辉永被后人——访宋任穷将军》。驻京记者杨波发挥了独特作用，采访到多位健在的老将军。为帮助人们毋忘历史，《深圳特区报》发表了《卢沟桥访问记》《侵华日军 731 细菌部队罪证录》《访南京大屠杀幸存者夏淑琴》《为同胞苦难作见证的香港老人谢永之》等文章。为颂扬中华民族不屈不挠的抗战业绩，还发表了《铁心抗日寇 卖子救中华——记爱国华侨郑淑炯卖子救国的故事》《棋盘山上五壮士》《忠义之志 壮烈之

---

[1] 苏荣才：《八路军与东纵老战士——五十年后终"会师"》，《深圳特区报》1995 年 6 月 7 日。

气——记抗日将领张自忠》《杨靖宇将军遇难记》《震惊中外的百团大战》《杨勇智歼山口旅团》等通讯,以及杨成武、张震、萧克、迟浩田等将军访问记。为帮助读者领略当年抗战将领的今日风采,组编了一个整版的新闻彩色图片,介绍了健在的叶飞、萧克、杨成武、吕正操、陈锡联等11位抗战高级将领。

(三)与《解放军画报》联合组织"重走长征路"

为纪念中国工农红军长征胜利60周年,《深圳特区报》与《解放军画报》联合组织"重走长征路"大型采访活动,两报各派出4名记者组成采访队。

1996年4月23日清晨,在深圳市委大院门前,"重走长征路"联合采访队的8位记者,从市委书记厉有为、解放军报社副社长刘世民少将手中接过"重走长征路"红旗,誓师出发。联合采访组分为东西两线展开采访:东线由《深圳特区报》记者朱文蔚、王军和《解放军画报》记者吴寿庄大校组成,由《深圳特区报》的温伟文开车,从江西的瑞金出发一路采访到金沙江;西线由《深圳特区报》记者赵连勤、

1935年5月22日,刘伯承司令员与彝族首领小叶丹举行了著名的彝海结盟仪式。红军在小叶丹派出的向导带领下,顺利走出凉山彝族地区,直达安顺场,为红军大部队顺利过境创造了条件。图为记者邱刚采访小叶丹的孙女

赵连勤 摄

邱刚和《解放军画报》的记者袁学军上校、李秋蔚大校组成，由《解放军画报》的龙敦国开车，从过了金沙江的会理县开始采访，一直到延安。为了报道的顺利进行，两支队伍定出了报道计划，带上了手提电脑。

在前前后后一百来天的时间里，记者们追寻红军的足迹，行程5万余里，采访到大量的人和事，拍摄照片上万张。记者采写了老区人过去的革命业绩；而沿途老区人民发扬红军长征精神、艰苦奋斗发展经济的业绩，也感动着记者。一路上的采访很艰苦，雪山草地更为困苦。在那些人迹罕至的地区，白天要翻越白雪皑皑海拔4000多米的大雪山，走颠簸险峻的道路；晚上到采访地点要马上进入采访，调查研究，翻阅资料，赶写出稿子。每天早上5点多就要起身准备出发，一直跑到晚上，摄影记者赵连勤和袁学军上校、李秋蔚大校爬高下低，携带的摄影器材就有几十斤重。5月29日，车进入甘肃地界，下午，刚过甘南的合作镇，因天雨路滑，加之司机驾驶经验不足，车打滑翻倒。车虽然撞得"惨不忍睹"，车内的人好在都没有受大伤——伤得最重的要算是赵连勤了，脸上磕青了一大块，右腿也撞紫了一大块，右手上的两条伤口再偏上一点就到动脉了。[①] 从4月30日起，《深圳特区报》在一版开辟了"重走长征路"系列报道专栏，刊发文字稿50多篇、照片100多幅。其中，文字稿包括《"桂北门户"更开阔》《长征路上第一个亿元县》《今日"长征第一渡"》《老游击队员的"油山情结"》《泸定桥边的兵》《寻访长征起点》《"我们成长在大渡河边"》《红军精神传给了会理人》《茫茫草地今胜昔——来自松潘草地的报告》等等，向特区人民宣传了长征精神和今日长征路上的新面貌。

（四）迎香港回归新闻大战

香港回归是中华民族洗雪百年耻辱、迈向实现祖国统一进程的重大历史事件。《深圳特区报》在整个迎回归报道中，精心策划，动手早，时间长，报道形式多样，版面集中，内容广泛，注重深度，针对性强。

一是领导高度重视，指导思想明确。在长期的港澳台报道实践中，报社已逐步形成有关香港报道的"一个方针""三个为主"的报道思想。因此，整个迎回归报

---

① 参见《向北，向北——"重走长征路"联合采访活动回眸》，《通讯》（深圳特区报社内部刊物）1996年第5期。

《深圳特区报》隆重报
道香港回归

道始终保持了正确的舆论导向。所谓"一个方针",就是以
"一国两制"为港澳台报道的基本方针。根据这一方针,结
合深圳特点,在舆论宣传工作中坚持"三个为主"的原则:
宣传方法上,以正确引导为主,即有关香港报道应坚持客观
报道,重在正面引导;在价值观上,以弘扬爱国主义精神和
优秀民族传统文化为主,高扬爱国主义主旋律;在日常的新
闻采编工作中,以经济、文化报道为主。

二是周密系统策划，全景立体报道。早在香港回归倒计时 500 天之际，报社编委会就成立了迎回归报道领导小组，负责统筹策划和协调。吴松营任组长，陈锡添、丘盘连、薛以凤任副组长。报社港澳台新闻部在原有每天一版港澳台新闻、每周一期"香江之页"的基础上，每周增加了两期"香江之页"。主办"香港名人专访"栏目，采访了香港特区首任行政长官董建华，香港临时立法会主席范徐丽泰，以及多名香港特区筹委会委员，在港的全国人大代表、政协委员和其他知名人士，通过他们谈对香港平稳过渡的看法，引导港人对中央政策的理解与支持。"百年沧桑话香港"栏目介绍香港的政治、经济、文化、历史，帮助读者生动形象地了解香港。此外，1 月至 7 月，还陆续在一版开辟"综合治理环境，迎接香港回归""迎回归、创三优、争一流""迎香港回归新闻摄影大赛"等多个专栏。在香港回归倒计时 100 天、50 天、30 天、20 天、10 天之际，都出了对开 4 版特刊，特别是从 6 月 21 日到 30 日，每天出 4 版特刊，一版及其他各版也围绕回归主题组织版面，形成一个个报道高潮，把迎回归宣传推向深入。

除了在一版、"港澳台"专版、"香江之页"专版发表迎回归报道外，其他版如文艺、理论、法制、摄影、美术等专版，也都采取不同的方式，呼应配合。其间有文艺部主编的连载纪实文学《香港回归风云录》，有理论部主编的"理论探讨"专版发表《回归后的香港将更加繁荣——宪法学家从根本上深入阐析未来香港前途》，摄影部主编的《"迎香港回归"（灵通杯）新闻摄影大赛作品选登》，美术组主编的《永远的回归——'97 南山雕塑展作品选登》，以及深圳新闻版发表的《民意调查显示 深圳市民热切关注香港回归》等，吸引了广大读者。

值得一提的是，6 月 30 日午夜至 7 月 1 日凌晨，中英两国政府香港政权交接仪式前夕，突降大雨，深圳特区报社报道香港回归的"新闻大战"进入高潮，编辑部俨然成为"战场"。据当时在总编室值班的李剑辉回忆："凌晨 1 时后，稿子像雪片飞来，我们怀着紧张而激动的心情，划版、编稿、做标题，整个编辑部就像一个战场。一直忙到早上 7 时，印报机开动，我们才算松了一口气。"①

7 月 1 日出版的《深圳特区报》上，全部新闻、广告、文艺作品共 185 篇，而关

---

① 朱文蔚：《回归之夜豪雨飘洒无人入眠》，《深圳特区报》2007 年 5 月 24 日。

于香港回归的各类新闻、文艺作品达 105 篇。同一天里，单个新闻事件如此密集报道，所占比例如此之高，不但在《深圳特区报》历史上绝无仅有，在全国各报的迎回归报道中也是规模最大的。

三是宣传深港合作，突出深圳特色。报社把迎回归报道与改革开放报道紧密地结合在一起，提出"以实际行动迎接香港回归"。"迎接香港回归，重要的是埋头苦干，把我们自己的事情做好。"深港衔接是促进香港平稳过渡的重要一环，做好深港经济衔接报道是《深圳特区报》迎回归报道的一项特色内容。报社就衔接问题，多次组织深圳、香港、广州、北京等地专家学者、企业界人士及政府官员进行探讨。同时，跟踪这一进程，大量报道口岸、交通、能源、通信、城市管理、金融体制、社会保障等方面的改革与对接情况，推出"深港经济衔接"系列报道。

宣传深港合作、推进深港两地经济发展是《深圳特区报》迎回归报道的另一特色。报社在一版开辟了"迎回归，话合作"专栏，分多个专题报道，提出许多颇具操作性的建议。除了一版、二版大量报道深港经济合作问题外，还在理论版连续发表了多篇探讨深港合作的论文。回归倒计时 100 天之际，分别与市委统战部和深圳市总商会合作，组织深港工商界人士座谈深港合作的问题，提出许多可行性建议，并作专版报道，引起政府有关部门及深港两地工商界人士的关注。

四是记录现场情景，推出精品稿件。头版"走进回归日"专栏，从 6 月 1 日起，每天刊发报社派驻香港记者现场抓到的鲜活新闻，目的是"为读者翔实生动展现香港走近回归日最后一个月的日日夜夜"[①]。《深圳特区报》是最早在香港设立记者站的内地报纸，驻香港记者站站长张炯光发挥了重要作用。他于 1983 年赴港建站，拥有丰富的在港报道人脉和经验。他和记者黄启明、罗兴辉、唐亚明等撰写香港回归重要稿件 75 篇，包括《回归之夜——香港警方将更换徽章》《香港法制"双语化"见成效 530 条法例已全部译成中文》《迈向新世纪之夜》《见证历史性的一刻》《"新界"居民通宵庆回归——香港"新界"回归前夕见闻》《欢腾的维港之夜 携手共创香港的明天》《香港特区政府举行隆重仪式 授予十二位知名人士大紫荆勋章》《暴雨挡不住的拥军情 "新界"居民盛情欢迎驻港部队侧记》等等。其中《维园涌

---

① 见"走近回归日"编者按，《深圳特区报》1997 年 7 月 1 日。

1997年7月1日凌晨，中国人民解放军驻港部队进驻香港。这是深圳特区报社摄影记者陈富拍摄的《深圳市民冒雨欢送人民子弟兵》

动回归情》，报道了香港人民雨中庆回归的情景；《书画同写赤子心》，报道香港华娱电视台举办的迎回归书画比赛；《银鹰送我急急归》，报道记者在启德机场现场采访了专程回港看回归的海外侨胞；《两地演艺界，同唱"归"之歌》，反映了两地演艺界知名人士积极排练迎回归的节目，不辞辛劳，不计报酬；《千米画卷迎回归》，及时报道在香岛中学举办的深港青少年共同绘制的千米画卷。此外，特刊A版，从各个方面反映了深圳人民为迎回归所做的贡献。这些专版大都图文并茂，有较大的信息量，有较强的可读性，如《艺术珍品献香港，同胞情谊比海深——全国各地献给香港回归祖国的珍贵礼品扫描》，既描述了艺术珍品本身的特色和价值，又记叙了各省、自治区、直辖市人民制作这些礼品的背景故事，还写到深圳人为接送礼品的负责精神。特刊B版，既有现实的内容，如《爱国热情涌香江》《我心还是中国心——

香港公务员团体迎回归联欢大会侧记》；又有历史的回顾，如《香港历代同手足》《香港问题的由来》《外国记者看回归》，使读者可以从现实和历史的对比中，更深刻地体味香港回归的意义。特刊 C 版及文艺副刊全力配合，通过大量的诗词散文和书画艺术，表达了人民庆回归的心声。

总之，《深圳特区报》迎回归报道规模宏大，内容丰富，特色鲜明，受到海内外读者的重视与欢迎。中央宣传部、深圳市委宣传部阅评小组都分别发文给予高度评价。《新闻战线》杂志、《新闻出版报》分别发表了介绍《深圳特区报》迎回归报道的体会文章。①

三 旗帜鲜明抨击"特区不特论"

（一）反驳"特区不特论"，中央领导人定调

20 世纪 90 年代中期，正在深圳经济特区高歌猛进的时刻，一些学者提出，市场经济条件下，应当取消特区的"特权"，随即引起了一场关于特区前途的大讨论。

1994 年 7 月，《经济日报》连续发表关于特区还要不要"特"的专题文章，随后一位学者在 1994～1995 年连续发表了一系列主张取消经济特区政策的言论。

早在 1994 年初，这位学者就在一份报告中提到"特区不特"的观点：为了创造公平竞争的市场环境，应取消各种减免税和优惠政策，取消不利于缩小地区差距、优惠于某些地区的经济特权。②1995 年 7 月底在厦门召开的特区研讨会上，这位学者提交了《特区还能"特"吗？》的论文，进一步阐述了自己的观点。

1995 年 8 月 23 日，该学者又在香港《明报》发表《我为什么主张"特区不特"》一文，认为：既要充分肯定兴办特区和开发区对中国改革初期探索市场经济新路的积极作用，同时，又必须清醒地看到这一做法的局限性，以及与实现真正市场化改革目标的冲突性……让特区不特，与大家一样，在市场竞争面前人人平等，是结束

---

① 吴松营在《新闻战线》1997 年第 6 期发表专文《为香港平稳过渡创造良好的舆论环境》。陈锡添在《新闻出版报》1997 年 6 月 26 日发表《发挥窗口作用，加强系统策划——记〈深圳特区报〉迎接香港回归报道》。

② 参见朱涛《关于特区问题争论的情况简介》，《红旗文稿》1996 年第 1 期。

"放权让利"时代，走向"制度创新"改革的必由之路。这种说法正好引起了部分地区一些人的共鸣。

《深圳特区报》对此进行了强烈反驳。1995年8月7日，《深圳特区报》在头版头条发表了长文《特区的实践说明了什么——深圳市委书记厉有为访谈录》，在总结和回顾了特区政策的成就之后，对"特区不特"的观点进行了反驳。

1995年9月6日，《深圳特区报》在一版发表署名秦鄂的文章《办特区是搞特权吗？》一文，认为：首先，特殊政策不是特权，特区与特政策是不可分割的，没有特区政策就称不上特区。其次，办特区无碍公平竞争。最后，应正确看待贫富差距，特区的发展并不妨碍其他地区。

9月8日，《深圳特区报》在一版"纵横谈"中发表署名郑炎的文章《浅议学者与学棍》，文章在引述了某位学者的观点后说，关于经济特区的性质、功能、作用，都是中央明确规定了的，写进法律，应当是明白无误的。而特区的实践也向全世界昭示了邓小平同志建设有中国特色社会主义理论的正确。主张学者应"认真读一点马列的书，读一点中国历史，再到中国改革开放实践中去，到特区这个改革开放的'试验场'中来，看看群众的实践、群众的创造，摘下有色眼镜看看周围的世界，这样才能成为一个真正的马克思列宁主义学者"。

9月14日，《深圳特区报》又在一版"纵横谈"中发表署名曾清的文章《棍子向谁打来？》，批评有的学者关于"特区不特"的说法，置中国的法律和中央的决策于不顾，其矛头所指是邓小平建设有中国特色的社会主义理论。

9月26日发表的《地区差距不能简单归咎于特区政策》，论证了特区政策与区域发展之间的关系：区域经济的发展是从不平衡（地区差距扩大）到平衡（地区差距缩小）的动态过程，只有符合这种区域发展规律的地区差距模式，才有可能真正实现从不平衡到平衡的动态转化。通过取消特区政策，从而实现地区平衡发展的观点，并不符合区域长期发展规律。

为配合这一论争，《深圳特区报》还刊发了其他媒体的相关文章。9月11日，《深圳特区报》在一版刊发了新华社北京电讯，提到：于9月10日出版的《半月谈》，发表了《特区的明天还将"特"下去》的文章，指出特区的明天还是"特"，主要是"功能"上做好"特"的文章，即特区的主要功能就是改革开放的"试验场"。9

月 12 日，《深圳特区报》在三版刊载了《瞭望》周刊 1995 年第 34 期评论员为祝贺深圳经济特区创建 15 周年而撰写的文章《特区还是要"特"》。9 月 12 日，《深圳特区报》在理论版上发表了国务院特区办主任胡平的重要文章《特区还要继续"特"》，重申了党中央、国务院对经济特区"三不变"的指示精神，并进一步指出：一切关于削弱深圳取消经济特区固有地位的想法、一切关于经济特区前景的悲观泄气情绪，都是与"三不变"的精神不一致的，都应该加以消除；经济特区所肩负的历史任务还远远没有完成，经济特区所处的历史地位还远远不能结束；我国改革开放和现代化建设的深入全面发展，还需要经济特区在更深的层次和更高的水平上进行更大胆的试验与探索；特区还要继续"特"。此后，胡平又在《人民日报》上撰文，再次强调要坚定不移地把特区办好，越办越好，他指出：特区还是要"特"下去，特区之"特"实际上是要在改革开放方面先走一步，特别要率先按国际惯例办事。

在特区发展的关键时刻，江泽民总书记于 1994 年 6 月 19 日至 21 日到深圳考察，并发表了重要讲话。江泽民同志充分肯定了经济特区创办以来所取得的巨大成就，重申了经济特区"三个不变"："中央对发展经济特区的决心不变，中央对经济特区的基本政策不变，经济特区在全国改革开放和现代化建设中的历史地位和作用不变。"[1] 1995 年，江泽民总书记再次视察深圳，并为深圳题词："增创新优势，更上一层楼"，要求深圳继续发挥对外开放的"窗口"作用、经济体制改革的"试验场"作用，对内地的示范、辐射和带动作用，对保持香港繁荣稳定的促进作用。但同时也强调："原来主要靠实行一些优惠政策和灵活措施而形成的经济特区的一些特色，自然要有所变化。今后，特区发展所必需的而又可能实行的一些灵活政策的优势还得有，但保持特区优势的立足点和重点不应再放在这上面了。"[2]

至此，一场关于特区还要不要"特"下去的争论，最终以中央领导人的定调而画上句号。

《深圳特区报》在这场大讨论中发挥了新闻媒体"公共论坛"的作用。报社发表的一系列文章，对于鼓励人们进一步解放思想，进一步探索市场经济的发展规律，进一步认识市场经济体制改革的复杂性与曲折性，具有积极的指导意义。国务院特

① 《江泽民文选》第 1 卷，人民出版社，2006，第 374 页。
② 《江泽民文选》第 1 卷，人民出版社，2006，第 375 页。

区办综合司前司长柳孝华高度评价了这次讨论。他说："回顾我国举办经济特区以来15 年的历史，关于特区问题有过三次大讨论。第一次是在 80 年代初围绕'要不要办特区'而展开。第二次是在 80 年代中期，是围绕'特区能不能办好'展开。第三次即 90 年代中期展开的'特区怎样特下去'的讨论。""三次大讨论，首先体现了经济特区不断深入的发展过程，反映了人们的思想认识逐步深化、对特区不断寄予新希望的认识过程。前两次大讨论都对特区的健康发展产生了积极作用。这一次也不例外。"① 根据厉有为事后的分析，这场论争把当时一些地区和一些人对特区的一些不同意见摊到了桌面上公开讨论，对改革开放是有利的，经过辩论，特区在改革开放道路上的方向更明确了，人们在改革开放发展、建设特区上的思想更明确，贯彻邓小平路线的决心也更坚定。② 时隔多年，厉有为回忆当年的那场争论，不禁感叹："在特区改革开放建设事业中，《深圳特区报》不仅是一个'战士'，更是一个'斗士'。面对抵制改革开放路线的不正确思潮，敢于站出来驳斥，坚决捍卫改革开放路线；对于损害国家利益的不正之风，敢于坚决予以抵制，有时甚至是顶着打板子、掉帽子的压力。"③

（二）'97 新春评论纪念南方谈话

在邓小平南方谈话发表 5 周年之际，1997 年 1 月 19 日至 26 日，《深圳特区报》连续刊发了一组"'97 新春评论"。这组评论由《新时代的伟大旗帜》《还要敢闯敢试》《坚持"三个有利于"》《稳中求进》《同奔共富之路》《人民利益高于一切》《创出鲜明的中国特色》《一百年不动摇》8 篇文章组成，为进一步深化改革、扩大开放制造舆论，备受海内外传媒关注。

《新时代的伟大旗帜》是"'97 新春评论"之一，提纲挈领，运用中国特别是深圳改革开放所取得的成就例证，有力地论证了高举邓小平理论这一伟大旗帜的主题思想。《还要敢闯敢试》进一步阐述了邓小平关于"敢闯敢试"的精神。评论仍然以

① 《瞭望》1995 年第 41 期。
② 参见乐正《深圳之路》，人民出版社，2010，第 456 页。
③ 《〈深圳特区报〉口述历史：〈深圳特区报〉是改革开放的开路先锋——访原深圳市委书记厉有为》，《深圳特区报》2007 年 5 月 15 日。

深圳的经验，论证了改革开放中要继续敢闯敢试，进一步解放思想的中心思想。《坚持"三个有利于"》对"三个有利于"标准的意义做了进一步解读，提出"坚持'三个有利于'标准，依然是我国现阶段判断是非得失的客观需要"。《稳中求进》进一步阐述了改革、发展、稳定的关系：稳定是个大前提，稳定压倒一切；稳定是为了更好地发展；稳中求进，发展是硬道理，加快发展是根本出路。《同奔共富之路》重申社会主义现代化建设的共同目标以及"部分先富"的实现路径。《人民利益高于一切》进一步强调"人民利益是制定各项方针政策的出发点和归宿"这一思想；不管环境如何变化，都要把人民利益置于最高地位，全心全意为人民服务的宗旨不能变。《创出鲜明的中国特色》则讨论了物质文明与精神文明的辩证关系；两个文明，合则齐美，离则两伤；任何时候都不能放松精神文明建设，更不能以牺牲精神文明为代价换取经济的一时发展；"两手抓，两手都要硬"，不能动摇。《一百年不动摇》从世界政治风云变幻的角度来看中国改革开放的问题，从中华民族发展生存的高度来思考中国的发展道路，有更深的思想性和更独到的见解，既道出了深圳人民的心声，也表达了全国人民的共同心愿和共同意志。

"'97 新春评论"与 1992 年"猴年新春评论"一脉相承，8 篇文章高屋建瓴、层层深入、气势磅礴，从不同角度和侧面，围绕改革和发展面临的重大问题，进行了深入分析和阐述，振聋发聩、引人深省。中央人民广播电台《新闻联播》节目，香港《文汇报》《南华早报》纷纷对《深圳特区报》的这组评论给予报道和肯定。

（三）《人民日报》头版头条首次刊登《深圳特区报》记者稿件

深圳的经济起飞有目共睹，而精神文明建设如何？ 1994 年 6 月，江泽民总书记提出，经济特区要"增创新优势，更上一层楼"。从此，《深圳特区报》注重以各种体裁和手段刊发两个文明建设的报道，尤其是对精神文明建设给予舆论支持。

1996 年 3 月 5 日起，《深圳特区报》头版设置"精神文明建设纵横谈"专栏。截至 1996 年 10 月 16 日，共刊出 23 期 32 篇理论文章，从不同方面论述了社会主义市场经济条件下思想道德、文化教育建设的对策和措施。其中，时任中宣部理论局副局长李君如撰写的《社会主义市场经济条件下的道德建设》、上海市委党校教授于广钧撰写的《改革开放与精神文明建设》、中国人民大学教授李德顺撰写的《"两手抓"

《人民日报》1999 年 1 月 20 日头版头条刊登《增创新优势　更上一层楼　深圳两个文明建设协调发展》一文

不是二元论》等文章受到读者好评。此外，10 月初在头版连续发表了"经济特区精神文明建设系列谈"的评论员文章，先后以《经济特区要做精神文明建设的排头兵》《面对现实　贴近实际》《以法制推进精神文明建设》《切实改进党风政风》《大力加强商德建设》为题，就经济特区如何在建立社会主义市场经济体制过程中推进社会主义精神文明，进行积极引导。

《深圳特区报》开辟的"我说深圳事"言论专栏，原设在二版，对倡导精神文明起到了积极作用。1997年4月14日起，移至一版，作为一个特色专栏经营。"我说深圳事"以"创新观念，振奋精神，树立新的社会风尚，培养文明的生活方式"为宗旨，为读者提供了一块交流的园地。读者可以就深圳每天发生的事，赞扬先进，批评落后，褒扬真善美，鞭挞假恶丑。

1999年1月20日，由深圳特区报社记者陈寅和人民日报社记者任维东、胡谋采写的《增创新优势 更上一层楼 深圳两个文明建设协调发展》一文，刊登在《人民日报》的头版头条。这也是深圳特区报社记者的稿件首次发表在《人民日报》的头版头条。该文导语以小见大，从"拥有11位诺贝尔奖获得者的跨国公司朗讯科技，最近落户深圳高新技术产业园区……全球500强和著名跨国公司中，已有IBM、杜邦、康柏等40多家公司落户深圳"，引申出"这得益于深圳国民经济持续、快速、健康发展，也得益于这里社会主义精神文明程度的不断提高"。该文叙述以事论理，通过记述深圳社会治安好转，市民安全感明显增强；以法治保障精神文明建设，依法行政、政务公开等方面取得进展；象征深圳21世纪形象的市民中心、中心图书馆、音乐厅等六大工程和地铁项目已经开工；继一曲《春天的故事》之后，深圳文艺工作者创作的《走进新时代》获文化部文华新节目奖等，全面总结了深圳精神文明建设的成就，报道了深圳精神文明建设的经验，并提出：为贯彻江泽民"增创新优势，更上一层楼"这一重要指示，深圳"努力做到既增创经济优势、物质文明优势，也增创精神文明优势、思想政治优势和社会全面进步优势"。

四 搭建"舆论平台"，辨明是非丑恶

(一)"豪华车队迎新娘"

1994年1月15日中午，以一辆开天窗的录像车为前导、一辆超长林肯轿车为彩车，后随六辆奔驰轿车组成的结婚迎亲车队，停在东南国际大酒店门前。深圳特区报社一名记者上前拍了几张照片，却被十余名身着便服、手拿"大哥大"、自称"边检"和"公安"的人员围住，将记者相机中的胶卷强行曝光。16日，《深圳特区报》在头版刊登了《豪华车队迎新娘，记者胶卷被曝光》一文，"一石激起千层浪"，引起了广大市民的强烈反响。17～26日，《深圳特区报》在二版开辟"广开言论求共

识——豪华车队迎新娘"专栏，展开讨论。

广大读者纷纷谴责这种侵犯新闻工作者权益的粗暴行径。署名"正义"的读者说，在公共场合进行拍摄采访是合情也是合法的，根本不存在什么"侵犯隐私权"的问题。读者鲁良说："动辄用豪华车队迎亲，招摇过市，把结婚仪式办到大街上，却又不准新闻记者采访拍摄，这实在太过霸道……将记者胶卷曝光，是粗暴行为，应该受到谴责，这一点不容讨论。"① 肯定者也有之：署名"小敏"的读者来信说，结婚乃人生一件大事，只要没有揩国家、集体的油，那样做又有何不妥呢？读者牧之说，深圳本身就是一个商品经济较发达的城市，只要有这个条件，又没有违法，请奔驰、皇冠抑或快艇、飞机，完全是公民个人权利，社会似乎不应干涉。还有读者认为，用豪华车队迎送新娘体现了"时代的进步"。随着讨论的不断深入，不少读者逐渐突破对表层现象的议论，他们联系到深圳乃至全国出现的比富斗阔、挥金如土等不良现象，开始了深刻的思考。深圳大学社会学副教授赵小鸣认为："在改革大潮中，怎样使人的质量也现代化是一个长期、复杂的系统工程。"② 她担忧精神文明建设的不足会成为深圳之后十年经济起飞的羁绊，建议应大力加强对市民的公德教育，利用各种时机和场合大力宣传各种民族美德。一位姓杨的读者认为，落后的文化意识会体现在价值观念上，"豪华车队迎新娘"就是这种价值观念的表现，这是一种有损社会的落后的"浪费文化"。③ 因此，《深圳特区报》发起的这一讨论有更深一层的文化思想建设的意义。

（二）一封读者来信引发"麻将战"大讨论

1996 年 1 月 9 日，《深圳特区报》刊发了《一位教师给市领导的信》，这位教师在信中列举了家访过程中频繁遇到的学生家长痴迷麻将、祸害子女的现象，表示心情"难以平静"，"希望这一问题能引起重视"。报纸为此开展了讨论，持续 12 期，共刊登文章 50 篇。

这次讨论的中心，是孩子们因为"麻将战"所受到的学习和身心健康方面的损害。文章披露，不少学生因家里打麻将而失去学习环境；有的学生还被拉去"三代

---

① 见《深圳特区报》1994 年 1 月 21 日。

② 见《深圳特区报》1994 年 1 月 18 日。

③ 参见《深圳特区报》1994 年 1 月 22 日。

同桌"；有的学生貌似在写作业，但心在牌局，一听到"胡"了，就奔向牌桌，问爸爸赢了多少、妈妈输了多少；孩子们到校交谈，竟是"你们家赢了吗""我们家倒霉，又输了"。有篇文章举出两个惊人事例：四川一位13岁的女学生和7岁的弟弟喝农药自杀，留下遗言是"爸爸妈妈：我和弟弟一起走了，你们现在可以安安心心打麻将了"；某大学政教系即将毕业的两名硕士生竟然在麻将桌前玩了7天7夜没睡觉而休克死亡。讨论也涉及其他一些问题，如打麻将扰邻，赌博导致种种悲剧，甚至有人把麻将变成"贿赂媒介"。

围绕"麻将战"讨论，并非一概否定麻将作为休闲娱乐工具的作用，而是呼吁自娱有度，莫忘公德，更要守法。讨论中还提出"建立居民公约"等建议。

（三）"一段对话"掀起深圳治安大整顿

深圳的社会治安问题，一度成为市民关心的热点。《深圳特区报》抓住了这一问题进行追踪报道。在1998年6月27日一版刊发的《社会治安要有更大好转——市委书记和市长的一段对话》，报道了深圳市委书记张高丽和市长李子彬在二届八次会议上关于社会治安问题的一段精彩对话，向读者传达了市委领导整顿社会治安的决心与信心。

随后，《深圳特区报》及时推出"深圳市社会治安热点问题"的系列报道，针对"'两抢'犯罪如何才能根治"等问题，一方面从正面引导、解决问题的原则出发，着重督促、反映有关部门的整治工作，如报道南山区公安分局撤免一批不合格的派出所所长，查处8名违纪民警，反映公安部门"治安先治警，治警先治长"的整顿措施；另一方面报道广大群众与犯罪分子斗争，挺身而出维护社会治安的英勇行为，如关于杨卓辉与歹徒搏斗献身的报道。

同时，《深圳特区报》还开辟专栏组织讨论，配合多篇评论文章，引导治安这一热点问题的社会舆论。

（四）"糊涂医生开错药"，促进医德医风整改

1998年7月27日，《深圳特区报》刊发一则《糊涂医生开错药：过敏注射氯化钾；明白护士开了腔：患者捡回一条命》的社会新闻，通过深入细致的调查，揭露了某医院值班医生，为病人开处方时，错把氯化钾当作葡萄糖酸钙注射液开给病人，

险些酿成大错。这篇稿件经过报社领导认真审阅，被认为可以抓住这一典型事件，促进医疗行业医德医风的转变，于是在报纸显要位置刊登。

这篇报道见报后，引起市民强烈反响。市委书记张高丽在当天召开的全市创建文明市、文明区动员大会上，就卫生系统医德医风存在的问题提出了整顿要求。8月3日，《深圳特区报》在一版推出"整顿医德医风，跟踪报道医院的整改情况"栏目，发表病人对医院的批评意见，跟踪报道医院的整改行为，等等。同时还针对医德医风问题发表多篇评论，着重查找原因和提出解决问题的办法，对于医疗系统的整顿工作产生了良好的社会效果。

（五）杨黎光三获鲁迅文学奖

1995年，深圳市计划局财贸处原处长王建业特大受贿案的侦破曾震惊全国，给人们留下许多疑问和思考。深圳特区报社记者杨黎光历经半年的艰辛采访，走访了几十位知情人，翻阅了大量资料，积累了几十万字的笔记，完成了30余万字的长篇报告文学《没有家园的灵魂》，把这一大案真实细致地展现给读者。杨黎光从多个角度对人物灵魂进行解剖，使作品的内涵显示出不同寻常的厚实，也显示了令人信服的真实性。7月14日起，《深圳特区报》连载这部报告文学，读者争相传阅，该作品成为深圳街谈巷议的热门话题。《十月》《羊城晚报》《北京晚报》《四川日报》等40多家报刊纷纷转载。

1996年8月7日，中国报告文学学会、深圳特区报社、《中华文学选刊》杂志社、

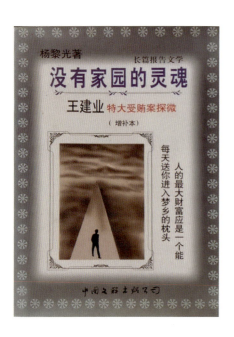

《没有家园的灵魂》书影

《十月》杂志社在京联合举办了《没有家园的灵魂》研讨会。1997 年 7 月 7 日，《深圳特区报》连载《没有家园的灵魂（续篇）——采访狱中的史燕青》，这是杨黎光亲赴泰国，又深入韶关监狱后续采访完成的。8 月 28 日，《没有家园的灵魂》获得首届中华文学选刊奖。

1998 年 2 月 9 日，《没有家园的灵魂》荣获我国文坛最高荣誉奖项——首届"鲁迅文学奖全国优秀报告文学奖"。2000 年 9 月 17 日，20 集同名电视剧在深圳及国内各电视台播出。2002 年 5 月 8 日，《没有家园的灵魂》获中国报告文学界的最高专项奖——首届"徐迟报告文学奖"。

1998 年，杨黎光深入东北嫩江抗洪一线，采访有关方面抢救 1 万多名被水围困犯人的感人事迹，写出报告文学《生死一线》。《深圳特区报》于 1999 年 8 月 16 日至 9 月 2 日连载。2001 年 9 月 2 日，《生死一线》获得第二届鲁迅文学奖。

后来，杨黎光[①] 受命采写广东省抗击"非典"纪实，在《深圳特区报》连载 30 多万字的长篇报告文学《瘟疫，人类的影子——"非典"溯源》。他将"非典"这一重大事件置于历史与现实的交会处，进行了科学而感性的反思，体现了一个记者兼作家深刻而广阔的思想，令人震撼。2004 年 12 月 28 日，《瘟疫，人类的影子——"非典"溯源》获得第三届鲁迅文学奖。至此，杨黎光成为全国唯一一位连续三次摘得这一全国文学大奖桂冠的作家。

五　股市报道的多项"第一"

（一）"余嘉元"成为深圳股市"名人"

20 世纪 80 年代中期到 90 年代中期是我国股票市场发展的初期阶段。深圳金融业也勇当中国金融体制改革中的第一个"吃螃蟹者"。深圳在银行、证券、保险等行业领域里创造了中国经济史上的一百多项"第一"[②]。深圳股票、金融市场的发育和成长，为股市和金融报道提供了"沃土"。而这一项项"第一"，都被《深圳特区报》一一记录。

---

① 杨黎光时任深圳报业集团副总编辑、深圳特区报社副总编辑。
② 参见徐皓《引进一个汇丰跟来一批"洋行"》，《深圳特区报》2007 年 5 月 24 日。

深圳股票市场行情 (1990年8月24日)									
	发展		万科		金田		安达		原野	
	收市价	成交股数	收市价	成交股数	收市价	成交股数	收市价	成交股数	收市价	成交股数
证券公司	35.97	7170	10.04	18800	129.00	350	11.51	7600	80.00	200
中行证券部	35.00	1400	9.70	6600	—		11.24	1000	82.00	2700
国投证券部	35.94	31752	9.40	84200	117.75	4050	11.67	26300	81.10	35290
交行证券部	35.98	19180	9.90	2700	—		11.69	20800		
人民北营业部	35.96	17880	9.90	8100	130.30	200	11.63	9000	84.00	1100
有色证券部	35.50	20168	9.50	6800	125.00	50	11.51	2500	79.13	4950
广信证券部	36.04	18900	10.15	45100	131.30	394	11.74	37300	83.24	12000
农行证券部	36.04	7374	9.55	6400	124.26	600	11.75	2500	83.17	7600
工行证券部	36.04	28600	9.94	23800	—		11.43	10900	84.40	1670
蛇口营业部	35.60	1400	9.52	14200	131.30	300	—		82.51	3800

（中国人民银行深圳经济特区分行提供）

1990年8月25日《深圳特区报》二版，这天，第一份股票行情表从这里刊出

1990年8月25日，《深圳特区报》出现了一块巴掌大的股市行情表，上面仅有深市最初的深发展、万科、金田等"老五股"，以及当天的开盘价、收市价、成交量。然而，这却是新中国成立以来内地报刊上首次出现股市行情表。在当时股市运作还很不规范、股民们看不到电子行情、证券营业部在黑板上以手工抄写股票成交价格的情况下，深圳人民银行当时曾专门做出规定，《深圳特区报》作为深圳市委机关报，为发布证券市场股票行情和相关信息的唯一指定官方媒体，成为股民获取股市第一手信息的主要渠道。

据时任深圳人民银行办公室主任的周明回忆，《深圳特区报》上刊出的有关股市的信息、文章，都要传真到深圳人民银行，由专业处室对稿件进行审定。特殊情况下，有些重要的文章要由当时深圳市主管金融的副市长张鸿义亲自审定。

1991年7月8日，也就是深圳证券交易所正式运营第二周的星期一，《深圳特区报》的第二版上刊出了新栏目："股市纵横"，供经济界、学术界及从事证券业的专家议论股市，还特意开辟了"股民之声"和"特区金融"栏目，让广大股民发表意见。

当时深圳特区报社的金融跑线记者傅建国、陈益健合作化名"余嘉元"，写下了第一篇股市周评。"余嘉元"很快成为深圳股市的"名人"。

据报社的老同事解释，这"余嘉元"的笔名，取的是"我的一家之言"的意思。从此，"股市纵横"栏目每周一期，除了"余嘉元"的周评之外，还及时报道上市公司的最新消息、证券监管部门的最新动态。

除了傅建国、陈益健，文学专业出身的阮华后来也加入了股评的队伍。他们三位记者成为最早涉足股市评论的新中国第一代股评家，他们的股评往往影响着股民对股市的判断，以及对股票的选择。

（二）股票金融版的改版沿革

1992 年 7 月 26 日，为适应深圳乃至全国股票证券市场发展的新形势，更充分地反映特区金融改革，"股市纵横"和"特区金融"专栏合并，扩大版面，充实内容，改为"股市·金融"专版，逢周日刊出。"股市·金融"专版设"一周述评""上海股市一周""投资技巧""技术分析""行家话股市""股民之声""股民来鸿""入市须知""B 股天地""境外人看股市""金融动态"等栏目。除深沪两地股市述评由该报特约撰稿人撰写外，其他栏目均来自专业人士、投资者、读者投稿。

1993 年元旦，《深圳特区报》扩大到 12 版，原"股市·金融"专版改为"深圳市场"，后改为"市场·证券"。9 月 1 日，"市场·证券"版为满足读者的要求，实行扩版。扩版后在北京、上海、深圳聘请有见地的专业人士，每日翔实地评论市场走势；还在北京、天津、沈阳、广州、成都、西安、海口等中心城市聘请特约撰稿人，经常报道上述城市重大的有价值的市场信息；在突出证券市场的同时，还开辟专栏报道房地产市场、期货市场、农副产品市场、建筑材料市场等。

1996 年，"市场·证券"改为"金融·证券"版，加大对金融政策、证券新闻报道和对股市评论的力度。开设的栏目主要有："新视野""众说纷纭看后市""潜力股追踪""一周个股综述""深沪股日评和周评""上市公司动态""今日备忘录""股民信箱""投资技巧"等。

1998 年 1 月 1 日起，"金融·证券"版由原来的每期 2 个版扩大至每期 3 个版，从周一至周日天天出版。以报道证券、金融新闻和证券评论为主要内容，为广大读者进行证券投资提供宏观指导和微观服务。

扩版后，"金融·证券"版增大证券和金融新闻的分量，加强政策导向，进一步提高股评质量，并增强服务性。推出了一批新的栏目，聘请萧灼基、李扬、谢百三、贺强等著名经济学家、证券研究专家定期撰写专栏稿，分析宏观经济形势，把握金融政策动向，展望股市发展前景；约请黎东明、古思平、顾晓平等资深股评人士主持股评专栏，综合分析股市的中短期趋势，为投资者出入市当决策参谋；并邀请有关专业人士解答投资者关心的问题。

2001 年 5 月 21 日，《深圳特区报》对部分报纸版面和内容做出调整，"经济证券新闻"成为新闻版的主要内容。《深圳特区报》的金融、股市报道日趋成熟。

六　从 8 版扩为 28 版的历程

（一）8 版相继扩为 12 版、16 版、20 版和 28 版

20 世纪 90 年代初，中国报业进入了以规模竞争为特点的市场扩容阶段，扩版成为报业竞争的一种常规手段。《深圳特区报》随着新闻运载能力的提高，为给读者提供更丰富的新闻信息，以适应传媒市场的需要，从 1993 年到 1999 年先后进行了多次扩版。

1992 年 9 月，报社向深圳市委提交了关于扩版的报告。[①] 深圳市委办公厅于 10 月 7 日做出批复，同意《深圳特区报》在 1993 年扩大为 12 版。[②]

1993 年 1 月 1 日，《深圳特区报》由对开 8 版扩至 12 版。增加的 4 个版包括：一个"金融信息"版、一个"经济贸易"版和半个专刊版（包括周末版），另外 1.5 个版用来刊登广告。原时事和港澳台新闻扩分为"国内新闻""国际新闻""台港澳新闻" 3 个版，取消"周末扩大版"。

[①] 参见深特报字〔1992〕26 号，1992 年 9 月 16 日。

[②] 参见中共深圳市委办公厅《关于〈深圳特区报〉在 1993 年扩大为 12 版的报告的批复》，深办复〔1992〕4 号，1992 年 10 月 7 日。

1994年1月1日，《深圳特区报》由对开12版扩至对开四大张16版，成为我国内地当时版数最多的两家大型日报之一（另一家为《广州日报》）。新增加的4个版，一般1～2个版为广告专版，剩下的2～3个版分别为"金融·证券"专版和侧重反映深圳市社会主义精神文明建设的专版。

1996年1月1日，为适应全国实行周六和周日双休制度，《深圳特区报》推出"双休特刊"。同时，系列经济专版也陆续与读者见面。10月3日，《深圳特区报》调整个别版面，扩充新闻版，全面报道国内外重大新闻事件，增大信息量。新增的版面有"要闻"（第二版，周一至周五）、"证券述评"（周日）。

1997年4月7日，增张扩版并调整部分版面，逢星期五增至20版。新增"经济视野"版、1个"金融·证券"版、1个"行情信息"版，恢复"国际副刊"版。

1998年1月1日，《深圳特区报》更换新报头。周一至周五，由对开20版扩大至28版，增加"体育新闻""金融·证券""小说连载"等版面，而且天天出彩版。其中"体育新闻"每天2个版，"金融·证券"版由2个版扩大为3个版，"神州经纬""南粤新闻"版也增加了版面，丰富了内容，同时增加了"小说连载"专版和经济信息生活类特刊。1999年12月，日出对开28版（彩色）。

（二）竞争激烈的版面招标

随着不断扩版，至1999年，《深圳特区报》已经拥有50个各类版面和300多个专栏，成为集新闻性、知识性、服务性、娱乐性于一体的大报。报社每次在扩版的时候，都充分发动全体员工，既对品牌版面提出新创意，又鼓励创意新的版面，并在部分部门有针对性地开展了版面招标工作，有两次版面招标影响较大。

（1）**1993年以"增量"为特色的版面招标**。深圳特区报社在1993年下半年向上级申请，拟从1994年起由12版扩为16版。为了迎接这次扩为16版的大动作，报社对版面设置做出相应调整，并鼓励全体员工对新设置的专版提出创意，可以提出新的专版版名、报道内容、运作方式等。报社从此开展了一次以"增量"为特色的版面招标。

参加招标活动的编辑们十分踊跃，提出了许多新鲜的专版创意和出版方案。经过报社编委会的审定，决定新推出的专版包括"打工世界""读书""家庭"等；原

第一期"打工世界"专版

"深圳市场"改为"金融·证券"。创意方案入选的编辑获得相应奖励。

（2）1995年以"提质"为标志的**版面招标**。这次版面招标，一是一些老版面老面孔需要改革创新，以提高报道质量；二是为了配合1996年1月1日全国实行周六和周日双休制度，提前进行版面预演。

这次版面招标，所有部门员工均可参与竞标。报社专门成立评定小组，对参与竞标的方案进行评定、评奖。成功"招标"的责任编辑，根据版面的分值拿奖金。经过角逐，文艺部王笑园策划的"罗湖桥"方案获一等奖，黄汗青策划的"家庭"版方案获二等奖。7月1日起，招标获胜的编辑上岗，一批新的专版也随之纷纷登场。

版面竞标使得报纸版面更加活泼，可读性更强了。在持续的扩版过程中，《深圳特区报》着力打造品牌版面，给读者带来全新的阅读体验。①

（1）**"打工世界"专版**。"打工世界"专版创办于1994年1月2日，每周五一期。开设的专栏有"快乐一族""工间白话""打工不潇洒""打工日记"等。

"打工世界"的创办，在当时全国的新闻媒体中尚属首例，受到了广大打工一族的喜爱。该版将打工者的思想、工作、生活、感情、事迹融入到版面中。有人从这里找到了人

---

① 据陈小蔚采访薛以凤，耿伟采访王笑园、黄汗青、刘桂瑶、刘勇等的分别回忆记录。

生坐标；有人从这里寻觅到了知己；有人从这里感受到了人间温情；有人从这里学会了善待生活；有人从这里增长了知识；有人从这里鼓足勇气，重新扬起生命的风帆……"打工世界"专版被读者称为既是打工者抒发喜、怒、哀、乐的舞台，也是打工者疲惫心灵返航的港湾。"打工世界"几乎每期都配有言论，针对劳务工的社会保障等热点问题展开讨论。(2001年5月19日，随着《深圳特区报》的版面调整，"打工世界"出版最后一期。)

(2)"读书"专版。国内城市党委机关报开办"读书"专版，深圳特区报社是较早的一家。1994年1月1日发刊的"读书"专版，宗旨是"以书为中心，传递各种文史哲经图书信息"，设有"墨海杂话""书与天下""书与人生""我喜爱的书""编辑谈书""著述者说"等栏目。创版以来，作者队伍既有特区内的，也有特区外的；既有"无名小卒""打工一族"，更有名作家、名诗人、艺术家、大学者，如茅于轼、铁凝、萧乾、厉以宁、刘心武、陆星儿、叶兆言、陈国凯、朱崇山、陈祖芬、贾平凹、戴厚英、毕淑敏、舒芜、叶永烈等。

(3)"家庭"专版。"家庭"专版1994年1月2日设立。开设的专栏有"一家之言""专家笔记""名人之家""我的太太"等，内容涉及家庭的方方面面。该版策划开展过"关于中年人婚姻的讨论"、"岁月留香"征文、"关于第三者的讨论"、"争当贤内助"、"关于黄璐璐事件的讨论"等，在社会

第一期"读书"专版

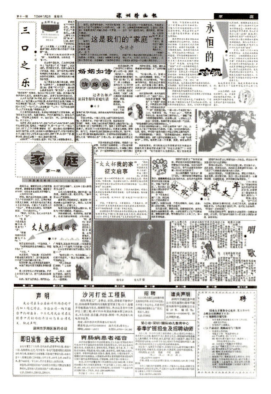

第一期"家庭"专版

上引起广泛关注。在专栏"名人之家"上，曾经刊发过吴祖光、新凤霞夫妇，冯巩、牛群、宋丹丹、程之等为读者熟知的名人家庭生活或健康之道。（2004年10月30日出版最后一期。）

不间断的扩版，标志着《深圳特区报》厚报时代的来临。"厚报不仅是扩张的一种形式，也是媒体规模壮大的一种象征，是实力的表现。"[1]1993年以后，《深圳特区报》通过一系列市场化、企业化的经营，广告和发行实力日益壮大，而报纸版面紧张，无法满足读者多元化的需求，特别是对经济、金融、股市、贸易等信息的广告需求，因此，扩版势在必行。[2]扩版后的《深圳特区报》增加容量，能够满足广大读者不同的喜爱和需求。由此，报社实现了扩版与发行量上升、广告营业额增长的良性循环。

七 "鹏城今版"史话

（一）大胆推出一份"报中报"

1995年，许多党报另辟蹊径，申请刊号，办起都市类的子报，口号大都是"办老百姓爱看的报纸"，如《长江日报》和《杭州日报》等机关报新增了下午版，同当地的晚报争夺市场。《深圳特区报》为应对报业激烈竞争，也试图增

---

[1]　林如鹏：《广东报业竞争三十年》，暨南大学出版社，2008，第30页。
[2]　参见深特报字〔1992〕26号，1992年9月16日。

设下午版。当时因纸价高涨、成本增加等因素，报社讨论了三次，争议很大，但是最后"还是下决心先办出来再说"。

1995 年 1 月 20 日，报社编委会决定新增补的编委杜吉轩为创办"鹏城今版"的负责人[1]，并派他到《长江日报》和《杭州日报》考察。杜吉轩发现那些下午版"只解决了时段问题，但从内容和报道风格上却延续着党报的传统，尚未解决贴近性问题。于是我们决定从内容上进行革新，通过办'鹏城今版'来把党报的正确引导舆论和都市报的满足市场需求统一起来。但是国家新闻出版总署当时不再批新刊号，于是'鹏城今版'就成了报中报。这是《深圳特区报》的独特创新，把机关报和都市报的优点整合为一体"[2]。

1995 年 3 月 3 日，"鹏城今版"创刊，以"伴着百姓走，与你同乐忧"为宗旨，以"贴近群众，深入生活，注重服务，进入家庭"为目标。发刊词中写道："'鹏城今版'是《深圳特区报》的一部分，但不是现有 16 个版面的简单扩充和延伸，它将在版面内涵和适应读者层次方面有别或更宽于其他版面。"当天的"鹏城今版"发行了 16 万多份。

创刊时的"鹏城今版"有 A、B、C、D 四版，A 版以刊登与市民日常生活密切相关的新闻为主，B 版轮流出版"老

1995 年 3 月 3 日"鹏城今版"创刊号

---

① 参见深特报人字〔1995〕02 号。

② 陈冰：《党报自觉探索"三贴近"的发轫之作——杜吉轩谈〈深圳特区报〉〈鹏城今版〉演进史》，《晶报》2008 年 7 月 10 日。

百姓"、"现代风"（相当于生活副刊版），C版轮流出版"体育场"（相当于体育副刊）和"大世界"（相当于国际副刊），D版是"艺海潮"。版面构成贴近生活、贴近群众，娱乐性、趣味性强，为市民所喜闻乐见。5月底以前每周出1期，逢周五出版。从7月1日起每周出6期（除周日外）。

（二）"鹏城今版"的特殊品格

"鹏城今版"以大众化读者为目标受众，被看作党报大众化实践的又一尝试。

"鹏城今版"以贴近生活，贴近群众，娱乐性、趣味性强的本地社会新闻为主要题材。以1995年3月3日的创刊号为例，A版头条《人间至诚是孝心——关于深圳子孝亲慈的温馨话题》以及另两则消息《冷暖气流短兵相接本市持续阴雨绵绵》、《招考公务员男女比例悬殊 市妇联为姐妹们说话》，都与老百姓的生活和利益相关。"鹏城今版"多年来组织策划了许多重大报道，如深圳人的就业问题、外来子女受教育问题、出租车行业改革问题、对娱乐场所的"毒、黑、黄"违法行为的报道等，都是极具深圳特色的社会素描，同时也表现出了报纸的深入思考。

"鹏城今版"打破了传统的版式结构和报道方式，大量使用大幅图片，标题用色丰富，版面色彩缤纷。头版稿件经常以突破均衡的超常强势使重点稿件引人注目，如1997年10月30日以《中国三代领导人与美国总统的10次握手》的总标题，在B、C两版系统回顾了新中国成立以来中美关系的历程，以及一些趣闻逸事。报道方式上，以调查型深度报道为主，1995年4月21日，《莲花山里闻书声》讲述了一家棚屋学校的故事，之后"鹏城今版"记者在1997年、1998年、2000年持续关注，让不少类似的棚屋学校走出了棚屋的困境，推动了外来人员子女受教育问题的解决；2001年4月，"鹏城今版"记者分赴湖南常德和重庆，全面报道世纪恶魔张军审判案，让市民及时了解案情进展；同年3月，对深圳出租车行业怪现象透视的系列报道推出，在深圳出租车行业引发"地震"，随后，深圳停止数年的出租车营运牌照重新"开闸"，"绿的"投放宝安、龙岗两区；2003年5月26日，《回春妙手怎忍看》首度用大照片、大版面对苍生大医郭春园进行重点持续报道。

2001年4月20日，"鹏城今版"周末扩大为8个版，16个专版轮番上场。2003年2月17日，"鹏城今版"扩版，每天有8个版。成立了徐华、朱文蔚两个新闻工作室，引入新闻带头人机制。2010 年 9 月 16 日，"鹏城今版"刊出最后一期。

（三）"鹏城今版"的诸多"最先"

"鹏城今版"的创办，直接带动了《深圳特区报》零售量的上升和广告额的增加。杜吉轩说："'鹏城今版'创办第一年，我们就实现了盈利，大约为报社创造了几百万元的利润。最重要的是，我们当时的一些栏目都深受读者喜欢，广告效益特好，零售额猛增。"从专业角度看，"鹏城今版"还创造了报纸的许多"最先"。它是党委机关报中最先使用大图片的报纸之一，是最先在头版公布热线电话的报纸之一，是最先把天气报道放在头版的报纸之一，是最先在头版开设"导读"的报纸之一，是最先使用中国新闻社电讯的报纸之一，是最早开辟整版社会新闻的党报之一，是最先设立"分类广告"的报纸之一，是最先采取"不转版"的报纸之一，是最先设立"本版主持人"的报纸之一，也是把文艺、体育率先"娱乐化"的报纸之一。[1]

概括起来，"鹏城今版"的创办具有两个重要意义：首先，它是党报自觉探索"三贴近"的发轫之作；其次，它还开创了"党报 + 都市报"的办报模式。浙江大学教授邵培仁认为，"鹏城今版""对百姓生活、底层疾苦的关注程度，它对舆论监督的重视，它带给读者丰富多彩的体育、娱乐信息，它的'周末版大餐'，它对言论和新闻图片的重视程度，它对诸种新闻的处理手法，它大气而多变的版式风格，其实更像一张都市报。其中有的版面栏目，会有读者觉得它像中央台的《焦点访谈》，有的像《东方之子》，有的像《新闻调查》，有的又像《老百姓自己的故事》。"[2]

第三节　深圳特区报组建报业舰队

深圳特区报在这一时期，为走向集团，先后创办、合资、收购、控股了一批子报子刊，包括《深圳青少年报》、*Shenzhen Daily*（《深圳日报》）、《深圳汽车导报》、

---

① 参见陈冰《党报自觉探索"三贴近"的发轫之作——杜吉轩谈〈深圳特区报〉〈鹏城今版〉的演进史》，《晶报》2008 年 7 月 10 日。

② 邵培仁：《论〈深圳特区报〉的办报模式及版面特色》，《当代传播》2007 年第 3 期。

《深圳风采》周刊、《投资导报》、《深港经济时报》、《深星时报》、《今日广东》专版、《香港商报》等，形成了实力雄厚的传媒舰队。

一　子系报刊的陆续问世

（一）"蹲下来听孩子们说话"的《深圳青少年报》

1994年，深圳市委副书记林祖基提出，要为深圳的孩子们办一份属于他们自己的报纸，并将这个任务交给了深圳特区报社和深圳市教育局，由深圳特区报社具体筹办。[1]

1994年3月31日，《深圳青少年报》试刊号面世，为对开4版。开办及正常运转所需100万元，深圳特区报社投资占80%，深圳市教育局投资占20%。《深圳青少年报》面向在校学生，以中学生为主要读者对象，兼顾小学生、大中专学生，全面报道深圳青少年的思想、学习和生活。

创刊时的版面、栏目设置如下[2]。一版：报道与青少年有关的以及教育改革方面的新闻，针对青少年的不同思想问题展开专题讨论，宣传国内外主要大事和特区改革建设新信息，设栏目有"校园写真""特区同龄人""热点透视""天下大事""话说身边事""热线电话""人物专访""市长与学生"等。二版：反映校园内青少年的学习、思想动向，老师与家长的教育状况，宣传名人成才之路，指导青少年课余学习，设栏目有"初涉人生""学生论坛""师生之间""在校报班刊上""辅导员手记""解难释疑""作文评点""写作技巧"等。三版：介绍新科技、新知识和锦绣中华、世界名胜风光等，设栏目有"地理之窗""科技追踪""科技珍闻""动手做""世界名胜""祝你健康""你知道吗""翻译角""大自然之谜""爱我中华"等。四版：轮流刊出时事专版、文摘专版、摄影专版、漫画专版、体育专版、影视之窗、竞赛专版等。

---

[1]　参见谢蔚君、李青松《和读者一起成长——〈深圳青少年报〉16年历程回眸》，载吴松营《深圳传媒业的崛起》，深圳报业集团出版社，2010，第172页。

[2]　参见深特报字〔1993〕73号，1993年12月7日。

1994 年 3 月 31 日,《深圳青少年报》试刊号面世

1995年9月22日,《深圳青少年报》获得全国正式刊号,开始面向全国发行,当年发行量逾 10 万份。

创刊时的《深圳青少年报》,大部分员工都是初出茅庐的记者,也没有关于少儿报刊的工作经验。但他们用真诚的态度,"蹲下来听孩子们说话",与孩子们打成一片,赢得了孩子们的喜爱。青少年报有两个明星栏目:"雷哥对对碰"和"波哥问答"。孩子们通过短信平台、QQ、博客等形式,跟"雷哥"和"波哥"聊生活、学习,分享成长中的快乐和烦恼，这些成为报纸办报的重要素材。

在内容和形式上，《深圳青少年报》根据不同年龄读者群的需求进行内容细分，衍生出多个版本。率先在全国少儿报刊中实现无纸化电脑排版，打破传统的线条式排版模式，采用图案和不规则线条分割版面，令人耳目一新；版面风格新颖活泼、多姿多彩，符合小读者的阅读习惯。

（二）"深圳国际化的一条漂亮领带" Shenzhen Daily

1997 年 7 月 1 日，经国家新闻出版总署批准，由深圳特区报社主办的中国经济特区第一张英文报纸 Shenzhen Daily（《深圳日报》）正式创刊。吴松营兼任社长，曾在国务院新闻办公室国际局任职的张治平任顾问，李延林任总编辑。每周一期，逢周三出版，为每期四开 8 版。

Shenzhen Daily 的前身，是创办于 1994 年 1 月 2 日的《深圳特区报》英文专版 English Page。Shenzhen Daily 的主要读者对象为常住深圳的外国人及其眷属，来深圳或经过深圳的境外游客、外企员工及涉外工作人员、大中学校师生及有志于掌握英语的各阶层人士。发行范围除本市、本省外，还扩展至北京、上海、武汉、成都、南京等内地省市及香港特区。除要闻版、深圳新闻版、国内（含珠三角）新闻版、国际新闻版和体育新闻版外，还辟有财经板块、教育板块、文化板块及人物特写、境外趣闻、专题、服务信息等专版，内容丰富多彩。值得一提的是，Shenzhen Daily 所有员工均具备大学本科以上学历，其中三分之一采编人员拥有硕士及以上学位，另外长期聘请外籍英语报纸专家从事编辑工作，依照英美报纸风格对标题、正文字体、栏宽等做了改进，外观上与一份外国报纸已无明显区别。报社还定期主办英语培训、英语沙龙等活动，促进了深圳市民英语水平的提高，特别是校园版已成为深圳及周边地区中学生学习英语的好帮手。[1]

Shenzhen Daily 历经多次扩版。1998 年 1 月 1 日，Shenzhen Daily 第一次扩版[2]，

---

[1] 参见韩希民等《鲜活语言为英语教学增色—— Shenzhen Daily 校园版风行纪事》，《深圳特区报》2003 年 9 月 22 日。

[2] 参见 Shenzhen Daily 编辑部《而今迈步从头越》，载吴松营《深圳传媒业的崛起》，深圳报业集团出版社，2010，第 361 页。

Shenzhen Daily 创刊号

每周出版两期（周三、周六），每期保持 8 个版。1999 年 1 月 1 日，第二次扩版，每周出版 3 期（周一、周三、周五），每期 8 个版。2001 年 1 月 1 日，第三次扩版，每周出版 3 期，每期增至 16 个版，包括 8 个新闻版和 8 个专刊版。2002 年 1 月 1 日，第四次扩版，每周增至 5 期（周一至周五出版），但因采编人手不足，每期暂时减为 12 个版。2002 年 7 月 1 日第五次扩版，每周出版 5 期，每期增至 16 个版。明确并强化外籍读者的报纸定位，在内容上做足"涉外"文章。头

版报头不再使用红色，版式定位为一幅主要图片，配三条文字稿，并设立文字和图片导读，增强视觉冲击力。同时增辟珠三角、外商招聘版、今日资讯版、中国娱乐版、外国人在深圳、外国人学中文（每日一句）、天气服务等专栏。改版之后的报纸更加大气更加国际化。

Shenzhen Daily 不仅深受本地中外读者喜爱，也被新华网、中国日报网站、南方网等国内英文媒体大量转载，与英文版《中国日报》《上海日报》并称为中国三大英文媒体。

1998 年 4 月，国务院新闻办公室主任赵启正在参观深圳特区报社时，赞扬 *Shenzhen Daily* 是"国际化进程中深圳打上的一条漂亮领带"。

（三）出版《深圳汽车导报》

1998 年 6 月 25 日，深圳特区报社宣布正式收购《车报》，更名为《深圳汽车导报》，每月一期。创刊时的股权比例为：深圳特区报社占 50%，深圳市汽车工业贸易总公司占 16%，深圳市和涛企业策划有限公司占 34%。

《深圳汽车导报》面向中国汽车消费者，以资讯的本地化、权威性、专业性以及提倡时尚前卫的汽车文化理念见长，每期近 20 万字。近 800 张图片均来自杂志社一线直击或由国际国内汽车行业机构直接提供。"试车报告""新车到埠""车主完全手册""汽车 T 型台""四驱学堂""二手车讯""游车河""香车美人志"等 30 多个精品名牌栏目分别由行业资深人士主持。220 页彩页精美印刷，随刊赠送国内独家的《改装与四驱》《中国赛车杂志》《车主通》三本副刊。

2002 年 9 月 30 日，深圳特区报业集团与深圳商报社宣布合并，成立深圳报业集团。《深圳汽车导报》成为深圳报业集团系列报，并成立《深圳汽车导报》杂志社有限公司。

（四）从《海石花》到《深圳周刊》

《深圳风采》周刊的前身是 1983 年 1 月 3 日《深圳特区报》创办并随报附送的刊物——《海石花》。《海石花》借鉴境外报纸的周刊做法，创刊伊始便受到读者好评。"部分邮递人员私自截留杂志，单独标价出售。"[1] 后来深圳特区报社编委会决定，从 1984 年元旦开始，《海石花》单独发行，由叶挺将军的女儿叶剑眉任主编，负责采编和发行等事宜，并变更为月刊。

1986 年 1 月，《海石花》正式更名为《深圳风采》，刊物更具可读性和国际视野。20 世纪末，在海量信息冲击下，月刊已无法满足市场需要。1996 年国庆，《深圳风采》改名《深圳风采周刊》。1999 年 7 月，再次更名为《深圳周刊》，成为中国内地第一份新闻周刊。《深圳周刊》以"比消息更生动的内幕，比内幕更深刻的见解"为办刊宗旨。

1986 年 1 月，《深圳风采》创刊

这份杂志刊发了大量深度报道。1994 年敏感的香港媒体将矛头对准当时港资密集的黄贝岭村，虚虚实实地大篇幅炒作报道，称深圳黄贝岭已成为"二奶村"。《深圳风采》两名记者深入黄贝岭调查真相，以事实进行澄清，报道刊出后，在海内外引起强烈反响，刊物热卖，港报转载，一度萧条的黄贝岭村重新热闹起来。1995 年《深圳风采》开设"商战风云""深圳乜都有""闯荡深圳"等专栏，刊发《克拉玛依大火纪实》等催人泪下的报道。3 月，市委书记、市长厉有为读了《深圳风采》杂志的文章《追踪卖花女》后，在八届全国人大三次会议上提交了一份建议：《卖花女问题应认真解决》。

---

① 王珂真：《深圳首份杂志〈海石花〉诞生》，《深圳特区报》2010 年 1 月 3 日。

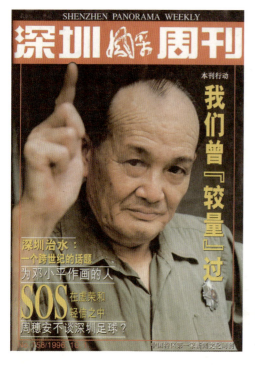

SHENZHEN PANORAMA WEEKLY

深圳风采周刊

本刊行动

我们曾『较量』过

深圳治水：
一个跨世纪的话题
为邓小平作画的人
SOS 在虚荣和
轻信之中
周穗安不谈深圳足球？

中国特区第一家新闻文化周刊

1996年国庆，《深圳风采》更名为《深圳风采周刊》

他呼吁地区之间要通力合作，共同来制止这种残害儿童、危害社会的现象。深圳各大媒体纷纷开展对"卖花女"的深度报道，有力地促进了这一社会问题的解决。

1997年2月24日《深圳风采周刊》发行《'92邓小平在深圳》特辑，第一次印刷12600册当日售完，仍有不少市民打电话要求购买此特辑。1997年7月1日，为迎接香港回归，记录1997年7月1日零点这一庄严时刻，《深圳风采周刊》第186期以"'97珍藏本"形式出版发行，受到社会各界的欢迎。深圳格兰云天大酒店订购了1997本，用来送给7月1日起入住该酒店的前1997位客人。

1999年4月，《深圳风采周刊》被国家新闻出版署报刊司选为优秀期刊，参加在美国洛杉矶举办的"'99美国中国期刊展览会"。

2004年3月，《深圳风采周刊》改为《本色生活》。由《海石花》演变而来的《深圳风采》、《深圳风采周刊》和《深圳周刊》，在记载城市历史的同时，也为这座先锋城市留下了值得回味的印迹。①

（五）收购《投资导报》

《投资导报》原由深圳市投资促进中心（深圳市外资办）和深圳企业估计合作协会（挂靠在深圳市投资促进中心的社会团体组织）于1993年11月创建。1995年11月，经与深

---

① 参见王珂真《深圳首份杂志〈海石花〉诞生》，《深圳特区报》2010年1月3日。

圳特区报社协商，促进中心和合作协会将《投资导报》80% 的股权转让给深圳特区报社，促进中心和合作协会保留 20% 的股份。这一协商结果，先后得到深圳市委宣传部、广东省新闻出版局、国家新闻出版署批准。[①]1996 年 3 月，深圳特区报社正式出资接管《投资导报》。接收之后，深圳特区报社加大对该报的投资力度，增加采编力量，改出周报，每期 24 版，突出财经深度分析和报道，力图打造一份综合性的大型财经周报。

《投资导报》旨在为企业和商务人员提供一份优质、生动、稳健、能满足其视野和需求的高品质实用经济读物。开设"财源聚焦""财源评论""财源证券""财源人物""管理营销""时尚""房地产""热门产业""经济法庭""投资招商""财源调查"等专版，以其敏锐、前瞻的眼光，直触当代经济生活。

1999 年，《投资导报》发行遍及全国主要大中城市及港澳地区，发行量达 5 万份。2001 年 7 月 30 日，《投资导报》出版了最后一期，宣布停刊。

对于《投资导报》的停刊，很多业界人士表示疑惑和惋惜。吴松营这样解释：《投资导报》的停刊一是因为《深圳特区报》的财经报道、财经新闻已经成型，正常的 32 或 36 个版里面，至少有 8 个版是财经报道；二是为了创办《晶报》，集团虽然创办了《深圳青少年报》和 *Shenzhen Daily*，但仍缺乏都市类的报纸，于是想创办一份类似都市报又定位高端的报纸，但是创办新报纸苦于拿不到刊号，所以就下决心把《投资导报》停掉，新创办的《晶报》用的就是《投资导报》的刊号。[②]历史不能假设，但《投资导报》的停刊，给新闻史学者留下了想象的空间。

二 开辟境外新闻市场

（一）中国第一份合资日报"流产"

邓小平南方谈话后，深圳市委考虑创办一份能覆盖香港及海外传媒市场的报纸。这个重任落在了深圳特区报社身上。

1993 年 11 月 25 日，根据中共深圳市委办公厅深复办〔1993〕9 号、深圳特区

---

① 参见深圳特区报社文件《关于投资导报社股权转让有关问题的说明》，1997 年 11 月。
② 根据 2011 年 8 月 27 日雷晓艳采访吴松营录音整理稿。

报社深特报字〔1994〕15号文批复精神①，深圳新闻出版中心开始组建。该中心为独立核算、自负盈亏的企业法人，挂靠在深圳特区报社，由吴松营兼任主任，陈锡添兼任副主任。成立深圳新闻出版中心，是为突破"党委机关报不能直接与海外媒体合作"的限制。

《星岛日报》成为合作目标，这是由胡文虎于1938年创办、覆盖全球的中文日报。

1993年11月26日，吴松营与星岛集团董事局主席胡仙，在深圳正式签订深圳新闻出版中心和香港星岛（中国）有限公司合资成立深港报业有限公司协议书。②胡仙任董事长，吴松营任社长，星岛集团（中国）总经理黄锦西任总经理，陈锡添任总编辑。

随后，深圳特区报社依程序向广东省委宣传部、广东省新闻出版局、国务院新闻办、国家新闻出版署等部门提出与星岛集团合作办报的申请，并相继得到各级管理部门同意。国务院新闻办还下达了"先试刊、后申报"的具体指示。

1994年3月13日，《深港经济时报》第一次内部试刊（深圳版）出版。③从版式上看，对开20版，其中1～12版套红和黑白各占一半，13～20版彩色，全部竖排。首次公开亮出办报宗旨："立足深港，沟通海内外，报道中国改革开放，报道香港的经济发展，促进深港经济繁荣。"3月18日，《深港经济时报》第二次试刊。4月15日，《深港经济时报》进行第三次试刊，20版。

1994年4月下旬，深圳逐级向上申报《深港经济时报》全国统一刊号，完成了一切申报手续。5月2日，深港双方正式签订成立合资公司、创办经济类报纸的合同，并开始注资运作，深港双方分别占51%和49%股份，总投资额定为2.5亿港元。

尽管上级部门多次口头表示刊号"没问题"，但正式批文迟迟未能下来。1994年9月下旬，刊号仍无消息，中国第一份合资日报终究未能逃脱"流产"的命运。

---

① 1993年11月25日，深圳市委办公厅批复深圳特区报社《关于成立"深圳新闻出版中心"的批复》，同意设立"深圳新闻出版中心"。在此基础上，深圳特区报社于1994年5月14日做出《关于同意组建深圳新闻出版中心的批复》（深特报社字〔1994〕15号）。

② 参见深圳特区报社文件《深圳新闻出版中心和香港星岛（中国）有限公司合资成立深港报业有限公司协议书》，1993年11月26日。

③ 参见辜晓进《体制改革之痛——揭秘中国第一份合资日报生死历程》，《青年记者》2010年第10期。

（二）《深星时报》的升空和陨落

1994 年 9 月，《深港经济时报》在放弃申请全国统一刊号的同时，报请中央及广东省管理部门，将《深港经济时报》注册地改在香港，申请在香港正式出版发行。1994 年 12 月 29 日，国务院新闻办公室正式下文，同意深圳特区报社以"深圳新闻出版中心"名义同香港星岛（中国）有限公司在香港登记注册，并建议将《深港经济时报》更名为《深星时报》。双方于 1995 年 5 月签订《〈深圳特区报〉向〈深星时报〉供版的合作协议》，有效期为三年。根据该协议，在合作初期，《深圳特区报》每天在付印前向《深星时报》提供两个深圳新闻版，内容主要是深圳的经济和科技新闻，并负责这两个版的全部采编费用。

1995 年 10 月 12 日，《深星时报》在香港正式创刊，主要在香港及海外发行，并经国家有关部门批准，可以在中国内地通过报刊进出口机构征订发行。深圳特区报社为此专门成立"对外新闻部"进行运作。不久，《深星时报》获得在珠三角地区公开征订、发行、零售的许可。

1998 年 9 月，深圳特区报社从香港星岛集团购买了《深星时报》51% 的股权。吴松营任董事长兼社长，星岛集团（中国）总经理黄锦西任总经理，陈锡添任总编辑。作为一家在香港出版的合资报纸，《深星时报》特色鲜明。形式上，报头用繁体字，全部竖排；内容贴近读者，多香港经济、社会和娱乐新闻报道，港澳台娱乐和马经等内容极具特色，并刊登大量深圳及广东的新闻。部分报纸版面，还被《星岛日报》在欧、美、澳大利亚的地方版刊用，影响进一步扩大。遇有涉及中国的重大外交事件，《深星时报》总是立场鲜明地刊发大量报道和评论，这在 1999 年 4 月朱镕基总理访美报道上表现得尤为突出。如《纵无地雷阵舌战不稀奇 朱镕基开展美国不轻松之旅》《年内达成复关协议记者会上字字珠玑 朱克过招镕基占上风》等。[①]

进入 1999 年，《深星时报》经营状况日趋好转，并且取得了财政平衡。但是当时席卷亚洲的金融风暴重创了香港经济，星岛集团董事局主席胡仙因房地产方面的投资失误，以致重债缠身，陷入破产边缘，最后不得不出卖星岛集团的所有股份。接管星岛集团的是何氏家族的国际传媒集团。何氏家族无意与深圳特区报社合作，

---

① 参见辜晓进《体制改革之痛——揭秘中国第一份合资日报生死历程》，《青年记者》2010 年第 10 期。

坚持撤股。这样《深星时报》不得不于 1999 年 9 月最后停刊。

（三）"今日广东"专版覆盖北美、欧洲

1995 年，深圳特区报社根据广东省政府新闻办的要求，负责主编"今日广东"新闻专版，由副总编辑陈锡添分管，具体由王初文、邓荣祥负责，并抽调骨干成立今日广东新闻部。著名书画家关山月专门为"今日广东"题写刊名，广东省内的 8 家报纸则指定专人负责向《深圳特区报》提供相关稿件。1995 年 6 月上旬，广东省新闻界代表赴香港与《侨报》在港代理机构亚洲文化公司正式签约，由深圳特区报社主编《侨报》的"今日广东"专版，每周向美国传 6 个新闻版。6 月底开始试刊，6 月 22 日、24 日、26 日试刊 3 天，从内容到形式、传版的技术过程进行实地操练。1995 年 7 月 1 日起正式出版，实现了内地编报、海外出报，继上海《解放日报·中国经济版》之后，走出了另一条"借船出海"的办报之路。①

1995 年 7 月 24 日，中共中央政治局委员、广东省委书记谢非说："'今日广东'版我和森林同志都看过了，编得不错，既有广东特色，又合华侨的口味，希望以后多加强侨乡的报道。"②

1997 年以后，"今日广东"又向泰国、马来西亚、法国以及南非、巴西等国家和地区的中文报纸供版。至此，"今日广东"一个专版，三种版样，由五大境外主要华文媒体刊发，覆盖美国、加拿大、欧洲、巴西和东南亚。

"今日广东"在创办初期，借鉴了《解放日报》《新民晚报》在美国发行的一些经验，一方面积极地宣传了中国的改革开放，宣传了广东的发展新貌；另一方面也增强了《深圳特区报》在海内外的影响力。国务院新闻办、国务院侨办充分肯定"今日广东"闯出了一条我国对外宣传的新模式，创造了一个既适合海外读者口味，又充分反映地方特色，既经济又见实效的外宣范例。

2010 年 3 月 31 日，"今日广东"移交给广东省南方报业传媒集团承办。深圳特

---

① 参见程兆民《深圳编辑　纽约出版　广东八报与美国同行合出〈侨报〉"今日广东"版》，《新闻记者》1995 年第 12 期。

② 参见程兆民《深圳编辑　纽约出版　广东八报与美国同行合出〈侨报〉"今日广东"版》，《新闻记者》1995 年第 12 期。

区报社承办"今日广东"近 15 年，共刊发 4485 期。

（四）接管《香港商报》

创办于 1952 年的《香港商报》，是一份历史悠久，主要为香港和珠三角经济社会主流人群度身定制，以经济报道为主，以沟通香港和内地经贸往来为宗旨的报纸。1999 年 6 月初，中央人民政府驻香港联络办的领导专门约见吴松营，肯定深圳特区报社与香港星岛集团办《深星时报》的成绩，同时希望深圳特区报社继续发挥"改革开放的窗口"作用，接管《香港商报》，为促进香港的繁荣稳定做贡献。中联办领导还明确说明中央的意图，通报中央已批准《香港商报》可以同内地一家有影响有实力的报社进行合作经营，深圳特区报社是他们选择的重点对象。

吴松营从香港回到深圳后，即向报社领导班子通报，取得共识，并向深圳市委递交了《关于参股〈香港商报〉的请示》。① 不久，中央政治局委员、国务院副总理钱其琛，国务院港澳办主任廖晖就同深圳市委书记张高丽谈话，要求市委支持深圳特区报社在香港接管《香港商报》。

根据深圳市委宣传部深宣函〔1999〕54 号文批示和深宣复〔1999〕1 号的批复，报社与香港联合出版集团总裁李祖泽多次协商，终于在报社提出的《关于参股〈香港商报〉的几点原则意见》基础上达成了初步共识。7 月 23 日，吴松营与李祖泽在香港签署了《关于联合经营〈香港商报〉的意向协议》。《协议》规定，深圳特区报社以在香港注册的公司——香港鹏城有限公司的名义参股《香港商报》。内地的党委机关报社到香港接管一张报纸，这是中国传媒史上破天荒的事情。为了避免对外产生太大的政治影响，也是为了保持《香港商报》的港报性质，对外界宣称：联合经营之后，《香港商报》的股权结构比例调整为 51%：49%，即深圳特区报社占股 49%，香港联合出版集团占股 51%。实际上由深圳特区报社对《香港商报》全权实行经营管理，经费由深圳特区报社负责。依照股权结构比例，调整董事会和日常经营管理机构，建立了董事会领导下的总裁兼社长负责制。李祖泽任董事长，吴松营任总裁兼社长，陈锡添任总编辑，陈君聪任总经理。②

---

① 参见深特报社字〔1999〕38 号，1999 年 7 月 26 日。
② 参见深圳特区报社文件《关于联合经营香港商报的意向协议》，1999 年 7 月 23 日。

1999 年 9 月初，中央批准深圳特区报社注资《香港商报》。1999 年 9 月 19 日，深圳特区报社正式全面接管《香港商报》，开创了内地报业对香港报纸进行参股改革的第一范例。香港报纸对这一变化极其关注，纷纷给予报道和评论。《信报》刊发消息认为"《深圳特区报》收购《香港商报》是国内传媒首次收购香港传媒并进军香港报界"。

深圳特区报社主持《香港商报》以后，重新调整了《香港商报》的定位和办报理念：一为"立足香港"，二为"在商言商"。这八个字既涵盖了商报在香港生存的条件，又在香港报业之林中独显特色。《香港商报》也做大做强。一是把在香港印刷改为在深圳特区报印刷厂印刷，凌晨送到香港市场发行，大大提高了印刷质量、发行效率，并节约成本；二是在人员管理上实行双轨制，即留用的香港 100 多名员工的工薪、劳保完全按香港制度办，从深圳外派到《香港商报》工作人员，则按深圳特区报社的人事制度和福利待遇管理；三是广告经营与《深圳特区报》及其子报密切联合，充分发挥各自优势，又形成强大的市场合力。

深圳特区报社接管后，《香港商报》焕发青春。

第一，深圳特区报社为《香港商报》注入了新的活力。《香港商报》不仅得到中宣部、国新办、港澳办、驻港中联办和广东省委、深圳市委的重视和支持，还可以利用深圳特区报社在人才、采编、发行、广告、印刷等方面的资源以及经营管理经验和优势，用好中央批准的可以在珠三角地区公开发行的特殊政策，不断扩大《香港商报》在港澳地区和海外的影响力，使其成为促进深港经济联系的桥梁、对外宣传的重要阵地。

第二，深圳特区报社主持《香港商报》，使其拥有其他港报不具有的国内主流权威媒体的背景优势和别的港报无法比拟的内地新闻资源和新闻人才优势。《香港商报》连续 3 年分获香港最佳新闻奖两个冠军一个优异奖，被某些海外偏右传媒称为"香港'左'报史无前例的突破"。这标志着《香港商报》的报道质量开始在传媒圈与受众圈中得到高度肯定，成为港人了解内地经济、内地读者了解香港及海外的权威性报纸，同时在维护香港的稳定、促进香港的政治民主和经济繁荣方面做出了重要贡献。

第三，由于中央给予特殊政策，批准《香港商报》可以在珠三角地区和其他经济特区公开发行，《香港商报》的发行量和广告营业额不断增加。同时，报纸从香港印刷改为在深圳特区报印刷厂印刷，大大节省成本，到 2002 年已经实现 80 万元盈利。《香港商报》陆续在全国重要省市普遍建立了办事处，与各级政府保持着紧密的联系，对香港与内地经济交往发挥重要的作用。

同时，深圳特区报社主持《香港商报》，使自身拥有了香港及海外的特殊新闻、广告资源。通过《香港商报》购买的外国大通讯社的体育、文艺新闻，重大国际事件如 2001 年 "9·11" 事件的报道，成为《深圳特区报》《晶报》的重要参考，使之办得更具特色。[①] 在外汇调剂、纸张进口、印刷零部件进口等方面，深圳特区报社可以享受国家优惠政策，还可吸取海外传媒经营管理方面的先进经验，进一步提高自己的实力和影响力；而且深圳特区报社在经营管理体制改革方面有了一块特殊的阵地，在探索当好中国 "改革开放的窗口" 方面，可以更大胆而稳健地前进，从而探索出深圳文化产业在海外生存和壮大的新发展模式，开创中国报业海外发展的深圳样板。2003 年，李长春同志在会见香港新闻界高层人士访京团时，称赞《深圳特区报》是贯彻 "一国两制"、实现两地紧密合作的典范。[②] 中央政治局委员、中宣部部长刘云山称赞《深圳特区报》是中国内地媒体走向海外的 "排头兵"[③]。

第四节 《深圳特区报》进入中南海

要组建报业集团，必须做大做强主报。在中国，以党报为核心组建的报业集团，"机关报应该绝对是龙头老大，不管是扩张规模，还是队伍建设……党报的位置和分量绝对重要"[④]。深圳特区报社自从 1993 年毅然决然地选择与财政脱钩，走企业化管理的道路后，不管是在报业硬件，还是经营软件方面，一直致力于提升这张报纸的综合优势。这张主报，像矗立在深南大道 6008 号的那座报业大厦一样，可以抗击任何风吹浪打，巍然屹立，而被人们骄傲地称为新闻 "旗舰"。

---

① 参见香港中联办行财部和深圳市政府财政局联合调查组的报告。
② 参见吴松营《加快改革步伐 做强报业集团》，《通讯》（深圳特区报社内部刊物）2003 年第 5 期。
③ 参见吴松营《深圳传媒业的崛起》，深圳报业集团出版社，2010，第 18 页。
④ 《大报不能小报化 主报不能边缘化》，《中国新闻出版报》2006 年 1 月 24 日。

一 50层深圳特区报业大厦落成

（一）全球首座"5A"系统管理的报业大厦

1993年以后，实行企业化管理的深圳特区报社跨入高速发展的黄金时期。在此背景下，建造一座与这份报纸的政治地位、社会影响力相匹配的现代化办公大楼被提上议事日程。

吴松营说："这个大楼要有中国特色、中国风格、中国气魄，未来的报业大厦必须达到三个一流：建筑形象一流，文化品位一流，技术硬件一流。"[1]

1993年下半年，报社开始在香蜜湖东面、深南大道北侧建设占地3万平方米的新报社大院，包括高层物业大厦、印刷厂大楼、职工宿舍各一幢。

1994年3月8日，报社新印刷大楼打下第一根孔桩；4月，新址上宿舍大楼进入设计方案的审批阶段。据此，编委会明确要求："深圳特区报业大厦各方面要起码保持20年不落后，它必须成为深圳经济特区一个新的标志性建筑，成为深圳市一个著名的景观。"[2]

那么，建设一座何种风格的报业大厦？报社发动大家献计献策，很快就收到不少建议书和草图。市规划国土局法规处与报社基建办严格选择设计方案招标单位。最后确定由华艺设计顾问有限公司、中深建筑技术发展中心、深圳大学建筑设计院、机械工业部第一设计研究院深圳分院、北京建筑设计院深圳分院5家单位参加深圳特区报业大厦设计方案的

深圳特区报业大厦

---

[1] 毕竟：《"巨舰"的诞生——深圳特区报业大厦方案设计追记》，载吴松营《深圳传媒业的崛起》，深圳报业集团出版社，2010，第214～219页。

[2] 刘塞飞：《激情创业起华堂——追忆特区报业大厦建设历程》，载《征与尘——〈深圳特区报〉30年往事记述》，海天出版社，2012。

投标。

1994 年 6 月 8 日下午，参加投标的 5 家单位的建筑师齐聚在老报社三楼会议室，吴松营向他们阐发了报社对这座大厦建筑风格的思考：心目中的深圳特区报业大厦要表现在蓝色的大海上乘风破浪这一主题思想。

7 月 28 日下午，市规划国土局组织的专家评审组对 5 家单位的设计方案进行评定。经过两轮评审投票，深圳大学建筑设计院优秀青年建筑师龚维敏与卢旸合作的设计方案中标。

10 月 24 日，经过反复修改的正式模型出炉：一叶风帆冲天而起，4 层裙楼组成巨大的船体，船头增设了象征风浪的水池和喷泉，而塔楼主筒楼顶部的天然造型，引出"桅杆"的意味。深圳特区报业大厦的主题呼之欲出：一艘新闻巨舰正扬帆起航。[①]

为使这座大厦成为深圳新地标，吴松营去马来西亚参观访问时，拍回了在许多现代建筑引入亚热带风情的照片，请建筑师在修改建筑方案时，一定要在大楼"挖"出更多的阳光与绿色空间，每三层楼共享一个幽雅、静谧的空中花园。1995 年报社还派基建办的工程师协同设计单位、建设单位专业人员到香港考察文化中心等著名建筑，借鉴经验，吸取精华。

1994 年 12 月 30 日，深圳特区报业大厦举行奠基仪式。1996 年 12 月 26 日，大厦封顶；1997 年 6 月 29 日，50 层（主楼 42 层、地下 3 层、塔楼 5 层）的深圳特区报业大厦竣工。楼高 262 米，总建筑面积 9.2 万平方米。1998 年 12 月 30 日，报社总部正式迁入深圳特区报业大厦办公。此时，深圳房地产市场因香港回归等因素重新火爆起来，加之大厦本身的高品质，租、售工作相当顺利。经过申请，市政府同意了报业大厦 1/3 出售、1/3 出租、1/3 自用的方案。[②] 仅 1/3 出售部分即回款 4 亿元，相当于总投资的 2/3，加上出租部分的收入，等于报社白手起家，拥有了一座极具特色文化风格的高级报业办公大楼。

新建的深圳特区报业大厦巍然屹立，是全球第一家采用"5A"系统管理的报业

① 参见毕竟《"巨舰"的诞生——深圳特区报业大厦方案设计追记》，载吴松营《深圳传媒业的崛起》，深圳报业集团出版社，2010，第 214～219 页。

② 参见毕竟《"巨舰"的诞生——深圳特区报业大厦方案设计追记》，载吴松营《深圳传媒业的崛起》，深圳报业集团出版社，2010，第 214～219 页。

大厦。"5A"即通信自动化（CA）、办公自动化（OA）、管理自动化（MA）、楼宇自动化（BA）、保安自动化（SA）5个自动化系统用"超智能综合管理平台系统"高度集成。报业大厦外观雄伟大气。从外形上看，它犹如一张半卷的报纸正在徐徐展开，又如一艘扬帆的巨舰正在破浪疾行，还如一支如椽巨笔正在蓝天书写。从内部设施来看，约8层32米高的大堂开敞明亮，气派非凡；写字间采用开敞式设计，并设有多功能会议中心、会堂、俱乐部等设施，物业管理采用5星级标准；能容纳600人的会堂，不仅适用于歌舞、话剧等多种演出，其同声翻译系统甚至可供一个"小联合国"开会；报业大厦顶楼的反射天线可接收四颗同步卫星信号，与世界各地保持资讯联系，使得外出记者只要携带个人电脑、数码相机，无论在世界何地都可以向编辑部发稿。作为贵宾厅的"新闻眼"被称为报业大厦最精彩的点睛之笔：一个含着透明球体的窗口，在白天黑夜都发光，寓意《深圳特区报》作为改革开放的窗口，目光如炬。今天，站在"新闻眼"里放眼望去，深南大道鲜花绚烂，车水马龙，深圳湾海天一色，远处市区楼群比肩耸立，尽显现代都市气派，"新闻眼"成为参观报社的客人们最想去看看的地方。①

在德国柏林举办的中国城市建筑设计研讨会上，深圳特区报业大厦以其建筑设计的现代品位以及造型的独创性赢得了广泛赞誉。世界建筑院校协会主席、佛罗里达大学建筑学院院长多蒙德等专家赞叹："我们走过看过世界上许多成功的建筑，这座大厦的立体造型是很出色的，非常有现代特色。"②

1999年10月1日，在首都北京举行的中华人民共和国成立50周年的隆重庆典上，犹如一艘巨舰张弦昂首、劈波斩浪的深圳特区报业大厦模型彩车，作为深圳的城市形象，缓缓驶过天安门城楼，显示着中国经济特区城市建设的辉煌成就。

该大厦的落成启用，象征着报社迈向了现代报业集团，是深圳特区报人依靠自己的实力建设起来的。大厦被中央主管领导称为"中国报业第一楼"。中央和省市领导以及海内外的许多报业同行在参观考察特区报业大厦之后，无不啧啧称奇："特区报的硬件建设已经超过了世界上的许多大报。"

---

① 参见毕竟《"巨舰"的诞生——深圳特区报业大厦方案设计追记》，载吴松营《深圳传媒业的崛起》，深圳报业集团出版社，2010，第214～219页。
② 《深圳新闻旗舰的精彩起航》，载吴松营《深圳传媒业的崛起》，深圳报业集团出版社，2010，第23页。

1995 年 3 月 15 日，深圳特区报社又一座新闻综合楼——宝晖大厦在宝安新城奠基。1997 年 10 月 28 日，宝晖大厦举行封顶仪式。该座大厦占地 3697 平方米，地面高 28 层，建筑总面积 35264.6 平方米。大厦造型新颖，是一座集信息交流等多功能用途于一体的办公大厦。

此外，从 1993 年到 2000 年的 7 年间，报社还先后在北京、上海、广州、成都、武汉、西安、惠州、汕头、东莞等地购买办公楼和住宅，作为外派机构的物业。

（二）《深圳特区报》印刷质量全国第一

1993 年 5 月 23 日，报社任命陆惟宁为印刷厂厂长。这一年，报社先后购置 3 台中小型的美国高斯牌高速印报机，所费 6100 万元都是报社自己解决的，没有向财政伸手。该年度印刷厂创收利润 473 万元。

1995 年 4 月 12 日，报社印刷厂安装了两套由日本引进的具有世界先进水平的关键印刷设备。印厂全部采用电脑控制设计，两套设备每小时印刷可套色（红绿）双面 2 开 16 版报纸 24 万份，在我国技术最为先进。5 月，购置的两台美国技术日本制造高斯印报机（中型）投产，生产能力为 6 万份 / 小时，4 对开张，总生产能力大幅提高到 15 万份 / 小时，54 万对开张 / 小时。6 月 5 日，位于深南大道的新址印厂大楼启用，标志着印刷厂进入光电时代：激光电脑照排，彩色图片扫描，图文合一出片，卫星远程传版，并采用先进的维思组版技术。9 月 23 日，美国罗克韦尔公司亚太地区市场董事舒尔思考察印刷情况，对印刷厂的严格管理表示赞赏。

1996 年，深圳特区报社花 130 多万美元购置了一台小型的高斯彩色印刷机，投入运营；并与方正科技一起研试，按报纸流程写出了第一个全电脑化、无纸化的采写编流程，共同催生了内地首个电子采编系统——方正采编系统。此举使深圳特区报社成为第一家实现无纸化采编流程的报纸、第一批进入互联网的报纸。1997 年 10 月 26 日，报社电脑化管理获新进展——率先启用方正报社广告管理和制作系统。

1998 年 5 月，报社购置的一台美国技术日本制造高斯印报机（大型）投产，生产能力为 15 万份 / 小时，4 对开张，其中 2 对开张为双面彩，2 对开张为双面套红，印厂总生产能力提高到 30 万份 / 小时，104 万对开张 / 小时，开创了双面彩新历程。12 月 1 日，印刷厂获全国分印点质量评比第一名。除承印《新民晚报》外，还承印了《解放军报》《羊城晚报》等 40 多种报纸。

1999 年 3 月 13 日，一台三层楼高、20 多米长的印刷机开始试产。这台投资上亿元引进的美国纽斯兰型双幅轮转印报机，32 版的报纸每小时可以印 7.5 万份，并可以实现 16 个版彩色，16 个版套红。印刷厂从此达到每小时 12 万份的雄厚印力。6 月，由香港运回的两台美国进口高斯印报机（小型）投产，生产能力为 3.5 万份 / 小时，两台印报机共印 5 对开张双面彩，印厂总生产能力提高到 36.5 万份 / 小时，121 万对开张 / 小时。至 11 月，深圳特区报社已在北京、上海、沈阳、成都、武汉、长沙、昆明、蚌埠、杭州、西安 10 个主要城市设有卫星传版分印点，成为全国分印点最多的地方报纸。这些分印点城市的读者可在当天与深圳读者同时看到《深圳特区报》。

2001 年 6 月，深圳特区报印刷厂更名为深圳特区报业印务有限公司。两台中型机新增印塔后投产，增加了双面彩和改单面黑为双面套红，告别印单色历史。印前工艺选用北大方正激光直接制版（CTP）系统，告别手工拼晒版，大大提高出版时效和质量。7 月 16 日，采用飞腾排版系统排版。

2003 年 5 月，深圳特区报业印务有限公司与深圳商报社印刷厂合并，统称为深圳特区报业印务有限公司。在全国报纸印刷质量评比中，《深圳特区报》获中国报协印刷优质级荣誉，为国内报纸印刷最高奖。2008 年 12 月 27 日，全国报纸印刷质量评比揭晓，《深圳特区报》印刷质量以总分 95.99 分列全国第一名。

（三）实现采编电脑化、行政经营管理办公自动化

1993 年 5 月 8 日，深圳特区报社开展电脑培训扫盲，报社领导和各部门主任齐集一堂，兴致勃勃地上了电脑培训第一课——表形码汉字输入法。随后全体员工分批进行电脑培训及考试。5 月 25 日，编委会决定成立报社技术进步领导小组，组长区汇文，副组长王荣山、姜开明，办公室主任何木云。1994 年，报社成立技术处，专门负责全社的电子技术进步工作。[①] 在人员编制、技改经费上，报社对技改项目基本是要人给人、要钱给钱，特别是报社主要领导经常督促检查项目的进展情况，从

---

① 参见深特报人字〔1994〕09 号，1994 年 1 月 29 日。

而保证了技术改造的顺利进行。

  1995年初，深圳特区报社采编网络安装调试完毕交付使用。为使网络尽快地利用起来，报社决定采取先易后难、逐步推行的方法，不搞一哄而上。首先要求记者在规定时间内告别纸和笔，在网络上写稿发稿；专刊版和采编合一的编辑部编辑要在网络上传稿组稿和组版；总编室和新闻版编辑因是当天编稿组版，时效性强，稍后实施。经过几个月的实际操作训练，采编人员很快上手，深圳特区报社的采编网络系统随之开始运作起来。当时报社订购的电脑尚未到货，技术处便自购元件组装了20台386电脑用于培训，报社还为培训工作发了文件，要求全体采编人员都必须脱岗参加培训，学会操作电脑。培训结束时要进行考试，成绩优秀者给予奖励，不合格者继续参加下期培训并扣发奖金，直到合格为止。新分配到报社的大学毕业生和新聘用的采编人员都必

1994年，深圳特区报社采编工作全面电脑化

须先学会电脑操作，再分配工作岗位。从 1994 年 6 月到 1997 年 5 月 3 年的时间里，报社共举办电脑汉字录入和组版培训班 25 期，参加培训的有 380 多人次。[①]

1995 年以来，报社在应用计算机技术革新改造新闻采编手段和报纸制作技术上，取得了可喜成果。建立了计算机采编网络，报纸的采编制作流程基本上实现了电脑化管理；文字和摄影记者外出采访，分别使用笔记本电脑和数码相机，及时将文件传回编辑部；通过微波专线和卫星通信接收新华社的图文稿件，编辑可以直接在采编网上调阅稿件；《深圳特区报》电子版于 1996 年 6 月接入深圳大众信息网，扩大了读者面；印刷厂子网上的卫星二级主站可直接向北京、上海、武汉、成都四个分印点传送报纸版面，使当地读者能看到当天的《深圳特区报》；广告制作管理网络系统不仅提高了管理水平，而且简化了报纸的生产流程，提高了工作效率，增加了报社的竞争力；一部分过去由工人做的工作，现在改由记者或编辑完成，如稿件录入、组版等，从而节省了人力物力，降低了报纸成本。[②]

（四）购置世界最先进的摄影器材

为推动《深圳特区报》新闻摄影作品跃上新的台阶，1995 年，市委、市政府领导亲自批准给报社 50 万美元的外汇指标，专项为深圳特区报社摄影部购置世界最先进的摄影器材，包括在德国徕卡公司定做的 400mm 长镜头，号称"亚洲第一炮"；购置徕卡 135"机王"相机，其镜头锐度、光线和色彩还原指数当时排世界第一位；购置全国第一台彩色数码相机，其由尼康和柯达两家公司合作制成，当时具有世界顶级水平；购置一套苹果系列的彩色摄影数码传真、照片制作设备。这些器材使《深圳特区报》的新闻摄影质量发生一次飞跃。1995 年，摄影记者郑东升采访天津世乒赛，带着崭新的数码彩色照相机，因为全国仅有这一部，轰动一时。1996 年，郑东升采访广州世界举重锦标赛，他扛着 400mm 徕卡长镜头，因为进场晚了，没有摄影位置，正在四处找的时候，来自美联社、法新社和路透社的 3 名摄影记者见到中

---

① 参见何木云《计算机网络化建设亲历记》，载《征与尘——〈深圳特区报〉30 年往事记述》，海天出版社，2012。

② 参见何木云《打造采编技术　增强竞争实力——深圳特区报社技术改造的做法和体会》，《中国新闻科技》1997 年第 5 期。

国记者竟然拥有如此先进的"大炮"，热情地挪出一个机位。深圳特区报社的摄影记者依靠这些先进的摄影设备和忘我的工作热情，在重大活动、抗灾前线、体育赛场等现场拍摄了大量的优秀摄影作品。

摄影记者郑东升在雨中采访拍摄中超足球比赛

（五）制作《深圳特区报》电子版

1996 年 2 月，深圳特区报社就报纸电子版进行国际联网向深圳市委宣传部递交了请示报告。联网方案是：深圳特区报社向深圳市邮电局数据通信局申请进行国际联网，通过邮电部国家公用信息网提供的国际出入口信道，将每日见报的主要新闻信息，包括重要新闻、深圳新闻、深圳经济、英语版和部分广告信息，传递到新加坡报业控股有限公司设立的国际互联网站——亚洲第一站，供世界各地国际网用户检索。[①]

1999 年 3 月，报社提出要将资料室历年保存的《深圳特区报》合订本全部制作成光盘，当时的考虑主要是便于查阅和保存。因为随着时间的推进，记录着深圳特区历史的《深圳特区报》合订本，不仅对报社采编工作有参考和印证作用，对社会各界关于"历史"的查找和研究也显得越来越重要。把报纸合订本刻制成电子版光盘，是最好的选择，因为一张高科技、大容量的 DVD-9 可以刻录 5000 ～ 6000 个报纸彩色版面，其保存期理论上可达到 100 年。

报社采用公开招标的形式，经过严格的筛选，最终由湖南青苹果数据公司中标承制。到 2001 年底，经过多次的装

[①] 参见深圳特区报社文件《关于出版〈深圳特区报〉电子版进行国际联网的报告》。

机试验，青苹果公司将《深圳特区报》大多数数据合成并根据每盘 9G 的容量成功进行了分割，然后由珠海兰迪光盘制作公司牵头，花了两年多的时间，完成了从硬盘数据到光盘的转换。随后，在深圳报业集团、湖南青苹果数据中心和珠海兰迪光盘制作公司的共同努力下，《深圳特区报 1982—2002 年电子版》终于问世了。[①]

二 率先在全国实行车改

（一）薪酬制度改革，员工收入大幅提高

对媒体从业人员工作业绩的评价和考核，历来是媒体质量管理中的头等大事，对媒体传播业务、内容质量和服务水平有强烈的引导与干预作用。深圳特区报社 1993 年实行企业化管理后，即对薪酬制度进行了初步改革，对此进行了积极有益的探索，员工收入大幅度提高。1994 年 1 月 17 日，《〈深圳特区报〉工作考核与稿酬、奖金评定的规定（暂行）》（以下简称《规定》）出台[②]，同年 6 月 4 日起正式颁布实施。标志着上至主编，下至勤杂工，一律实行量化的按劳分配制度，编辑、记者实行定额和"星"稿制度。报社通过大胆进行薪酬制度改革，初步建立起内部的激励和约束机制、岗位责任考核机制和竞争风险机制。

这次薪酬制度改革有两大原则。①引进竞争机制，贯彻各尽所能、按劳分配、效率优先、照顾公平的原则。②分配的"两个挂钩"原则：即将报社的经济效益与全体员工的收入直接挂钩，每月的奖金系数根据每月的利润确定；将员工的业绩与收入挂钩，拉开分配差距。从此奠定了深圳特区报社后来陆续开展分配制度改革的基础。

此次薪酬制度改革的主要具体内容如下。

1. 奖金分配拉开档次

对记者实行稿酬奖金，记者的奖金按稿件的质量和数量以稿酬的形式发放，上不封顶，下不保底；对编辑部，以版面确定各部的编辑编制和编辑费，总体上与报

[①] 参见胡志民《报纸信息库建设的创新——〈深圳特区报 1982—2002 年电子版〉的问世经过》，《当代传播》2004 年第 5 期。

[②] 参见深特报编字〔1994〕1 号，1994 年 1 月 17 日。

社利润紧密挂钩；对广告部，按广告营业额及成本核算的方式发放奖金；对党政后勤部门，在建立明确的、可操作的岗位责任制的基础上，按个人的业绩评定奖金，拉开档次。为提高各部门员工的工作积极性，报社还设有早报奖、电脑写稿等激励指标。

记者、编辑不论职称如何，一年内如累计有 3 个月时间不能完成定额者（不包括经批准全年平均完成定额者），下岗培训，培训期间取消发稿权，不发奖金；培训期间表现好的才能回原岗位工作，但必须按本人原有职称降一级聘用和发工资。

2. 实施"星"稿制度

为鼓励记者、编辑采写和组编更多高质量的稿件，报社对采编人员采写组编的新闻、言论、理论文章、文艺作品、美术作品及版面、专栏、标题、图片等，根据其质量评定，好稿即列为"星"稿并予以奖励。"星"稿分为 3 个组别，好稿评 1 星，少数特别好稿可评 2 星或 3 星，以 1 星为主，2 星、3 星严格控制。

对于"星"稿的评价，由报社新闻研究所组织专门人员进行。《规定》实施后，收到较为明显的成效，报社的质量意识、竞争意识、服务意识和内部凝聚力大大增强。但也发现一些不尽合理的地方。1998 年，为适应形势发展的需要，报社编委会决定对《规定》进行修订，原规定中的竞争机制、风险机制、效率机制和以"星"稿制为核心的质量机制保持不变，对不尽合理的规定做适当调整。

（二）率先在全国实行车改

深圳特区报社是在全国报社中最早实行车改的。自 1995 年开始，报社即开始推行车改。按照规定，在报社工作 5 年以上，有中级职称或是中层科以上的干部，工作表现好，可享受车款一半的车改补贴，上限为 10 万元。第一批车改拟选 30 个对象做试点，实际报名 20 人，其中审查 2 人不具备资格，1 人放弃了购车资格。因此，第一批享受车改补贴的是 17 人。[1]

深圳特区报社的车改方案，在社会上引起了轩然大波。甚至有人把吴松营告到了中纪委，称"记者买车，是国有资产的流失"。16 年后，在接受笔者采访时，吴

---

[1] 根据雷晓艳采访吴松营录音整理稿，2011 年 8 月 27 日。

松营算了一笔账：第一批车改的17部车，如果按公车购买，除车款外，每年需要支出大量汽油费、维修费、人员工资、住房等费用，实际支出的车辆费用350万元左右。实行车改之后，可以节省车辆开支240多万元。"国有资产非但没有流失，反而实现了保值。"[①]车改实施后，被广大员工诟病的公车私用、车队效率低和风气差等痼疾不治而愈，报社因而受到中纪委领导和市委领导的表扬。

三 《深圳特区报》自办发行

（一）告别"邮发合一"，成立报业发行公司

《深圳特区报》创刊后的15年里，一直委托邮电部门发行。这种发行模式在特定的历史时期曾起到了增加发行量、提高投递质量的作用。但是，随着社会主义市场经济体制改革的深入，"邮发合一"模式在时效、效益和灵活度上的弊端日益显露。

按照深圳市邮电局规定，《深圳特区报》在本市的发行费率为30%，外埠为40%，但这个30%的发行费率只包括前3大张12个版，超过3大张的部分，每一大张加收0.08元。这样，《深圳特区报》在周一、周三、周四出版5大张，实际发行费率超过50%；周二、周五出版6大张，实际发行费率高达60%，报社不堪重负。不仅如此，邮局还对订户收费层层加码，除正常订报款外，城乡居民和凡是不属于政府拨款的单位和部门订报，每份加收15%的投递费。对于邮局认为尚不具备通邮条件或超出邮路范围的住宅区和工业区，还分别加收延伸服务费和专门投递费。为了克服"邮发合一"的弊端，深圳特区报社决定借鉴全国和广东省自办发行的成功经验。

到20世纪90年代中期，《深圳特区报》实行自办发行的条件已基本具备。首先，《深圳特区报》在全国经济特区党委机关报中创刊最早、发展最快，在国内外形成了较大的影响，具有广泛的读者基础；其次，《深圳特区报》订户集中在深圳市、珠江三角洲和其他一些大中城市，交通条件好，投递线路短，具备较强的发行成本优势；再次，

---

① 根据雷晓艳采访吴松营录音整理稿，2011年8月27日。

据 1996 年底专业调查公司的调查数据显示,《深圳特区报》的发行对象有一半是自费订阅,已经具备了进入家庭和市场的条件;最后,经过 15 年的建设,《深圳特区报》已经建立了遍布深圳市、珠江三角洲和全国其他主要城市的发行网络,在北京、上海、成都和武汉设有分印点和专职发行员。

《深圳特区报》自办发行现场情景

1997 年 4 月,报社向市委宣传部递交了《关于〈深圳特区报〉自办发行的请示报告》,准备从 1998 年 1 月 1 日开始改变发行方式,由邮局发行改变为自办发行。这一报告很快得到市委主管领导的支持。《深圳特区报》从 1998 年元旦开始,在早上 8 点前将报纸送到罗湖、福田两区的每一条街道,9 点前送到其他三区的每一个订户手里,当天运到珠三角的主要城市,从而使市区订户收到报纸的时间提早 30 分钟到 1 个小时,郊区提早 3 ～ 4 个小时。[①] 报告还有一个十

① 参见深特报字〔1997〕11 号,1997 年 4 月 28 日。

1998年自办发行第一天，发行员将报纸送到订户家

分鲜明的主题，那就是要以改变发行方式来推前第一阅读时间，以推前读报时间来争取更多的读者。

考虑到相当长的时间内，邮电部门对党报的发行是有贡献的，市委机关报自办发行之后对邮电部门职工的就业可能会有影响，同时《深圳特区报》也想在特区创建一种新的党报发行模式，从6月中旬开始，报社主动约请深圳市邮局负责人会谈，探讨关于建立深圳报刊发行股份公司事宜。但是邮电部门并没有转变观念，甚至认为特区报自办发行之后一定会碰得头破血流。谈判一直延续到6月30日晚，仍未有结果。

6月30日深夜，报社召开全体编委会成员、出版发行处、行政处、计财处负责人联席会议。与会人员情绪激昂，决定从7月1日起正式注册成立深圳特区报业发行公司，并在人力、财力上全力以赴。

报业发行公司成立之初，就吸取国内外先进理念，确立了高起点、高标准的建设方案：发行公司实行自主经营、自主分配、自负盈亏和自我积累；报社一次性投资 2500 万元注册成立了具有法人资格的经济实体——深圳市特区报业发行有限公司，购置送报专用汽车 80 辆、摩托车 200 余辆、自行车 600 余辆，同时配置了当时国内最先进的电脑网络系统。这样的投资规模在当时全国同行中是数一数二的。紧接着，报社相继在广州、东莞、惠州、汕头、珠海、中山等地建起近 300 个发行站，利用全国各地区自办发行报纸的网点，与 80 多个中心城市的报社签订了合作协议，初步建立了一个全国性的自办发行网络。

1998 年元旦，天刚蒙蒙亮，报社全体员工就聚集在印刷厂等着上街卖报纸。这一天开始了《深圳特区报》自办发行之路。"那时候大家热情都很高，但也担心前途未卜。"吴松营回忆当年的情景："大家骑着自行车，有的还顾不上吃早饭，嘴里啃着包子馒头，走街串巷叫卖。"[①] 所有员工都把发行当作自己的事，利用各种工作关系，收订《深圳特区报》以及系列报；连车队的司机、食堂的炊事员下班后，都到自己熟悉的企业收订《深圳特区报》。在 1998 年、1999 年，报业发行公司以外的员工就订报近 8 万份，占深圳市订阅量的三成。[②] 在深圳的报刊市场上，《深圳特区报》占了绝对领先地位。

（二）1998 年发行量 38.3 万份，深圳地区增加 32.51%

（1）**宣传造势**。一方面，《深圳特区报》加大自办发行的宣传力度，制作并刊出了专门的宣传单页，同时，在电视台、电台等媒体上也发布了广告。另一方面，《深圳特区报》还利用毗邻港澳的有利条件，采取积极措施不断扩大在港的发行。早在 1995 年 10 月 28 日，报社在香港召开新闻发布会，宣布《深圳特区报》从 11 月 1 日起进入香港"7-11 便利店"集团旗下的 200 个分店零售，每份定价为 2 港元。由于事属新奇，在香港的 50 多家传媒（报章杂志、广播电视、中央驻港新闻机构、外国通讯社）到会采访，并给予大量报道。之后，《深圳特区报》又陆续进入香港的

---

① 根据雷晓艳采访吴松营录音整理稿，2011 年 8 月 27 日。

② 参见钱汉江《发行：根系发达 报纸：枝繁叶茂——〈深圳特区报〉发行量连续三年以两位数幅度增加的体会》，《新闻战线》2000 年第 9 期。

《深圳特区报》的发行
队伍

"OK 店"和许多书报摊零售。有不少香港政府机关、企业单位和家庭固定订阅《深圳特区报》。最多的时候,《深圳特区报》每天在香港及澳门的发行量超过 2 万份,固定订阅达到 2000 多户。台湾的不少研究机构及文化、新闻单位,则通过香港订阅《深圳特区报》邮寄回台湾。

(2)**读者活动**。开展丰富多彩的读者活动,如报社领导现场接受读者咨询,开门办报;发行人员深入社区,与读者面对面交流,进行现场订报和上门订报活动;开展各种主题的知识竞猜、读者参观、读者评报等活动。不仅有效地宣传了报纸,更实实在在发展了一大批订户。

(3)**增值服务**。自办发行第一年,报社向读者做出了"关内早上 8 点前看报,关外早上 9 点前看报"的公开承诺。为了这一承诺,发行公司乃至整个报社,都在不断努力地改进软硬件设施，进而改善签、印、发流程。发行公司面向全市推出了"报刊回收"业务，即在每年的报刊大收订期间，实行用旧报款充抵次年订报款的政策，把订报客户所订来年的全年报纸按重量折合成报款，提前兑现给客户，使客户感到订报价格便宜了。既促进了党报的发行，也保证了旧报的回收，一举两得。由此征订、投递、回收已成为发行工作"三部曲"。

发行公司成功建立起有 200 多万条客户资源信息的资料库，涵盖深圳市所有投递区域内的固定建筑物，将建筑物内的潜在客户分为单位和个人两大类，是全国同行中第一个建立如此详细资料库的公司。

《深圳特区报》向北京、上海、杭州、成都、武汉、长沙等地的机场、宾馆、知名企业和人士赠送报纸 5000 多份。在北京设立分印点，每天在新华印刷厂印制，把报纸第一时间送至客户，发行量达到 2 万份。

1993～1999 年《深圳特区报》发行量历年变化

年份	发行量
1993	26.8 万份
1994	22.6 万份
1995	22.0 万份
1996	24.7 万份
1997	35.0 万份
1998	38.3 万份
1999	41.7 万份

资料来源：深圳报业集团发行公司提供。

依靠科学的发行理念、广泛而密集的发行网络和有效的推广手段，《深圳特区报》确立并巩固了党报在深圳地区报刊发行中的龙头地位。1998 年《深圳特区报》发行量到大幅飙升：总发行量 38.3 万份，深圳地区增加 32.51%，广东省内增加 24.7%，北京、成都、上海等地区增加 11%。同时，利用既有的自办发行网络，《投资导报》和 Shenzhen Daily、《深圳青少年报》、《深圳风采周刊》等订阅量增长幅度达 42%～140%。1998 年 12 月 4 日，国家新闻出版署主办的《新闻出版报》在一版显要位置刊登报道称赞《深圳特区报》自办发行成效显著。

（三）《深圳特区报》进入中南海和京西宾馆

随着《深圳特区报》的影响力日益扩大，该报 1995 年成为进入中南海的两家地方媒体之一（另一家为《解放日报》），并从这年开始，陆续向中南海赠阅报纸。以 1996 年为例，《深圳特区报》向中南海赠阅报纸 54 份，其中李鹏、朱镕基等国家领导人各 1 份，国务院秘书长等有关领导共 9 份，秘书一局 5 份，秘书二局 2 份，秘书三局 2 份，秘书四局 2 份，离退休干部局 1 份，行政司 6 份，人事司 3 份，警卫处 1 份，办公厅党委 10 份。[①] 从 1997 年开始，《深圳特区报》向中南海赠阅的报纸达到 122 份，其中送中共中央办公厅 62 份、国务院办公厅 60 份。之后，中央组织部、宣传部等单位又相继发函要求当天能看到《深圳特区报》，共赠阅 19 份。

京西宾馆是中央及各部委经常召开重要会议的场所。《深圳特区报》成为全国第一家进入京西宾馆的地方党报，每天送报 1000 份。逢每年"两会"，广东、香港等代表团驻地的各房间也能看到《深圳特区报》。据深圳报业集团北京办事处介绍，如遇党和国家召开重要会议，还会将报纸放在大厅、咖啡厅等公共区，以方便阅读。此外，报社还向北京饭店、首都大酒店、首都机场

1995 年国务院关于《深圳特区报》进入中南海分发情况的文件

中华人民共和国国务院办公厅

深圳特区报：
贵报赠阅的'96 年深圳特区报分发使用情况如下：

一、国务院领导同志处（13 份）
李鹏、朱镕基、邹家华、钱其琛、李岚清、吴邦国、姜春云、李铁映、宋键、李贵鲜、陈俊生、彭珮云、罗干

二、国务院副秘书长（9 份）
何椿霖、周正庆、徐志坚、杨景宇、李树文、张克智、刘济民、刘奇葆、张左己

三、国务院办公厅有关单位（32 份）
秘书一局 5 份；秘书二局 2 份；秘书三局 2 份；秘书四局 2 份；离退休干部局 1 份；行政司 6 份；人事司 3 份；警卫处 1 份；办公厅党委 10 份。

感谢贵报的赠阅。祝贵报越办越好，办出特色，更上一层楼。

国务院办公厅机关党委宣传部
一九九五年十二月六日

[①] 见《国务院办公厅机关党委宣传部关于 1996 年深圳特区报分发使用情况说明》，1995 年 12 月 6 日。

贵宾室每天各送报 50 份。

2002 年 3 月 14 日上午，中共中央政治局委员、广东省委书记李长春看望了在京采访全国"两会"的广东代表团随团记者，特意说："《深圳特区报》发展很快，在每个地方总能最早看到。"①

四　加快开拓广告和其他事业

（一）广告营业额从 1992 年的几千万元起跳，成倍增长

如前所述，《深圳特区报》在发行方面的跃升，为其赢得了广大的读者，也赢得了大量广告客户，广告营业额从 1992 年的几千万元起跳，成倍增长。报社净资产也增长了好几倍。

1993～1999 年《深圳特区报》广告营业额一览表

单位：万元

年份	广告营业额	年份	广告营业额
1993	21976.80	1997	44510.29
1994	24589.32	1998	70690.66
1995	26092.96	1999	84821.36
1996	31095.29		

资料来源：深圳特区报社。

深圳特区报社取得如此辉煌的经营成绩，除了提高采编质量、自办发行、扩大报纸自身的影响力外，其"专业化、系列化、依靠服务求发展"的广告经营策略也功不可没。

（1）**建立统一的广告归口管理制度。**《深圳特区报》所有与广告营业额密切相关行业专版均由广告中心编辑，使行业信息与广告紧密结合在一起。这样避免了报社内部对广告资源的无序争夺。

（2）**培育各具特色的广告专栏和专版。**除了招聘、人才大市场、房地产信息等

---

① 吴松营：《深圳传媒业的崛起》，深圳报业集团出版社，2010，第 21 页。

广告外，周一到周日，先后开辟了地产、旅游、通信、家电、汽车、饮食、服装、美容、家居装饰、休闲娱乐等 13 个专栏版面，这些版面除了集中安排同类广告外，还有大量的行业信息、新闻动态、经济分析、专家点评等相关信息，做到了全面、准确、专业、实用。

（3）**建立灵活机动的广告价格体系**。根据行业特点，报社制定了相应的广告价格，按照赚钱、赚人、既赚钱又赚人的三种类型，根据不同的广告版面和不同的客户类别，量身定制不同的价格方案，既能稳定广告客户市场，也可保证报纸的信息占有率。

（4）**精心策划组织重大活动**。引导客户、引导市场，积极介入各行业内部品牌经营运作。深圳特区报社成功策划了"深圳十大明星楼盘评选活动"、"中国深圳国际住宅与建筑科技成果展示交易会"、假日看房直通车、假日展销会等房地产专项活动，3·15 消费者权益日、5·17 电信日、车友竞猜等各种专题广告活动。此外，还先后与香港地产行政学会、美国 ATKL 公司、澳大利亚 BELL 公司、世联地产、中国海外、香港中原地产、香港 CTC 网络等多家著名企业组织开展多个专题学术报告会，并多次举办建设部、国土资源部专题报告会，进一步树立了《深圳特区报》在广告业的地位。

深圳特区报社经营方面的成功，也为深圳特区报社走向集团化、产业化经营奠定了坚实的经济基础。一般报纸的运作顺序是"采编—发行—广告"，其模式可以概述为：采编办报、发行送报、广告盈利。在三者之中，发行似乎只是一个传递者的角色。深圳特区报社则大胆对"三驾马车"重新定位，确立了以发行为平台，采编与广告互动的格局，建立起三位一体的运行机制，从而使整个报社在内部结构不变的情况下，经营思维有了新的转变，并产生新的效益。

报社做强与报业相关的企业，壮大自身的经济规模和实力。截至 1998 年，报社全资拥有深圳特区报印务公司、深圳特区报业发行公司、深圳特区报企业发展总公司、深圳金凤帆物业发展公司、深圳乘长风健康城娱乐公司、深圳特区报读者俱乐部、旅游公司等一批与报业相关联的现代企业及商贸企业。深圳特区报社成为集采编、出版、发行、广告、物业开发和管理、文化娱乐、商务咨询、培训、翻译、贸易、出版、纸张销售及物资代理、印刷等综合业务于一体，日报、周报、杂志周刊、杂志月刊、英文报刊、青少年读物等互补型出版物系统组合的中国当代大型报业连锁机构。

自1993年起，报业进入了连年跃升的高速发展阶段，1997年报社已拥有16万平方米的房地产。向国家交税逐年增加，1998年上缴税款已接近6000万元，报社成为深圳市的纳税大户。1999年报社的实际资产总值已超过11亿元，总资产和净资产分别比企业化经营前增加10倍与5倍，资产规模已达市政府对本报累计总投资额的28倍以上，以良好的经济效益实现了国有资产的大幅增值。

1998年7月6日，百家管理先进报社在北京受表彰。深圳特区报社社长、总编辑吴松营到会领奖并应邀在座谈会上发言。中宣部副部长徐光春在讲话时，特别称赞深圳特区报社发展和管理取得喜人成绩："《深圳特区报》的发行逐年上升，广告也在增加，每年向国家交税几千万，在两个效益方面都为国家作出了贡献。"[①]

（二）"人间网"沿革

深圳特区报社是中国最早注重网络媒体建设的报社之一。1998年12月3日，《深圳特区报》启用了互联网网址。1999年1月1日，《深圳特区报》、*Shenzhen Daily*、《投资导报》、《深圳青少年报》、《深圳风采周刊》、《深圳汽车导报》全面上网，《深星时报》也借助报社服务器进入互联网。深圳特区报社成为首家在内地上网的报业机构。

2000年8月22日，深圳特区报业集团网站更名为"人间网"（http: //www.7cworld.com），并推出新版。"人间网"域名为"7cworld"，其中"c"取中文"彩"字简拼，寓意"七彩人间，缤纷世界"。

改版后的"人间网"，成为综合性新闻网站。除更新集团子报子刊的电子版和PDF版之外，网站还添了不少新板块，如"人间深圳""人间电脑""纷纭新闻""珠玑财经""蔚蓝IT""热烈竞技""璀璨科技"等。

伴随着网站的开办，《深圳特区报》报网联动更加频繁。一方面，特区报利用"人间网"资源，创办了"网际来风"版，开辟了"网事网眼""网闻集锦""在线心

---

① 吴松营：《深圳传媒业的崛起》，深圳报业集团出版社，2010，第21页。

情""聊天回忆""泥潭闲话""酷站共赏""个人主页""论坛趣话""三言两语""网际幽默""菜鸟笔记""网际名人""众生写照"等专栏。另一方面,"人间网"也积极配合《深圳特区报》做好工作:在每年的"两会"期间,开设"两会"网上论坛;为配合《深圳特区报》推出的"深圳的医患关系为何如此紧张"大讨论开设"深圳医疗"论坛;在大规模市容环境整治期间,与市城管办网站开通专题讨论栏目"城管论坛"等。

2002年12月,"人间网"和《深圳商报》网站合并成"深圳新闻网"。

第五章 | # 《深圳特区报》报业舰队起航

19 99 年，深圳特区报社拥有资产总额 20 多亿元，同时拥有五报两刊。经过资源整合和体制改革，报社形成"多报互动，优势互补"的报业格局，广告营业额大幅攀升。至此，深圳特区报社组建报业集团的条件已趋于成熟。

第一节 深圳特区报业集团成立

《深圳特区报》从创刊时的对开 4 版，发展到五报两刊的新闻舰队，其扬帆远航的动力在哪里？把问题置于当时中国报业发展的大环境中去考察就会发现，历史成就了《深圳特区报》，《深圳特区报》也创造着历史。这既是中国改革开放大潮，使报业获得体制变革的历史机遇，更是特区报人敢想敢干，创造性地打拼出的一片新天地。于是一部报纸的历史，在环境与报纸的互动中展开。

一 深圳特区报社组建集团的历史环境

（一）全国报业掀起成立集团浪潮

1992 年，中共十四大提出了建立社会主义市场经济的目标，这给中国新闻事业带来巨大影响。从计划经济转化为市场经济，是这一时期中国媒介经营管理观的核心内容。

1994 年是中国市场经济与计划经济冲突最激烈的一年。中国主流报媒加快了报业经营机制转换的步伐，进而提出了组建报业集团的设想。国家新闻出版署〔1994〕356 号文件《关于书报刊音像出版单位成立集团问题的通知》，吹响了报业集团化运作的号角。同年 6 月份在浙江杭州召开的全国首次报业集团问题研讨会，标志着报业集团化运作进入实质性阶段。

1996 年 1 月 15 日，经中宣部同意，国家新闻出版署批准，中国第一家报业集团——广州日报报业集团正式成立，拉开了报业集团化的序幕。1998 年 6 月，报业集团试点范围扩大，南方日报报业集团、羊城晚报报业集团、经济日报报业集团、光明日报报业集团宣告成立。同年 7 月，上海的新民晚报社与文汇报社获批合并成立文汇新民联合报业集团。深圳特区报社不甘落后，也加快了集团化的步伐。

（二）深圳媒体环境催生报业集团

任何报业都离不开它所依托的经济基础。经济发展水平越高、人均收入越多、经济活动的市场化程度越高，报业就越发达。深圳地处珠三角都市圈，该区域经济外向度、开放度最高，是最具生机和活力的经济圈。[①] 改革开放以来，深圳实现了国民经济持续快速健康发展，综合经济实力迅速跻身全国大中城市前列，从昔日人口不足 3 万的边陲小镇变为面积 2020 平方公里、人口 400 万的初具规模的现代化城市。1980 ～ 1999 年，全市国内生产总值年均递增 31.2%，地方预算内财政收入年均递增41.8%。1999 年，全市国内生产总值 1436 亿元，居全国大中城市第 6 位，人均 GDP达 35908 元，按现行汇率折算约 4300 美元，居第 1 位；工业总产值 2025 亿元（现价），居第 4 位；地方预算内财政收入 185 亿元，居第 3 位。[②] 这些为深圳特区报社走向报业集团奠定了坚实的区域经济优势。

截至 1997 年 7 月，深圳市有各类报刊 130 余家，其中经国家正式批准公开出版发行的报纸 11 家、期刊 33 家，各种内部刊物近 90 家。它们在宣传"两个文明"建设、推动深圳各项事业发展的同时，也日益扩张和争夺报刊市场。尤其是《深圳商

---

① 参见顾涧清等《报业的变局与方略——中国报业集团化产业化研究》，中国传媒大学出版社，2008，第 119 页。

② 参见深圳市人民政府 2000 年 8 月 8 日对深圳市经济社会发展基本情况的介绍。

报》报系的快速发展态势，以及包括省内境外等周边媒体不断进入深圳新闻市场的态势，也催生深圳特区报社组建集团的想法，从而应对传媒市场越来越激烈的竞争。

二 深圳特区报业集团挂牌

从 1996 年开始，中央电视台的《天气预报》节目中，每当播报深圳时，就会出现深圳特区报业大厦的形象。大厦的壮观气势和特色，使许多观众惊奇、叹服。这一广告，深圳特区报社一做就是两年。

1998 年 10 月，人们在"国门第一路"的首都机场高速路上，惊讶地看到一块 60 平方米的巨幅广告路牌，上面竟然是《深圳特区报》的形象广告！报纸自身还做广告？这引起了新闻界的关注，《北京青年报》还专门刊发图片给予报道。这一方面说明《深圳特区报》具有很强的现代传媒意识，另一方面说明报社已经拥有了大跨度发展的实力。

到 20 世纪 90 年代末，深圳特区报社组建报业集团的环境与条件基本成熟。

第一，省市领导高度重视。1994 年全国宣传工作会议

深圳特区报业集团成立
会场揭幕仪式

之后，广东省委宣传部就提出组建报业集团，并设想从省里选出几家条件比较成熟的报社进行试点，其中就包括深圳特区报社。深圳市委对组建深圳特区报业集团高度重视，两次召开常委会议，专门讨论并同意组建深圳特区报业集团。

第二，经济条件成熟。改革开放以来，深圳经济的发展为报业的成长提供了良好的环境。再加上《深圳特区报》不断扩版，发行量不断上升，一直处于高增长状态。据新生代市场监测机构统计，《深圳特区报》广告营业额连续 8 年跻身全国报业四强。而按中国报协对全国各个报社经济实力评估，深圳特区报社已经跃居前三名。物质设备方面，报社拥有独立的印刷厂和现代化照排、胶印设备，建立了广告业、新闻服务业、印刷业、物业经营及管理、金融投资、休闲度

《深圳特区报》报系拥有的报刊

假等实业群体。

第三，新闻舰队形成。《深圳特区报》报系拥有"五报"：《深圳特区报》、《深圳青少年报》、Shenzhen Daily、《投资导报》、《香港商报》；"两刊"：《深圳周刊》《深圳汽车导报》。至此，基本形成以《深圳特区报》为龙头的报业航母。其中，旗舰《深圳特区报》已成为一张立足深圳、关注珠江三角洲、面向全国、走向海外的报纸。

从 1996 年开始，报社提出组建深圳特区报业集团的设想。1998 年，报社向深圳市委宣传部、广东省委宣传部、广东省新闻出版局、国家新闻出版署递交《关于组建深圳特区报业集团的请示》。1999 年 8 月 19 日，中共深圳市委常委会批复同意深圳特区报社组建深圳特区报业集团。10 月 22 日，广东省新闻出版局批准同意组建深圳特区报业集团。国家新闻出版署在 1999 年 10 月 20 日《关于同意建立深圳特区报业集团的批复》中指出："深圳特区报社在传媒实力、经济实力、人才实力及发行实力等方面已具备组建报业集团的条件，同意组建深圳特区报业集团。"

1999 年 11 月 1 日，深圳特区报业集团举行挂牌仪式，标志着深圳特区报业集团正式成立，成为中国报业集团试点之一，也是中国经济特区首家报业集团。吴松营任深圳特区报业集团社长、总编辑。当天下午 4 时 30 分，来自中央、广东省的有关领导和深圳市委书记张高丽等为报业集团挂牌。

2002 年 5 月 24 日下午，深圳特区报业集团大院彩旗飘扬，来自全国各地和香港的数百名嘉宾，与深圳特区报业集团员工欢聚一堂，纪念江泽民总书记为《深圳特区报》题词 10 周年暨《深圳特区报》创刊 20 周年。会上首先宣读中共中央政治局常委、全国人大常委会委员长李鹏专门为《深圳特区报》题的词："坚持先进文化发展方向，推动深圳社会全面进步。"接着还宣读了中共中央政治局委员、广东省委书记李长春，广东省委副书记、深圳市委书记黄丽满和中共广东省委宣传部的贺信，宣读了中共中央政治局委员、中国社会科学院院长李铁映与全国政协副主席霍英东等党和国家领导人，以及海内外嘉宾的题词。社长吴松营在会上具体汇报《深圳特区报》创刊 20 年来的发展情况：经过一代又一代人的艰苦创业和努力奋斗，《深圳特区报》不但一贯地坚定不移地坚持正确舆论导向，为深圳的改革开放和社会主义现代化建设创造良好的舆论环境，而且在报业经营管理上不断开拓前进，获得两个效益双丰收，深圳特区报业集团已经成为海内外瞩目的现代报业集团。

三 深圳特区报业集团的格局

深圳特区报业集团完全实行独立核算、自负盈亏、自主经营、自我发展、自我约束。

集团的发展目标是立足深圳，关注珠三角，面向全国，走向海外，建设成为具有广泛影响力和强大经济实力的现代化报业集团。[①]目标包含了以下几个方面的内容：第一，《深圳特区报》要跻身于全国乃至海外有广泛影响的大报行列；第二，要形成雄厚的经济实力，能够为以党报为龙头的报业发展提供坚实的物质条件；第三，在制度创新方面要有所突破，真正建立起一套与市场经济相适应的现代企业制度。

经过调整，深圳特区报业集团领导班子架构如下：社长吴松营；副社长、总编辑陈锡添[②]；副社长、总经理陈君聪；社委会委员、副总编辑丘盘连、薛以凤、钱汉江、杜吉轩；社委委员、副总经理董向玲。

从横向划分，报业集团的组织架构分为三个层次：第一层为决策领导层，主要是社委会；第二层为指挥运作层，主要是由总编辑、副总编辑和总经理构成；第三层为业务操作层，主要由主报各采编部室、子报子刊编辑部和下属企业构成。从纵向划分，报业集团的组织架构分为两个系统。一是采编管理系统（即宣传管理系统）。在社委会下设立编委会，以总编辑为中心、副总编辑为成员的编委会是报业集团采编管理系统的指挥中心，负责主报各采编部门的指挥运作，同时负责对各子报子刊采编运作的监督与调控。二是经营管理系统。在社委会下设经营管理委员会，简称管委会。以总经理为核心、副总经理为成员形成报业集团经营管理系统的指挥中心，负责报业集团所属各企业的指挥运作和报业集团行政后勤的指挥运作。与采编管理系统相同，经营管理系统的管委会同样接受社委会的统一领导。

[①] 参见深圳特区报社文件《关于组建深圳特区报业集团有关情况的报告》，1998 年 4 月 16 日。

[②] 1999 年 12 月，深圳市委任命陈锡添为深圳特区报社副社长、总编辑。

第二节 连续改版，报纸增厚

一 大手笔报道大事件

（一）148 版特刊庆祝特区成立 20 周年

2000 年是深圳经济特区建立 20 周年。围绕特区建立 20 周年的宣传，《深圳特区报》推出了一系列宣传报道深圳的专栏、文章、特刊、图片等，视野开阔，气势磅礴。

第一，提早策划、声势浩大。早在 1999 年 3 月《深圳特区报》即开始酝酿策划。2000 年 4 月，专栏"巨变的深圳"在一版刊出，报道深圳经济特区 20 年的重大变化。"我与深圳特区"专栏以征文的形式在二版刊出，采用第一人称的手法，撷取、追记作者本人在深圳亲身经历的某件有意义的往事，从一个个侧面反映深圳的变迁。知识性栏目"深圳知多少"刊登深圳大事、自然风貌、风土人情，是有奖知识竞赛活动的内容之一。人物专访栏目"风云二十年"选择具有重大影响历史事件的亲历者进行专访，披露重大事件的生动过程。每篇文章配置与专访内容相关的小资料，被访人员近况和工作、生活图片。

2000 年 8 月下旬之后，《深圳特区报》又推出编辑部文章《伟大的理论光荣的实践》等。这些文章由国内有关专家撰稿，高屋建瓴，深刻论述了深圳在邓小平理论指引下所取得的成就。紧跟其后的是《一个有力的印证》

《深圳特区报》报道深圳经济特区建立 20 周年庆典

《贯彻始终的主线》《抓住一个中心》《重在制度创新》《打开大门搞建设》《一切为了群众》《铸就深圳之美》《关键在党》8 篇评论，从不同角度，系统评述深圳 20 年的成功经验。在一个大主题的统摄下，各自成章，交相辉映。

第二，推出纪念特刊。2000 年 8 月 2 ～ 26 日，《深圳特区报》先后刊发了《特刊》共 20 版。一年一版，回顾特区 1980 ～ 2000 年间的大事。8 月 26 日，是特区新闻史上一个值得纪念的日子。《深圳特区报》将特区 20 年巨变浓缩于当日 148 个版的一份报纸上，推出深圳特区建立 20 周年纪念特刊。特刊由"回顾篇""成就篇""合作篇""观念篇""欢庆篇""展望篇"等若干版块构成，又分为纵向与横向两大版块。纵向版按时间递进，横向版则按政治、经济、文化、科技、社会及区域、行业、部门划分，全面反映特区 20 年来的丰硕成就与巨大变化，突出邓小平与深圳、江泽民与深圳、试验场—窗口—二次创业三点一线、深圳与市场机制的建立、未来深圳（致富思源、富而思进）几个重点，突出前后对比、深港对比。148 个版的版式相对一致，几个版块又相互区别，各具特色，每一版块各有一个版题、大标题、大照片，可谓大气势、大视野、大手笔，从视觉效果上给人以狂飙突进之势，收到强烈的宣传效果。这 148 个版的特刊，还被制作成我国第一张中文 PDF 动态报纸光盘公开发行，深受读者喜爱，也受到有关部门的好评。

第三，开展"全国关注深圳，深圳怎么办"大讨论。该讨论于 2000 年 10 月 23 日推出，每天都在显著位置发表各行各业的讨论情况，引人注目。同时，又开辟"光辉实践二十载　全国传媒齐聚焦"专栏，转载省内及其他各大新闻媒体刊播有关深圳精神文明建设的报道，刊载《人民日报》《光明日报》《经济日报》、中央电视台等 13 家媒体的众多评论、文章和报道，反映全国各地对深圳两个文明建设的肯定和高度评价。

（二）3500 篇报道庆祝澳门回归

澳门回归是《深圳特区报》1999 年的重点报道对象之一。编委会多次专门召开各部门主任参加的会议，研究对澳门回归的报道工作。报社成立专门领导小组，总编辑任组长，同时组织 14 名记者组成的机动采访队。

与报道香港回归一样，《深圳特区报》在庆祝澳门回归的报道中，综合运用多种

《深圳特区报》以大量的图片报道澳门回归

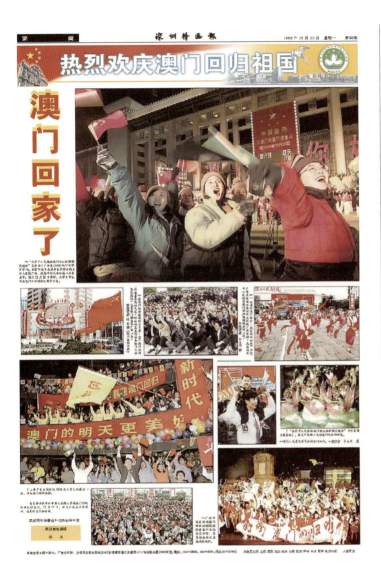

手段，追求传播效果最大化。1999年的前6个月，要闻版及时报道中央有关政策和澳门回归的各项进展情况；港澳台新闻版则对澳门的历史、文化、经济、城市建设等进行了连续而系统的介绍；国际新闻版主要刊登世界各地对澳门回归的反应；摄影版刊登澳门、内地和全球华侨华人欢庆回归的专题照片。在澳门回归倒计时100天到前1天，每10天进行专门策划，出版全彩特刊。倒计时30天起，报道澳门过渡

各项工作的进展及背景；介绍特区政府为顺利接管澳门政权所进行的前期准备工作；介绍政权交接仪式和庆祝活动场馆、设施。澳门回归前一天和回归当天，出 12 个特刊。

《深圳特区报》澳门回归报道策划周密，报道规模宏大，持续时间长。累计报道文章达 3500 篇，图片 150 幅，专栏 30 个，内容丰富，形式多样，图文并茂，可读性、知识性强。

（三）高度关注中国加入 WTO

2001 年 12 月 11 日，中国正式加入 WTO，成为其第 143 个成员。围绕着中国正式加入 WTO 这样一个具有历史意义的事件，《深圳特区报》精心策划了"中国加入WTO 报道方案"。

《深圳特区报》对中国加入 WTO 的报道，在总体上分三个阶段。第一阶段，以专题的形式回顾中国入世 15 年的历程（11 月 4 ~ 8 日）；第二阶段，以特刊的形式进行重点报道（11 月 9 ~ 14 日）；第三阶段，以专栏的形式继续追踪中国加入 WTO的热点新闻，时间从 11 月 15 日审议通过中国入世文件到其自动生效之日。

在以专题报道为主的第一阶段，《深圳特区报》全面回顾了中国复关、入世漫漫15 年的历程。将 15 年分为五个部分：申请复关、围绕市场经济的争议、关于改革开放的谈判、突出重围、融入世界。此外，还附设了一个"风云人物"专栏。第二个阶段的中国入世特刊，共分 4 个篇章 16 个版，其中，"圆梦篇" 4 个版，报道多哈表决的有关新闻，包括各方面的反映。"背景篇" 2 个版，介绍关贸总协定和 WTO 成立的背景、性质、发展历史以及一些最基本的贸易规则。"回顾篇"用 4 个版，系统回顾了 15 年来中国入世的艰难历程，并介绍多位与中国加入 WTO 相关的风云人物。"展望篇"则用 6 个版，展望了入世对中国各行各业的冲击以及对老百姓日常生活的影响。4 个篇章各有侧重，"圆梦篇"突出新闻性与即时性，"背景篇"和"回顾篇"注重解释性、资料性与历史感，"展望篇"则更强调理论性和前瞻性。

（四）持续报道 "9·11" 事件

2001 年 9 月 11 日，美国遭受恐怖袭击。深圳特区报社主持《香港商报》，而香

2001年9月12日《深圳特区报》头版

港报纸购买外国通讯社新闻是不受国内规定限制的。《深圳特区报》正是利用这一优势，加上自己的胆识和正确的新闻处理能力，对这一重大国际事件的新闻报道出内地报纸不能比拟的特色。当晚，对于这一具有全球影响的重大突发事件，《深圳特区报》立刻重新排版。在要闻版、国际新闻版、港澳台新闻版，全力展开报道，尤其是头版的大图片使用，形成强烈的视觉冲击力。至9月底，共发专版31个，刊登大量现场短新闻和分析性深度报道，如《纽约世贸中心灰飞烟灭》《五角大楼国会山相继遇袭　政府宣布全国进入紧急状态》《美证券交易市场全部关闭　欧洲股市重挫》《我驻世贸中心人员安全撤出》等。报社还动用了派出美国留学的记者，以及平时建立了亲密关系的特约记者，大胆刊发独家稿件。这些稿件新闻价值高、现场感强、篇幅短小精悍，及时满足了读者的信息需求。

2002年"9·11"一周年之际，《深圳特区报》推出"9·11"周年特别报道共4个版；2003年"9·11"两周年之际，推出特别报道2个专版。两个周年报道内容大体相似，对周年的纪念活动进行报道，同时对"9·11"的辐射影响，如对美国的对外政策、安全等的影响进行分析，如《"9·11"是美国人永远的痛》。[1] 而《"9·11"效应》一文则报道了"9·11"事件使美国人及全世界人对恐怖袭击加强了戒备，内容包括反恐演习、签证限额、求生训练等。[2] 从内容深度上说，《深圳特区报》不仅以消息的方式报道事件，还对事件背后的事件进行了进一步阐释，报道更加深入，如《伤痛仍在》一文提到："两年来，美国政府和纽约市政府为缓解人们的紧张情绪而做了许多努力，包括成立国土安全部、加大机场入口的安检力度等等，但政府方面发现，无论怎样努力，也不能使纽约市民的心情恢复到事件发生前的样子，阴影将永远存在下去。"[3] 从内容的广度上说，《深圳特区报》的报道全面，不仅有白宫方面的纪念报道，还有民众活动的报道，如《低调再续周年祭》。[4] 此后在2011年"9·11"10周年之际，从A9～A14用6个专版展开主题"'9·11'十年祭"的报道。此次从新闻来源上来说，《深圳特区报》的特别报道既有新华社的特供稿件，也有报社记者综合采写的稿件，稿源多样，视角多元。

（五）多版面追踪"北京申奥"

从1992年至2001年北京申奥成功，《深圳特区报》一直高度关注，展开追踪报道。据统计，共发稿892篇。

《深圳特区报》关于北京申奥的第一篇报道是在1992年4月10日，题为《支持

---

① 载《深圳特区报》2002年9月11日。
② 载《深圳特区报》2002年9月11日。
③ 载《深圳特区报》2002年9月11日。
④ 载《深圳特区报》2003年9月11日。

北京申办 2000 年奥运会 我市将于 12 日举行首签仪式》。此后除在新闻版和体育版发稿外，其他专版如娱乐、证券、市场、社会生活、都市生活、教育园地等也纷纷刊发稿件，在不同新闻平台以多种报道题材，营造北京申奥的热烈气氛。

2001 年 7 月 13 日，北京成为 2008 年奥运会主办城市。围绕这一举世关注的时刻，《深圳特区报》连续推出了"申奥报道"和"申奥特刊"，共 9 个专版，刊登了 52 篇不同体裁的稿件。

这次报道除了在要闻版刊登《申奥：北京赢了》《江泽民等党和国家领导人参加群众联欢活动 首都各界欢庆申办奥运会成功》等重大新闻之外，还在"国内新闻""深圳新闻""申奥特刊"多个版面报道了来自北京、广东、深圳及港澳台等地人们的喜悦之情及欢庆场面。其中，综述《弘扬人类文明 共享奥运精神——中国的奥运情结》，回顾中国申办奥运的曲折过程，更增强了报道的厚重感。在报道题材上，有消息、评论、人物访谈，还有大特写，如《激情澎湃深圳夜——鹏城市民欢庆北京申奥成功速写》《激情四射 举杯同庆——世界之窗景区申奥直播现场侧记》等文章，气氛热烈，极具感染力和冲击力。

（六）高交会报道亮出深圳"名片"

中国国际高新技术成果交易会（即高交会），由国家经济合作部、科学技术部、信息产业部、中国科学院和深圳市政府联合主办，是目前中国规模最大、最具影响力的科技类展会。从 1999 年 10 月首届高交会在深圳举办后，每年 10 月都举办一届，已经成了深圳市的一张"名片"。

1999 年 10 月 5～10 日，首届高交会于深圳市高交会馆举行，主要由高新技术成果交易、以"国际计算机、通信、网络产品展"为主题的高新基础产品展示交易、高新技术论坛三大部分构成。展览面积 20200 平方米，参展企业 2856 家，参展项目 4150 个，到会投资商 955 家；5 个外国政府团组，30 多家世界著名的高科技企业，全国 31 个省、自治区、直辖市和港澳台地区及 22 所著名高校组团参加了展示交易洽谈，成交额 64.94 亿美元。

《深圳特区报》对首届高交会的报道，从不同角度强调了发展高新技术产业是贯彻党中央"科教兴国"战略的重要举措。10 月 6 日发表的《在首届中国国际高新技术成果交易会开幕式上朱镕基总理的讲话》，再次强调了党和国家"科教兴国"的战略。10月7日，又发表《高交会是科技兴贸具体行动——访外经贸部部长石广生》的专访，指出"高交会不仅是高新技术成果交易及高新技术产品展示的盛会，也是信息交流的盛会，是一个常设的高新技术交易市场。高交会对推动传统产业的提高和发展，带动和促进我国经济结构的调整升级，提高国民经济素质意义重大"。在具体的报道方式上，注重了报道的连续性。在高交会的前期、中期、后期，各有侧重，围绕着高交会的舆论氛围、参展规模、交易成果、各方评价等内容向人们展示了一幅高交会的全景图。在视角选择上，注重宏观报道和典型报道相结合，既有对高交会全景式的扫描，也有来自各省（自治区、直辖市）如湖北、辽宁等地典型报道，点面结合，互相辉映。

值得一提的是，《深圳特区报》在首届高交会期间发表了一组"高交会全记录"系列报道。这组报道共9篇，其中深圳特区报社记者李杰、朱文蔚、毕竟、刘秉仁参与撰写4篇，分别是《"高交会全记录"推介篇——把科技的深圳推向世界》[1]《"高交会全记录"组织篇——万众一心万无一失》[2]《"高交会全记录"盛况篇——科技盛会铸辉煌》[3]《"高交会全记录"启示篇——跨世纪的激情》[4]。这组报道用大量的文字、图片、资料及数据，全方位、全景式地记录了首届高交会从决策、筹备、开幕到闭幕的全过程，充分展示了首届高交会的硕果和特色，获1999年深圳市新闻奖特别奖。

（七）回溯人类千年　回顾民族百年

深圳特区报社高度重视"迎接新千年"报道，专门成立报道策划小组，制定报道方案，开辟了"关于新千年的话题"专栏，推出了"新千年特刊"，刊登了许多时空跨度大、立意深远、视野开阔、内容深刻的稿件。

这次大型报道主题突出，既反映人类进步，又展望美好前景。运用鲜明的对比手法，回顾、分析了过去一个世纪和千年中发生的典型事件、典型人物。既回顾了

---

[1]　载《深圳特区报》1999年10月19日。
[2]　载《深圳特区报》1999年10月25日。
[3]　载《深圳特区报》1999年10月26日。
[4]　载《深圳特区报》1999年10月28日。

"迎接新千年"的一个
跨版

使整个人类文明发生翻天覆地变化的事件，又展示了中国乃至深圳政治、经济、社会、文化、生活等各个领域取得的非凡成就。以"新千年特刊"为例，紧紧围绕"千年"这一主题，就其间中国和世界上的重要人物和重大事件，突出重点予以报道或阐述。在自然科学方面，《惊鸿一瞥人类巨变》和《千年中国对世界的巨大贡献》两篇文章，对"千年经济奇迹缘于科技创新"做了全面的演绎，并对影响世界的十大科学家如爱因斯坦、牛顿、爱迪生和达尔文等做了扼要的评价；在社会科学方面，"回眸千年，风雷激荡写春秋；千年回响，壮怀激烈唱大风"，以《人类幸福的播火者》和《壮志浩然中华魂》二文为担纲之作，对推动历史前进的世界十大杰出人物和永垂青史的中国十大杰出人物，分别予以重点介绍和褒扬。

重点报道与深度报道相结合，具有历史的纵深感。突出重点、发掘深度是《深圳特区报》"迎接新千年"大型报道的又一特色。除了对 20 世纪和上一个千年影响世界历史的政治、经济、科技等进行报道外，还刊发了一批时间、空间跨度大，视野开阔，有思想深度的稿子。如《自古神州多华章——影响中国历史进程的十大重要事件》①《回溯历史：中国人走过的千禧年》②《回溯百年　看中华民族的风雨历程》③回顾了中国百年沉浮，追求民族复兴、国家富强的历史，具有历史的纵深感和现实的使命感，受到读者好评。

二　长达半年的"深圳精神"大讨论

（一）重新提炼"深圳精神"大讨论

这一时期，《深圳特区报》的精神文明报道取得不俗的成绩，尤以关于"深圳精神如何与时俱进"的大讨论最典型。

20 世纪 80 年代，深圳人把自己的城市精神概括为"开拓、创新、献身"，集中反映了特区建设初期，人们敢闯敢试、艰苦奋斗、勇于牺牲的精神风貌；90 年代，深圳人把自己的城市精神扩充为"开拓、创新、团结、奉献"，针对外来人口逐步增多的移民城市特点，在价值观上倡导讲团结、讲奉献、爱岗敬业、助人为乐；进入21 世纪，深圳该如何定义自己的城市精神？

2002 年初，深圳市委倡议对"深圳精神"内容进行讨论，得到市民广泛响应。3月 5 日，《深圳特区报》刊发《我市"两会"代表委员热论重新提炼深圳精神》一文。由此，一场长达半年之久的"深圳精神如何与时俱进"大讨论在全市展开。联系深圳面临的新形势、新任务、新挑战，针对深圳干部群众思想作风的实际，特别是一些人滋生的小富即安、小进则满、贪图安逸、不思进取、夸夸其谈、急功近利等消极的精神状态，深圳市委不失时机地组织了旨在重塑深圳之"魂"的大讨论。

大讨论通过"回顾深圳精神"、"对照深圳精神找差距"和"重新提炼大力弘扬深圳精神"三个阶段的主题讨论，在全市上下引起极大的回响。

"深圳精神"大讨论在机关、学校、企业、部队、农村引起了强烈共鸣，机关

---

① 载《深圳特区报》"新千年特刊"，2000 年 1 月 1 日。
② 载"鹏城今版" 1999 年 12 月 15 日。
③ 载"鹏城今版" 1999 年 12 月 22 日。

干部、老领导、学校师生、学者、企业家、离退休老同志、外来劳务工都积极参与。《深圳特区报》成了讨论的主要平台。大讨论期间收到的关于如何丰富"深圳精神"的建议数以千计。11月8日，《深圳特区报》一版刊发评论《居安思危务实图进——从深圳精神大讨论到走出深圳找差距》，深刻分析深圳在经过二十多年的高速发展之后，面临许多新的问题：深圳的政策优势没有了，地缘优势已趋弱化。在这样的背景下，深圳要有更高更快的发展，困难很多。更令人担忧的是，部分同志对于面临的困难并没有足够的思想准备，过去那种艰苦创业、开拓创新、无私奉献的精神减弱了，深圳的发展就会失去前进的动力。该文分析透彻，推动了"深圳精神"大讨论的深入进行。

11月25日，市委常委会集中民智，将"深圳精神"重新概括为"开拓创新、诚信守法、务实高效、团结奉献"。长达大半年的大讨论使广大市民经受了一次精神洗礼和升华。

（二）深入调查"四不青年"现象

深圳因经济发展突飞猛进，本地村民靠着土地补偿、房屋租售、投资股票等，几乎一夜间暴富起来，一些富裕家庭的子女变得贪图享乐，有书不读，有工不做，生意不想经营，农田不愿耕种，因而成为"四不青年"群落，被称为新一代"八旗子弟"。

1998年，《深圳特区报》再度关注"四不青年"现象。由政文部组成了9人采访组，分头采访，前后花了近20天的时间，所得材料统一使用，分工执笔写出初稿后，再集体讨论，反复修改，将每篇两三千字的初稿，改成1500字左右，出炉了系列报道"深圳'四不青年'现象调查"。

这一系列报道由6篇文章组成。各有侧重，层层深入，将这一现象深刻地揭露出来。《有这样一个青年群落》用"白描"手法，勾勒出"四不青年"这一群落的典型特征。《令人担忧的边缘现象》将"四不青年"现象界定为一种社会边缘现象，"他们具有不稳定性，拉一把、帮一把，他们就可以成为对社会有用之人；如果不闻不问、听之任之，他们就可能渐渐滑入泥潭不能自拔，成为不良青年，甚至是犯罪青年"[1]。字里行间充满了对这一现象的忧虑。《成长中扭曲的心灵》不仅从客观物

---

[1] 《令人担忧的边缘现象——深圳"四不青年"现象调查之二》，《深圳特区报》1998年6月20日。

质环境，还从社会原因和主观因素等方面，剖析了"四不青年"现象产生的原因。《配好"钥匙"开"锈锁"》则对梅林街道解决"四不青年"违法犯罪问题做了典型报道。《无法回避的挑战》分析了"四不青年"转化工作中遇到的苦恼和挑战。《让"四不"早日成为历史》从社会学角度，重申"四不青年"转化工作之于深圳增创新优势的意义，并提出解决"四不青年"问题的思路。[①] 这一报道引起市民热切关注。

（三）市委书记关注医院夜诊探访系列报道

2002 年 4 月 3 日至 5 月 1 日，针对读者反映强烈的医患关系问题，《深圳特区报》推出了"医患关系为何这么紧张"系列报道，20 多天的时间，共发 25 期，报道 56 篇。

为了回答"医患关系为何这么紧张"这一问题，《深圳特区报》从具体事情入手进行报道，以小见大。对调查中收集到的市民意见进行分类：医疗服务质量、提高医疗水平、医疗服务价格、医德医风。确立该系列报道的五个专题："深圳人为什么有大病不敢在深圳治？""深圳医院的技术医疗水平究竟如何？""医患之间究竟是什么关系？""如何看待医疗价格这么高？""为什么药品招标降价了，患者没感觉？"在每一个专题底下，又有若干个具体题目，每个题目由若干个观点和文章组成。比如，在"如何看待医疗价格这么高？"专题中，就由《药品招标降价了，为何百姓没感觉？》开篇，之后有《医药代表自爆内幕》《药品虚高定价的背后》《种种举措遏制不正当之风》《患者观念也要转变》《医生的价值没能得到体现》《医生为何多开药——一位女医生家属谈缘由》《应该正确看待医疗收费高》《医院院长们的苦衷》等。每个专题都让医患双方同时说话，各自阐述问题产生的缘由。比如，既报道患者的声音，如《我一进医院就发抖》《有大病不敢在深圳治》《看病伤透了我的心》《真不敢相信有这样的医生》；也报道医院的声音，如《希望患者理解医院——北大深圳医院院长蔡志明一席谈》《我们的水平并不差》《听医务人员说满腹委屈事》。既报道医院《硬件一流，为何技术不一流？》，也报道卫生主管部门的声音，如《多管齐下提高医疗水平》。[②]

---

① 参见《让"四不"早日成为历史——关于深圳"四不青年"现象的思考》，《深圳特区报》1998 年 7 月 6 日。
② 参见张兴文《政治眼光与新闻手段的有机结合——〈深圳特区报〉推出"医患关系为何这么紧张"系列报道》，《新闻战线》2002 年第 7 期。

报道一经推出，立即在社会上引起强烈反响。报社接到热线电话1000多个，收到传真、来信400多页，"人间网"上读者发帖2000多个。4月7日，省委副书记、市委书记黄丽满到市人民医院看望正在值班的医务工作者。她强调，医务人员对医疗卫生事业要有强烈的责任心，对每位患者都要有深厚的感情，要像对待亲人一样对待患者。随后，市医疗卫生部门对照市委要求和群众反映的问题，迅速在全系统组织开展了"待病人如亲人"优质服务活动。市属各大医院通过开设午诊、夜诊、挂牌服务，设立医患连心台，严格三级查房制，改善急诊就诊流程等措施，促进了全市医疗卫生行业作风的好转。

三 14个月连续4次改版扩版

进入21世纪，《深圳特区报》在注重报纸内容变革的同时，也不断进行版面的扩大和革新。从2000年3月至2001年5月的短短14个月，就进行了4次大规模改版扩版。

2000年3月4日，《深圳特区报》大幅扩大周末版面，增加信息量、知识性和可读性。周六增至28个版，周日20个版。由要闻、国际副刊、金融证券、体育副刊、鹏城今版、家庭、文化和娱乐等丰富多彩的板块组成。其中，国际副刊板块由"五洲纵横"、"风流人物"、"国际剪影"、"漫游世界"和"国际观察"等版组成，追踪当时重大国际事件的前因后果，介绍国际新闻人物，分析世界政治经济动向，报道世界最新科技成果、环境保护、太空开发等。体育副刊板块增设了"NBA视窗""欧洲足球联赛快报""假日体育""休闲特区"等栏目。金融证券板块由"股海波澜"、"入市参考"、"股市沙龙"和"异动个股"等版组成。周末的鹏城今版仍由"社会视点""法苑博览""人间万象""镜中世界""百姓故事"等版组成。文化娱乐板块由"文化空间""阅读赏析""人文纵横""综艺视线""影视长廊""快乐周末"等组成。除此之外，还增加"国防视野""网际来风""街谈巷议"等专版，使周末报纸内容更丰富。

2000年9月29日，《深圳特区报》从28个版增加到40个版以上。其中，"体育新闻"版面扩展一倍，每天推出4个版；"金融·证券"加速"扩容"，每天4个版；

新增"娱乐新闻",每天2个版;"社会生活"出版密度加大,天天关注身边事;"鹏城今版"更密切关注社会热点、难点、焦点;原每周1个版的"区镇天地",改为每周5版的"社区新闻"。

2001年4月21日,《深圳特区报》成功地推出了周末版。周末版32个版（2002年增至40个版）,分3大版块:第一版块为时事新闻;第二版块为"鹏城今版"板块,设有"娱乐新闻""百姓故事""周末竞猜""影视导刊""人间万象"等特色栏目;第三版块为都市生活,为读者提供读书、买车、上网、旅游、购物、喝茶等各种消费和度假方式的信息。

2001年5月21日,借集团机构改革的强大推动力,《深圳特区报》对报纸版面和内容进行了大幅度调整。此次调整主要是增加了新闻版的数量,对专刊副刊板块进行重新整合,以"鹏城今版"为龙头,涵盖经济、政文、理论、文艺、生活、娱乐等部分,内容更加丰富,更加贴近读者需要。

四 阳光媒体《晶报》横空出世

进入21世纪,中国传媒业迅猛发展,新一波都市报相继面世。

据有关资料显示,截至2000年底,深圳市常住人口达433万人,其中拥有深圳户口的有124万人,而非深圳户口的暂住人口达309万人,暂住人口占常住人口的71%。在当时的人口基数和经济状况下,深圳市已有《深圳特区报》《深圳商报》《深圳晚报》三家主流报纸,要想再创办一份大型报纸还有空间吗?

深圳特区报业集团社长吴松营认为,作为深圳市委机关报的《深圳特区报》以及由此发展壮大起来的深圳特区报业集团,在不断成长的同时,必须将自己承荷的社会责任予以必要的延伸与扩展,即在将党报舆论导向功能向纵深拓展与提升的同时,还要尽可能地满足现代都市人群日趋多元的生活资讯与娱乐休闲的精神需求。[①]吴松营同报业集团领导班子经过反复研究认为,为了增强整体竞争力,必须下决心创办一份都市报。但《晶报》的创办面临着刊号的问题,集团只好忍痛割爱,把

---

① 参见顾蓉《贴近读者 激励员工——〈晶报〉迅速成长启示录》,《传媒观察》2002年第8期。

《投资导报》停掉，新创办的《晶报》用的就是《投资导报》的刊号。

2001年6月23日晚，吴松营将正在值夜班的副总编辑陈寅召至办公室，专门谈到集团准备把所属《投资导报》转型，并改名办一份既是都市报又要比都市报品位更高的报纸，并征询他能否担此重任。

7月1日，陈寅受命筹办《晶报》。一个月内完成了《投资导报》停刊的善后处理、组建班子、招聘人员、设定版面、协调流程、购置设备等工作。

7月28日，创办《晶报》获得了国家新闻出版总署的批复同意，报名敲定。《晶报》的报名源于深圳特区报

《晶报》创刊号

业集团主持的《香港商报》麾下一份名为《晶报》的报纸，已基本不出刊。《晶报》发刊词对"晶报"如此诠释："晶，三日成辉，三阳开泰；晶，镂冰雕琼，清莹剔透。《晶报》由此立意，有志创办一份阳光媒体。"

《晶报》最初的队伍由三部分构成：一是从深圳特区报社抽调来的毛维会、李佳琦、冯景、吴文超、林航、郭洪义、丁为民、吴伟、管姚、姚宇铭、习风、许礼强、李瑶音、李鸿文、刘爱莲15人；二是原《投资导报》的胡宝祥、颜石泉、张敬武、高巍巍、张晓斌等人；三是新招聘一部分人。

8月1日，《晶报》正式出版。《晶报》的Logo很特别。"晶"字由三个字体不同的"日"字组合而成，上面为楷体，左下为宋体，右下为柳体，"报"字则为颜体。为了让三个

"日"字不至于分离，又用"《晶报》色"即"100% 黄、70% 红"，在"晶"字后衬上一轮初升的太阳。

《晶报》的品牌理念就是 8 个字："阳光媒体、非常新闻。"这充分反映了《晶报》的新闻理念，同时表明了其定位：《晶报》要做打破常规、非同一般的创新性报道。"阳光媒体"是"格"，"非常新闻"是"质"，当然，"非常"也指运作状态、新闻价值取向、表达方式和制作过程等。一个是报道的思想、境界、格调，一个是报道的内容、手段和形式。

所谓"阳光媒体"，就是要给人一种非常温暖的感觉，就是要以人为本，成为一份充满人文关怀、以关注民生为己任的媒体。《晶报》独家披露国画大师袁机隐居深圳 20 年的连续报道，引起强烈反响；追踪深圳草埔儿童失踪案；关注"地贫儿"；聚焦"吸毒女阿丽"；追问公共服务收费……这些新闻都体现了《晶报》奉行关注生活、关注百姓、以人为本的办报理念。塑造"阳光媒体"，还体现在舆论监督报道上。这就是将新闻事件摊在阳光下，特别注意三个方面：一是把握时机，二是选准热点，三是掌握度和量。《晶报》对于批评报道，还注意采用策划及连续报道方式，追踪事件直至问题解决。自创刊后，《晶报》一系列"曝光"性报道赢得了社会广泛称赞，促进了问题解决。关于私宰肉、地下桶装水、"注水蛇"、"黑月饼"、"黑诊所"、"黑中介"等的报道，践行了《晶报》作为阳光媒体的庄严承诺。

所谓"非常新闻"，是指表现形式上的标新立异和创意上的发散思维，而不是内容的"博出位"、哗众取宠。《晶报》在报道中总以权威、健康、高雅的标准来要求自己，在最易流于庸俗的社会新闻和娱乐新闻报道方面，《晶报》非常注意把握分寸。

《晶报》版式清新、大方、自然、简洁。导入国际平面媒体前卫版式，追求清新自然、爽朗明快的风格，大气大势。日出 48～64 版，彩色印刷。版面设置上，以传播国内外民生新闻为特色，突出深圳本地新闻，关注天下大事。《晶报》提出"做精深圳新闻，做强国际新闻，做活文体新闻，做优财经新闻，做好建设性时评"。

创新是《晶报》的灵魂，《晶报》从 3 个方面探索实现创新的具体路径。

第一，坚持政治家办报的原则，走主流化媒体的发展道路。从生活立场、百姓角度，深入报道时政要闻，突出亲近性、可读性、服务性。以新角度、新架构整合报道重要政治历史事件和人物。如 2002 年 1 月 14 日推出纪念小平南方谈话 10 周年特别报道"春风满眼十年间"，1 月 19 日再推"春风十年"特辑。2001 年 11 月 10 日，在多哈举行的世贸部长级会议通过了中国加入 WTO 的法律文件，这标志着经过 15 年的艰苦努力，我国终于成为 WTO 新成员。围绕这一对中国现代化建设具有重要而深远意义的大事，《晶报》第二天推出 10 个版的《漫漫入世路》报道专辑，在策划上以人物为结构线索，从入世首席谈判代表龙永图入手，到时任外经贸部部长的"铁娘子"吴仪，再到入世谈判主要对手巴尔舍夫斯基等等，最后以幕后策士张汉林、刘光溪等收笔。用人物串起复杂曲折的入世谈判故事，使整个报道既显得波澜壮阔，又细致入微，闪耀着人性的光辉，给读者留下深刻的印象。[①]

第二，全维度集束性报道是《晶报》的一大创新。2001 年"9·11"事件发生后，《晶报》用整个报纸的三分之二容量——24 个版推出大型报道《美利坚被炸》；2001 年 10 月 8 日，32 个版的《晶报》只做了两条新闻，一条是报道阿富汗战争的《美国开打》，一条是中国国家队首次打入世界杯决赛圈的《中国足球欢乐颂》，这种非常规的新闻取舍，为信息爆炸时代如何精选报道内容创下先例。几乎每年，《晶报》都有全维度集束性报道，如 2001 年的《触目私宰生猪》、2002 年的世界杯特辑《满足》等。

第三，异类专题报道是《晶报》的又一创新。所谓"异类专题报道"，是一个新闻与副刊嫁接的全新品种，也叫"猜测性报道"或"幻（畅）想式报道"。2002 年 5 月 11 日，有媒体报道，俄国科学家认为，地球生态环境恶化的罪魁祸首是月亮，计划把月亮炸掉。各报争相报道，但《晶报》人想到的，不仅仅是转发消息，而是追问："要是没有月亮，地球、世界与我们的生活将是什么样子？"由此出发，浮想联翩，于 5 月 19 日推出体裁与题材特异的专题策划"失月猜想"，共 16 个版，包括："能不能炸成"（专家版和民间版）、"就让我们一起干"、"谋杀月亮的 N 种方式"、"中秋节还过不过"、"诗歌怎么写"、"歌儿怎么唱"、"恋爱还谈不谈"、"嫦娥故事如何讲"、"太阳会哭泣吗"、"当世界只剩下春天"等等。

《晶报》刷新了中国报业史上的"深圳速度"[②]：深圳特区报业集团决定创办这份

---

① 参见陈寅《非常新闻 策划大道》，海天出版社，2004，第 254～257 页。

② 陈寅：《阳光媒体的非常之道——〈晶报〉创办发展历程的回顾与解读》，载吴松营主编《深圳传媒业的崛起》，深圳报业集团出版社，2010，第 147 页。

全新的都市报后,《晶报》从创办启动到 2001 年 8 月 1 日走进公众视野,仅用了 30 天;由创刊当日零售 1 万多份,到突破 20 万份 [①],用时不到 2 个月;出生 5 个月时,《晶报》总发行量即突破 50 万份,成为深圳发行量最大的报纸之一;书写此等奇迹的团队当时仅 60 余人,平均年龄 30 岁。

《晶报》的创刊使得深圳特区报业集团的结构更趋合理,功能更趋完善,集团的竞争优势进一步增强。

第三节　深圳特区报业集团综合配套改革

从一张报纸到五报两刊,从党报"一枝独秀"到都市报、专业报、合资报"百花争艳",从办报到多元经营,《深圳特区报》从小到大、从弱到强,成为深圳新闻宣传的主阵地、文化产业发展的主力军。特别是进入 21 世纪后,作为深圳报业的核心和旗舰,深圳特区报业集团以改革创新的精神、奋发有为的姿态实现了报业的"深圳崛起"。

一　小梅沙会议确定人事制度改革大计

从 1999 年底至 2001 年初,集团实施大力度的劳动、人事、分配三项制度改革,让报人也让报纸变了样。

2001 年 3 月,为适应市场竞争的需要,集团在小梅沙召开会议,对报社的干部人事管理体制提出改革措施。小梅沙会议最后达成了共识:第一,打破终身制,实行全员聘用合同制;第二,建立公开竞聘、双向选择、优化组合制度;第三,完善考核激励机制,全面实行末位淘汰;第四,整合资源,精简机构,减少管理链条;第五,按照各尽所能、按劳分配,效率优先、兼顾公平原则,改革分配制度。

针对报社人事管理方面亟待解决的问题,在体制上率先实施了四个方面的改革。

[①]　中国人民大学传播媒介管理研究所:《晶报》,《中国报业》2003 年第 3 期。

（一）打破终身制，实行全员聘用合同制

集团首先大刀阔斧地进行用工制度改革。1999年，报社率先打破用工终身制，实行全员聘用合同制，促使员工合理流动，能进能出。过去，报社用工制度非常复杂：有干部、以工代干、固定工、编内合同工、编外合同工、劳动工、临时工等。对干部来说，只要办理了调入报社的手续，就基本上站定了位置。对工人来说，只要转成编外合同工，就会顺理成章转为固定工，两年后还可转干。调来调去、转来转去，最终摆脱不了的是用人终身制。实行了劳动合同制后，只保留合同工和劳务工两种身份，其他一律取消。同时又根据《劳动法》制定了《深圳特区报社劳动用工管理暂行规定》，严格劳动合同手续。

2001年初，报社开始对集团原干部身份的人员全面实行聘用合同制，并且向社会公开招聘记者。这些记者与集团采编人员享受同等待遇，优秀者可解决深圳户口，不合格者解除聘用合同。更大的变化是，正式员工与招聘员工、干部与工人的身份界限被打破。

（二）建立公开竞聘、双向选择、优化组合制度

为了保证干部轮流上岗，能上能下，1999年初，报社制定了《〈深圳特区报〉全员竞争上岗、优化组合试行办法》，先对报社正、副处级领导干部实行空缺岗位竞聘，然后逐步在各个岗位推行岗位竞争、优化组合。经过公开报名、资格审查、竞职演说、答辩、民主测评、人事考察、社委会审议、报批等程序，正式聘任竞争优胜者，聘期两年。此举反响极大，报名者十分踊跃，首次报名竞聘4个正处级和3个副处级空缺岗位的就有40余人，测评人员有空缺岗位的全体员工、报社各部门代表、考核小组的领导，涉及面广，代表性强，竞职演说及答辩也犹如业务研讨会，气氛热烈活泼。①

2001年初，集团进行了又一次干部人事制度改革。这次改革的重点是：精简机构，取消行政级别，科学设岗，严格定编。中层管理干部仍采取公开竞聘的方法，与之前两年有所不同的是：竞聘上岗后必须同直接领导签订聘期责任状，违反责任

---

① 参见深圳特区报业集团人力资源开发中心《大胆创新　科学管理　不断改革　增强活力——深圳特区报业集团近几年人事制度改革的经验体会》，《中国报业》2001年第7期。

状可解聘，聘任到期重新竞争上岗。男性年满 58 岁、女性年满 53 岁，非特殊需要不能担任中层管理干部职务。对退出中层领导岗位的老同志，进行合理妥善的安排，发挥老将带新兵的作用。结果是有 10 人退出了原处级领导岗位，有 6 人原正处级干部竞聘落选，有近 20 人在中层领导岗位上进行了交换。[①]

（三）制定低评高聘，高评低聘试行办法

为了打破讲资历、讲学历的职称管理模式，将职称聘任与岗位需要和实际业务水平挂钩，鼓励出好报刊、出人才、出成果。1998 年上半年，报社制定了《深圳特区报社专业技术职称低评高聘、高评低聘的试行办法》。到 2000 年底，报社 11 位工作表现突出的业务骨干已高聘职称，并享受高聘的所有待遇（原有职称一律进档案），其中 9 人高聘为高级职称，2 人高聘为中级职称。

为鼓励青年员工创佳绩、闯新路，真正解决在相同岗位上同工不同酬问题，2001 年初报社在进行第二次干部人事制度改革时，不再将职称作为待遇的唯一标准，而是作为衡量一个员工实际业务能力和岗位分配的标准与条件。具体做法是：在效益奖金分配上，坚持"各尽所能、按劳分配、效率优先、兼顾公平"的原则，按岗位、业绩拉开收入档次，向真正的优秀人才和关键岗位倾斜。在奖励奖金分配上，制定《深圳特区报业集团员工奖励办法》，对那些工作成绩显著、为报社争得荣誉的员工不论职称或职位高低，均给予同等的重奖和大力宣传。在考核奖金分配上，从社委会年度经营目标责任奖中抽出 60% 作为社委会奖励基金，专门奖励年度工作出色、成绩突出的员工和部门。这些激励机制为员工开辟了奋发向上的多条渠道，在努力培养名编辑、名记者、优秀经营管理人才方面起到了积极的作用。

（四）成立采编 4 个中心

这次干部人事制度的改革精简了机构，整合了资源。过去，报社编辑部就有十几个，机构改革后打破了传统的编采合一的管理模式，设立新闻采访中心、新闻编辑中心、专刊副刊中心和新闻研究中心。其中，新闻采访中心会集了所有记者，统

[①] 参见深圳特区报业集团人力资源开发中心《大胆创新　科学管理　不断改革　增强活力——深圳特区报业集团近几年人事制度改革的经验体会》，《中国报业》2001 年第 7 期。

一指挥，分设党群组、科技组、工交组、商贸组、财经组、文教组、政法组、城建组、通联组、摄影组、社会新闻组、记者站等。新闻编辑中心分设要闻、国内新闻、国际新闻、深圳新闻、南粤新闻、港澳台新闻、体育新闻、评论、校对等部门。专刊副刊中心分设鹏城今版、经济专刊、政文专刊、理论专刊、文艺副刊、生活专刊、娱乐专刊。新闻研究中心分设调研策划、质量考评、信息资料、书刊编辑 4 个室。各中心主任分别由副总编辑兼任，视机构情况各设 1 ～ 3 名副主任，实行公开竞聘上岗。根据情况，中心下面小部门可配备一名首席记者或执行主编。每个版面所设版面主编也实行公开竞聘，对记者、编辑则进一步量化考核指标。

二 实行 5% 末位人员下岗制度

为配合采编系列人事制度、组织机构、分配原则的重大改革，深圳特区报社还对薪酬制度进行了改革。

（一）薪酬级差拉大

报社从 2001 年 6 月起对所有采编人员以计分形式发放稿酬、版酬，每日见报稿件或版面均按甲、乙、丙等论酬，月底评定月度好稿和"星"稿、"星"版，年终进行被考核人员奖励总分（由高到低）和差错率（由低到高）综合排序，实行 5% 末位人员下岗制度，并在此基础上形成了较为完善的量化考核和管理模式。[1]

深圳特区报社在薪酬管理上采取的是技能薪酬模式、业绩薪酬模式、市场薪酬模式和年功薪酬模式相结合，薪酬与职位、工作量、工龄、单位效益挂钩的方式。因此，报社员工的收入结构包括基本工资、奖金、业绩工资、津贴、补贴等部分。其中，津贴与公、病、产假，来深的时间长短、考勤有关。薪酬总额与当月广告额、薪酬层级有关。而且薪酬极差较大，为 27 级，如助理记者薪酬分为 1、2、3、4 等级。[2]

---

[1] 该部分内容根据《深圳特区报社 A、B 系列考核办法》和曾伟《〈深圳特区报〉量化管理使用现状研究》（兰州大学硕士学位论文，2007）部分内容整理而成。

[2] 参见曾伟《〈深圳特区报〉量化管理使用现状研究》，兰州大学硕士学位论文，2007。

对采编人员实行末位淘汰制。具体按照字数、分数、广告额三相结合，分数决定奖金，字数决定基本工资的方式，在年底按照得分情况排名，将排在后面5%的员工淘汰。

对任务完成情况实行基本任务考核。操作方式为：按照因素计点法，超额完成任务的折算成分数，计奖励分；不能完成任务的，当月奖励分为零，并按未完成任务比例扣罚当月工资，直至扣至深圳市最低生活标准为止。记者在一年内连续两个月或累计三个月未能完成任务的，将给予下岗处分。下岗三个月内，发基本工资；三个月后，申请上岗双向选择。

其他管理方面，由财务处、广告中心对财务状况、市场份额等经济指标进行统计，并统属经营管理委员会管理。

（二）"绩效面前人人平等"

历年的资料显示，报社实行薪酬制度改革之后，评价的透明度相对提高，做到了有法可循。由于有了客观根据，员工从关注领导评价转移到关心在岗位上干出的成绩，一定程度上刺激了采编人员的工作积极性。这体现在记者的发稿量上，实行全员量化考核之后，发稿量均超过2000年。[1]

新的考评体系不再以"大锅饭"即结果的平等为中心，而是代之以起点的平等，即所谓的"绩效面前人人平等"。具体来讲，就是取消一切附着于绩效考核起点的不平等因素，如职务、职称等非绩效因素等。绩效考核的唯一指标是产品（即稿件或版面）本身。也就是说，产品本身的数量与质量直接和唯一地决定着绩效工资的多寡，二者有着高度的相关性与一致性。

结果显示，绩效工资制在激发员工积极性上开始发挥作用。员工的收入差距开始拉开，在某些月份，最高收入和最低收入差距达5倍。虽然，薪酬制度的改革对于调动员工工作积极性、主动性的意义显而易见，但员工对于绩效考核的各项指标认识缺乏深入了解，并由此带来了新闻伦理和道德的危机，这仍是需要继续探索的问题。

---

[1] 参见曾伟《〈深圳特区报〉量化管理使用现状研究》，兰州大学硕士学位论文，2007。

第四节 广告发行进入黄金期

1999 年 11 月，深圳特区报业集团成立之后，经营状况一路向好。2000 年集团纳税 9538 万元，2001 年纳税首次突破 1 亿元大关，上缴税金 10871 万元。据统计，自 1993 年深圳特区报社实行"事业单位企业化经营"以来，10 年间共向政府纳税 4.31 亿元。2001 年度，深圳特区报业集团净资产达 87370 万元，较上年度增长 20.5%，再创两个效益佳绩。

一 发行覆盖全国 98% 的市县，2002 年广告营业额 10.98 亿元

深圳特区报业集团的经营业绩，主要有赖于发行与广告业务的拓展。早在 1998 年，深圳特区报社就开始实行自办发行，并根据市场的需要，从以下几个方面开拓读者市场，以扩大发行量。

一是稳定市内发行市场。在稳定机关、企事业单位等传统党报老订户的基础之上，面向家庭和社会大众扩大零售与自费订阅读者群。二是扩大市外省内发行市场。为此专门设立市外省内发行机构。广州、东莞、惠州、汕头四个记者（发行）站站长作为发行负责人，负责各站所辖区域的发行工作。珠海站继续实行委托代理。对市外省内的发行工作贯彻因地制宜的方针，对用户比较密集、投递和运输线路较短的地区，如广州、东莞、惠州、汕头、珠海等地，继续实行自办发行，或委托当地自办发行报社代理；对订户分散而稀少、投递和运输线路较长、发行成本高、管理难度大的地区，尽可能与当地邮局合作，发挥邮局点多面广的优势，实行邮发。[1] 三是扩大广东省外发行市场。[2] 为此在北京、上海、武汉、成都设立发行机构（站），负责所辖区域的发行工作。继续开展为家乡订报，为两院院士、在京政协委员赠报活动，并动员深圳企业为其在内地的机构和对口扶贫地区、扶贫单位订报。2000 年，《深圳特区报》实现为家乡订报，为两院院士、在京政协委员赠报 3000 多份。这些措施使《深圳特区报》在内地的发行量直线上升。1999 年，《深圳特区报》在上海的

---

[1] 参见深特报字〔1999〕46 号，1999 年 8 月 24 日。
[2] 参见深特报字〔1999〕9 号，1999 年 9 月 2 日。

发行量增长 96%，北京增长 58%，沈阳增长 4 倍。四是拓展海外市场。坚持在"特"字上做文章，积极宣传特区的改革开放政策、经验与成就，使海外读者能够透过《深圳特区报》这个"窗口"，更好地了解深圳。

通过上述努力，到 2000 年前后，《深圳特区报》已经形成了覆盖全深圳市、辐射珠江三角洲的发行网络，有着较为成熟、高效的发行及物流配送服务体系。同时，《深圳特区报》也在上海、北京、武汉、成都、西安、沈阳、昆明、杭州等多个城市实现了卫星传版同步印刷，成为全国分印点最多的地方党报之一，发行范围覆盖全国 98% 的市县。至 2000 年，《深圳特区报》发行量达 45.13 万份。这些资源的形成，为报业集团今后附加和放大报业发行公司的经营职能，进而实现资源整合，开展资本运营奠定了坚实的基础。

随着发行的扩张及内容品质的提高，《深圳特区报》的广告营业额也直线上升。1999 年，《深圳特区报》全年广告营业额达 8.48 亿元；2000 年达 10.47 亿元；2002 年达 10.98 亿元。在全国报纸广告营业额普遍下滑的严峻形势下，取得这样的增长，实属不易。其他各系列报的广告营业额也都有不同程度的增长。

二 关、停、并、转弱势项目，寻找新利润增长点

报业求生存，求发展，实现规模经营，靠单一的主业经济显然是不够的，必须开辟新的空间，寻找新利润增长点，以营造持续竞争优势。深圳特区报业集团提出了报业经营多元化的主张，即报业必须围绕主体开展多元化的经济活动，在横向上不断扩大报业经济主体的规模，在纵向上不断开发报业经营的新内涵。其开展的多元化经营项目有报业俱乐部、乘长风健康城、报业发行公司、人间网等。此外，还相继投资成立了深圳特区报经济信息咨询有限公司、深圳特区报连锁超市、报业国际旅行社、小梅沙度假村、鹏城发展有限公司（香港）。

深圳特区报业集团成立后，致力于探索以集约经营为主要内涵的报业集团发展模式。在报业集团内部，一是在报刊经营中强化《深圳特区报》的核心和主导地位，进一步巩固和不断扩大《深圳特区报》的社会影响力与市场占有率，使之成为在海内外具有广泛影响的综合性大报。二是形成资源优化配置机制，建立发行中心（公

司）、广告中心（中心）、印务中心（公司）、新闻中心、编辑中心、人才培训中心、管理中心、投资中心、结算中心。在报业集团外部，对报业集团规模的扩张主要采取资产经营方式，通过采取并购、托管、承包、租赁、"买壳"上市等多种方式实现报业集团规模的扩张。[①]

　　2001年，深圳特区报业集团积极调整战略，强调成本效益观念，突出报业主体，力创经营新局面[②]。

　　调整那些远离媒体经济，既无资源优势，又无经营把握能力的项目。果断地采取"关、停、并、转"措施，减轻报业主体的经济负担，集中精力发展优势明显的媒体相关产业。先后关掉岱巍公司、特龙威公司、经济信息咨询公司、佛迪项目资本市场管理公司、上海深海公司等二级公司及

前来参加世界中文报业协会第34届年会的专家们参观深圳特区报组版中心

---

① 参见深圳特区报社文件《关于组建深圳特区报业集团的几点补充意见》，1997年10月25日。

② 参见吴松营《努力实践"三个代表"推进特区报业集团发展——深圳特区报业集团2001年度基本情况》，《中国报业》2002年第3期。

读者俱乐部等多个三级公司，消灭了管理死角，堵塞了财政漏洞；对报业发展公司、连锁超市公司、天先广告公司等进行停业整顿和清理，以避免继续亏损或给集团增加经营风险；对行业相近的互补型公司进行合并，对报业俱乐部、健康城、小梅沙度假村进行合并成立报业俱乐部（联合有限公司）；将开支较大的《电子报》并入技术资讯中心管理，大幅度裁减管理人员，压缩费用开支。

集团的新举措很快收到实效，减轻了报纸的经济负担，使集团能够集中人、财、物力资源，重点支持战略性项目。

这一时期，随着《深圳特区报》在海内外的影响不断扩大，来自北京、重庆、浙江、上海、厦门、香港等地的新闻媒体代表纷纷组团到报社参观，对报社的发展给予高度评价。同时，英国《泰晤士报》，美国《华盛顿邮报》，日本《东京新闻》，越南、尼泊尔、埃及、挪威、厄瓜多尔等国家的新闻代表团，以及俄罗斯塔斯社，南斯拉夫《政治报》等世界许多著名的新闻单位和名人，也纷纷前来访问和交流。2001 年 10 月 6 日，由深圳特区报业集团承办的世界中文报业协会第 34 届年会，在深圳特区报业大厦开幕。这是世界中文报业协会第一次在中国内地开年会。50 多位来自世界多个国家和地区的中文报业代表出席年会。吴松营代表《深圳特区报》出席了大会。并当选为 2004 ～ 2006 年度世界中文报业协会执行委员会委员。

第三篇

新集团模式下的新探索

2003 ～ 2012

第六章

新集团体制下《深圳特区报》不断创新

第一节 深圳报业集团成立

一 深圳报业集团成立的背景

（一）深圳年轻人口大量增加

作为中国最早的经济特区之一，深圳创造了城市发展的奇迹。20世纪90年代后期，这座城市的国内生产总值、地方财政收入、进出口贸易等多项经济指标均已位居全国大中城市前列。经济总量的猛增，不仅直接驱动了深圳城市化进程，也为其传媒业的异军突起奠定了坚实的基础。

1981年，深圳市升格为与广州市相同的副省级市；1982～1991年，深圳进入城市化的初期阶段；特别是1992年撤销宝安县建制，设立深圳市宝安、龙岗两个市辖区，并于1993年1月1日正式挂牌，被看作深圳实现城乡一体化的一个重要标志。

1995年，深圳提出"第二次大创业"，目标是将深圳建设成为高新技术产业基地、区域性的金融中心、信息中心、商贸中心和旅游胜地。这次大创业对产业结构的调整十分明显，深圳呈现出以高新技术产业、物流业、金融业为主导的产业格局。

为了适应经济的发展变化，大批流动人口涌入深圳，这一时期深圳人口呈现出明显的年轻化、以移民为主、流动性强、教育程度偏低的特点。①

深圳的城市化进程和人口结构的变化，对深圳的传媒生态产生了深刻的影响，而传媒业自然会针对这些变化不断地做出战略调整。

（二）文化立市成为城市发展战略

2003 年 1 月，中共深圳市委三届六次会议第一次正式提出了实施文化立市战略。其实，早在 1999 年 8 月，由广东省委宣传部、广东省委政策研究室、广东省社会科学院和深圳市委组成的联合课题组，在《深圳建设有中国特色社会主义和率先基本实现现代化示范市研究》报告中，就明确提出深圳"必须把文化立市战略作为跨世纪发展的基础战略"，"必须确立'文化立市'的战略思想，在以经济建设为中心的同时，大力发展文化事业，把文化发展摆在深圳现代化发展战略全局的突出位置上，使之成为深圳经济社会发展的一个重要战略基础、支撑点和动力源"。②

在推进这一战略和开展文化体制改革的新形势下，深圳相继成立了报业集团、广电集团和发行集团。2003 年 11 月，深圳联合中央有关部委，创办了"中国（深圳）国际文化产业博览会"。2005 年，深圳市政府颁布《深圳市文化发展规划纲要》，推动实施文化立市战略。2006 年，市政府颁布了《关于加快文化产业发展若干经济政策》《关于建设文化产业基地的实施意见》《深圳市文化产业发展转型资金管理暂行办法》，推动文化产业成为第四大支柱产业。总之，深圳在文化立市战略统领和文化体制改革需求的推动下，密集出台了文化政策，取得了很多成果。③

深圳报业集团的成立，正处在深圳确立以文化立市的战略节点上。深圳特区报业集团与深圳商报社的合并，是深圳市委、市政府推进深圳文化体制改革和文化产业大发展的举措之一。

（三）深圳报业市场竞争日益激烈

2000 年前后，深圳传媒业的角逐较量，主要是深圳特区报业集团和深圳商报社

---

① 参见吴予敏《深圳传媒三十年》，商务印书馆，2010，第 19 页。
② 温诗步：《深圳文化变革大事》，海天出版社，2008，第 50 页。
③ 参见毛少莹《30 年深圳文化发展历程研究》，《特区实践与理论》2010 年第 3 期。

两大报系的竞争。那种激烈程度使双方都不敢懈怠，拼命在新闻版面上比照争先。据时任深圳商报社总编辑高兴烈回忆，他每天早上洗漱完做的第一件事，就是把当天的《深圳特区报》和《深圳商报》摊开来看，看到《深圳特区报》上的报道有好过《深圳商报》的，就赶紧给同事打电话，所以同事们都怕早晨接到高总打来的电话。后来，高兴烈听说《深圳特区报》的吴松营社长也是如此。[①]

双方的竞争一方面增强了出版、发行和广告的活力，另一方面因"恶性竞争"也导致了经营成本提高和广告资源流失。

而从 20 世纪 90 年代末起，由于深圳这座城市的经济繁荣、消费潜力巨大、市民心态开放，来自广州的媒体也开始觊觎深圳庞大的市场。1999 年，南方都市报社在深圳建立了 30 多人的记者站。2000 年 3 月 1 日，南方都市报社启动"深圳战略"，在 48 版的基础上增加 8 个版。这 8 个版从新闻报道到生活副刊，内容全部深圳本地化，同时主打广州和深圳两个中心城市。

随后，广州日报社也办了深圳版，并向深圳派驻了 20 多名记者。羊城晚报社也曾投入大量资源，出版地方版，开拓深圳市场，对深圳本土传媒造成冲击。

同时，境外媒体也对深圳的媒介市场垂涎欲滴，伺机而动。与深圳只有一河之隔的香港，由于民间交往频繁，长期以来香港出版的报刊往往在深圳都能看到，尤其在罗湖和福田这两个较多香港人居住的区域，许多西餐厅都在显著位置摆放着香港报刊供客人翻阅。深圳居民也能收听、收看香港的电台和电视节目。实际上香港媒体已占据了相当一部分深圳市场。中国加入 WTO 以后，外资媒体开始抢滩深圳。广东作为中国入世后外资媒体进入的"试验田"，华娱电视、凤凰卫视等节目和频道都已获得在广东有线电视的落地权，凤凰卫视更是把制作基地设在深圳。作为全国经济最发达的地区，深圳无疑是外资媒体重点抢滩的目标。

（四）《深圳特区报》市场表现出色

但不管市场如何风云变幻，《深圳特区报》作为深圳第一大报的地位始终没有动摇过。作为深圳市委机关报，其权威性和影响力是无法取代的。且由于其在新闻

---

① 根据张继木采访高兴烈的录音整理，2011 年 8 月 27 日。

报道中坚持"三贴近"的原则，即贴近实际、贴近生活、贴近群众，将党和政府的立场以及广大老百姓所关注的民生问题有机结合起来，因此在读者中有着良好口碑，在深圳市场的占有率也处于领先的位置。它的读者群以家庭为多，80%左右是个人订户，零售量为5万～8万份。

深圳大学传播学研究所于2002年对《深圳特区报》的家庭读者进行了问卷调查，收到472份有效问卷。由于《深圳特区报》的读者大部分同时阅读其他报纸，调查中要求读者对相关报纸进行比较和评价。这一调查结果有助于了解当时深圳报纸市场的读者状况和竞争态势。调查发现，《晶报》在家庭读者中最受欢迎，喜欢百分比为75.2%，其次是《深圳特区报》，为67.1%。

从年龄角度比较，喜欢《深圳特区报》的读者平均年龄为40.93岁，在被比较的7份报纸中居于第3位，读者平均年龄最大的是《羊城晚报》，其次是《深圳商报》，喜欢《晶报》的读者平均年龄是39.7岁，与喜欢《深圳晚报》的读者年龄接近。[①]

这一调查结论说明，《深圳特区报》的权威大报地位稳固。《深圳特区报》虽然承载了繁重的宣传任务，但它在市场上一点也不逊色于其他报纸。当然，它还应进一步优化报纸内容，用更出色的新闻和资讯吸引更高端的读者；同时，深圳是一个年轻的城市，深圳人来自全国各地，全市平均年龄只有29岁，是个典型的移民城市，因此报纸内容要更加符合市民的特点，尤其是要注意吸引年轻读者。《深圳特区报》后来的历次改版，正是根据读者市场调研情况做出的应对之举。

（五）全国各地报业集团的示范效应

自1996年5月中国第一个报业集团——广州日报报业集团成立以来，中国的报业集团取得了飞速发展。至2002年底，经中央宣传部和国家新闻出版总署批准组建的报业集团，已覆盖了国内大部分的省、自治区、直辖市和计划单列市。

关于报业集团化进程的一般情况，本书前面已进行了比较全面的介绍，此不赘述。这里只简要提一下文汇新民联合报业集团在深圳报业合并过程中起到的示范作用。文汇新民是中国最大的报业集团之一，成立于1998年7月25日，由创立60年

---

① 参见王晓华、李新立执笔《〈深圳特区报〉版面研究报告》，未刊稿，2002年9月。

的文汇报社和创立 69 年的新民晚报社联合组建而成。在一座城市里两大报业集团合并成为一家，尚属首次。这为一直想在文化产业领域做大做强的深圳提供了有益的启示。在这一示范下，深圳市委、市政府主动促成了深圳两大报系的携手，由此诞生了深圳报业集团。

二　深圳报业集团成立

2002 年 7 月，国家新闻出版总署批复同意深圳特区报业集团和深圳商报社合并后更名为深圳报业集团。

2002 年 9 月 30 日对深圳报业来说是一个里程碑的日子。

深圳报业集团成立大会现场

经中共深圳市委研究决定，中央和省主管部门批准，由深圳特区报业集团和深圳商报社合并组建的深圳报业集团，在深圳特区报业大厦举行了隆重的深圳报业集团成立暨挂牌仪式。

全国政协副主席霍英东，中宣部副部长徐光春、李从军，全国人大常委曾宪梓，中联办宣传文体部部长赵广廷，香港知名人士李嘉诚，中华全国新闻工作者协会等分别发来题词、贺信和贺电。徐光春和李从军在贺信中对深圳报业集团的成立表示衷心祝贺。贺信说，近几年来，《深圳特区报》《深圳商报》高举邓小平理论的旗帜，认真学习、宣传、实践江泽民总书记"三个代表"重要思想，唱响主旋律，打好主动仗，牢牢把握正确舆论导向，积极推进新闻改革，解放思想，实事求是，与时俱进，开拓创新，做大做强党的报刊，在全国新闻界产生了广泛的影响。现在深圳报界强强联合，具有重要意义。两报合并组建深圳报业集团，这一举动必将在我国新闻界产生重大影响，成为全国新闻改革和集团化发展的一道亮丽的风景线。

受市委书记黄丽满委托，市委副书记庄礼祥代表市委、市政府发表讲话，他表示，深圳特区报业集团和深圳商报社合并成立深圳报业集团是市委、市政府为适应形势发展的需要，抓住机遇，迎接挑战，深化新闻业发展，提高党报竞争力，把党的新闻事业做大做强而做出的一项重要决策。

深圳市委决定，吴松营任深圳报业集团党组书记、社长，黄扬略任党组副书记、副社长、集团编委会总编辑兼深圳特区报社总编辑，王茂亮任党组成员、副社长、集团编委会副总编辑兼深圳商报社总编辑，陈君聪任党组成员、副社长、集团总经理，杜吉轩任党组成员、社委会委员、集团编委会副总编辑、深圳特区报社副总编辑，林青、张兴文、陈寅①、杨黎光任集团编委会副总编辑、深圳特区报社副总编辑。

当天，《深圳特区报》《深圳商报》同时发表题为《建设具有国际竞争力的强大报业集团》的社论，指出：深圳报业集团的成立，是贯彻落实党中央关于深化新闻业改革精神的新成果，是深圳新闻事业发展的重要里程碑。

---

① 当时陈寅专门负责深圳晶报社工作，任深圳晶报社总编辑。

第二节　《深圳特区报》的新定位

一　深圳报业集团新格局

（一）集团的架构与分工

深圳报业集团实行党组集体领导下的社长负责制，集团党组、社委会是最高决策机构，设集团编辑委员会和集团经营管理委员会，分别由总编辑和总经理主持工作。集团形成了党组和社委会、编辑委员会和经营管理委员会、下属各二级单位三级决策层，建立了完整的目标责任体系。不是党组成员的社委会成员都分别担任集团编委和经营管理委员会委员。这两个委员会分别统筹管理集团采编业务和经营管理、产业发展工作。前者的任务是确保正确的舆论导向及党和人民喉舌作用的发挥，后者的使命是确保国有资产的保值增值，为报业集团发展提供经济基础与物质保障。这二者的功能相辅相成，做到了分工明确、合作密切、运转协调。

集团合并后，当务之急是建立适应报业可持续发展的经营体制和运营机制。2002 年 10 月 15 ～ 16 日，深圳报业集团社委会在小梅沙度假村召开。会议确定的总体思路是：在优化资源配置、尽快形成合力、努力使集团做大做强的同时，还要稳妥推进，尤其是对机构合并和人员去留问题，一定要妥善处理，要吸取国内兄弟报业集团的经验教训，制订集团长远战略发展规划，尽快建立健全规范化、制度化、科学化的管理体制和运行机制。集团系列报刊在明确定位的基础上，要积极努力，把报刊办得更好更活。《深圳特区报》作为市委机关报，要在继续坚持正确舆论导向的同时，积极进取，办得更好更活。《深圳商报》要坚持综合性，突出经济性，增强权威性；尤其要注意突出经济性，增强经济报道的权威性。两大报在日常的报道上要有所分工，突出各自的特点。集团各报刊、公司不能吃大锅饭，要提倡各报刊、各单位之间的良性竞争。

（二）"有统有分，统分结合"的管理模式

经过集团党组、社委会和集团各单位主要负责人多次开会讨论，最后达成了"有统有分，统分结合"和"三个统一"的共识。深圳报业集团很快步入"统分结

合，统出合力，分出活力"的快速发展轨道。

2002 年 11 月，中共十六大召开，提出了继续深化文化体制改革的战略任务。2003 年 6 月，全国文化体制改革试点工作会议在北京召开，对全国文化体制的改革试点工作做出全面部署。新华日报报业集团、大众日报报业集团、河南日报报业集团、深圳报业集团 4 家报业集团被列入中央文化体制改革试点集团。

2005 年 1 月，深圳报业集团提出建设"阳光报业、和谐报业、效益报业"的发展目标，围绕这一目标，集团在不断完善经济目标责任制的同时，建立起政治目标考核机制。[①] 集团首先从健全各类管理制度抓起，清理和修订了两大报合并后 100 多项各类规章制度，强化了内部监督机制和责任追究体系，集团监督主体着力加强对招标采购、人事调配、财务收支、合同签订等执行情况进行事前规范和事后监督。集团实行的社会效益和经济效益两个综合指标的目标责任考核体系，为报业管理与运营注入了活力和生命力，确保集团在健康平稳中高速发展。

2008 年 5 月，按照深圳市国有文化资产监督管理指导原则，深圳报业集团对目标责任管理、薪酬管理、资产管理等制度做了相应调整。一是将目标责任人年收入的增长与其所在单位利润指标的增减紧密挂钩，目标责任奖励额与完成利润实际数额挂钩；二是依据所属单位在社会中承担的角色，设定社会效益目标责任与经济效益目标责任合理比率的考核体系，对各报网的考核增大社会效益比重，对印刷、发行等企业的考核加大控制成本费用的比重，并进一步量化，以提高报业经济的收益能力，确保国有文化资产的大幅增值。

（三）李长春等中央领导殷切嘱咐要做"开路先锋"

2003 年 2 月 4 日，中共中央政治局常委李长春同志亲临深圳报业集团视察，听取了市委领导和报业集团社长的汇报之后，殷切地嘱咐要加快报业改革步伐，要做开路先锋。称赞《深圳特区报》"多年来导向很好，而且有比较好的经济效益"。"通过你们的实践证明，中宣部组织的报业集团这种改革方式是可行的，是有效的"。[②]

2003 年 1 月 8 日，中共中央政治局委员、广东省委书记张德江到广东上任不久

[①] 参见吴松营《深圳传媒业的崛起》，深圳报业集团出版社，2010，第 42 页。
[②] 《特区拓荒牛　报业领航人》，《深圳特区报》2003 年 5 月 1 日。

就到深圳报业集团调研，离开集团时说："我送你们四个字：开路先锋。"

二　突出政经大报核心品牌

深圳两大报系组建的深圳报业集团，拥有八报四刊（即《深圳特区报》、《深圳商报》、《深圳晚报》、《晶报》、*Shenzhen Daily*、《深圳青少年报》、《深圳都市报》、《香港商报》八报和《深圳周刊》、《汽车导报》、《焦点》、《游遍天下》四刊），以及10多家二级公司。深圳报业集团报刊日总发行量超过200万份，约占深圳报刊市场总量的90%以上，覆盖率达到100%，并在北京、上海、成都等地设有分印点。尔后，经有关部门批准，《深圳法制报》《宝安日报》《特区教育》《中外房地产导报》分别以行政调拨、有偿兼并等方式并入深圳报业集团。

深圳报业集团成立之后，调整了《深圳特区报》和《深圳商报》的功能。《深圳特区报》是市委机关报，调整后成为以政治、经济、文化报道为主的大型综合性日报。它的特色是大力传播特区试验场的新观念和新经验，积极为中国的改革大业鸣锣开道，以浓郁的"窗口"色彩和鲜明的改革精神满足读者的需要。作为中国经济特区的权威主流媒体，致力于做大做活政治、经济、文化主流新闻。

经整合后，深圳报业集团形成了以《深圳特区报》政经综合报道为品牌核心，以《深圳商报》经济与文化报道为主导，以《深圳晚报》关注民生、面向家庭为特色，以《晶报》服务白领、面向青年为辅助，其他报刊各擅其长，全面和谐发展的报刊体系。深圳报业集团成立以后，《深圳特区报》的地位更加突出。

针对党报集团在兴起、发展过程中，有的地方存在所谓"大报管导向、小报找市场"的做法，结果导致主报使劲地"独奏"主旋律、旗下子报子刊却不时发出各种杂音的不协调现象，黄扬略总编辑明确提出：报业集团里承担有新闻舆论引导功能的报纸都是党报，都是党的舆论工具，都有责任以正确的舆论导向去占领市场、占领阵地。集团各报刊虽然有不同的定位、不同的风格，但它就像交响乐团一样，有钢琴，有大提琴，有笛子。党报集团应是主报奏主调，子报子刊奏和声，围绕一个主旋律合奏出丰富多彩乐章的"交响乐团"。在每次市委重大政治活动报道和政府重大工作部署宣传时，以主报奏主调、其他报刊奏和声的"新闻交响乐团"阵势，合力奏出动人心弦的新闻交响乐章，发挥出党报集团的舆论主导作用。①

这一时期，深圳市委两次调整深圳报业集团及深圳特区报社领导班子。

2005 年 1 月，深圳市委决定黄扬略任深圳报业集团党组书记、社长，王茂亮任深圳报业集团党组副书记、集团编委会总编辑，陈君聪任党组副书记、副社长、集团总经理，杜吉轩任集团编委会副总编辑、深圳特区报社总编辑，杨黎光、陈寅、林青②、张兴文、侯军任集团编委会副总编辑、深圳特区报社副总编辑。③

2005 年 7 月，深圳市委决定黄扬略任深圳报业集团党组书记、社长，王田良任深圳报业集团党组副书记、副社长、编委会总编辑兼深圳特区报社总编辑，刘明任党组副书记、副社长、集团总经理，杨黎光、陈寅、林青④、张兴文、侯军任集团编委会副总编辑、深圳特区报社副总编辑。

第三节 "《深圳特区报》现象"

一 党报也要让读者喜闻乐见

《深圳特区报》作为党报改革的先锋，走出了一条独特路径，逐渐形成了业界及学术界多次探讨的"《深圳特区报》现象"。所谓"《深圳特区报》现象"，简言之，就是《深圳特区报》作为一家党报，既能唱响主旋律，又能契合市场，提供读者爱看的内容。

国家新闻出版总署署长柳斌杰在 2007 年全国音像电子和网络出版管理工作会议上指出："《深圳特区报》也是党报，但办报很贴近群众，既坚持了正确的舆论导向，又深受群众欢迎，在处理一些重大新闻上和别的报纸不一样。报纸处理得灵活，版

---

① 据叶晓滨采访黄扬略总编辑的录音整理，2012 年 2 月 23 日。
② 当时杨黎光专门负责深圳晚报社工作，任深圳晚报社总编辑。陈寅专门负责深圳晶报社工作，任深圳晶报社总编辑。林青专门负责深圳新闻网工作，任深圳新闻网总编辑，并任香港商报社执行总编辑。
③ 李延林、邓自强、张宝兴、吕延涛 2004 年任《深圳特区报》编委。
④ 当时杨黎光专门负责深圳晚报社工作，任深圳晚报社总编辑。陈寅专门负责深圳晶报社工作，任深圳晶报社总编辑。林青专门负责深圳新闻网工作，任深圳新闻网总编辑；并任香港商报社执行总编辑。

面上下了功夫。党报要进一步贴近读者，改变党报与老百姓不亲近的毛病，关注民生，以人为本，增强可读性和吸引力。"①2007 年 4 月，在《深圳特区报》创刊 25 周年之际，人民日报社原总编辑、清华大学新闻与传播学院院长范敬宜在接受记者采访时说："我很佩服《深圳特区报》，能在不违反基本的原则下，想办法办得有声有色，许多做法值得包括中央的报纸借鉴和学习。党报的性质不能改变，在政策范围之内做到喜闻乐见，则是可以做到的。党报自身的改进有很大的空间。"②

清华大学新闻与传播学院常务副院长李希光教授指出，《深圳特区报》的成功经验在于"把重要的新闻变成人民群众想看的新闻"。他认为，作为市场上成功的党报，《深圳特区报》是内容上最好看的党报之一，它的办报经验为我国党报怎么办提供了有益借鉴，即在中国报纸当前的商业化运作环境下，主动改革、创新，迎接挑战，把重要新闻变成老百姓喜闻乐见的新闻，大力培养读者忠诚度，重建并发扬光大了主流媒体的公信力。③

二　当好党和政府的参谋与助手

黄扬略认为，《深圳特区报》作为市委机关报，应该定位为"党和政府的参谋和助手"，当党和政府下决心要做什么事，特别是做出事关全局的重大决策时，党报就应发挥宣传组织作用，及时把党和政府的声音传达到群众中去，为群众所理解和接受，同时帮助推动落实，当好有力助手。而在推动过程中，报纸还要发挥触觉灵敏的特点，不断发现热点、难点问题，包括政府推出的举措哪些方面有不足，政策在执行中遇到什么困难、阻力，报纸要及时准确地把这些情况向上反映，以便党和政府跟进落实、督促检查。其实质都是服务于党和政府，共同的特点都是将党报视为党委的一个重要机构，充分发挥党报的主观能动性，想党和政府之所想，急党和政府之所急，

---

① 根据柳斌杰 2007 年 9 月 14～15 日在山东青岛召开的全国音像电子和网络出版管理工作会议上的讲话录音整理。
② 冯庆：《斯人已去，怀念长存——追忆 2007 年赴京采访范敬宜先生》，《报道》（深圳特区报社内刊）2010 年第 8 期。
③ 参见《党报怎样使政府和读者都满意？——新闻界著名专家以〈深圳特区报〉为例阐述五妙招》，《新闻阅评》（深圳特区报社内刊）2007 年第 5 期。

主动分忧、主动作为，而不是简单被动地满足于做党和政府的"传声筒"。①

为使党报做到领导满意、群众喜欢，编委会大力倡导做"积极的社会新闻"。"积极的社会新闻"有两个方面的含义：一方面，要在社会新闻中寻找有积极意义的、符合主流价值观的、宣扬主流文化的新闻，比如说丛飞、郭春园等正面典型的宣传，就起到了弘扬社会正气、宣扬社会主义核心价值观的作用；另一方面，要在负面新闻的报道中以积极的、正面的心态去引导舆论，而不是片面地炒作负面新闻，要抱着与人为善、警示他人的心态，解决问题、化解矛盾的目的去做负面新闻。这样做的目的，是要以健康的格调，引导读者奋发向上，共建和谐社会。编委会就"积极的社会新闻"提出了三个原则：一是负面新闻正面报，以正面的、积极的、阳光的心态去推动处理问题、解决问题，从而堵住漏洞，从推动工作改进提高、推进社会和谐进步的角度去报道负面新闻，而不是一味地渲染和暴露社会阴暗面；二是消极现象个别报，对社会上的各种消极现象，哪怕是某个地区、某个时段发生比较多的，也不要集中起来去搞大统计、大综合，因为有些事情若综合起来就不得了了，比如你把某个医院多少年内一共死了多少人给综合起来报道了，就没有人敢上那个医院看病了；三是敏感问题内参报，对事关敏感部门、敏感政策、敏感话题的，或者事关地区形象、国家大政方针的重大问题，通过内参向领导部门反映。这样的原则得以确立，既为民众反映了民声、民情、民意，又把握住了报道分寸，维护了大局，使报纸较好地把握了报道的方向与格调。

对于那些看准了的重头报道、重要策划，报社不惜版面，力求最佳报道效果。有时候，遇到重大策划，经常会在版面安排上打破平时的模式，超常规加以突出处理。例如"草埔特大儿童拐卖案"，是一起在全国影响很大的案件。2002年以来，一个儿童贩卖团伙在深圳、广州、东莞等地先后拐卖了一大批儿童，案件震惊了深圳乃至全国。在广东省公安厅的统一指挥下，深圳、广州、汕头、揭阳、汕尾五地民警协同作战，终于将该团伙一举拿获。2003年9月，深圳特区报社的记者跟随深圳刑警全程采访，历时40多天，独家披露了被拐儿童获得解救的过程。11月13日的报纸，从一版一直到六版，全部是小孩被解救的详尽报道。有张一版图片是记者在

① 据叶晓滨采访黄扬略的录音整理，2012年2月23日。

罗湖草埔片区拍到的 3 个小孩子光着屁股冲凉的大幅图片，很好地体现了儿童被解救的欢乐，极具震撼效果。

2003 年 11 月 13 日《深圳特区报》以 6 个版面报道破获"草埔特大儿童拐卖案"

加强言论建设，引导社会舆论。没有思想的报纸再厚也是薄的，要努力使报纸每个版面都充满思想。这种思想，就是把党的意志和人民群众的心声结合起来。黄扬略带头推动个性化评论。他用"田各"笔名，心平气和、不打官腔，说群众想说的话，讲群众听得懂的话，形成了自己独特的风格。比如，"非典"期间打车的人少，虽然政府部门出台了补贴政策，但少数出租车司机仍然不满意，集体罢驶。黄扬略写了篇题为"别让人家笑话咱深圳人"的评论，像朋友唠家常，谈时局，解困惑，释大义，把复杂的社会问题做了通俗化的讲解，晓之以理，动之以情，具有较强的说服力和规劝力。当天报纸出来以后，有司机抢着读，认为讲了他们的心里话。带头罢驶的出租车司机也看了报纸，表示认同这篇评论的观点，觉得评论没有一味地批评谴责他们，而是站在他们的角度理解他们，同时讲清了司机应承担的社会责任，还讲了出租车企业和政府主管部门的责任，这样就让人服气。黄扬略写的《季末提个醒：

一季度干了什么，下季度干些什么》《立法以格陋习，如何?》《天晴了，咱们赶紧干活去》《什么时候，我们的天使都很可爱》《咱们都换个位子想想，怎样?》《警察也是人》等评论，从标题到内容都有独到之处，在《深圳特区报》评论中占有一席之地。

深圳报业集团关于"顶天立地"和"当好党和政府的参谋和助手"的办报思想，是一以贯之的。杜吉轩总编辑在 2005 年《新春寄语》中指出:《深圳特区报》要"传递受众最急切想知道的信息，用读者最易接受的方式采编新闻，将主旋律演奏得高亢嘹亮又悦耳动听，让党报的色彩既鲜明生动且温暖宜人"[①]。这段话很好地概括了《深圳特区报》的内在气质和精神追求。

三 做市民的贴心朋友

《深圳特区报》一直努力在党报的权威性和贴近性、服务性及可读性之间找到一个结合点，努力办成全国最好看的党报。明确提出"办全国最好看的党报"这一口号，则是在 2006 年 4 月经历全新改版之后。深圳特区报编委会认为应该继续坚定地走"办权威的政经大报，做出色的主流新闻"这条道路。在研究今后 5 年的发展道路时，提出了"办全国有影响的大报，办全国最好看的党报，办全国两个效益最好的机关报"。其中，"办全国最好看的党报"就是对党报主流新闻做"活"提出的新要求，即既要履行服务于党的中心工作，宣传党的主张的政治使命，又不能忽视最广泛的读者群，办老百姓喜欢看的报纸。

2006 年 4 月 24 日，《深圳特区报》以编辑部名义发表《办全国有影响的大报办全国最好看的党报——〈深圳特区报〉改版致读者》，指出:"办全国有影响的大报，办全国最好看的党报，就是要力求让经济、社会、国际、国内、文化、娱乐、体育新闻和各类生活资讯更广更活更贴近。这里所说的更广，就是每天要提供海量信息，让您一报在手，尽知天下事;这里所说的更活，就是要让我们的报纸充满趣味、品位高雅、语言生动鲜活，每天都能为您带来一些惊喜;这里所说的更贴近，

---

① 杜吉轩:《新春寄语》，《通讯》(深圳特区报社内刊) 2005 年第 1 期。

就是要通过内容、形式和手段上的创新，运用引导和服务的艺术，让我们的新闻更加贴近实际、贴近生活、贴近群众。我们将悉心倾听您的声音，表达我们鲜明的观点，正确履行舆论监督的责任，讴歌所有美好的情感，扶助弱者，捍卫真理，关注民生，表达民意。让党报走入大众中间，做百姓最贴心的朋友；让阅读成为人生快事，在快意之中面对世态人生。"

王田良指出，"办全国最好看的党报"，其基本出发点就是想在两种导向之间探讨一种更加科学合理的经营导向，努力处理好"党报"与"好看"两者之间的关系，即既要履行党报服务中心工作、宣传党的主张的政治使命，充分发挥党报的政治功能，又要服务最广泛读者群，办老百姓喜欢看的报纸。实质上是坚持"三贴近"原则，把贯彻党的主张与反映人民心声统一起来，把围绕中心、服务大局与关注民生、服务百姓统一起来，把正确引导舆论与满足市场需求统一起来。这种"以传播者为主导，以消费者为中心，社会效益与经济效益并重，传播者利益与消费者权益兼顾"的机关报加都市报的整体互动经营导向，既富有特色和成效，又符合中国国情和当地实际。

《深圳特区报》之所以能够长期拥有稳定的家庭订户，甚至在香港保持发行强势，就是因为它能够正确地处理好"党报"与"好看"两者之间的关系，探索出了一种行之有效的报业经营导向。

要做到"办全国最好看的党报"，主要途径：一是加强政务报道，尽量让政务报道贴近老百姓的生活，并增强可读性；二是将周末版作为试验田，启动报纸的全面改版，围绕服务性、实用性和可读性大做文章；三是扩展平台充分利用资源，如与珠三角报业联盟共同推出大型策划，从政府、企业、读者多角度全方位地报道推广，发挥导向作用，取得多赢效果。

要坚持"三贴近"，以不断提高党报舆论引导能力，首先要"彰显权威性"。在深圳办报，每个时刻都在接受两种甚至多种思想文化的影响辐射，这是深圳区别于其他任何一个城市的地方。世界几十家主要媒体都在香港设有分支机构，加上香港特别行政区的50家左右媒体，平均每年申请来深圳采访的记者多达上千人次。深圳在科技、信息等方面也处于前沿位置。在这种复杂的舆论生态环境下，作为深圳市委机关报的《深圳特区报》，如果不讲究宣传艺术，不断提高舆论引导能力，把自身做大做强，就无从谈论发挥特区传媒的旗舰和引领作用。

办全国有影响的大报，就是要力求把主流新闻、政务报道做强、做大、做到位。所谓强，就是发出的声音更权威；所谓大，就是诠释党和政府的决策指示更充分；所谓到位，就是要让市委、市政府的声音更广泛、更及时地传递给每一位读者。党报的主流新闻、政务报道是独家资源，也是党报的核心竞争力。政务报道做得好，党报就有权威有优势。办全国最好看的党报，就是要力求让经济、社会、国际、国内、文化、娱乐、体育新闻和各类生活资讯更广、更活、更贴近。党报好看了才能走入大众中去，也才能让阅读成为"悦读"，让党报成为百姓生活中不可或缺的朋友。①

深圳特区报社坚定不移地走"办权威的政经大报，做出色的主流新闻"这条道路，力求把主流新闻、政务报道做透、做到位；不仅发挥了党和人民的喉舌作用，还一以贯之地当好深圳市委市政府的决策参谋。例如，2007年深圳市委一号文件做出《关于加强环境保护建设生态城市的决定》。一号文件出台前，《深圳特区报》就以评选"深圳年度十大环保新闻事件"为载体，把上一年50件有关环保的大事梳理一遍，展示了近年来深圳在生态城市建设方面取得的成就。文件出台后，深圳特区报社记者专访主管环保的副市长，把文件出台的前后背景详细地告诉百姓，也将深圳当时存在的环保问题呈现在读者面前。同时，记者还采访了政府相关部门，请教环保专家，开设"一号文件高端解读"等专栏，通过专访、通讯、言论等报道形式向读者展示深圳之后15年环境保护的详尽规划，描绘深圳未来的美好画卷。

四　在改版中提升读者的满意度

深圳特区报社每年都进行读者调查，对一些读者评价较低、阅读率较低的版面进行撤并，也会对一些好的版面进行整合，组成板块。通过多次改版，《深圳特区报》读者满意度得到显著提升。

2003年2月17日，《深圳特区报》进行改版。A叠1～16版版式统一，基本栏

---

① 参见王田良《坚持三贴近不断提高党报舆论引导能力——从〈深圳特区报〉的实践谈党报的创新与发展》，《中国记者》2007年第7期。

改为六栏，不随意破栏。标题字号、字体大致一样。理论版前移。A3 版新设"热点话题"，刊登针对社会热点、焦点发表的评论文章。"热点话题"停办于 2005 年 8 月 17 日，其间共刊登文章 1117 篇。

B 叠："鹏城今版"改版。B1 ～ B2 可以联动，突出大特写特色，采编合一，每期推出一篇图文并茂的特写和"今观察"言论，安排 B 叠杂谈。B3 ～ B5 从周一至周五轮流推出 5 个周刊：周一出文化周刊，周二出发现周刊，周三出健康周刊，周四出财富周刊，周五出趣味周刊，周六、周日出周末刊；娱乐周刊天天出。

2005 年 8 月 23 日，《深圳特区报》对版面进行局部调整。星期一的版面分为三叠。A 叠 16 个新闻版，其中有 4 个深圳新闻版；B 叠分别是 4 个版的"鹏城今版"和 4 个版的"今日财经"；C 叠是 8 个版的"文化星空"。星期二至星期五的版面分为四叠。A 叠是 16 个新闻版，B、C、D 叠分别是 8 个版的"鹏城今版""今日财经""文化星空"。星期六分为两叠。A 叠是 12 个新闻版，B 叠是 12 个周末版。星期日出一叠，共 16 个版。

2006 年 4 月下旬，《深圳特区报》根据读者意见开始新一轮的改版。此次改版，对版面的整体结构重新进行整合和设置，将整张报纸划分为八大板块：综合要闻与深圳新闻、时事新闻、社会新闻、财经新闻、周刊、文化娱乐、体育和特刊。板块的分割突出了综合性权威大报特色，注重信息的广度和深度；同时，作为一张地方党报，又强化了本地新闻分量，将之与要闻组合成同一板块。整张报纸依照时事、社会、财经、文体四大新闻类别加以划分，再辅之以《学周刊》、《钱周刊》、《星周刊》、《情周刊》、《博周刊》、《美周刊》和《周末特刊》七大特色周刊，结构上更为完整而全面。周刊的推出营造了更多的看点，丰富了信息量，也增加了报纸的整体深度。特色版面越来越多。改版后推出的"信息超市"是个新的特色版，信息琳琅满目，制作考究，使旧有的干巴无味的天气预报变成了趣味十足和富有人性关怀的气象新闻，为市民的衣食住行玩提供了方便。每天刊出的对气象体验性的观察随笔和气象图片亲切幽默、美丽娟秀。该版还增加了影视信息，使整个版面好看度增加，服务性强。

2007 年 4 月 25 日，《深圳特区报》财经版推出新版，给人以面貌一新之感。从整体上来看，财经版加入评论类的内容，一是为柔性的报道增添了某种刚性；二是与报道结合，视角更为开阔；三是报道更为主动；四是增添了报道的思辨色彩，也增强了可读性。从版面来看，版式的设计制作更为清新，元素更为丰富，特别是更为重视图表的运用，又增添了漫画这一新的版面元素，版面更为美观大方，也更具可视性。

第四节　报道的宽视野体现追求和责任

一　续写《春天的故事》

（一）启动"省部级领导访谈"

2005 年 8 月 26 日是深圳经济特区建立 25 周年的日子。深圳特区报社对这次 25 周年纪念报道非常重视，编委会策划了许多精彩的专题来纪念这个重要的日子，开设了"深圳故事""深圳辉煌 25"两类专版共 45 版，策划"纪念深圳经济特区建立 25 周年——深圳拥抱未来""省部领导访谈"等 72 个专栏，刊发文字稿件 441 篇、相关图片 526 幅。

从 8 月 17 日起，《深圳特区报》推出"省部级领导访谈"专栏，刊登记者对全国多个省部级领导的专访。这些领导大多参与过特区的决策，亲历过特区的重大事件，见证过特区前进中的风风雨雨。先后报道对时任中共河南省委书记徐光春，陕西省省长陈德铭，中共中央政治局委员、新疆维吾尔自治区党委书记王乐泉，湖南省省长周伯华，江西省副省长孙刚，国务院国资委主任李荣融，文化部部长孙家正，四川省省长张中伟，中共浙江省委书记习近平，科技部副部长尚勇，安徽省省长王金山，信息产业部部长王旭东，国务院港澳办常务副主任陈佐洱，人民日报社社长王晨的专访。

时任中共中央政治局委员、新疆维吾尔自治区党委书记王乐泉在接受深圳特区报社记者专访时，勉励深圳把"春天的故事"写得更精彩。时任科技部副部长尚勇认为"深圳已成为国家自主创新一面旗帜"。时任文化部部长孙家正高度评价深圳经济特区的文化建设，认为"深圳是有着生机勃勃、洋溢时代精神的中华民族文化的地方"。时任国务院国资委主任李荣融寄语深圳，继续发扬敢为天下先精神。

　　时任中共浙江省委书记习近平在接受深圳特区报社记者专访时认为，特区最宝贵的经验是"敢闯敢试"，并深情寄望深圳特区"生命之树"常青。时任中共河南省委书记徐光春寄望深圳，继续为内地改革开放领跑。时任湖南省省长周伯华接受采访时对百万在深工作的湖南人深情寄语：三湘子弟要为深圳发展再立新功。时任四川省省长张中伟衷心祝愿深圳明天更美好，川深两地互补双赢共展宏图。时任安徽省省长王金山高度评价深圳25年发展成就，并热诚希望皖深

加强合作，携手共创未来。

这些省部级领导在接受记者采访的时候，都对《深圳特区报》给予高度评价。时任人民日报社社长王晨介绍说，在他的办公桌上，每天都摆放着一份《深圳特区报》。他称赞《深圳特区报》"办出了方向，办出了影响，办出了特色，办出了效益"。他说，以《深圳特区报》为代表的特区媒体为推动特区建设和发展，统一了思想，凝聚了力量，为丰富特区人民的精神文化生活发挥了不可替代的作用。

这次纪念性报道的一大特色是注重报道的深度和高度，通过报道座谈会、高端访谈和专题文章的形式，探讨深圳经济特区在新的发展阶段新的历史使命。8月18日，深圳报业集团在北京组织召开了"纪念深圳特区建立25周年座谈会"，邀请了中央党校副校长李君如、中国经济体制改革研究会会长高尚全、中国社科院农村发展研究所研究员党国英等9位来自中央国家机关的领导和知名专家，围绕"深圳经济特区在新时期怎样才能成为特别能改革、特别能开放和特别能创新的地区""深圳经济特区在新时期如何全面落实科学发展观、建设和谐社会、增强自主创新能力"等话题发表了许多真知灼见。8月22日，《深圳特区报》以"京城专家畅谈特区新内涵——深圳报业集团在京召开纪念深圳特区建立25周年座谈会专家发言摘要"为题进行了报道。《深圳特区报》还从该日起推出大型系列报道"深圳拥抱未来"。8月26日是25周年纪念报道的高潮，《深圳特区报》报道了深圳市举行的纪念深圳经济特区建立25周年座谈会，刊登了市委书记李鸿忠在座谈会上的讲话，并配发了长篇评论《历史选择了深圳 深圳无愧于历史——写在深圳经济特区建立25周年之际》。

这次报道的另一大特色是贴近生活。专版"深圳故事"贴近市民的生活，通过市民一个个生动精彩的故事展示了深圳不断发展、自主创新的历史。如"创业故事"中《睡沙发吃盒饭成就门户网站》反映的是许多创业者的相似经历，引起了广泛共鸣；"成家故事"让许多市民回忆起甜蜜的往事，充满着深圳人的幸福；"打工故事"让在深圳辛勤劳动的打工者感到亲切，也反映了深圳是一个开放和充满机会的城市。

（二）"深圳抗战演义"再现光荣岁月

2005年是中国人民抗日战争胜利和世界反法西斯战争胜利60周年，全国各地都举行了各种形式的纪念活动。中共广东省委宣传部之前为此发出通知，要求各新闻媒体精心策划，周密安排，采用各种形式，有计划地做好宣传报道，为纪念活动营造浓厚氛围。

7月份，《深圳特区报》每天拿出一个版做关于纪念抗日战争胜利60周年的专题。在7月7日这一天，一下子拿出7个整版做特辑，全面回顾了抗日战争爆发到胜利的过程，很有气势。尤其是大篇幅地报道了当年燃烧在深圳这块土地上的抗日烽火，让深圳大部分年轻的市民了解到这些史实，版面也大方得体。8月15日，B叠用了4个版来做"深圳抗战演义"的专题。这个专题一改回忆文章、专访人物、写实报道等惯常手法，采用章回小说的体裁，把深圳抗日军民在岭南这片土地上浴血奋战，而又星星点点、零零碎碎的事实串联起来，成为一段有形有状的历史故事，使读者对东江纵队在那段特殊的历史时期为中华民族所做出的牺牲和贡献，有了一个比较清晰的了解。

（三）《一张报纸与一座城市的故事》

2007年5月24日是《深圳特区报》25岁生日。利用这一契机，报社提前部署、周密策划，举办了多项提升党报形象的活动，开展了包括"党报创新与发展研讨会""全国党报社长总编辑峰会""纪念《深圳特区报》创刊25周年大型座谈会"等一系列活动。中央和省市相关部门领导应邀亲临报社，对党报的发展和创新提出了许多宝贵意见，对深圳的城市建设和经济发展也给予了高度评价。

从4月下旬开始，报社即从各部门抽调骨干人员，负责特刊的采编工作。新闻研究中心做了大量的资料搜集、整理和成文工作，主要包括：翻阅逐年报纸，撰写《深圳特区报》25年重要报道目录；推荐一年一件重要报道，撰写每年10件大事回放，推荐25个年度人物等。记者设法寻找当年的见证人、亲历者，采写出许多鲜为人知的幕后故事，从而使特刊具备很高的史料价值和可读性。

5月24日，深圳特区报社隆重庆祝25周年华诞，这一天，《深圳特区报》出了136个版，气势非凡。社论《我们和城市共同成长》，饱含激情地向读者介绍了《深圳特区报》的成长经历和成就，响亮地提出了"办全国有影响的大报，办全国最好看的党报，办两个效益最好的机关报"。

当天推出的大型纪念专刊《一张报纸与一座城市的故事》，共 32 个版，前 24 个版浓缩了《深圳特区报》创刊以来每年最有代表性的新闻事件、每年最有代表性的一个版面，还有围绕当年的主要新闻事件记者再度采访的新鲜内容。后 8 个版以独立主题方式，对深圳城市工作重点、《深圳特区报》策划组织的各项大型综合报道展开画面："胡总书记考察深圳""深圳企业闯天下""农村实现城市化改造""深港合作""申办世界大学生运动会""文化产业崛起"等等，将深圳的历史和今天呈现给读者，内容丰富，可读性强，有些是从未披露过的信息和史实。

《一张报纸与一座城市的故事》报道版样

（四）"香港回归 10 周年长镜头"

2007 年 7 月 1 日是香港回归祖国 10 周年纪念日。据统计，从 6 月 4 日到 7 月 5 日，《深圳特区报》共刊发各类庆祝香港回归 10 周年系列活动报道 250 多篇、图片 216 幅，有 53 位记者参与了采访和报道。

6 月 4 日起，《深圳特区报》推出庆祝香港回归 10 周年大型系列报道——"解读香港"。"解读香港"从贴近百姓生活的角度，从香港市民生活、城市管理、福利政策、规划建设、商贸旅游、服务精神等种种细微处着眼解读香港。深圳特区报社分 4 批共派出 20 位文字与摄影记者，赴香港采访，为"解读香港"撰稿。他们走尖沙咀，进铜锣湾，到迪士尼乐园，访兰桂坊，走遍香港的大街小巷，写出的报道让读者了解到香港是怎样向全球推广自己的旅游品牌，又是如何获得了"购物天堂"这样的美誉，为什么全世界的地铁系统里只有香港地铁常年盈利，又是为什么即便在红磡隧道这一咽喉地带也很难看到塞车，香港靠什么来保障低收入人群居有其所，香港的大富豪们又是为什么乐善好施，"东方好莱坞"何以能够"起死回生"，香港的会展业又是凭借着什么法宝长盛不衰，等等。

截至7月中旬，《深圳特区报》共推出庆祝香港回归10周年大型系列报道"解读香港"专版30个。除双休日外，每天一个版，以图文并茂的方式，对回归10年来香港的各个方面进行了真实的考察记录。在"魅力购物天堂让人频频回头""海洋公园长盛不衰的奥秘""全球50强比拼香港国际化排第一""香港出招巧解城市停车难""吃得安全卫生港人'寿比南山'""新市镇：生活工作一体化新空间""严管旅游市场谁也不敢违规""快人一步决胜物流市场""香港老人衣食无忧安详淡定""香港社工：修复社会机器的'稳定润滑剂'"等专版里，记者通过亲身体验，采用讲故事的方式，从多个角度反映了"一国两制"下的香港政治、经济、文化的繁荣和稳定。为配合"解读香港"专版，《深圳特区报》还刊发了3篇"向香港学习、为香港服务"的系列评论。

7月1日，《深圳特区报》制作了8个名为"香港回归10周年长镜头"的专版，对回归10周年的香港呈现出的新气象做了全景式的描绘。版面气势宏阔、气氛热烈，图文琳琅满目、精彩纷呈，颇具可读性，形成了香港回归报道的一个高潮。"新篇章"版概述了香港回归10年来，坚持"一国两制"，克服重重困难的历程。"新起点"版以"一夜锣鼓声　港岛谱新史"为题，回顾了10年前历史性的一幕。"新景观"版以"地标添新景　香港续传奇"为题，展现了10年来崛起的一座座地标建筑：金紫荆广场、中环国际金融中心、青马大桥等。"新财源"版以"潮暖香港水　港人好事多"为题，对香港新的经济增长点做了概述。"新潮流"版以"同是中国心　理想一起追"为题，介绍了回归10年来，普通话教育、国情教育、到内地交流等活动在香港蔚然成风，香港与内地互动更为紧密，对祖国文化的认同感和归属感更为强烈。"新生活"版以"舞姿赋新韵　赛马更欢腾"为题，对回归后香港浪漫依然的新生活进行了描述。"新通道"版以"深港一水间　再无距离感"为题，对10年米改进和新开辟的一线关，架起和翻修的深港桥梁进行了介绍。"新天地"版以"祖国敞怀抱　港人舞台宽"为题，展示了港人北上置业、就业、创业"风往北吹"的景象。

7月2日，《深圳特区报》对香港回归10周年活动的报道达到了又一个高潮。这天的头版，特地开出整版大专栏，《紫荆花开十年香　深港同心耀中华》通栏标题统领栏内三大重要新闻事件。头条是特首宣誓就职，胡锦涛主席监誓的标题和图片十分醒目突出，对这一重大历史时刻的聚焦处理得凝重庄严。大专栏内的另外两条重要新闻，一是深圳湾口岸正式开通，二是深港青少年鹏城大联欢。巨幅图片和简洁醒目的标题，如同号外版面一样，非常有吸引力。这样的版面布局和富有韵律的标题文章排序一起，在大红主色调烘托下，大方庄重，浓烈的庆祝气氛充溢其间。

这天的专版"聚焦庆祝香港回归祖国10周年活动"达到10个，精彩迭出。《胡锦涛主席成为首位通关旅客》《我家原来离深圳这么近》《这里背靠祖国机会多多》《香港万人空巷喜气溢满街头》等稿件，从各个角度深入报道各处盛事；A9～A12版的图片版，把香港回归10周年香港深圳两地的各项活动，新鲜热辣地搬上版面，场面浩大，气氛热烈，现场感强烈。胡锦涛主席为深圳湾口岸剪彩系《深圳特区报》独家摄影报道，十分难能可贵。

（五）纪念改革开放30周年，"续写春天的故事"

2008年，中国改革开放进入第30个年头，全国各地报纸纷纷策划了大型报道活动。《深圳特区报》作为中国经济特区诞生的第一份党报，见证和记录了深圳经济特区这个中国改革开放窗口所发生的一切重大事件与沧桑巨变。深圳特区报社在组织这一重大报道上，下足了功夫。

《深圳特区报》纪念改革开放30周年的报道，在广东乃至全国，都是起步最早、历时最长的。在整个纪念宣传方案策划酝酿之初，报社编委会即提出了明确的指导思想，即这场纪念活动应该通过回顾、纪念，总结改革开放的经验和规律，而不仅仅是历史故事的简单回放。要以党报的纪念宣传为主导，展开一项干部与群众、报纸与读者、精英与市民都来参加、都很关注的纪念活动。与以往的纪念报道相比，30年纪念报道应该更新鲜可读，更深刻全面。

《深圳特区报》纪念改革开放30周年的报道策划，主要有开场并贯穿全程的四项策划和后期的三项收官报道策划，在报道后期形成高潮。

2008 年 1 月 21 日，在二版刊登"纪念改革开放 30 周年"特别报道《牢记特区使命　继续解放思想　推进改革开放 —— 重温邓小平、江泽民、胡锦涛同志对深圳经济特区的嘱托》，拉开了"2008——改革开放纪念年"序幕。长篇通讯以邓小平、江泽民、胡锦涛几代领导人对深圳经济特区的期望与关怀为主线，清晰勾勒出深圳改革开放的发展历程和腾飞轨迹。

随后 4 天，每天推出一个策划。1 月 22 日推出"岁月留影老照片征集"，约请广大市民来稿，以自己的老照片讲述改革开放的故事；1 月 23 日推出"梦圆深圳——我与改革开放 30 周年征文"，请广大市民讲述改革开放身边的故事；1 月 24 日推出"续写春天的故事"大型采访，从蛇口工业区到东部梅沙海岸，记者一连走过 30 站，与特区重点项目的建设者共同回忆当年建设的经典事迹；1 月 25 日推出"收藏品背后的故事"，邀请深圳市博物馆展柜藏品的主人讲述当年难忘的故事，见证改革开放的历史。

4 月 18 日，《深圳特区报》纪念改革开放 30 周年系列策划推出"深圳改革开放十大经典案例回放"，讲述土地使用权拍卖第一槌最终导致共和国宪法的修改等案例。以"工资改革：深圳开花全国结果"为题，对"基本工资 + 职务工资 + 浮动工资"的现代薪酬制度在深出台经过做了报道。从第一个中外合资酒店深圳竹园宾馆的建成运作，在港方极力推动下废除用人"终身制"，打破"铁饭碗"，实行工资与表现挂钩，到友谊餐厅实行劳动薪酬改革在全国推广，现代薪酬制度成为深圳改革开放最成功的实践经验和制度成果之一，这组报道形象地告诉读者，当年深圳人敢于打破条条框框，冲破一切束缚，才有今天的辉煌。十大经典案例回放，选题深刻，别具一格。

4 月 21 日，《深圳特区报》"续写春天的故事"报道组走进国贸大厦，请了 3 位当年市委、市政府主要领导李灏、厉有为、郑良玉深情回忆，一并邀请相关人员，将 16 年前邓小平来深情景再现。大家在重温燃情岁月、缅怀一代伟人的同时，深刻认识到只有进一步解放思想，推进新一轮改革开放，才是对改革开放 30 周年的最好纪念。像国贸大厦这样在不同阶段成为深圳乃至整个中国改革开放标杆的"景点"还有不少。这些烙下深圳改革开放足迹的"景点"，成为《深圳特区报》"续写春天的故事"报道组的必到之处。参加报道组座谈的受访者达数百位，他们多数是历史事件亲历者。由于景点和人物的代表性、亲和力都很强，该系列报道已成为 30 周年策划报道的一大品牌。

5 月 5 日，《深圳特区报》推出"纪念改革开放 30 周年"又一特别策划——"口述历史"，请市委原书记、原市长李灏口述他在任期间深圳几项重大改革。文章披露了在 20 世纪 80 年代中后期，处于爬坡转型时期的深圳，为了完成中央的任务，冲破重重阻力，成立深圳外汇调剂中心、投资管理公司、监察局和城市规划委员会的经过。正是这四个机构开展的工作，在关键时刻推动了深圳继续向前发展。这些历程，因为种种原因，以往从未被披露过，但它给人一种震撼——深圳今日的成就，绝不是一蹴而就的。这位老领导还谈到 1992 年的"8·10 股票风波"，谈到当时由于工作疏忽，股票发行竟酿成一桩事故，又因为当机立断，最终化险为夷。这些鲜为人知的内幕，反映了深圳改革开放中的曲折历程。

这些曾投身于深圳特区改革实践、对特区发展起过关键作用的老领导，以其所见所闻见证改革的艰辛，讲述一些不为人知的历史。《深圳新闻史上浓墨重彩的一章——1992 年小平视察南方宣传报道工作追记》，由深圳市委原常委、原宣传部部长杨广慧口述，翔实、生动、准确地记述了邓小平视察深圳全过程，对《深圳特区报》刊发并迅速传遍全国、全世界的长篇通讯《东方风来满眼春》的采写见报经过做了回顾。《百业待兴而文化先行——吴南生同志在深圳期间的二三事》由深圳市委第一任宣传部部长李伟彦口述，介绍了 1980 年深圳成立经济特区，时任广东省委书记兼深圳市委书记吴南生突破旧框框，创办博雅艺术中心，谋划成立深圳电视台，以及创办《深圳特区报》几件事。那些具有改革创新精神的办报理念，对今天的新闻工作依然有指导作用。

在全国掀起纪念改革开放 30 周年的报道之后，深圳特区报社推出三组新的策划："纪念改革开放 30 周年系列报道／历史的见证"，回顾历届国家领导人对深圳经济特区的关怀及引发的全国影响；"纪念改革开放 30 周年／历史的交响"，主要报道全国部分省市、中央部委支持深圳特区建设，获得双赢；"历史的足音／创造中国第一的深圳人"，以"创造中国第一"展示深圳人对全国改革开放的贡献。这三组报道，将整个纪念报道推向了高潮。

二　大策划体现大视野

深圳特区报社曾多次组织全省乃至全国性的大型报道，都取得很好的效果，在读者中引起强烈反响，也大大提升了《深圳特区报》在全国的影响力。在组织大型专题报道方面，深圳特区报社积累了丰富的经验。

（一）关爱行动策划，涌动城市爱心潮

2003年12月18日至2004年2月18日，由深圳市文明委主办的首届"深圳关爱行动"在全市开展，成为两个月中的报道热点，先后受到中央精神文明指导委员会办公室、广东省精神文明建设委员会办公室的贺信表扬。

在这场声势浩大的行动中，关爱行动组委会把办公室设在深圳报业集团，集团总编辑黄扬略兼任办公室主任。深圳媒体首次被这么突出地推到了前台，被赋予了"双重角色"，既是活动的报道者又是活动的主办单位。《深圳特区报》拿出大量版面，进行了全方位、多角度、大容量的追踪报道，努力挖掘报道"深圳关爱行动"中不断出现的新热点，将报道不断引向新高潮。值得一提的是，报社发起组织的"向20个特困家庭送爱心"活动，一方面拿出充分的版面进行救助介绍，动员社会各界积极捐款；另一方面，报社员工也慷慨相助，共募集了20多万元的善款。报社再派出专人将捐款一一送到这些特困群众的家里或病房中，不仅帮助

2003年12月19日《深圳特区报》报道首届"深圳关爱行动"启动

241

他们解了燃眉之急，还让他们切实感受到了全市人民的爱心。

在"深圳关爱行动"开展期间，报社开设的"局长热线"，先后邀请了民政局、社保局、公安局、教育局、劳动局、法院执行局等有关部门的领导来报社接听电话，帮助群众现场解决了许多切身问题。每次"局长热线"活动时，开设的热线电话都被打爆。"局长热线"缩短了普通群众与局长之间的距离，很多市民说这是"亲民热线"。第一次接听时，民政局的李先锋副局长一大早就带着四五个处长来到报社，整个上午电话不断。李先锋说，一上午他们连口水都没顾上喝。最后一次是教育局和劳动局的局长接听，报纸当天的预告消息登在 A7 版，只有 200 多字，本担心读者不会注意，电话少，不料电话差点被打爆。由此可见这项活动多么受百姓的关注和欢迎。群众反响如此强烈，局长们当然非常重视。市公安局常务副局长管林根接完电话说，这个热线让他了解了很多过去不知道的情况，今后不但自己还要来接，还会要求其他局长也来接听。①

报社主办的"最具爱心人物"评选也受到读者的欢迎与支持，在读者的推荐下，《深圳特区报》先后刊登了几十位爱心人物的事迹，最后评选出 20 位最具爱心人物，使他们的事迹在社会上广为传播，成为市民学习的楷模。

"爱在身边"征文为市民发现爱心、寻找爱心、感谢爱心提供了机会，《深圳特区报》编辑部收到征文近千篇。编辑们一篇篇仔细阅读，认真编辑，将具有刊发质量的稿件尽量刊登到报上，有力地推进了关爱活动的深入进行。读者的参与度空前高涨。

（二）文博会策划彰显报业责任

中国（深圳）国际文化产业博览交易会（简称"文博会"）是由原文化部、原国家广播电影电视总局、原新闻出版总署、广东省人民政府和深圳市人民政府联合主办，由深圳报业集团、深圳广播电影电视集团、深圳出版发行集团公司、深圳国际文化产业博览会有限公司联合承办的唯一国家级的国际化综合性文化产业博览交易盛会，每年在深圳举行，以博览和交易为核心，全力打造中国文化产品与项目交易

---

① 　参见沈清华《一次成功的尝试——参与本报关爱活动组织和新闻报道的感想》，《报道》（深圳特区报社内刊）2004 年第 2 期。

平台，促进和拉动中国文化产业发展，积极推动中国文化产品走向世界。

首届文博会于 2004 年 11 月 18 ～ 22 日举行，700 多家企业参展，其中包括来自海外 50 多个国家和地区的 102 家企业，展览总面积达 43130 平方米。700 多个文化产业投融资项目中合同成交额和意向成交额达到 356.9 亿元。参观文博会各项展览和活动的总人数超过 47.7 万。文博会初步打造了集文化产品博览、文化产业要素交易和文化产业信息交流于一体的综合平台，受到业界的高度关注，被评为 2004 年中国文化十件大事之一。

《深圳特区报》报道首届文博会隆重开幕

2004 年 11 月 17 日开始，《深圳特区报》推出"文博会"特刊。"亮点推介"栏的《十大看点精彩纷呈》起到了导读的作用。"首届文博会主要活动项目安排表"介绍了文博会展览、论坛、交易、活动等安排，为读者提供了方便。"展馆探营""展会服务"栏都有很强的实用性。接下来的几天，既有现场报道，如《大芬油画村分会场油墨飘香　千人现场创作油画》《圆明园国宝昨日亮相　兽首"四兄弟"引起轰动》《文博会系列拍卖会昨开拍首场小说影视剧本拍卖会总成交 594.5 万元》等；又有人物专访，如《塑造大理的文化之魂　一场文化产业的"及时雨"——访清华大学深圳研究生院艺术设计研究中心主任黄维》《文化领域的"空中飞云"——访知名学者乐黛云教授》《为大众搭建文化平台——与广州美术学院教授李公明一席谈》《全力推进中国文化的传播——记联合出版（集团）有限公司总裁陈万雄》等；另外，还有对文博会的观察分析，如《时尚杂志成印刷业"新宠"》《作品价多少市场见高低》等。"瞬间"栏目则用镜头对文博会进行了全景式扫描，图片很有冲击力。

自 2004 年深圳成功举办首届文博会以来，已历经 7 届，深圳特区报社在展会报道方面积累了丰富经验，不断获得突破，其报道有以下特点。一是加强评论，对举办文博会的意义和成就给以热情赞扬与理论阐述。如 2006 年第二届文博会期间，《深圳特区报》从 5 月 8 日起就连续发表《全力冲刺文博会》《注重细节万无一失》《人人都当东道主》《窗口行业的一场考试》《形成强大舆论声势》5 篇评论员文章，号召全市各相关部门和市民群众都要以东道主的姿态关注文博会、爱护文博会，为文博会奉献爱心。文博会开幕后，又陆续推出《让中国文化产品大踏步走向世界》《为文化盛会喝彩》《勇于到国际文化市场赚大钱》《运用产业力量繁荣文化》《市民的节日》《把文化"买卖"做得更大》《对社会各界说一声谢谢》等系列评论。二是注重内容的丰富性、实用性和可读性，同时突出深圳特色。如第三届文博会于 2007 年 5 月 17 ～ 22 日在深圳会展中心举行，《深圳特区报》自 5 月 8 日起开辟了文博会倒计时专版，到 5 月 16 日文博会正式开幕的前一天，对文博会招商招展工作、展会组织筹备、专业展馆布展情况、分会场筹备工作以及文博会门票发售情况等，一一做了介绍。5 月 17 日文博会正式拉开帷幕，A6 ～ A10 版连续制作了 5 个"走进文博会"专版，详尽介绍了各个分会场的情况和众多参展团队的阵容，特别辟出一个"服务"版，介绍道路交通、各分会场的展出时间等。5 月 18 日，A6 ～ A16 版为"走进文博会"专版，对文博会进行了全面报道。5 月 19 日、20 日是周末，但报道力度丝毫未减，两天加起来的专版有 21 个之多，报道的内容更加深入。如 5 月 19 日 A11 版"文博会上的天价"栏目中的 6 篇小稿，分别介绍了展会上拍卖"天价"的展品，报道简洁但很有趣。A13 版的《承德一引资项目揽下 15 亿元大单》，讲了一个投资的故事，耐人寻味。

（三）"深圳企业闯天下"策划描绘深企群英

"深圳企业闯天下"大型采访报道是在报社编委会特别是总编辑王田良的策划指挥下，由深度报道部负责具体实施的一项重大报道活动。就持续时间、报道规模和社会影响来说，这组报道堪称大手笔。

在深圳新闻史上，对"走出去"的深圳企业的报道，过去零星有过。"深圳企业闯天下"与以往的最大不同在于，这次是全面展示，向读者呈现的是一幅波澜壮阔的深企闯天下画卷。

从 2006 年 6 月 1 日采访组奔赴首站成都采访，到其后的 8 个多月里，记者马不停蹄，足迹遍及四川、上海、湖北、湖南、江西、福建、云南、甘肃、陕西、山西、山东、天津、北京、辽宁、黑龙江等 21 个省（自治区、直辖市），采访了 96 家闯天下的深圳企业，专访了 12 位省市领导。相关报道总计 268 篇。

华为、中兴、华侨城、万科、中集、金威、新世界、农产品、茂业百货、招商银行等最能体现深圳企业闯天下的风采。此外，像三鑫、红门、神州通、中科智、重生源等公司，虽然名气不是很大，但实力也相当雄厚。读者可以通过这组大型报道，看到深圳企业闯天下的整体风貌。

"深圳企业闯天下"每期都放在深度报道版见报，除了主打稿，还推出了几个相对固定的栏目。"连线总部"是请公司总部老总从战略高度分析公司为何走出去、如何走出去，以及今后的规划等。"记者手记""记者点评"是从记者的角度，对公司闯天下做出分析评价，起到画龙点睛的作用。

接受访谈的省市领导高度评价深圳和《深圳特区报》。长沙市委书记梅克保说："我办公室就有《深圳特区报》。《深圳特区报》形式好、内容活，在反映深圳改革开放，传播新的资讯、新的发展上，都起到很好的作用。"沈阳市委书记陈政高说："我是你们的忠实读者，每天工作再忙，我都会看《深圳特区报》，不是随便翻翻，而是看得很仔细，从中获得了大量信息，也感受到了深圳人的开放思维和创新勇气。"[①]

在这组大型采访报道即将结束之际，深圳特区报社别出心裁，组织了一个"深圳企业闯天下群英会"，近百家采访过的企业闻讯而来，200 家希望加入闯天下行列的企业纷至沓来，29 家内地招商团结队而来，其中有 6 家招商团由当地市领导带队。群英会为企业搭起了一个商务交流的大平台，成了一次规模空前的招商会。"深圳企业闯天下"报道也达到了高潮。

---

① 沈清华：《办全国有影响大报的成功实践——记本报"深圳企业闯天下"大型采访报道》，《通讯》（深圳特区报社内刊）2007 年第 2 期。

（四）策马扬鞭珠三角　策划推动区域一体化

2009年3月初，《深圳特区报》报道了广东省《珠江三角洲地区改革发展规划纲要》（以下简称《纲要》）的出台，并对《纲要》进行了解读，在社会各界产生了巨大反响。接着，深度报道部派出精干记者组深入珠三角九市采访，正式启动"策马扬鞭珠三角"大型报道，重点报道各市贯彻落实《纲要》的思路和措施等。

这一大型采访报道是与珠三角主要城市的领导对话，谈对《纲要》的理解和认识，以及贯彻落实《纲要》的设想和规划。4月8日，《深圳特区报》用5个版做了"策马扬鞭珠三角"系列报道第九站——深圳的报道。根据当天全省贯彻落实《纲要》深圳现场会上，省委书记汪洋号召全省向深圳学习，切实贯彻落实《纲要》的精神，4月10日报纸上展开了"向深圳学习，深圳怎么办"的大讨论。报社主动派出记者赴天津、上海、浙江、河南等先进地区采访，推出"他山之石　攻深圳之玉"专栏，采集各地区和各市的先进经验。该专栏4月19日刊出第一期——《天津在建项目规模超万亿／大资金大项目凸显环渤海经济圈》，20日刊出第二期——《长三角一体化大步提速／江苏、浙江、上海两省一市多个领域开启纵深合作大幕》，21日再报道——《国际级临港工业区崛起渤海湾／天津投资650亿元建渤海化工园，集海化石化煤化于一体项目全面启动》。4月27日、28日又相继刊发《长三角三省市资本和企业自由流动》和《郑东新区崛起中原展现迷人魅力》。这些都是推动区域一体化发展的经验，对推动珠三角一体化发展有参考价值，受到了珠三角各市领导和读者的好评。

《深圳特区报》面对重大题材，诸如全国"两会"、航天飞行、北京奥运等等，都大手笔给予报道。历年全国"两会"，都派出强有力的报道队伍，采写国家大政方针的战略部署，以及各地代表、委员的提案；神五、神六、神七等世界瞩目的飞船遨游太空，则以精悍的采访小组，特例进入北京指挥中心和酒泉发射基地，采写现场新闻。2008年北京奥运会，深圳特区报社投入前所未有的资源，多角度报道奥运赛事，弘扬奥运精神，展示了主流媒体的风范。8月1～25日，以"奥运快报"和专题的方式做大奥运报道，日均版面16个。尤其在奥运会闭幕的8月25日，推出48个版的"奥运快报·金典藏"，盘点中国奥运代表团的51枚金牌和金牌得主。奥运期间，《深圳特区报》共刊发专版397个、稿件3702篇。

深圳特区报社的"五朵金花"赴京报道全国"两会"

深圳特区报社记者宁刚（左）和沈清华（右）在北京航天飞行控制中心采访北京飞控中心航天测控软件专家童斌

深圳特区报社记者在北京奥运赛场现场采写稿件

三　重大时刻，深圳特区报社记者在一线

深圳特区报社在重大突发事件的新闻报道方面，积累了较为丰富的经验，相关报道得到了上级主管部门及读者的认可。

在 2003 年的抗击"非典"报道中，深圳特区报社记者首先冲破禁区，深入医疗救治一线，将深圳发生的疫情和医院及时救死扶伤的情况真实披露出来。这些报道稳定了人心，对抗击"非典"战役给予最有力的支持。每天开辟的"坚定信心，战胜非典"专版，详细报道了深圳和国内各界抗击"非典"的最新消息。5月6日，发表市委市政府指挥抗击非典的长篇通讯《决战在没有硝烟的战场》；5月7日，报道市医务人员抗击非典纪实《火线上，我们义无反顾》；5月8日，报道各界合力抗击"非典"纪实《面对疫情，我们万众一心》；5月9日，报道抢救一位重症孕妇纪实《生死线上的搏斗》；5月11日，报道罗湖区疾病预防控制中心抗击"非典"的事迹《防非典：他们冲刺在风口浪尖》。

报纸还先后发表《心系大局 果敢应对》《时代的英雄

抗击"非典"期间，深圳特区报社记者余海蓉到东湖医院采访

许业周 摄

人民的功臣》《同舟共济　众志成城》《深圳精神的缩影》等评论员文章，鼓舞了全市人民团结一致战胜"非典"的信心。深圳特区报社记者余海蓉从 4 月份开始，每天深入一线进行采访报道，多次到集中收治"非典"病人的东湖医院采访，她每天一大早出门采访、写稿，经常忙到深夜才下班，甚至顾不上吃饭。长时间超负荷的紧张工作，使她的身体极度疲劳，再加上服用预防药物的反应，曾一度出现腹泻、发烧症状，几乎病倒。家人和朋友担心她的身体，劝她休息，不要再上"前线"了，可是她以顽强的敬业精神，一直坚持在火线上。在抗击"非典"的报道宣传中，她撰写了 80 多篇稿件，共 8 万多字，不少报道在读者中产生了强烈反响。

　　2008 年春节前后，粤北以及湖南、湖北、贵州、安徽等地遭遇历史上罕见的冰雪灾害，春运受阻。《深圳特区报》编委会及时调整春运报道方案，突出报道中央、省、市有关抗灾救灾的指示与行动，版面安排突出，形成了大的声势。采编人员实行 24 小时轮流值班制度，派出多路记者分赴火车站、机场、各大汽车站，以及贵州、粤北、湖南等灾区，在现场全方位、多角度发掘抗灾救灾的一线新闻，发回了大量

2008 年 1 月，摄影记者李伟文在冰封的京珠高速粤北段采访

李伟文拍摄的《活着真好》：汶川地震发生后，5月15日，四川绵竹市汉旺镇东汽中学学生曹建强埋在废墟3天后被营救出来，被抬下废墟的时候，他欢呼"活着真好"。该图片被中国国家档案馆收藏；获2008年广东省新闻奖一等奖、深圳新闻奖一等奖

抗灾救灾的生动报道：《广东受灾群众达161.4万人　棉衣棉被急送乳源》《风雪大搜救　被困9天的43名老人儿童脱险》《本报记者直击粤北雪灾》《400深圳武警京珠路上战冰雪疏交通》等。深圳特区报社记者李伟文随广东省公安边防六支队赴灾区救灾，从1月30日至2月22日的24天里，有13天在粤北及湖南郴州灾区度过，其间三次赴灾区采访军民抗击冰雪灾害。采访的艰苦程度超出了想象。灾后，深圳特区报社紧急派出记者奔赴灾区一线，与贵州日报社联合行动，开辟"目击灾区恢复重建"专栏，向读者第一时间报道灾区抗灾救灾、恢复生产、重建家园的情况。这些报道现场感强，生动反映了灾区人民重建家园的顽强精神，给予灾区重建有力的舆论支持。其间，《深圳特区报》共发表消息、通讯600余篇，言论10篇，图片500余幅，策划专刊专版140个。

2008年5月12日，四川汶川发生举世震惊的大地震。

深圳特区报社第一时间派出 8 名记者，克服重重困难奔赴汶川救灾第一线。同时组织大批记者深入深圳市各行各业采访，报道深圳人心系灾区、全力支持抗震救灾的行动。5 月 13 日，《深圳特区报》一版拿出 2/3 版刊发相关报道，并在 A2～A6 版刊发了 5 个"关注汶川大地震"专版，5 个专题版各有侧重，层次分明，报道全面，版面统筹布局上判断准确，反映了深圳特区报社在灾情突发状态下的应急能力。5 月 19 日，《深圳特区报》推出重头长篇通讯：《大灾当前，我们与灾区人民心手相连——深圳全市情牵灾区支援抗震救灾七日纪事》，全面记录了深圳七日支援四川汶川抗震救灾的事迹。时任广东省委副书记、深圳市委书记刘玉浦在当天下午市委抗震救灾专题会议上，对深圳特区报社的主动策划和及时报道给予很高的评价："我们的《深圳特区报》真的是值得表扬，我发现了两件事，他们与领导想的非常合拍。第

2008 年汶川地震中，记者邱海彬在现场采访

《深圳特区报》2008 年
5 月 14 日版面

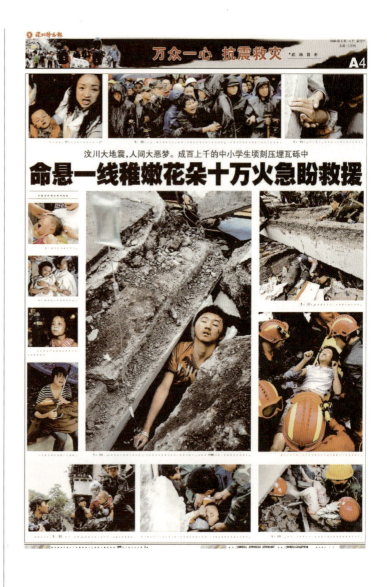

一件事是今年年初，春节前雨雪冰冻灾害的时候，无论是评论，还是一些综合报道，都很到位。再就是这一次。这次我发现他们的很多工作想到我们的前面了。你看这个七天抗震救灾纪实，我们没想到，他们想到了，还搞得挺好。我们政府所做的一些事情，他们基本给你写进去了，搞得非常好！"

从 5 月 13 日至 6 月 24 日，《深圳特区报》共刊登汶川抗震救灾报道 341 个版，发表文章和图片 3780 篇（幅）。

《深圳特区报》2008年
5月21日版面

四 追击真相，深圳特区报社尽力尽责

深圳特区报社在舆论监督方面策划并组织了一系列有力度的报道。如铲除冠丰华黑恶势力、整治深南大道交通、清查违建、披露肉食品安全问题等一系列报道在读者中引起强烈反响。"冠丰华案"报道的持续时间之长、影响之大，在《深圳特区报》史上是少见的。冠丰华集团有限公司董事长

陈毅锋既是全国十大扶贫状元，又是广东省政协委员；常务副总经理卢红娇是罗湖区人大代表、深圳市人大代表，背景很硬。2000 年 8 月，罗湖区东门管理办联合区执法局、巡警对东门大世界的超线及乱摆卖进行清理时，遭到以廖圣伟为首的"冠丰华"多名黑保安的阻挠围攻，鸣枪示警的公安巡警被其用刀砍伤，3 名执法协管员及 1 名巡警受伤。2004 年 3 月 29 日，《深圳特区报》一版头条报道《"东门大世界"何日得安宁》，披露盘踞在东门大世界的黑恶势力——"冠丰华"公司 10 年来凭借其深厚的社会关系和华丽的"红顶子"，违规经营，无恶不作。第二天在一版又发表通讯《"冠丰华"为何如此猖獗》，并配以评论《除掉这股恶势力》。报道刊出后，远在北京的陈毅锋在深圳安排了一个饭局，让手下的一名副总请记者吃饭，送了几千元的红包给记者，并和记者通了长途电话，表示接受媒体监督，已经进行整改，希望记者就此作罢。第二天，记者将红包如数上交给报社监察室，继续开展调查报道，《深圳特区报》系统揭露"冠丰华"恶行，特别是"冠丰华"公司组织 200 多人强占宝安电子城。在报纸和社会舆论的强力支持下，公安部门果断行动，追捕缉拿要犯。从《深圳特区报》第一篇报道发出，到 2005 年 5 月 25 日该团伙被送上法庭，《深圳特区报》共发表 47 篇报道。黄扬略、杜吉轩前后两任总编辑亲自策划部署，不断加大报道力度。一位市领导说，没有党报及各媒体的支持，破获这个案子就没那么顺利。①

2005 年 6 月 7 日，《深圳特区报》推出了"肉食品安全问题调查"系列报道。记者深入现场，追踪肉食生产、加工、销售全过程，走访广东鲜肉经营户和定点屠宰经营者，分析肉食安全产生问题的原因，了解定点屠宰场和私宰点的真实情况，探讨解决问题的办法，为有关部门的决策提供依据和参考，最终促使这一问题得以解决。龙岗某屠宰场负责人见到报道后，主动打来电话约见记者，他说对检验检疫等都有看法，希望记者能将意见转达给有关部门及市领导。一位从事屠宰行业的人士说，私宰泛滥的情况远远超出记者所写的程度，某街道几乎日宰万头未经检验检疫的私宰猪，这些猪的流向他一清二楚。他愿意给记者带路，前去实地察看。② 报道推出后引起政府高度重视。6 月 9 日，市工商局向全系统发出"食品安全百日整治"行动部署，决定在全市流通领域展开大规模食品安全整治行动，重点指向集贸市场内

---

① 参见吴松营《深圳传媒业的崛起》，深圳报业集团出版社，2010，第 268 页。
② 参见韩少俊《"肉食品安全"报道引起广泛关注》，《深圳特区报》2005 年 6 月 8 日。

粮油、肉类、豆制品、腌熏制品及生鲜果菜、烟酒饮料等商品。市工商局专门成立了以局长为组长的食品安全百日整治行动领导小组。整治具体内容包括：开展集贸市场食品安全准入制度专项检查，全面督促和检查集贸市场开办单位建立公开的市场食品安全准入七项制度，在店档租赁合同及市场经营公约中明确食品安全准入要求及相关条款，落实商品进场查验制度并建立查验台账，配备蔬菜农药残留速测场所和设备，严格实行不合格食品退市及公示制度等。

2008年9月20日23时许，深圳市龙岗区龙岗街道龙东社区舞王俱乐部发生一起特大火灾，事故造成44人死亡、43人受伤。据深圳警方调查，火灾是舞台上燃放烟火所致，由于逃生通道狭窄造成惨剧。深圳特区报社按照市委市政府的要求，对"9·20舞王大火案"及时跟踪报道，并开辟专栏。特别是2009年1月21日报道在"9·20舞王大火案"中玩忽职守并受贿的龙岗公安分局原副局长陈旭明一审获刑11年，2010年4月1日头版报道龙岗区法院对"9·20舞王大火案"17名被告人做出一审宣判。《深圳特区报》对这一案件前后共发表消息、通讯和评论近100篇，详尽披露了事件经过。

五　丛飞、郭春园、李传梅从《深圳特区报》走向全国

《深圳特区报》善于发掘典型，通过正面宣传弘扬社会正气。对"好人"丛飞、大医郭春园、当代孝媳李传梅等先进人物的报道，取得了良好的反响。伴随着这一系列典型人物报道的推出，深圳特区报社记者徐华也脱颖而出。

81岁的郭春园，是深圳平乐骨伤科医院院长，一代名医，曾将13个家传秘方无偿献给国家。2004年11月27日，一篇长达4000多字的《大爱无言——记深圳好医生郭春园》登在《深圳特区报》一版显要位置，并配发评论《大医者有大爱》。随后，在一个多月里，记者徐华写出了10多篇通讯，从多个侧面展示郭春园不平凡的人生境界。在版位的处理上，在要闻版（版面允许时就安排上头版头条）与"鹏城今版"交叉推出，务求报道覆盖的读者群达到最大。在报道文体方面，通过消息及时报道各界的动态及反馈，通过通讯深入报道郭春园医生一个个感人的故事，通过评论从理论的高度表达报社的观点，通过摄影画面向读者展示郭春园医生的风采。

2005年2月26日，郭春园因积劳成疾，抢救无效辞世。2月27日，《深圳特区报》一版再次刊发长篇通讯《生命铸医魂》，众多读者被这位仁心大医的事迹所感动。

2005年4月5日中午，特约通讯员韦建诚打电话给徐华，说有一位叫丛飞的歌手省吃俭用，在10年的时间里资助了100多名贫困山区的孩子读书，花光了全部积蓄，如今自己身患重病却无钱医治，处境十分艰难。徐华意识到这绝对不是一个普通的求助电话，在报社领导邓自强的统筹下，她立即着手对这个新闻线索进行调查与核实。徐华先后采访了丛飞资助的孩子和照顾了多年的残疾人，采访了深圳义工联领导以及随丛飞多次前往贵州贫困山区为希望工程筹集学费的文艺界人士。接受采访的几十个人说起丛飞，脸上都会展现出惊人一致的复杂表情：敬重、爱戴、痛惜，还有点伤心无奈。有人心疼地说："像他这么好的人，真是太少见了。他是一个有名气的歌手，演出的出场费高达两万。他完

全可以过上很富足的生活，可为了帮助那些贫困山区的孩子和残疾人，他花光了自己 300 多万元的积蓄，还欠下了十几万元的外债。如今，他身患重病大口吐血，却连几千元钱的医疗费都拿不出来，躺在家里靠吃一些非常廉价的草药维持着。"徐华含泪写出 4000 多字的长篇通讯《有点伤心，但不后悔》，全面报道丛飞 10 年来省吃俭用资助贫困儿童，到头来身患重病无钱医治，而他所资助的已经大学毕业的孩子却不肯伸出援手。在这篇报道里，徐华客观地描述丛飞走过的 10 年奉献路，既没有刻意拔高，也没有将他的伤心事刻意隐瞒。

2005 年 4 月 12 日稿子见报当天，热线电话立即火爆起来，读者们情绪激动地表达着自己的强烈感受以及对丛飞的无比敬佩。《深圳特区报》次日又以《不能让好人伤心》为题，报道了读者对丛飞的无限关爱之情。在接下来的 10 天里，徐华连续发表了 7 篇大特写，从不同侧面反映丛飞的无

徐华（中）与丛飞（右）一起接受中央电视台主持人朱军采访

2004 年 7 月 18 日《深圳特区报》报道丛飞的版面，摄影记者马彦图文报道

私奉献精神和高尚品德。丛飞的事迹感动了成千上万的人，中宣部、团中央领导，时任广东省委书记张德江，深圳市委书记李鸿忠和广大普通市民，纷纷赶到医院看望丛飞；团深圳市委将丛飞资助的贫困孩子全部接续下来。丛飞被评为"2005 感动中国年度人物"。新华社、人民日报社等全国核心媒体的几十名记者来到深圳深入采访，丛飞的感人事迹很快在各大报纸、电视、电台和网络上传播。中央电视台通过《新闻联播》《焦点访谈》《面对面》《艺术人生》《经济半小

时》《文化访谈录》等节目，将丛飞的感人事迹传遍全国。

2007年11月26日至12月初，《深圳特区报》连续刊发《贤惠媳妇谱写新时代人间孝道》《侍奉老人是我这个儿媳的责任》《李传梅是爱老敬老扶老的好榜样》《李传梅的孝行是一曲道德赞歌》等多篇报道，并刊发社评和多幅照片，热情讴歌好媳妇李传梅的动人事迹。2007年10月中旬的一天，徐华在一次采访中，意外获得孝媳李传梅这一新闻线索。当时，几位被采访对象都对现今许多年轻人不尽孝道感到忧虑。一位市民黄女士插话说："现在孝顺的儿女少，孝顺的儿媳更少。我听说布吉雪象村有一位来自重庆农村的孝心儿媳，背着婆婆来深圳，一边打工挣钱养家，一边精心照料聋哑失明又瘫痪的婆婆，比亲闺女还要亲，让人很感动。"徐华随即进行了深入调查采访，发现李传梅嫁入夫家15年来，不仅一直精心照料聋哑失明后又瘫痪在床的婆婆，还赡养照顾着80多岁的太婆婆、身患癌症的公公。由于这三位老人长年患病需要治疗，而家中只靠她的丈夫在外打工来维持，于是她自己省吃俭用，让太婆婆和公公度过了一个愉快幸福的晚年。为这两位老人养老送终后，她为了还债背着婆婆来到深圳，一边打工挣钱，一边精心照料婆婆。徐华把李传梅的情况向报社汇报后，编委会决定用大版面连续强势推出。这些报道在读者中引起了强烈反响，被众多网络媒体、报纸和电视转载，受到了广泛赞誉。2007年12月11日，中宣部新闻阅评员在第455期《新闻阅评》上指出："李传梅这个普通的农村妇女，对病残公婆有如此孝心，彰显了中华民族传统美德的强大生命力。深圳人善待贤良的爱心之举，同样令人感动，反映了新时代人际关系和道德伦理。《深圳特区报》关于李传梅的报道，则是一曲传统美德与时代新风共建和谐社会的交响曲，给人以精神的陶冶和人格品位的提升。"

六 "直通车"获评中国新闻奖"新闻名专栏"

2005年11月9日，《深圳特区报》编委会决定与深圳市纪委、市监察局、市信访办联合主办"直通车"专栏，并成立"直通车"工作室，李文生任工作室主任。

2006年1月4日，"直通车"专栏正式与读者见面。此后每周一刊出，连续开办至今。"直通车"专栏开创了整合新闻资源与行政资源、服务政府与市民、开展舆论

"直通车"专栏获第十
届中国新闻奖一等奖

"直通车"专栏现场解
决热点难点问题

监督的运作模式,在党报发展史上是一个创新。2006年,广东省先进办、省委宣传部确定"直通车"为广东先进性教育"十大亮点"之一。2007年8月28日,"直通车"专栏获第十届中国新闻奖一等奖,同时被评为中国新闻奖"新闻名专栏"一等奖。

"直通车"专栏从舆论监督入手,围绕市委、市政府的中心工作,以"为市民服务、替百姓解忧"为己任,迅速打开了局面，赢得了读者。"直通车"专栏开办后，时任市委书记李鸿忠先后两次担任"直通车"嘉宾。他表示，对于"直通车"专栏曝光的一些问题与不足，各级部门要自觉接受监督，积极加以整改，切实改进工作，并希望"直通车"专栏继续关注民生问题，特别是对行政不作为、责任不落实、办事拖沓、吃拿卡要等不正常现象，要敢于拿起武器，依据事实，及时曝光。"直通车"还开进市直单位。每一个单位对于举办"直通车"活动都十分重视、精心组织，许多单位都是"一把手"亲自担任嘉宾。许多市民通过电话、信函、网络和接访等多种途径，热情参与"直通车"活动，纷纷提出各种意见和建议，"网络直通车"最高单日收集到的市民诉求达到 120 余条。

"直通车"专栏创办之初，王田良总编辑就主动向深圳市纪委书记谭国箱汇报设想并一起商量，确定专栏的组织机构和运作模式，并讨论商定了专栏的宗旨目标和特色定位。在专栏酝酿时期，深圳市纪委和监察局联合下发《关于在深圳特区报开办"'直通车'专栏"的通知》（深纪发〔2005〕39 号），明确了专栏的领导机构及成员，并把专栏的宗旨目标和特色定位具体化，即倾听民声、了解民意、汇集民智、凝聚民心、实现民愿，促进深圳市政治文明建设。在报社内，"直通车"专栏由总编辑亲自指挥，并成立了由采编骨干组成的"直通车"工作室。每期做什么、怎么做，都事先研究，周密策划。记者先报选题，编辑进行比对筛选，最后总编辑亲自定夺主打稿件，并调配全报社的资源和力量通力打造。

"直通车"专栏具体的运作模式是：每周安排一名市领导或一位有关单位"一把手"，作为接访嘉宾参加"民意直通车"现场接访；每天通过热线电话、电子信箱、短信平台等渠道收集市民反映的问题和意见，并将这些问题和意见进行编号，然后通过"网络直通车"转交相关部门办理，办理结果在网上公开；接访活动以及市民反映的具有代表性的问题和相关办理结果，则在专栏中刊发。

"直通车"专栏下面设置有若干小栏目："民意直通车"——主要内容为现场接访群众、接听市民电话等；"服务直通车"——宣传相关单位为民服务、切实有效地解决市民反映问题的积极态度、进展情况和效果；"监督直通车"——以明察暗访、现场调查等形式对市民反映的问题进行重点突出报道；"本周督办"和"督办回馈"——精选市民反映的若干条问题以表格的形式刊出，督促相关部门落实解决，下一周的专栏则将上述问题及结果用表格的形式如实刊登，给市民一个回音。按照深纪发〔2005〕39号文件的规定："直通车"专栏所反映督办的问题，有关单位应在5个工作日内给出处理结果或做出答复（情况较复杂的不得超过10个工作日），并将结果或答复以电话等方式通知当事市民。对整改不力、互相推诿、阻挠采访的，将在专版上曝光；对造成不良影响和严重后果的，要根据有关规定，追究责任人和有关领导的责任。

随着一个个关系市民切身利益的问题得以解决、得到答复，"直通车"专栏的知名度和美誉度不断提升，迅速成为《深圳特区报》的品牌栏目，社会各界对"直通车"专栏也给予一致好评，认为它畅通了群众表达合理诉求的渠道，推进了深圳民主政治建设，化解了大量社会矛盾，有力促进了深圳的社会和谐。①

"直通车"专栏之所以受欢迎，在于它充分发挥了舆论监督和群众监督的作用。"直通车"大胆创新了舆论监督模式，让党纪监督、政纪监督、群众监督、舆论监督四合为一，这种做法在全国尚属首次。市纪委领导曾称赞："直通车"已成为一流的监督窗口、服务群众的平台、党和人民群众联系的桥梁，不仅符合打造"阳光政府"的要求，更重要的是体现了建设民主政治的发展方向，让市民更多地关注、参与、监督政府工作，促进政府决策和运作更公开透明，更符合人民的意愿；让我们的政府机关和工作人员更好地了解民情民意，更清楚地正视工作中的不足，对于改进部门工作，进一步端正党风、政风起到了积极推动作用。按照省委领导的指示，《南方日报》《羊城晚报》等广东媒体均报道了《深圳特区报》开通"直通车"的经验和做法。

七 全球金融危机下的理性应对

2008年，全球金融危机波及报业。受此影响，截至2008年11月，深圳特区报社广告部完成广告任务比上年同期也出现下滑趋势。但经过努力，报社不仅顶住了经营上的压力，而且在全球金融危机报道上亮点纷呈，从侧面帮助企业战胜金融危机。

---

① 参见王田良《加强舆论监督　推进民主政治的有益尝试——〈深圳特区报〉创办"直通车"专栏的做法和体会》，《报道》（深圳特区报社内刊）2007年第6期。

面对汹涌而来的金融海啸，报社采取了积极的应对措施，坚持以正面宣传为主、做大做强正面舆论、提振信心保增长的原则，客观冷静地报道金融危机及其对中国、对深圳产生的影响，大力报道各级党政领导和人民群众应对金融海啸的措施以及所取得的初步成效，帮助民众增强保增长的信心。

一是突出报道温家宝总理视察深圳时对深圳的高度评价。2008年11月18日在重要版位刊发消息《市委常委会传达贯彻温总理考察广东、深圳重要讲话精神／坚定信心团结一致把深圳工作做得更好》和长篇通讯《总理带给我们坚定信心》，报道温家宝总理考察广东、深圳的重要讲话精神，激励企业斗志，鼓舞群众奋进。2009年4月22日在头版刊发《温家宝总理不到一年时间第三次莅临广东考察工作／只有创新才能抓住机遇／走访深圳、广州等地企业，并分别在深圳和广州主持召开座谈会》，23日头版头条刊发长篇通讯《希望像一盏明灯，照亮前进的方向——温家宝总理考察深圳纪实》。二是以纪念改革开放30周年、深圳经济特区建立28周年为契机，集中报道深圳改革开放的成果和经验，展示深圳雄厚的经济实力和良好的发展基础，让市民看到深圳完全有能力应对金融海啸带来的冲击。三是重点报道国务院出台的十大宏观调控措施，及时报道市委、市政府扩大投资、拉动内需的重大举措，让市民看到深圳经济社会发展的宏伟目标和美好前景。2008年11月12日《深圳特区报》头版头条报道市委常委扩大会议精神《六大举措扩大内需促增长》，同时披露市政府积极扩大投资布局"143个在建项目完成投资211亿""以资金和政策举措确保新技术产业较大增长，30亿政府引导基金近期启动"等。

另一重大策略是及时报道相关经验，危中寻机促发展。在金融海啸冲击下，许多中国企业受到影响，但中兴、华为、腾讯、TCL、创维、普康电子等深圳本土高新企业活力不减，迎难而上，把金融危机造成的损失减到最小。一些企业甚至实现了销售收入翻番的增长。深圳特区报社抓住这些典型大做文章。[1]2008年10月28日起，《深圳特区报》开辟"聚焦金融海啸冲击波·企业之变"专版，针对全球金融危机严峻挑战，集中报道了这些企业积极应对金融海啸的措施和做法。

与此同时，《深圳特区报》先后发表多篇针对性很强的评论。如11月4日头版

---

[1] 参见王椿《金融危机背景下党报的舆论引导策略——以〈深圳特区报〉为例》，《新闻知识》2009年第8期。

发表评论员文章《危机中坚定信心 困难中鼓起勇气》，文中列举了大量深圳经济运行数据，认为"有能力自主创新和开拓国内市场的企业，势头正猛。即使是在出口制造业中，拥有自主品牌和转战新兴市场的企业也顺风顺水"。这篇评论内容扎实，富有感染力和说服力。11月11日，《深圳特区报》发表评论员文章《坚定信心危中有机 积极应对化危为机》，11月12日再发表评论员文章《增强信心比什么都重要》，11月13日又发表评论员文章《非常时期必须有非常举措》，一连3天都有应对金融危机的评论见报。11月26日，发表评论员文章《一条极为重要的经验》，指出温家宝总理对深圳应对经济危机冲击的经验给予高度肯定，认为深圳"产业结构升级抓得早、自主创新抓得早，因此应对危机就有了早的准备，也有了应对的能力"。报社要从这条极为重要的经验中汲取力量和智慧，在全球化经济浪潮和市场经济风浪中奋勇搏击，把握主动。省委书记汪洋对这篇评论表示肯定并给予批示。2009年1月12日、13日，《深圳特区报》分别以"一份来之不易的成绩单"和"一份出新出彩的厚重答卷"为题，发表长篇述评，讲述处于金融海啸风口浪尖的深圳，2008年创造出的骄人业绩和走过的艰难历程。深圳特区报社还精心策划，在2009年2月4日推出以"走百家企业、看经济大势、增发展信心"为主题的系列专题报道。来自百余家企业的一线报道，成为金融危机下一道亮丽的风景线。

第五节 激励机制调动员工工作热情

一 改4个中心为8个

根据报纸版面布局和调整情况，深圳特区报社对内部机构设置做了相应调整。2005年7月19日，编委会本着做大做强《深圳特区报》的要求和它担负着深圳市、中央和省委政务报道的实际需要，考虑到采编部门四个中心的战线设置过长、管理不到位、责任不分明的问题，对采编部门的组织架构和部门配置做了相应调整。

组织架构调整的总体思路是吸收过去以部为基本责任主体、管理明晰到位的长处，同时又保持2001年划分为4个中心后指挥调度相对集中的优势，将中心化小，在中心下设置独立的采编部门。编委会讨论通过，决定设立 8 个中心。其中，要闻编辑中心（对外为总编室），由编委李延林兼中心主任、总编室主任；外埠新闻中心，由编委吕延涛兼中心主任；新闻采访中心，由副总编辑张兴文兼中心主任；社区新闻中心，由幸智敏任主任；社会新闻采编中心，由编委邓自强兼中心主任；经济新闻采编中心，由编委张宝兴兼中心主任；文体娱乐中心，由副总编辑侯军兼中心主任；新闻研究中心，由编委李延林兼中心主任。另设综合办公室和广告部。[①] 组织机构调整后，报纸业务部门权责分明，管理到位。

二　评选年度十佳记者（编辑）

为了加强对出版流程的管理，确保出早报、出好报，报社编委会于 2006 年 4 月制定了出版流程表，规定了各叠签出片样的具体时间。《深圳特区报》版面出版规范确定了版面字体规范、版面间距规范、版面图片规范、版面线条规范，并对允许的几种版式做了图样说明。

为充分调动和激发员工的工作热情，进一步完善报社的激励机制，2005 年 11 月 21 日编委会研究决定从当年开始，每年评选"十佳记者（编辑）"、"十大突出贡献奖"和"年度新闻奖"，并决定开展采编人员"岗位练兵"活动，结合报社采编岗位实际，组织竞赛或测试，由相应的采编人员参加，公布竞赛或测试结果，只奖不罚。

2006 年开展了版面主编的竞聘工作。此次主编竞聘工作充分体现了公平、公正，采编人员积极提交竞聘方案，许多方案体现了竞聘人的办报理念、对版面的理解和设想、对办好版面的决心以及对新闻的追求。4 月 18 日，"《深圳特区报》版面主编聘任大会"召开。版面主编聘任期为一年，任期内履行编辑岗位职责，不套用行政级别，但给予相应的岗位工分补贴。3 个月为一考核期，不能胜任者将对其岗位予以调整，版面质量连续 3 个月排在末位的将予以替换撤并。

新闻研究中心质量考评室组织专门人员，按质量标准，对每周见报稿（版）进行初评，然后由值班副总编、新闻采访中心、新闻编辑中心、专刊副刊中心值班主

[①]　参见深报特纪〔2005〕17 号文件。

任，新闻研究中心质量考评部主任以及当班评报员组成的质量评议委员会，在次周对初评结果逐一进行评议，投票得出结果。对于漏发新闻、新闻失实和差错等，将视严重程度和责任大小做出相应处罚。新闻研究中心质量考评部为执罚机构，属下的质检科为执罚的办事机构，统一处理执罚的具体事务。每天17：30之前签出片样的各版，必须按质检科规定的时间和程序送检，如有差错，视同见报差错，由质检科登记后交编务科核扣；如不按质检科要求改正而让差错见报，则加倍扣罚有关编辑。报纸出版后，由质检科负责检查各版的差错，对每项差错都要按规定提出意见；如对明显的差错漏检或不予处理，属失职行为，编委会将追究质检科乃至质量考评部负责人的责任。

三　与深圳新闻网合办"市民论坛"

2002年12月31日，深圳报业集团将《深圳特区报》"人间网"和《深圳商报》"深圳新闻网"并轨组建深圳新闻网。经国务院新闻办批准，深圳新闻网成为深圳唯一的重点门户网站、深圳市首家网络新闻媒体。网站容纳深圳报业集团旗下的《深圳特区报》、《深圳商报》、《深圳晚报》、《晶报》、Shenzhen Daily、《宝安日报》等所有报刊的各类资讯。

2004年3月30日晚，《深圳特区报》与深圳新闻网联合创办了每周一期的"市民论坛"，通过"网上征题—筛选热点—专家网谈—网上直播—网友即时提问—观点精编—报纸刊出"这一流程，实现了报网滚动传播。当晚，以"违法建筑"为讨论主题，一开张就吸引了近10万人次的点击，最高时达12万人次，1小时内网民跟帖记录超过1000个，创造了地方新闻网论坛单位时间内罕见的点击纪录。其中有200多人次与嘉宾通过网络进行即时交流。深圳新闻网工作人员紧张而有序地完成了90分钟的现场直播。这是深圳新闻网首次开展论坛直播。嘉宾对违法建筑产生的历史根源、现状及解决办法等提出了各自的见解，他们针砭时弊，剖析真相。特别是针对网友的提问，三位嘉宾认真作答，还肯定了部分网友提出的建议。

"市民论坛"是国内最早从报网互动走向媒体融合的固定栏目，这种"报网＋视频"政论性节目每周1期，成为市民反映问题、解决问题的一个重要公共平台，受

2004年3月30日晚，《深圳特区报》、深圳新闻网首次举办"市民论坛"直播　许业周 摄

到深圳市民的高度评价，也成为政府多部门征求民意的平台，具有广泛的影响力，获得全国新闻奖网络奖，蝉联广东省新闻一等奖。

"市民论坛"专版每周定期刊出，迄今已逾300期。每期论坛精心选择一个市民关注的话题，请专家、学者、政府官员和市民一起探讨，话题同时挂到网上，充分吸收网民的意见，包括遵守交通的问题、助人为乐的问题、幼儿园收费的问题、泥头车的问题、"醉驾入刑"和深圳进入"地铁时代"等问题。每一期少则几万多则二十几万的网民，也都在大致相同的时间内关注相同话题。

"市民论坛"作为一种新媒体形式，试图通过网络和纸质媒体的互动形成健康的"意见气候"，从而营造解决特定问题的良好舆论环境。直播之后报纸再刊登，无疑是加强了对同一话题的报道效果。

2007年12月4日，由《深圳特区报》和深圳新闻网共同主办的报网联动版"网事报道"推出。《深圳特区报》每周推出固定版面"网事报道"，在该版报眉提供深圳新闻网的网址，并且标有"深圳特区报深圳新闻网报网联动"的字样。该专版分为三个部分："网络视点"就是对互联网上某一焦点问题进行深度剖析；"昨日网络热点"是每天搜集头一天 10 个网上热门话题，简要地标出话题主要内容，并提供相关网址，便于读者搜索，起到"议程设置"的作用；"博评天下"是精心选择网络精彩的博客文章供读者分享。"网事报道"以网络新闻为核心，择取每日发生的网友关注度高的热点事件为报道对象，充分反映网络民意，突出前沿性、新闻性、观点性，力图从多角度、多侧面观察、评点新闻事件，更好地引导舆论、把握主流。"网事报道"从周一到周五，每天一期。[①]

四　周末、节假日广告拍卖

《深圳特区报》突破报纸的常规广告模式，主张为客户创造价值，对客户的广告投放提供增值服务。增值服务即是给广告客户带来附加价值，因而能为企业带来利润或潜在利润的服务。针对广告客户的具体需要，策划组织主题活动达到推广客户产品或提高美誉度的目标。"活动＋广告＋新闻报道"的形式往往效果很好。以金融广告市场为例，2004 年深圳特区报社金融广告营业额仅为 600 多万元，到 2006 年已有 1300 多万元，2007 年达 2400 多万元，之后因金融危机广告金额略有下滑，但每年仍保持 2000 多万元的广告营业额。2007 年，香港大福证券希望能够进入深圳市场为投资者介绍其产品和服务。深圳特区报社当时为其策划了一场 A 股和 H 股联动、如何投资股指期货的理财沙龙，请香港的投资专家来深演讲。这场沙龙吸引了数百名深圳投资者参与，现场与专家互动，加上该公司在本报投放的广告，达到客户预定的效果。[②]

深圳特区报社还尝试通过竞标方式确定部分特约授权广告公司，绝大部分特约授权广告公司在所授权的行业做出了成绩，公司也取得了长足的发展，因而对深圳特区报社推出的广告拍卖已有相当的理解和认识。拍卖比竞标更公开、更透明、更市场化，也更能令广告公司实现与媒体的深度合作。2005 年 8 月 30 日，《深圳特区报》周末、节假日的广告拍卖非常成功，16 个行业广告对外竞拍，总成交额以版面

① 参见刘丽华《主持市民论坛的酸甜苦辣》，《通讯》（深圳特区报社内刊）2006 年第 4 期。王付永：《纪念市民论坛出刊 300 期》，《报道》（深圳特区报社内刊）2011 年第 11 期。

② 参见廖思淋《报纸广告经营新模式的探索——以〈深圳特区报〉金融广告营销创新为例》，《现代经济信息》2011 年第 12 期。

《深圳特区报》周末、节假日广告版面拍卖现场

价值计高达 1 亿元。拍卖直接令报社的广告额实现了增长，并令以广告营业额为支柱的行业形成梯队组合，更符合经济规律，因此发展得更为健康。事实证明，拍卖这种方式具有可操作性，对整合广告公司，形成有规模、有实力的广告代理商有实际的推动作用。这种方式也使报社将来的广告投放总量、版面、价格更趋合理，与广告公司和客户的合作关系更加和谐，最终形成多赢局面。①

《深圳特区报》特刊有 21 种相对固定的板块，包括周一的"新工作"、"畅游天下"和"二手楼市"，周二的"汽车周刊"，周三的"IT 世界"、"商业地产"、"金融天地"、"学海无涯"、"现代物流"、"会展经济"、"投资招商"和"文体风尚"，周四的"缤纷购物"、"时尚品牌"、"美丽资讯"、"吃在深圳"、"食品饮料"和"留学移民"，周五的"超级楼市"、"温馨家居"和"家电世界"。地产在特刊中占有特殊地位，其中"超级楼市"周刊报道重要地产新闻、焦点话题、楼市排行榜、地产沙龙、深圳置业版图或深圳 2 小时生

① 参见杨磊、杨蓓《试论广告市场化经营——〈深圳特区报〉周末、节假日拍卖案例思考》，《广告大观》（媒介版）2005 年第 5 期。

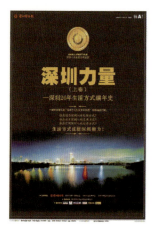

2006年11月24日的"深圳十大生活方式征选"之一的"深圳力量"版面

活圈版图、楼盘资讯和购房指南;"二手楼市"栏目有"楼市快讯"和"中介动态"等;"商业地产"栏目有"权威论坛"和"地产评论"等。

深圳报业集团成立以来,深圳特区报社有过很多大手笔的特刊策划,而且都相当成功。

2003年12月26日,推出极富创意的大型特辑——"国际深圳",全方位展现了当年深圳市各行各业在建设国际化城市进程中取得的骄人成绩。当日版面总数达200个,创下了全国单日报纸出版数的新纪录。

2003年3月7日,《深圳特区报》推出《创新深圳——深圳重点行业发展(潜力)报告》(总计96个版)。这一专刊历经两个多月策划、采编,以其综观全国的高度,客观公正地展示并评论了深圳重点行业发展的现状和潜力,具有较高的权威性和前瞻性,是各界人士了解深圳社会、经济发展趋势的重要资料。3月30日,以"创新深圳"为主题的策划活动又推出124个版。

2005年11月4日,推出"深圳生活质量蓝皮书",根据影响城市生活质量的"衣食住行、生老病死、安居乐业"这几大关键要素,并结合此次城市生活质量评比的考评指标体系,分为22卷,共51篇。11～12月,《深圳特区报》陆续出版上百个版的全行业专辑,全面展现深圳社会各界共建和谐社会所取得的成果,凸显深圳现代城市生活的价值和魅力。

2006年5～6月,为配合即将召开的文博会,《深圳特区报》出版了以中英文双语推介的《服务"文博会"——深圳消费指南》,文博会期间集中宣传文化产业及相关产业链。

2007年9月23日,中国媒体企划奖在青岛第十四届中国广告节闭幕仪式上揭晓并颁奖。深圳特区报社选送的"深圳十大生活方式征选"荣获品牌策划奖两个金奖之一。

第七章

《深圳特区报》积极变革与突破

第一节　新世纪面临新变局

　　进入 21 世纪以后，《深圳特区报》的影响力越来越大，其作为一家具有全国性影响的重要地方党报，得到了社会、业界的广泛认同。深圳特区报社的发展也在更大的程度上受到各种因素的影响。深圳特区报社主动作为，积极应对媒体融合的挑战及珠三角地区媒体竞争格局变化。

一　媒介融合时代的挑战

　　2010 年前后，在新媒体异军突起的情况下，报纸的发展面临巨大压力。媒介融合成为报业未来发展的必由之路。据《2010 年度中国传媒产业发展报告》显示，中国正式出版的报纸有 1937 种，平均期印数 20837.15 万份，总印数 439.11 亿份，总印张 1969.4 亿印张。与前一年相比，种数下降 0.31%，平均期印数下降 1.5%，总印数下降 0.86%，总印张增长 2.01%。除总印张数有所增长外，其他数据均处于下降趋势。报纸的发行量在下降，影响力面临严峻挑战。报纸广告额虽有所增长，但报业广告并未与整体广告市场同步增长。[①] 另外，权威机构调查表明，报纸读者老龄化趋势明显，年轻读者尤其是 24 岁以下的读者流失严重。年轻一代读者纷纷转向网络，改变了以往主要

[①] 参见何怡佳《报纸的媒介融合之路该如何走》，《传媒》2011 年第 7 期。

依靠纸媒获取信息的状况。

网络媒体的迅速崛起，电梯、地铁及户外广告等新兴媒体的出现，对报纸造成了巨大的冲击，对报纸广告形成了潜在威胁。资料显示，1995年深圳报纸媒体占深圳广告市场营业额的比重为75.44%，到2009年，只占47.8%。[①]

应对媒介融合时代挑战，深圳特区报社致力于探索一条适合自身特点的路子。报社编委会认为，首先要加强新闻资源整合，创新平面报道模式。报纸须适应网络受众立体化、全方位、多角度的信息需求，借助网络等各种渠道收集信息原料，创造性整合。其次，密切关注网络热点，提高议题设置贴近性。如与深圳新闻网联办"深圳市民论坛""网事报道"版等。再次，创新报网联动方式，提升舆论监督水平。深圳特区报社与深圳市纪委等部门联手，与深圳新闻网和深圳明镜网合作，开设"直通车"栏目，成为深圳舆论监督的重要渠道等。

二　珠三角地区媒体竞争新态势

2010年前后，珠三角地区的媒体竞争形势出现了新的变化。

第一，从单一的报业竞争转变为多媒介的竞争。新的传播媒介和传播技术不断出现，各报社纷纷进军网络，尝试跨媒介经营。

第二，从报纸企业间竞争进入报业集团之间的竞争。在广东报业市场，竞争主力是南方报业传媒集团、羊城晚报报业集团、广州日报报业集团、深圳报业集团。在深圳，主要是南方报业传媒集团与深圳报业集团之间的竞争。

第三，以前的非竞争对手纷纷加入战团，抢占广告市场。这些非竞争对手有四类。一是各类通信运营商，主要有中国移动、中国联通、中国电信和中国网通等在广东的分公司。二是腾讯、百度和谷歌等网络企业，它们开始逐步向传媒业价值链的上游开拓，广东作为全国经济第一大省，自然会成为这些网络媒体的激烈争夺之地。[②]三是各新兴城市的报业集团也采取各种形式纷纷加入竞争。如中山市成立中山

① 参见廖思淋《报纸广告经营新模式的探索——以〈深圳特区报〉金融广告营销创新为例》,《现代经济信息》2011年第12期。

② 参见郭全中《广东报业市场进入融合竞争新阶段》,《南方传媒研究》2009年第1期。

报业集团，佛山传媒集团重新定位其旗下报纸，以抗击外来报纸的扩张，惠州拟把《东江时报》办成都市类报纸。四是 3G 门户网也加入激烈的竞争中来。

第四，战略联盟以及战略合作等高级竞争形态不断出现。如西江日报社加盟南方日报社，双方进行深度战略合作。

珠三角传媒竞争的整体态势，越来越影响到《深圳特区报》的生存和发展。如何顺应时势，以正确的策略迎接时代与环境的新挑战，决定着《深圳特区报》的未来。

第二节　深化改革 力求特质

一　办有强大传播力的新型城市党报

（一）新闻立报、文化强报、服务兴报

2009 年 12 月 2 日，深圳市委调整深圳特区报社领导班子，决定陈寅任深圳报业集团副总编辑、深圳特区报社总编辑；张兴文、侯军任深圳报业集团副总编辑、深圳特区报社副总编辑；邓自强、张宝兴、吕延涛任深圳特区报社编委。①

面对新的传媒竞争形势，深圳特区报社主动求变，推出了一系列改革举措。2010 年 7 月 22 日，报社编委会将"办一份有强大传播力的新型城市党报""报道改革强音，传播权威资讯""立足深圳、关注南粤、辐射全国、影响海外"作为发展目标。为实现这一目标，深圳特区报社大胆创新传播内容、渠道、模式，努力走出一条新路，通过改版等一系列有力措施贯彻落实编委会确立的"新闻立报、文化强报和服务兴报"理念。

新闻立报，就是充分利用党报在诸多领域的新闻采访、发布、监督优势，大力增强党报的新闻传播功能，不断提升报纸的新闻含金量，优化新闻编排，加强报道的贴近性、可读性、时效性，做透焦点、热点、难点新闻，做活政务新闻，做大民

---

① 2010 年 2 月，深圳晚报社副总编辑刘琦玮调深圳特区报社任编委。2011 年 9 月邓自强任深圳特区报社副总编辑。2012 年 3 月，李剑辉、唐亚明、叶晓滨任深圳特区报社编委。

生新闻，做好社会新闻，做强国际新闻。

文化强报，就是彰显《深圳特区报》的文化内涵和品位。特别是办好系列周刊，以大文化视角建构人文关怀等前沿重大课题，从大众文化生活的角度，分享创新、创造、创业的快乐和智慧，追求鲜明的特区特色；搭建与读者平等交流的平台，关注音乐、美术、舞台等高雅文化，凸显人文特色。

服务兴报，首要是加大本地民生新闻报道力度，为读者提供贴近、贴身、贴心的民生服务，同时办好与读者互动的版面和栏目。还从深圳、东莞、惠州三市一体化的实际需求出发，为读者提供丰富的实用信息。

（二）抢占高端 拓展深度

主流报纸向深度拓展，是全媒体语境下的必然选择。在网络时代，报纸不再是新闻第一时间的报道者，更重要的是新闻的解读者。只有深度才能体现新闻的核心价值，才有利于打造报纸的品牌。深圳特区报社力求把新闻做深做透，适时推出一系列高端访谈，加强新闻评论，增设理论周刊，增强思想性，吸引高端读者，有力提升了报纸的影响力、权威性和品牌价值。

报社编委会强调，政策、现象、人物的深度解读，是平面媒体的强项，《深圳特区报》要加强对新闻的深度解读，加强深度调查的能力、解读解释的能力和平衡报道中出现的各种关系的能力。

"一份报纸的影响力，与其主要采访对象的影响力密切相关。或担任重要职务，或身为重要机构代表，或掌握核心信息，或以成就蜚声国际，或为某一领域最高权威等，以这样的人为采访对象，影响力非同凡响。""报有影响力的事，说有影响力的话，报纸才有影响力。"[1]2010 年 3 月，"高端访谈"推出，贯穿 2010 年一整年，该栏目采访报道了深圳改革开放事业的决策者、参与者和见证者，请他们回顾深圳改革开放所走过的波澜壮阔的岁月和经历的重要历史事件，对深圳如何进一步落实科学发展观、建设中国特色社会主义示范市提出建议和希望。编委会逐一研究采访名单，确定了包括中央和省部领导、副省级城市市委书记、现任和历任深圳市领导等在内

---

① 陈寅：《构建新格局下党报强大的传播力》，《报道》（深圳特区报社内刊）2010 年第 6 期。

的110多位采访对象。从2010年3月18日推出第一篇，至12月14日见报最后一篇，共发稿35期，采访对象包括原文化部部长蔡武、科技部原部长徐冠华、原新闻出版总署署长柳斌杰、时任四川省委书记刘奇葆、时任澳门特首崔世安等。

《深圳特区报》在2010年改版后的半年时间内即重点策划了35个专题：政务专题10个，如"学习贯彻胡锦涛总书记重要讲话精神""聚焦深圳市'十二五'发展规划咨询会"等；节日专题6个，如"聚焦'十一'黄金周""重阳节特别策划"等；纪念专题4个，如"聚焦圆明园罹劫150周年""纪念鸦片战争一百七十周年"等；重大突发性事件专题6个，如"绝地大营救""聚焦日本非法扣押中国渔民渔船事件"等；社会民生专题7个，如"聚焦深圳电单车乱象连续报道""记者调查：深圳养老之困""'限购令'下深圳楼市变数透析"等；典型人物孙影先进事迹系列报道；异地大型报道"珠三角绿道尝鲜行"。这些专题策划增加了深度报道的分量。解释性报道《如何消除公众对统计数据的质疑》《中国学者点评诺贝尔经济学奖》，追踪报道《聚焦深圳山寨公交现象》《你有"限购令"，我有"过墙梯"——民间应对楼市新政歪招令人咋舌》，调查性报道《三旧改造的成功范例——深圳南岭村调查》等，拓宽了报道视野，得到了读者普遍好评。

（三）新版式时尚庄重

深圳是一座现代化、国际化大城市，也是年轻的、充满活力的新型移民城市。报纸契合城市年轻、时尚、开放的特质，才能具有强大生命力。为了吸引更多年轻读者，《深圳特区报》适时进行改版。

一是在版式设计上，借鉴国内外主流报纸版式元素，进行模块化设计，对板块单元、版别、报头、报眉、栏目、字体、字号、线条、图片等制订统一规范，形成基本版面语言。版头、日期恢复绿色，各版标题基本统一采用宋体，更加注意留白。版面在保持稳重风格的同时，在视觉上更加清爽悦目。各版主打标题由过去的方正超粗黑改为方正粗宋，为版面清秀大方的风格定下了基调。主图片、色彩、线条等版面语言规范使用，减少了呆板和过度装饰等问题。改版后的版面更清新高雅、疏朗大方，时尚活泼而不失庄重。

二是整合推出"大都会新闻"板块，将都市新闻熔铸一体。该板块以深圳、东莞、惠州、香港和澳门为一个大都市圈，将五地的都市新闻一网打尽，是一种新颖、贴切、超前的整合与划分，符合深圳这座国际化大都市的功能和定位。

三是内容更时尚。一方面，在日常报道中密切跟踪时尚动态；另一方面，对一个时期的潮流，率先介入，深入解读，与现代都市人的生活方式同频共振。[①]

二 加大改版力度，推出 3+X 模式

近年来，各地报纸为适应传媒发展格局的变化，改版之风盛行，改版周期也一再缩短，改版已经成为目前中国报纸的一种常态。

（一）强势升级本地新闻容量

《深圳特区报》的版面结构设置模式以及新闻运作方式，需要根据形势发展和读者需求及时调整。经过多次召开社内外座谈会征求意见建议，并根据读者调查情况，编委会拟定了整体改版方案。2010 年 7 月 8 日推出了新的改版方案，9 月 20 日起正式改版。这次改版使报纸的结构形成相对固定的 3（新闻、财经、副刊）+X（理论周刊、艺文周刊、乐活周刊、创享周刊、博闻周刊、阅读周刊、财道周刊）模式。

这一改版方案的总体目标是进一步强化新闻纸的功能，增加深度和重点报道，增强党报社会影响力和权威公信力。同时，通过整合新闻版块，使版块更加清晰，时政、社会、经济、文化版面相对固定，便于读者阅读。版面更加突出模块化设计，各板块字体字号统一，简洁疏朗，美观易读。改版的原则是做强时政新闻及评论，做大民生新闻，做优财经新闻，做精社会新闻，丰富文化新闻。

《深圳特区报》新设了部分版面。AⅠ叠 A2 版设立了"导读"和"评论"版，在AⅠ叠要闻中新设"重点"版。"评论"版旨在加强《深圳特区报》对重大新闻的话语权。"重点"版旨在做好国内国际及本地重大新闻的深度解释性报道。整合新闻版块，强势升级本地新闻容量。将原来安排在不同叠的本地新闻，整合到 AⅡ 叠共 8 个版的"大都会新闻"，做好做强本地新闻，A 叠 24 个版整体为新闻版块。将原来

[①] 参见刘军锋、耿伟、刘绩辉《更高地举起舆论宣传先锋的旗帜——〈深圳特区报〉版面刷新各界反响热烈》，《报道》（深圳特区报社内刊）2010 年第 8 期。

的"文化星空"调整为"综艺"版块；"今日财经"版块增加评论版。D叠调整为周刊版块，对原有的周刊进行全面梳理。停出"美周刊""健周刊""情周刊""星周刊"，保留"理财周刊"，改造"博周刊"为"博闻周刊"。新办"创享周刊""阅读周刊""理论周刊""乐活周刊"，周一至周五分别推出，周五增出四开16版的"乐活周刊"，为读者准备了特供周末阅读的深度报道和生活资讯。

（二）"大都会新闻"一览深港都市圈

2010年9月20日，改版正式推出。"大都会新闻"将原来的"深圳新闻""鹏城今版"与港、澳和莞、惠新闻资源整合在一起，形成范围更广的"大都会新闻"，更好地体现了编委会提出的"立足深圳，关注南粤"的宗旨。"大都会新闻"单独成叠，以大报头形式醒目标记，使读者很容易找到自己想了解的本地新闻资讯。在版式设计上，"大都会新闻"在封面版以后的各个版面报眉处均以"大都会新闻/××"格式做出提示。这种位置目标指向的唯一性有利于"大都会新闻"品牌的培养。

做大本地新闻是"大都会新闻"的目标之一。"大都会新闻"从周二到周五，每天保持8个版面，涵盖了经济、社会、民生、文教、法治、热线、调查、深度、视觉、资讯、港澳以及莞惠等各方面的题材，服务不同阅读需求的读者。做强民生新闻是"大都会新闻"的另一个目标，及时报道深圳及周边城

正式推出的"大都会新闻"

市的社会民生热点。设置"热线"版，放在"大都会新闻"板块封底的突出位置。新设的"资讯"版包括"健康""提醒""收藏""考试""讲座""展览""演出""出行""彩票"等专栏，力求为读者提供全方位的信息。

"大都会新闻"加强深度报道，"深度"和"调查"版旨在通过发现问题，挖掘事件真相，透视事件本质，促成问题的解决。2011年11月11日"深度"版刊发《餐厨垃圾多流向"地下"正规设备无用武之地》一稿，对深圳地沟油源头之一进行深度发掘，为有关部门处理问题提供了思路。11月12日"调查"版推出《网络冲击下实体书店转型求发展》专题报道，对传统书店在网购环境下转型现象进行调查，抓住了时下热点。

为更好地发挥《深圳特区报》在珠三角和港澳地区的辐射力，"大都会新闻"开设"港澳"和"莞惠"版，通过刊登驻各地记者采写的稿件以及与当地媒体交换稿件，让读者能够及时了解各地发生的新闻。

"理论周刊"

（三）推出系列周刊拓展报纸深度

周报化、杂志化是报纸拓展广度和深度、提升文化品位和含量的通常做法，也是近年国内报纸改版的一个趋势。

"理论周刊"注重对重大理论问题进行报道和研讨，刊发《破解收入分配困局》《深圳应成为中国的"社会硅谷"》《文化共识汇聚"理性力量"》等。注重理论与实践的紧密结合，刊发《选择"前海"就是要再造一个香港》《法官要深入群众"接地气"》《如何消除公众对统计数据的质疑》。"读者参议"专栏，展开对"红树林公园能否建自行车道"等民生问题的探讨。

"艺文周刊"2010年9月23日推出第一期，恰逢第12届威尼斯国际建筑双年展举行，深圳特区报社记者赴水城采访，报道了这一建筑艺术界的盛事。对现代摄影之父阿尔弗雷德·斯蒂格里茨、日本设计艺术大师村上隆等的报道，颇有声势。"艺文周刊"还对国内艺术前沿动态进行了深度解读，剖析"川美画派"现象，专访中国著名艺术家徐冰。《于魁智：时代在呼唤京剧出新》《当我们需要梦想时，我们会想起列侬》《朱哲琴：不是知音不与说》等专稿的推出，大大提升了"艺文周刊"的层次。

"乐活周刊"为读者周末生活、休闲、娱乐提供丰富的资讯服务。内容通俗，读者面广，4开16版便于阅读。在版面设置上，形成了以名人报道开篇，以时尚潮流、休闲指南、家居生活、娱乐资讯为主的板块框架。"行走""养生""居家""宠物""乐园""邻城"等版面，与市民周末生活密切相关。周末影视、演出、展览等信息汇总，成为例牌菜。"乐活周刊"注重提供独家、实用、有趣的内容，除了少数链接、资讯外，90%的内容为原创。

"创享周刊"旨在"创意改变生活，享受科技进步"。头版刊登创意产业和科技界最新动态，及时跟踪报道前沿创意

"艺文周刊"

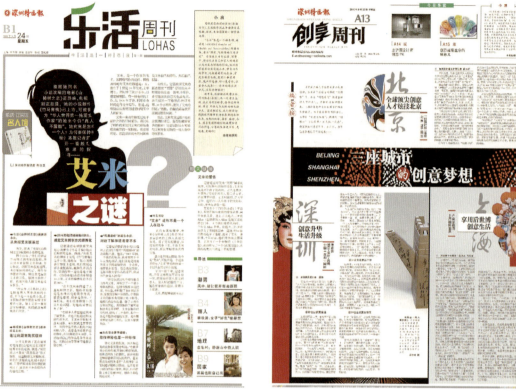

"乐活周刊"　　　　　　　　　　　"创享周刊"

活动和高端科技，以专题形式将高端科技深入浅出地介绍给读者，边栏是"一周新知"栏目，将一周以来的最新动态以短小的信息呈现；二版聚焦生活细节，对科技如何改变生活乃至社会发展做放大镜式的探索；三版关注创意产业，不仅报道深圳的"创意"，更把视野扩展到全球，介绍其他国家优秀的创意产业设计师和创意理念。"创享周刊"倡导贴近性，既高端前沿又通俗易懂，努力将专业性的介绍转化为日常生活的小场景，在这些小场景、小细节中展现高科技或创意带来的新变化。

"阅读周刊"定位于高端读者，介绍政治、经济、法律、历史等方面的书籍，针对公务员、企业家、教师等群体，推荐新学科及前沿研究成果。第一期"新书在线"评介的《孤

"阅读周刊"　　　　　　　　　　　　　　　　　"博闻周刊"

独有大美》《汪东兴日记》《给没有收信人的信》《中国企业家黑皮书》《低碳阴谋》等，每篇文章字数不多，信息量很大。《一位独立经济学家的"警世通言"》一文推介了著名经济学家谢国忠的新书《谢国忠的忠告》。

"博闻周刊"定位于中高端读者。头版聚焦国际时事热点，二版"深景"为深度选题组合，三版"广角"为环球万象博览。在报道题材上视野更宽广，除关注西方国家的变化，还拓展到周边国家，动态新闻更多，贴近性更强。

"财道"于2011年3月21日创刊，从热点、股市、基金、投资、创业五个方面入手，引领财"道"。

"财道"取意"道"，寓意"到"。从道法术器、万事"道"为先出发，追踪报道财经热点，分享股市基金操作策

"财道"

略，为读者提供理财资讯和方法，学习创业之道。"财道"分为"热点""股市""基金""投资""创业"。首期《地下炒金大量爆仓》《市场震荡基金"逃"得快》《深圳茶商炒作黑茶恐受伤》《李宏彦：首富是这样炼成的》等报道，生动诠释了"学会'道''术'，掌握'法''器'"的理念。此后对于股市、楼市的系列报道等，有点有面有深度，探讨理财市场的运行脉络。

此后，由于副刊板块进行改版，"艺文周刊""创享周刊"整合到新创办的"人文天地"中。2012年3月2日，"阅读周刊"更名为"读与思"。

（四）"人文天地"旨在为时代立心

2011年11月23日，《深圳特区报》"综艺副刊"改版，推出全新"大副刊"版块"人文天地"（C1～C8版）。刊名由国学大师饶宗颐先生题签。2011年12月14日，总编辑陈寅专程前往香港拜访饶老。当饶老听说"为我们的时代立心"是《人文天地》的立刊宗旨时，连声说："很好！很好！"①

"人文天地"以提升文化品位为目标，全面整合《深圳特区报》既有的文化、娱乐周刊版面资源，形成完整、高端、鲜明、统一的文娱副刊形象。改版后的"人文天地"每周出37版。周一4个版，周二5个版，周三、周四、周五每天8个版，周六、周日每天2个版。

---

① 唐亚明：《痛并快乐着——〈人文天地〉满月杂记》，《报道》（深圳特区报社内刊）2012年第1期。

"人文天地"特点鲜明。一是目标定位明显提升。"人文天地"报头下一行字"为我们的时代立心",开宗明义标明办刊目标,立意不俗,定位高端。二是版面有整合有创新。"前海""娱人谷""综艺场"是对以往版面的延伸和整合,"窗外风""首发"更强调对"引进"与"独家"的侧重。三是版面设计视觉统一。版面有整体设计感和连续性;以温暖的浅色衬底铺出版面主体,显出从容气质和文化气息;图片剪裁及版面留白分寸得当,风格统一。

"人文天地"加大主流文化新闻、专题和副刊的比重,将文化新闻作为主打内容,置于 C 叠封面。在 C 叠二版增设"中国派""文学苑""潮文化""视觉廊"等深度专题版,在娱乐版块增设"光影志""爱乐坊"等艺评欣赏版,每日推出的"前海"专栏版面,栏目丰富多彩。

2011 年 11 月 23 日全新推出的"大副刊"版块"人文天地"

为响应深圳文化强市战略,"人文天地"加强对本地文化热点、文艺精品、文化产业和领军人物的报道,浓墨重彩地报道深圳文化新举措、新动向、新业态、新作品,以多角度、多样化的手段创新报道形式,使深圳文化的成果与进展跃然纸面。2011 年 12 月 15 日"人文天地"头版推出《百年西泠守望"精神孤岛"——访西泠印社副社长陈振濂》,2011 年 12 月 19 日推出纪念胡适 120 周年诞辰专题,2012 年 2 月 7 日推出狄更斯 200 周年诞辰专题等,题材厚重,文化气息浓郁。

三 改版效果明显

2010 年 9 月 20 日开始的改版产生积极效果。从各方反应看，这次改版是对报纸质量的一次明显提升。

一是增强了新闻性。以头版为例，通常每天刊发图文稿件 10 条以上，最多时达 15 条。要闻版、中国新闻版、国际新闻版保持了信息含量大的特点，稿件短小精悍，新闻性有所增强。新闻编排更加突出，导读版把每天最精彩的内容，以最吸引人的标题凸显出来。要闻版严格以新闻性标准选择内容，报道更及时。

二是增强了思想性。此次改版，一版开设"特论"专栏，二版开辟评论版面，增加了"理论周刊"，吸引了更多高端读者。先前只有社论、评论员文章，无固定版位、版面，数量少，现在推出评论版，不仅评论的数量增加了，更重要的是由"一言堂"变成了"群言堂"，除"要论"专栏的评论员文章外，还有"论见""深议"等个人言论，以及用漫画配发的"漫话"短评专栏。"理论周刊"每周一期，一期 4 个版，逢周二出版。一版"求索"版每周一次，侧重理论深度，设"理论观察""观澜"和"动态"等栏目；二版分为"大家""党建""讲坛""学人访谈"等，轮流出版；三版设"思与辨"和"读者参议"两个栏目，每周一期。该刊突出指导性、权威性。《还要有敢为天下先的精神——访中国（海南）改革发展研究院院长迟福林》深入诠释深圳的敢闯精神；《为善理性匮乏映射中国慈善生态》针对盖茨和巴菲特 2010 年 9 月 28 日来华宣传慈善理念激起反响，刊发富有思辨性的对话录。"讲坛"版发表了一系列由名家撰写的重头文章，如《海权，中国人百年来的梦想与追求——纪念甲午海战 116 周年》《当国门打开——纪念鸦片战争 170 周年》《中华民族辉煌与屈辱的历史见证——纪念圆明园罹劫 150 周年》等。

三是增强了贴近性。版面设置与划分更清晰合理，更符合读者阅读心理。落实"三贴近"原则，评论版紧扣社会热点，从实际出发，为民生呐喊。"今日财经"版块，汇率、利率、物价、房价等和百姓生活密切相关的内容应有尽有。

四是增强了服务性。服务性渗透在日常报道中，如对楼市新政的报道和解读。服务性更体现在周刊中，如"乐活周刊"就是每周五为读者周末休闲、娱乐奉献的一份资讯大餐。[1]

四 采编部门实行全员考核

深圳特区报社根据业务发展需要，于 2010 年新设立了新媒体部、大都会新闻部、品牌推广部、新闻协调部、机动记者部、民生新闻部，以加强硬新闻和深度报道，同时与网络互动，更好地打造和推广《深圳特区报》品牌。

报社于 2011 年 4 月修订考核暂行规定，遵循按绩效分配、责权匹配、效率优先、兼顾公平的原则，对除广告部之外的各部门实行全员考核。报社人员薪资由两部分构成，固定部分含基本工资、各种补贴等，按现行制度发放；绩效部分含计件薪金、好稿（版）奖金和岗位补贴，依据工作岗位、工作绩效和工作表现发放。考核分配向重要责任岗位、技术含量高的岗位、工作强度大的岗位倾斜，奖优罚劣，奖勤罚懒。年终对员工考核进行统计排序，作为年度评优、评奖等的重要参考指标。

为鼓励采编人员多写好稿、多出好版，提高报纸质量，规范稿件、版面等级评定，深圳特区报社制定了《稿件版面等级评定标准与评级程序规定》。稿件等级分为好稿、合格稿和差稿。好稿包括：积极配合党和政府中心工作、准确传递和深入解读国家政策法令的作品；及时提出当前政治、经济、社会和文化领域的重要问题，导向正确、社会效益好的作品；题材重大、采访深入、社会影响较大的深度报道；第一时间报道有新闻价值的突发事件的作品；追踪社会热点，反映读者普遍关注的问题，且创作水平较高的作品；具有较高新闻价值的独家新闻；题材重要、短小清新的现场短新闻；实事求是、以理服人的重要批评报道；针对性强、有独到见解的报道和言论；受到上级领导重视和社会普遍好评，为报社争得荣誉的作品。

版面等级分为好版面、合格版面和差版面。好版面要符合以下要求：对版面宗旨有深切理解。主打稿件的选择和编辑能体现出编者的用心，有新闻价值、可读易读；深入挖掘社会资源，组织专业人士撰写稿件，在读者中产生良好反响的专刊、专版。版面内容丰富，稿件搭配得当，标题准确出彩、不落俗套，有较强的冲击力，

---

[1] 参见刘军锋、耿伟、刘绩辉《更高地举起舆论宣传先锋的旗帜——〈深圳特区报〉版面刷新各界反响热烈》，《报道》（深圳特区报社内刊）2010 年第 8 期。

图文并茂，符合版面规范，内容与形式协调统一。

规定还对好策划、好设计、好专题和好标题的等级评定制定了具体标准。

另外，报社还制定了《〈深圳特区报〉差错处罚规定》和《〈深圳特区报〉漏发新闻处罚规定》，以进一步加强采编人员的职业责任感。特别是对漏发新闻的处罚规定，对提升报纸的新闻含量和时效性起到了重要作用。发展研究部评报人员将当日《深圳特区报》新闻与各报新闻进行比较，同时根据报社内部反映和读者投诉，提出关于漏发新闻的初步意见，提交采前会。采前会审议提出初步处理意见。凡当日可确认的漏发新闻，须将"漏发新闻处理意见表"送总编辑审定处罚；凡疑似漏发新闻，每周汇总列表，经评报人员、研究部门主管负责人和该周值班领导共同商议后公布。最后对被确认漏发新闻的有关责任人员，将视漏发新闻的严重程度和责任大小做出处罚。

第三节　频发改革强音，策划重大报道

一　"新千年头十年回眸"

2009年12月21日开始，时事新闻部选取新千年头十年10件具有里程碑意义的重大改革事项，策划推出"新千年头十年回顾"专题报道，倾听中国改革开放的坚定足音。

（1）2000年，国企改革，首推政企分开。这一年，国有企业改革大步推进。全国国有企业大规模进行以建立现代企业制度为目标的公司制改革。

（2）2001年，加入世贸，以开放促改革。从1986年递交申请，到2001年12月11日最终成为世贸成员，用了15年时间。"入世"后短短几年间，中国贸易加足马力，全球经济分享"中国制造"的红利。世界贸易格局因一个大国的加入而得以改写。

（3）2006年，义务教育法出台，学杂费政府埋单。2006年9月1日，修订后颁行的《中华人民共和国义务教育法》明确规定，"实施义务教育，不收学费、杂费"。这一年，西部农村首先开展义务教育经费保障机制改革，免除农村义务教育阶段中小学生学杂费工作率先在中国西部地区启动。该项政策实施仅一年就有近 5000 万名农村中小学生直接受益。之后，这项改革在全国推行。

（4）2006 年，取消农业税，种地从此不交税。2006 年 1 月 1 日《中华人民共和国农业税条例》废止。自此，国家不再针对农业单独征税，一个在我国存在 2000 多年的古老税种宣告终结。

（5）2006 年，天津滨海新区探索区域发展新模式。2006 年 3 月，天津滨海新区开发开放被正式纳入国家发展战略布局。6 月 6 日，国务院发布《关于推进天津滨海新区开发开放有关问题的意见》。天津滨海新区的功能定位是：依托京津冀、服务环渤海、辐射"三北"、面向东北亚，努力建设成为我国北方对外开放的门户、高水平的现代制造业和研发转化基地、北方国际航运中心和国际物流中心。

（6）2007 年，信息公开，保障公民"四权"。2007 年 10 月 15 日，胡锦涛总书记在党的十七大报告中提出，"保障人民的知情权、参与权、表达权、监督权"。报告中"民主"一词出现了 60 多次，海内外为之瞩目。

（7）2007 年，《中华人民共和国物权法》出台，高调保护合法私有财产不得侵犯。2007 年 3 月 16 日上午，十届全国人大五次会议高票通过《中华人民共和国物权法》。物权法草案的起草和修订历时 14 年，经过 8 次审议，创造了我国立法史上单部法律草案审议次数之最。

（8）2008 年，《中华人民共和国劳动合同法》（以下简称《劳动合同法》）实施，有效保护劳动者权益。《劳动合同法》自 2008 年 1 月 1 日起施行。这是自《中华人民共和国劳动法》颁布实施以来，我国劳动和社会保障法制建设中的又一个里程碑。

（9）2008 年，大部制改革，避免政出多门。大部制即大部门体制，是为推进政府事务综合管理与协调，按政府综合管理职能合并政府部门组成的超级大部的政府组织体制。特点是扩大一个部所管理的业务范围，把多种内容有联系的事务交由一个部管辖，最大限度地避免政府职能交叉、政出多门、多头管理，从而提高行政效率，降低行政成本。

（10）2009 年，新医改缓解看病难看病贵。2009 年 4 月 6 日，《中共中央国务院关于深化医药卫生体制改革的意见》正式发布。首次提出把基本医疗卫生制度作为公共产品向全民提供，到 2011 年，基本医疗保障制度全面覆盖城乡居民，切实缓解

"看病难、看病贵"问题。

"新千年头十年回眸"专题报道，还以全球视角策划推出了"照亮世界的十大科技成就""影响世界的十大国际人物""震惊世界的十大天灾人祸""惊艳世界的十大建筑奇观""十位远去的国际学术大家"等报道。

二　上海世博会报道开启新视野

2010年上海世博会成为世界关注的焦点，来自全球各地的嘉宾游客纷纷奔赴这场为期184天的世纪盛会。

世博会报道是《深圳特区报》持续时间较长的报道之一。从2010年元旦起，开设"带你了解世博会"专栏，后来改称"看世博"专栏，陆续介绍世博会的科技创新、人文知识、场馆亮点等。专栏每周刊出两至三期。在上海世博会开幕前后的4月底，最多时一天刊发18个版。此后，每天刊出"世博风"专栏。

深圳特区报社派出精兵强将采访上海世博会

《深圳特区报》报道上海世博会的专版

3月上旬，报社成立了报道领导小组，陈寅总编辑挂帅，侯军副总编辑负责统筹。随后报社从多个采编部门抽调15名文字记者、3名外语记者和4名摄影记者组成采编团队。

4月25日，采访组奔赴上海。4月28日，推出了4开32个版的《世博导览》，从"图""游""行""食""住""览""赏""问"8个方面详细"导览"。该"导览"一出街，便被市民争先抢购。

4月30日晚，世博会举行开幕式。5月1日，《深圳特区报》在头版刊发开幕式消息和庆贺社论，二版刊发党和国家领导人在世博园的活动。"世博风"从第三版起连续以16个版的篇幅，图文并茂刊发世博会开幕新闻，将世博会报道推向高潮。

5月1日，世博园举行开园仪式，20万观众入园参观。《深圳特区报》在2日头版通栏刊发开园消息，从三版起连用10个版的"世博风"进行详尽报道，并先后推出世博会"深圳元素""全景记录开园首日""世博会上看水""世博会上看科技""世博会上看低碳""世博会上看创意""深圳馆全景解读"等报道，以及"夜世博别样精彩""走进世博人家""科技，让人类充满希望""圆形视点创想美好未来"等摄影报道。

三 大气磅礴报道深圳经济特区建立30周年

2010年是深圳经济特区创建30周年。深圳特区报社为此动用了1000多个版面，组织10多个策划，全面深刻、激情澎湃、大气磅礴地报道了深圳30年改革开放的伟大实践。

自2010年1月1日起，《深圳特区报》策划推出深圳经济特区建立30周年大型系列报道"鹏程：当年今日话深圳"。该专栏对30年间具有历史意义的重大事件和人物做了精心筛选，以30年特区经济社会发展为主轴，选取"当年今日"的重大事件，请权威的亲历者进行回顾与解读，在要闻版推出。每天一期，共365期。

为时一年的"鹏程：当年今日话深圳"报道，堪称一部深圳30年改革开放的大型史诗。编委刘琦玮和金涌工作室等参与组织实施。编辑部根据当天题材、稿件特色和图片等情况，对版面进行设计，每天带给读者新的感受。对于重大题材，舍得投入版面。1月19日推出的"纪念邓小平同志1992年视察南方18周年"专题"我

2010年1月1日起，《深圳特区报》推出深圳经济特区建立30周年大型系列报道"鹏程：当年今日话深圳"

们再讲述那一个春天"，一共3个专版，其中还包括一个跨版，内容十分丰富，既有小平同志当年视察南方的日程，还专门派记者奔赴各地，采访了小平同志当年视察过程中的7位关键人物，包括关广富（时任湖北省委书记）、李灏（时任深圳市委书记）、郑良玉（时任深圳市委副书记、市长）、厉有为（时任深圳市委副书记、市人大常委会主任）、梁广大（时任珠海市委书记、市长）、陈建华（时任广东省委书记谢非同志秘书）、马桂宁（上海第一百货商店营业员）等。

2010年9月7日,《深圳特区报》以连版隆重报道深圳经济特区建立30周年

　　为了从浩如烟海的资料中找出有价值的内容，编辑们从历史资料中寻找亮点，深挖历史细节，做到以小见大。报道大致分为四类：第一类是解密型，如讲述特区二线关建设过程的《特区最初方案仅60平方公里》、描写蛇口工业区诞生过程的《"开山第一炮"说法的由来》和介绍深圳火车站发展的《小平题写站名特意少写个"站"字》等；第二类是首创型，如《公开招聘，深圳第一个吃螃蟹》、介绍深圳率先打破"铁饭碗"的《"炒鱿鱼"最早从这里开始》以及《刑拘欠薪老板全国开先河》等；第三类是回忆型，如讲述筹建仙湖植物园经过的《植物园当初差点选址莲花山》、马蔚华回忆招商银行发展的《应对13天挤提惊心动魄》、深圳市总工会原主席张汉明讲述的《当年工会活动就像搞地下工作》等；最后一类是总结型，如《角膜捐献让714人重见天日》、《"特区红娘"牵线　万对青年结缘》和讲述深圳民族事业发

展的《少数民族人口 30 年增长 7500 倍》等。①

在深圳经济特区建立 30 周年临近之际，8 月 20 ～ 22 日，《深圳特区报》头版重磅推出《向"敢闯"致敬》《创新赢得尊严》《给快"转"提速》3 篇述评。9 月 6 日，在特区 30 周年庆祝大会当天又推出第四篇——《"幸福"的时代坐标》。这组述评立意高远，构思深湛，气势磅礴，将庆祝深圳特区 30 周年报道推向了新高度。9 月 4 日、5 日，《深圳特区报》头版推出编辑部文章《为国家现代化建设勇当开路先锋》《在国际化进程中展示中国气派》。文章体现了而立之年的深圳勇立潮头的历史使命感和责任意识，旗帜鲜明，铿锵有力。

《深圳特区报》还不定期推出"三十而立 成就深圳"、"庆祝深圳经济特区建立 30 周年"特稿、"脊梁：深圳经济特区 30 年人物志"等专辑；同时定期在"今周杂志"推出"30 年 30 个家庭见证深圳巨变"专栏，每周一期，以 30 个深圳家庭的故事反映深圳经济特区的沧桑巨变。在深圳经济特区 30 华诞前夕，结合深圳市委统一部署，密集推出"'30 年 30 位杰出人物'评选""'30 年 100 件大事'评选"及相关报道，让广大市民积极参与。定期和不定期专题交错，短中长期栏目相间，提前介入，精心铺垫，积极动员，全民参与，使庆祝经济特区建立 30 周年报道高潮迭起。

深圳特区报社精心制作了 3 个特辑：8 月 23 日 16 个版的"新深圳交响"、8 月 25 日 8 个版的"雄奇之城 先锋身影"、8 月 26 日 100 个版的"科学发展 深圳报告"。前两个专辑以数字、图片和文字相结合的方式，通过一个个精彩的历史瞬间，展示深圳 30 年的变迁和巨大成就，文字简明扼要，版面具有冲击力。"科学发展 深圳报告"涵盖了深圳在经济、政治、文化、社会、党建等方方面面的实践与探索，声势浩大，气势不凡。

四 精彩纷呈的第 26 届大运会报道

2011 年 8 月 12 ～ 23 日，第 26 届世界大学生夏季运动会在深圳举行，这是深圳经济特区建立以来举办的最大规模的国际体育盛会。

---

① 参见陈建中《不变中求变，"制服"也诱人》，《报道》(深圳特区报社内刊) 2010 年第 6 期。

深圳特区报社很早就进入"大运时间"。从2006年申办大运会以后的5年里，先后发表大运会相关评论近百篇，覆盖了深圳筹备、举办大运过程中的很多重大事件。2011年初的大运系列评论，从动感、科技、绿色等6个方面为"大运年"定下基调。4月15日，大运会核心理念正式发布："从这里开始，不一样的精彩。"《深圳特区报》在头版连续刊发评论《创造和呈现别样的精彩》《青春大运》《开放大运》《绿色大运》《科技大运》《和谐大运》，清晰阐述大运核心理念。关于"办大运、办城市、看变化"、志愿者精神和地铁开通的系列评论也非常抢眼。

从2011年初《市民健步深圳湾畔争创文明喜迎大运》报道开始，至大运会开幕，《深圳特区报》围绕筹备大运会开设了"聚焦深圳迎大运、创全国文明城市标兵""全城行动提速迎大运""献智大运 给力大运""借大运东风促食品安全""深圳办大运，市民行大运！"等栏目，总共刊发报道1507篇。

5月4日，大运会开幕倒计时100天之际，推出"文明大运绘"专栏，从5月4日至8月13日，共发表漫画96幅。此前，深圳秉承"办大运、办城市、办民生"的办赛思路开展了城市文明提升行动，"文明大运绘"漫画专栏即围绕这一行动，以卡通形象描绘城市文明提升中的社会百态，用生动、形象和富有冲击力的视觉语言报道大运会。这一新颖的报道方式，直观、形象、生动，收到良好效果。

大运会开幕倒计时100天和50天之际，《深圳特区报》都推出了特别策划。5月4日推出"大运人"特辑，描绘大运会临近时的众生相，并与相邻版面的场馆建设报道和谐共生，传达大运工程也是民生工程的理念；6月23日的6个专版重视人的因素，并以"新"字将城市面貌的改善和市民文明风貌的提升有机贯穿，"人"与"城"妙合无间。

开幕前最后一周，《深圳特区报》迎大运报道进入冲刺阶段。从8月6日至10日，连续5天每天推出一篇重头综述，统一冠以"写在第26届世界大学生运动会开幕前夕"，包括《深圳，拥抱世界》《青春之城 绽放异彩》《大运魂魄，改变一座城市》《陶然"UU"非常大运》等。陈寅、陈冰撰写的《深圳，拥抱世界》是这组稿件的开篇之作。该文高屋建瓴、视野开阔、气势磅礴，以深圳开放史为主线，对深圳迎大运进行全面深入的回顾，较早对"新深圳"这一概念做了比较全面的诠释。

同时，除在ＡⅠ叠继续保持两个大运会新闻版面外，还在ＡⅡ叠推出8个版的

"大运特报"。与此呼应，年度重点策划"世界知名大学校长访谈"刊发密度逐渐加大，几乎天天见报，营造出迎大运和举办世界大学校长论坛的浓厚氛围。

8月12日晚，大运会开幕式在深圳湾体育馆隆重举行。陈寅总编辑强调一定要创造性地设计版面，精彩报道当日大运会开幕盛况，并与值班编委吕延涛、总编室主任李剑辉等反复研究，同时推出两个跨版。一是将A1和A16连版打通，既有利于保证重要稿件的刊发，又可获得充裕的版面刊发精彩图片。刊发《(肩题)"世界之门"开启"不一样的精彩" 五洲健儿激扬非常火的青春(主题)深圳大运会昨晚隆重开幕》《胡锦涛宴请大运会贵宾时发表重要讲话》等文图报道。二是将A8和A9连版打通，刊发开幕式精彩瞬间的图片专题——"深圳湾畔 青春梦想起航"。为创意设计这两个跨版，版控部主任聂剑峰、美编彭宗伟全情投入，匠心独运，首叠头版和最后一版打通，11幅图片将整个跨版构筑为一个硕大的"U"字，大气而别致，图片按开幕式流程以顺时针方向排列，传递出"简约、低碳、绿色、活力"的大运理念。A8和A9连版打通，推出了开幕式图片专题，超大通栏标题十分醒目，巨幅全景图片尽显场内盛况。

"大运特报"报眉别具一格，呈色彩亮丽的弧形，采用报头书法体"特"字，"运"和"报"用类似大运会标志的"U"联为一体，富于青春灵动之感；版面以"时尚绿"为主色调，青春、亮眼，充满朝气；边栏则为清新的浅绿色，打开报纸，左右两边栏连成"U"字。在这一形式感较强的大框架下，各版既风格统一，又美化不同重点。

8月13日32个版几乎全部为大运报道。其中，"大运特报"充分展开，将开幕式各阶段场景逐一展示，呈现出青春飞扬、激情四溢的热烈气氛。同时，充分利用图表等形式，全面提供大运服务信息。如"开幕式当天交通管制线路图""大运专用道全市分布图""开幕式深圳湾体育中心现场安检公交导乘示意图"等多种，图示详尽易读，为市民观赛通行提供了周到指南。

报社编委会周密部署，组织了全方位、全媒体、规模空前的报道。除在头版刊发重大赛事成果外，其他赛事报道均放在"大运特报"之中。赛事报道全面、生动、专业，报道量大，每天保持8～12版篇幅。报道除了重点关注赛事和奖牌外，还着力于对体育精神的诠释和对运动员参与精神的关注。据统计，《深圳特区报》共刊登

《深圳特区报》以两个跨版报道深圳大运会开幕盛况

大运会相关报道文章约 2300 篇、图片 1700 多幅。从 8 月 11 日至 28 日，共安排版面约 270 个，刊发文章 1400 多篇、图片 800 多幅。通过微博等网络新媒体平台发布文字稿约 470 条、图片 90 幅。从 8 月 7 日开始推出"大运特报"专刊至 27 日结束，推出 23 个专栏或专题，包括"政要访谈""校长侃大运""精彩观点""记者观察""致敬，志愿者""美在深圳""巅峰时刻""微博大运""赛况快报""热点""花絮""欢动大运""热评""热门""镜头""人物""前瞻""光影大运"等。

《深圳特区报》主动拓展大运会赛事之外的报道，着力报道保障大运会成功举办的幕后英雄。大运会逾 127 万名志愿者用灿烂的笑容和真诚的服务打动了世界，展示了深圳这座志愿者之城的魅力。《深圳特区报》开设了"致敬，志愿者"专栏，《550 名教育志愿者展示良好形象》《"随车弟""随车姐"赢得掌声一片》报道，以及对"互动哥""擦地哥""鲜花少女"等的报道，均是对绿色出行、文明观赛、全情参与的广大市民的报道，题材新颖，夺人眼球，充分展现了志愿者和深圳市民的风采。

大运会闭幕报道策划新颖，版面大气。8 月 24 日，头版整版大图片、大标题十分抢眼。盛大的场景、漫天的礼花、欢乐的笑脸，将"深圳大运别样精彩"定格。A8 和 A9 版连版超大的主图及其他现场图片和文字报道，展现了在世界之窗"深圳PARTY"上五大洲青年的激情狂欢。

8 月 24 日的"大运特报"中有两组策划成为亮点。首先是以红色"U"为底色元素，用 4 个版的篇幅对闭幕式现场进行盘点式报道。如"U 瞩目""U 亮点""U 揭秘"等，对世界之窗的狂欢盛会进行特写、速写、侧记式报道，加上动感十足的现场图片，给人身临其境的感觉。其次是用 5 个版的篇幅，对"大运之最"进行盘点。如"最震撼"：《启世界之门 赴青春之约》；"最唯美"：《〈春天的故事〉流淌时代旋律》；"最难忘"：《五条赛道点燃火炬》等，总共有 40 个"最"，对大运会的精彩盛况进行了全面总结。

从大运会开幕至圆满结束，《深圳特区报》先后刊发《新深圳，激扬大运精神》《民生为先 民生为重》《"三创合一"提升城市发展质量》《公众参与激发社会管理创新活力》《开放包容提升国际坐标》《城市文明新跃升》等文章，彰显"办赛事、办城市"的办大运理念。用办赛事来带动城市发展，用办城市的心来服务赛事，向世界展示出深圳的专业水准，大运精神让深圳更精彩。大运会开幕式后，刊发了评论《深圳不会忘记你》，感谢深圳市民以及曾经为大运会奉献过的人。大运会之后，推出"体育与大学教育"系列以及"大运志愿者风采系列"评论，颇具分量。评论员与特约作者从不同侧面褒扬了大运中涌现的热点人物，比如"拖地哥""互动哥""凉茶嫂"等，文章角度新颖轻快，文笔优美可读。特别是系列评论"论大运精神如何提升城市文明"，从不同角度阐述了大运精神对深圳城市形象的提升。

五　世界知名大学校长访谈

深圳特区报社记者欧阳炜在美国采访"常春藤盟校"布朗大学的西蒙斯校长

2011 年召开的世界大学生运动会是世界高校学子的嘉年华，编委会早在 2010 年初就提出采访世界知名大学校长的创意，由张兴文副总编辑具体负责，二季度正式启动。当年 8 月 12 日正式推出第一篇对清华大学校长的专访，直至 2012 年 2 月 16 日推出第 100 篇对香港科技大学校长的专访。这次大型采访，涉及 20 多个国家和地区的世界知名大学 100 所，

每篇访谈均以一个整版在要闻版推出。

世界百所大学校长访谈是一项浩大工程，尤其是对国外大学的采访十分艰难。之前国内从来没有媒体集中采访这么多世界著名高校。报社编委会先后指定范京蓉和廖露蕾两位熟谙英语的记者负责采访联系工作，先后还派出 3 批记者分赴英国、美国、德国等国实地采访。

这项大型策划具有以下特点：一是层次高，采访的国外大学大多在世界大学排名榜中位置靠前，如哈佛大学、牛津大学、麻省理工学院、杜克大学、多伦多大学、海德堡大学、东京大学、早稻田大学、大阪大学、新加坡国立大学、隆德大学等；国内大学如清华大学、中国科技大学、香港大学、南京大学、中山大学、山东大学等。二是采访面广，采访大学包括美国、加拿大、英国、德国、法国、意大利、俄罗斯、波兰、新加坡、日本、韩国、伊朗、瑞士、南非、爱尔兰等 20 多个国家和地区。三是国外大学占一半以上，具有较高国际性。四是采访深入，新闻性强，且有一定深度。在大运会开幕前两个月，稿件中还增加了校长寄语大运会的内容，编辑在版面上予以特别突出处理，为大运会召开营造了良好氛围。大运会期间，八方嘉宾云集深圳，报道达到高潮。这组专访成为大运会报道中的一大特色和亮点。

该组报道不仅让读者充分领略了世界名校的风采与魅力，而且加强了深圳同世界知名大学的交流与合作，为深圳高等教育的发展提供有益的借鉴。很多大学校长对这项策划给予高度评价。南京大学校长陈骏说，报道让中国的大学校长们坐在家里就可以了解世界各国许多知名高校的最新动态。厦门大学校长朱崇实说，《深圳特区报》不仅报道大学的办学举措，还深入挖掘了背后的办学理念，很有深度。

报道被新浪网、搜狐网、中国新闻网等各大网站广泛转载，被报道高校更是将报道放在学校官网的突出位置。

六　辛亥百年专题报道

2011 年，是辛亥革命一百周年。《深圳特区报》策划推出了大型系列报道"辛亥先贤·南粤身影"。该组报道历时 10 个月，用 46 个整版连续推出 45 位辛亥先贤的独家专题报道。

对辛亥先贤的深度报道，编委会要求每位记者都要到史实现场采访，要寻访到辛亥先贤的后人以及史学专家。2011年元旦刚过，报社负责人即赶赴广州，专程拜访广东省社科院研究员、近代史研究专家王杰教授，聘请其出任学术顾问。

1月25日，特派记者刘伟、王奋强、丁庆林在中山市委宣传部有关负责人帮助下，结识了孙中山四姐孙妙茜的外甥、刚从中山市政协副主席岗位上退下来的杨海，以及中山市委党史研究室原主任郭昉凌。郭昉凌对中山籍辛亥先贤的后人多有采访，堪称"活向导"。她引领记者找到了被誉为"中国空军之父"的冲天英雄杨仙逸的故居，现场采访了杨仙逸的亲戚。在孙中山故居纪念馆，杨海讲述了孙中山的事迹。此外，记者还采访了辛亥先贤郑彼岸的女儿——104岁的郑淑然老人。

"辛亥先贤·南粤身影"策划报道之一《孙中山：从广东走出的平民伟人》刊出后，被许多网站转载

此后，记者又多次前往中山，拜访了辛亥先贤林君复的嫡孙林绍声。时年80岁的林绍声与祖父林君复一同生活过4年，他向记者深情回忆了祖父投身革命的一生，还拿出回忆文章给记者参考。在首次广州起义中就义的陆皓东，其故居和坟墓散落在翠亨村周边的山野间。在郭昉凌指点下，记者瞻仰了陆皓东故居和坟墓。为追访"四寇堂主"杨鹤龄的足迹，记者两赴中山市翠亨村杨氏故居，并到香港中环歌赋街8号实地踏访。

记者张晋采写辛亥先贤伍廷芳几经周折。在江门老作家司徒沛的提醒下，记者在新会景堂图书馆找到有关伍廷芳的资料。又根据资料线索，专访了广州市政协学习和文史资料委员会副主任黄淼章。在黄淼章带领下，记者在越秀山顶的孙中山纪念碑旁看到了孙中山先生为纪念伍廷芳亲自撰写的《伍秩庸博士墓表》，了解了伍廷芳波澜壮阔的一生。[①]

2011年2月25日，首篇报道《孙中山：从广东走出的平民伟人》刊出后，当即被新浪网、中新网、搜狐网、和讯网、中红网、第一视频、大洋网、读书频道、中华孙氏（原孙氏宗亲网）、秦皇岛新闻网等网站转载。

七 建党90周年，追寻先辈足迹

2011年是中国共产党建党90周年，《深圳特区报》精心策划了多项活动。《深圳特区报》开辟专栏18个，刊登文章651篇、图片112张。这次大型系列报道体现出策划意识强、时间跨度大、地方特色突出的特点。

从1月1日起，《深圳特区报》在要闻版推出"党史上的今天"专栏。1月20日，着力策划的大型采访活动"重访红色故土"正式启动，一直持续至9月。记者奔赴上海、井冈山、遵义、延安、大别山、西柏坡等老区、苏区、边区、解放区以及著名战役或重大历史事件的发生地，记录中国共产党走过的光辉历程，感受新中国尤其是改革开放以来创造的丰功伟绩及巨大变化。

"重访红色故土"系列报道每周二在要闻版辟出2/3版或半个版的版面，刊发27站30期报道，在社会上引起良好反响，每期报道都被多家主流网站转载。

在延安，特派记者小组刘伟、綦伟、吴铠峰一行刚进宾馆落脚，即召开选题讨论会。很快，大家集思广益想出5个题目——"是中国革命的落脚点，也是中国革命的新起点""学习型政党建设""知识青年奔赴革命圣地""局部执政的示范区""党走上独立自主发展的胜利大道"。当晚，大家着手收集资料，用功备课，这是"重访红色故土"采访的惯例。每次采访前，部主任与记者都首先深入学习新出版的《中国共产党历史》，熟悉所要采访的内容，然后在实地采访中再进行深入

[①] 参见张晋《先贤采访札记》，《报道》（深圳特区报社内刊）2011年第12期。

挖掘。

延安革命纪念馆张建儒馆长专门接待采访小组一行，就"是中国革命的落脚点，也是中国革命的新起点"这个题目，与大家做了长达2个多小时的深入交流。中国延安干部学院的教授们在教务部杨志和部长的热情组织下，利用休息时间，分别就"学习型政党建设""知识青年奔赴革命圣地"等题目跟记者长谈，引经据典，释疑解惑。

采访小组驱车几十公里，深入南泥湾腹地。在杨家岭、枣园、清凉山，大家一个窑洞一个窑洞地仔细走访。延安市委宣传部副部长庞辉接受采访时说，陕甘宁过去是特区，"重访红色故土"大型采访来到延安，正是老特区与新特区的拉手。

最后一期"重访红色故土"报道是从西柏坡发出的。这组报道至此画上了圆满的句号。

4月13日，《深圳特区报》推出"光辉南粤先锋足迹——纪念中国共产党建立90周年特别报道"，旨在缅怀革命先辈在广东建立的丰功伟绩，弘扬光荣革命传统，继承宝贵精神财富，首篇为《陈独秀：三临广东图伟业》。

6月1日，深圳特区报社与深圳市委组织部、市委宣传部联合举办"深圳党建创新十大案例"评选活动，当日在《深圳特区报》开设"迎风飘扬的旗帜——深圳党建创新经典案例巡礼"专栏，首篇刊发《民企党员从那时起有了家》。11月16日，主办方组织了专家评审会，市党建研究会、市委党校、市社科院和深圳大学的党建专家与各区委组织部、各新区组织人事局、市委各工委和市国资委党委分管领导一道，在充分讨论、评议和参考社会公众投票情况的基础上，以无记名方式投票推选出"深圳基层党建创新案例十大品牌"名单。

深圳特区报社还以党的执政能力建设和先进性建设为主线，以深圳经济特区30余年改革发展，特别是党的建设为脉络，组织采写了庆祝中国共产党90华诞系列述评，首篇《深圳：党的执政能力建设的精彩之作》于6月20日见报。

6月17日，特派记者鲍传文、李力启程前往欧洲，追寻老一辈革命家的足迹，寻访周恩来、邓小平等留学欧洲时工作、生活和战斗过的地方。6月18日晚特派记者抵达巴黎，开始寻访第一站——周恩来故居。6月21日起，《深圳特区报》推出"西行漫记——追寻早期中国共产党人的欧俄岁月"栏目，详细报道探访内容。

7月1日，《深圳特区报》推出特辑《旗帜高扬》，庆祝党的生日。

深圳特区报社记者鲍传文在德国采访蒙达尼法中友好协会副会长

为了深入学习胡锦涛总书记在庆祝中国共产党成立90周年大会上的重要讲话，领会和贯彻讲话精神，7月7日，深圳特区报社特别组织策划了"胡锦涛同志'七一'重要讲话学习参考"专题报道，邀请专家学者对讲话进行深入研读，包括"专家解读""学习体会""链接""'外眼'观察"等栏目。

9月，陈寅总编辑与丁立连、詹婉容、董晓敏一起组成"西行漫记——追寻早期中国共产党人的欧俄岁月"系列专题报道组前往俄罗斯，寻访当年共产国际为中国共产党培养干部的莫斯科东方大学和中山大学旧址，拜访俄罗斯科学院远东研究所专家，回顾中国共产党人在俄罗斯的革命足迹。

八 刘云山批示肯定《深圳特区报》报道

2010年3月，中共中央政治局委员、中央书记处书记、中宣部部长刘云山表扬《深圳特区报》，认为这份报纸办得很好，在党报里面一直是办得最平稳的，很有政治敏锐性，把握大局，对于传播深圳形象起了很好的作用。①

　　9月20日是全国第九个"公民道德宣传日"，也是中共中央颁布实施《公民道德建设实施纲要》10周年，广东省委宣传部、省文明办在全省组织开展了"公民道德宣传月"暨道德模范"五进"活动。从9月19日开始，《深圳特区报》设立专栏"助人者最乐　行善者最美"，聚焦各类道德模范典型，开展公民道德宣传教育报道。截至11月底，共刊发各种公民道德宣传教育稿件200余篇。10月8日，《深圳特区报》头版头条刊发对道德模范孙影的报道。该专栏"聚焦爱心市民，从他们的善行义举中，感受一座城市爱的力量"。先后推出了《爱，让生命变得丰厚》《爱，可以跨越千山万水》《在艰难困苦中更见爱的坚韧》《川流不息，善行可贵》等文章，介绍了深圳市民支教、帮扶贫困地区儿童、关爱残疾人士、网络传递爱心、千里送光明等善举，引来许多热情的关注。专栏在形式上注重创新，每期分为"条目""释义""案例""点评"四个部分。"条目"邀请专家从《论语》《孟子》等中国传统文化典籍中找出与市民善行"案例"相对应的格言警句，在新的时代背景下对其进行"释义"，"点评"则是评论员挖掘该案例的意义，结合"条目"进行点评。四者相互呼应，相得益彰，既传递了爱的种种理念，传播善行的种种案例，又能让读者汲取传统文化中关于仁爱、诚信、道义的智慧，从古今中外的格言警句中感受爱的光芒，有着不一样的精彩，洋溢着浓郁的文化气息。

　　《深圳特区报》加强了对孙影事迹的报道，在孙影荣获"第三届全国道德模范"称号之际，在头版作了突出报道，并推出专题"一个人的光荣，一座城的光芒""扎根大山深处　奉献青春热血"，就孙影荣膺道德模范产生的反响、孙影与这座爱心城市的关联等进行深入报道。10月在"深圳窗"推出专家学者对孙影精神的热议和点评，通过专家的视角，对孙影精神进行二度传播。

　　为密切配合"助人者最乐　行善者最美"专栏，推出了一组评论。10月8日，以《用点滴之行去实践》配合有关孙影的典型报道《爱，让生命变得丰厚》。10月11日，对深圳各界帮助2级智力残疾女孩侯安琪的报道《在艰难困苦中更见爱的坚韧》，时评理论部以《愿爱的制度泽被更多安琪》为题做了评论。评论说："一个充

① 参见翁惠娟《新出发 再远航——写在〈深圳特区报〉创刊30周年之际》，《深圳特区报》2012年5月23日 A04版。

满爱的良性运转的社会，理应是一个能尽可能缩小出身、天生资质、生理机能等自然因素差异而造成个人发展差异的社会，理应是一个给每个人提供尽可能多的发展机会和选择项的社会。如此，社会才是充满生机的有机体。"

《深圳特区报》还在评论版开辟专栏，对"助人行善，收获幸福"进行深入的主题评论。10月10日，以"平凡的人给我们最深的感动"为题，对3名深圳公务员万米高空救人的行为进行了评论，称他们用自己"分内"的举动，为我们建立了一种标尺：在关键时刻挺身而出，助人为乐、扶危济困——这才是"深圳精神"的表现。10月11日起，评论版刊发系列评论《修德行善即幸福之道》《聆听内心良善的呼唤》《公益制度化定会出现更多孙影》，从"孙影现象"谈起，分析深圳这座"中国最慷慨的城市"的制度因素。

2011年10月下旬发生了引起社会广泛关注的深圳一公务员殴打父母事件。10月31日，《深圳特区报》在头版刊发消息《在市委书记王荣一封信的感召下 廖天野长跪父母面前悔泪满面》，并配发评论《道德感召当如春风化雨》，对这起热点事件进行回顾综述。一件公务员家庭暴力事件成为舆论热点，在社会广泛关注下，在市委领导的过问引导中，事件得到顺利化解，这是一起有说服力的案例。从"市委书记亲笔致函，着眼于化解矛盾解决问题"，到"彰显媒体引导舆论的担当与责任""社会包容凝聚成一座城市道德的力量""党委政府和媒体、公众当合力共同推进道德建设"等，剖析了处理事件的着眼点着力点、事件化解背后的综合因素、事件解决中道德理念的引导作用等，并对今后城市道德建设的前景做出展望。

刘云山在《深圳特区报》头版这篇报道上批示，充分肯定深圳市对此问题"春风化雨般的引导""社会效果很好"，认为这种"立足于化解、立足于建设、立足于解决问题"的做法值得借鉴。[①]之前，深圳市委书记王荣给社长黄扬略写信，就媒体宣传社会文明道德建设问题提出要求，对舆论引导提出要求。深圳特区报社贯彻执行指示精神，配合相关部门帮助促进犯错公务员的转变，并准确把握时机做舆论推动，取得良好成效。

[①] 参见《像春风化雨般抓道德建设 ——深圳近期一起社会热点问题得以化解的启示》，《深圳特区报》2011年11月4日。

九　舆论监督组合出击

深圳特区报社一直围绕市委市政府中心工作服务大局，在舆论监督上抑恶扬善。2010～2012年，舆论监督系列报道有坐公交车出关难、保障性住房审议、酒楼餐厅"欺客"、非法地图、停车场收费乱象、环境乱象、"疯狂的猪肉"、"黑站点"拉长途客、沙井300米河堤坍塌、校服争议、公共球场竟成管理处自留地、深盐路人行天桥层层转包、香蜜湖1号几乎成违建等等，一次次形成舆论热点，有力地促进了问题的解决。

（1）"上班搓麻将"报道。2010年3月29日，《深圳特区报》刊发报道《上班时间竟在茶楼搓麻？》，曝光了一辆"执法"公车经常开到较为隐蔽的福田区熙园小区茶汤坊楼前，从车上下来的人走进茶楼麻将馆，一坐就是三四个小时，有时从中午玩到深夜才离开。这立刻成为市民议论话题，也引起福田区纪检监察机关的高度重视，当日成立了调查组，对有关人员在上班时间擅离职守私驾公车打麻将进行调查。《深圳特区报》展开后续追踪报道。4月1日，福田区召开全区行政执法人员警示教育大会，对被查处的9名公职人员、5名违纪公务员予以政纪立案调查，其中2名担任行政职务的公务员被免职，4名违纪职员被严肃处理。另外，公职人员中6名违纪党员被党纪立案调查。

（2）"山寨公交"报道。2010年9月上旬，深圳特区报社频频接到关于福永汽车站至坪山、华强北至大浪龙华、龙华汽车站至龙岗等区间乘坐公交难，黑大巴仿冒正规公交的读者投诉，这些山寨公交不但收取高额车费，而且时有暴力伤人事件发生。不少乘客虽屡屡向市交委等部门举报，但迟迟未见回音，更难见执法人员铁腕严查，山寨公交日益猖獗。经过数天的明察暗访，《深圳特区报》自9月14日起推出山寨公交问题系列调查，连续发表了《山寨公交：怎一个乱字了得》《业内人士揭秘山寨公交背后四大黑幕》《（主）一夜查处20辆山寨公交车 （副）年底新添1321台公交　市交委推出多项举措提升公交服务打击山寨公交》等一系列报道，一时间成为社会舆论中心，报道被新浪网、搜狐网等各大网站以及主流媒体转载，促成有关管理部门很快解决问题。

（3）"整治市容"报道。2011年，围绕"迎大运创文明城市标兵"主题，对影

响深圳城市形象的丑陋现象进行报道。1月25～29日刊发
了3组"整治市容提升宜居环境"系列报道,披露"繁华路
段小贩多,随处可见牛皮癣",引起社会强烈反响;接着跟
踪报道市领导王荣、许勤带队亲自到华强北清理"牛皮癣",
引起市民热切关注。针对酒楼欺客的不文明现象,开设"酒
楼餐厅欺客系列专题报道",刊发《"阴阳"菜单吃差价　开
瓶收费贵过酒》《八家酒楼七家要收开瓶费》《返券是诱饵
要实惠真没有》,不仅反映开瓶费问题多多,还发现"特价

菜""天价菜"最欺客,"餐厅用秤杆'短斤少两'"等问题。呼吁社会抵制这些有损深圳形象的行为,有力地推动了大运会良好环境的建设。

(4)"地沟油"报道。对于复发的社会问题,跟踪报道,毫不手软。2011年9月突出报道"公安部破万吨地沟油大案"之后,《深圳特区报》继续重点关注,一方面连续报道此案的相关情况,另一方面部署记者挖掘本市相关现象进行追踪。在"大都会新闻"版推出文图报道:《果林边查获百桶地沟油》报道"本报记者调查发现3处窝点,通知执法人员赶到现场,将地沟油就地销毁",还有记者调查《"黑猪油"产自废弃铁道站》等,曝光隐藏的深圳"地沟油"地下产业。

(5)"汽修陷阱"报道。2011年12月7日,《深圳特区报》刊发《八成受访者修车曾挨宰》报道。后续报道《汽修陷阱是公开的秘密》《"深喉"爆料:真假零配件利润差几倍》《汽修维权尚需法规监管到位》《人大代表建言引入刑法处罚》《今起启动汽修行业整治行动》《汽修业开展为期半年整治》《黑幕掀开当"刮骨疗伤"》等,对当时存在的汽修乱象进行连续报道,有效推进了问题的解决。

《深圳特区报》强调新闻评论,与舆论监督报道形成合力。2011年5月9日,发表评论《这是法盲出的馊主意》,读者纷纷叫好。这是由总编辑点题,针对深圳市住建局于4月27日发布的《通知》第6条"在严肃处理期内,严禁农民工通过群体性上访等非正常方式或手段讨要工资,凡是组织、参与集体上访事件的,一律按相关规定严肃处理,造成严重后果或恶劣影响的,追究其刑事责任"给予驳斥。央视特约评论员白岩松在《新闻1+1》节目中说:"作为深圳市的党报《深圳特区报》,对于本市一个政府职能部门的一个错失,敢于提出如此尖锐的批评,非常难得。这的确是舆论监督的一种进步。"在稿件刊发当天,深圳市委宣传部给予肯定。5月10日,在深圳市住建局诚恳认错并道歉后,再次由陈寅总编辑点题,《深圳特区报》跟进推出评论:《"糗事"的三点教训》。

十 "龙年新春评论"再发改革强音

1992年2月20日至3月6日,《深圳特区报》连续刊发"猴年新春八评",向海内外传播邓小平南方谈话的重要精神,掀起了一股舆论冲击波。20年后的2012年,邓小平南方谈话发表 20 周年之际，从 2012 年 1 月 30 日至 2 月 10 日，《深圳特区报》连续在头版头条位置推出"龙年新春八评"：《根本出路还是改革》《必须摒弃"GDP 为王"》《以公正促共富》《释放社会活力》《民力创未来》《改革是第一政德》《国民精神定成败》《深圳将继续证明》。每一篇的标题都鲜明有力地昭示核心观念，令人眼前一亮、精神一振。

1. 紧紧抓住历史机遇

30 年来，在春节后推出新春系列评论，成为《深圳特区报》的"招牌菜"和"重头戏"。"龙年新春八评"的出炉，是记录重大历史时刻、激荡改革开放浪潮的办报传统使然。

2012 年是南方谈话发表 20 周年，党的十八大将于下半年在北京召开，世界经济复苏的不稳定性不确定性增加，国际和地区热点此起彼伏，中国正处在全面建设小康社会的关键时期和深化改革开放、加快转变经济发展方式的攻坚时期。在新的历史关口，社会和民众热切期盼听到立场坚定、旗帜鲜明的改革之声，凝聚改革共识，激发改革激情，再造改革动力。2011 年底，《深圳特区报》开始酝酿推出一组龙年新春评论，立足深圳、着眼全国谈问题。

2. 市委领导两次到报社具体指导

2012 年元旦刚过，报社即组织了由总编辑陈寅挂帅，吕延涛、鲍传文、金文蓉、陈冰组成的写作小组，投入了评论前期写作。深圳市委常委、宣传部部长王京生两次率队到报社，与深圳报业集团社长黄扬略、总编辑宣柱锡和评论写作小组展开商讨。通过两次会议的"顶层设计"，确立了"龙年新春八评"的立论视野和思想高度：不以一家地方党报的定位谈深圳新年的目标和要求，而是以"排头兵"的身份亮出改革明志的战斗檄文，是信念和决心的宣示。

这组评论，每一篇的选题内容和标题确定，都由市委宣传部主要领导、报业集团社长和报社总编辑亲自把关，反复推敲，最终审定。每篇文稿都是写作小组集体创作的结晶。紧张，但工序井然：集体讨论提纲—分工执笔—编委初改—集体讨论—执笔人修改—编委初审—总编复审—上版打磨—总编签发。尤其是集体讨论

"龙年新春八评"写作
小组在研究选题

和修改环节，少的反复数次，多的达到 20 来次。收集的资料，改得密密麻麻、面目全非的纸稿、小样，垒起来有厚厚的一大摞。

从评论推出到全部刊发完毕的 11 天，写作小组集中食宿，昼夜全情投入。中间的元宵节，小组成员们仍保持与外界和亲人"隔离"，或在宾馆房间伏案写稿，或在报社编辑部进行上版前的最后修改。

3. 命题宏大，浑然一体

建立完善市场经济体制改革是贯穿"龙年新春八评"的一条主线。这组评论以改革这一宏大命题为纲，以南方谈话精神为内核，以现实问题为线索，既浑然一体，又层层深入，篇与篇之间有机联系，贯穿着必然的逻辑性。

8 篇评论依次回答了这样几个问题：

第一，要不要继续改革？《根本出路还是改革》针对一些国家和地区的历史教训指出，发展转型的关键阶段，市场取向改革不到位、市场经济制度不完善，就会导致法治失序、道德失范、正义缺失。评论旗帜鲜明地表明坚持市场取向改革不可动摇，指出解决问题的根本出路还是改革。

第二，改革发展的理念是什么？《必须摒弃"GDP 为王"》指出，市场经济就是由市场说了算。"GDP 为王"体现的是长官意志，是靠"有形的手"在拼资源、定数字、堆规模。深化市场取向的改革，说白了就是要简政放权，不断减少权力对微观经济的直接干预，让经济按照市场规律运行。

第三，改革的最终目的是什么？《以公正促共富》指出，改革的最终目的就是要实现共同富裕。既得利益格局将导向扭曲的市场经济，严重掣肘市场经济的健康发展。公平正义是市场经济之本，公平正义必须靠法治来保障。

第四，社会转型中出现的矛盾如何化解？《释放社会活力》指出，经济体制变了，社会结构变了，传统的政府之手应对不了纷繁的社会矛盾。出路在于创新社会管理，让社会组织活力最大释放。政府应转变职能，还权于社会，从"运动员 + 裁判员"瘦身为"裁判员"，放手让社会组织扮演社会治理的主角。

第五，改革依靠谁？《民力创未来》指出，改革开放是解放生产力的一场深刻变革。一些地方、一些领域的改革推不动，要害在于改革动力不足，民众的积极性和创造性难以发挥。不了解情况，怎么参与？不清楚事实，如何监督？民力的蓬勃生长源于民主。实现程序民主，就要创造条件，充分让民众知情，让民众参与，让民众表达，让民众监督。

第六，改革与执政的关系。《改革是第一政德》指出，市场经济制度没有最好，只有更好，要让改革成为常态。不改革，只能是死路一条。改革，才能永具活力，才能永葆先进，才能永续伟业。改革，已成为新时期我们党执政兴国的优良传统。改革，应成为执政者第一政德。

第七，改革精神动力从何而来？《国民精神定成败》指出，国民精神的高下、国民素质的强弱，是国家发展之本，攸关国家民族未来。没有国民素质的强健、国民精神的丰沛，没有企业家"道德血液"的流淌，何来市场经济的强壮体魄？何谈受人尊敬的大国形象？要有规则意识、树诚信之德、担公民责任，建立与社会主义市场经济相适应的价值观念和道德体系。

第八，改革先行者的抉择。末篇《深圳将继续证明》结合深圳的具体实践，对前7 篇的观点再次进行了回溯和论证，并回归到特区立场，"我们深信，南方谈话将不断激励和指导着深圳的奋斗和实践，深圳也将对南方谈话继续做出无愧无悔的证明"。

"龙年新春八评"的刊发，引起社会各界热烈反响和国内外舆论的广泛关注。人民网、新浪网、搜狐网、凤凰网、南方网等数十家知名网站竞相转载，凤凰卫视《有报天天读》节目多次播报，港、澳、台以及海外多家中文媒体纷纷给予关注。在深圳新闻网等论坛中，评论引发的相关话题频频被置顶；在新浪、腾讯等微博平台上，评论一经刊出便被高频转发，评论的观点和有关论述成为网友讨论的热点话题。

这组评论获得国内众多权威人士的高度评价。中国记协原主席、人民日报社原社长邵华泽评价说，"龙年新春八评"令他眼前一亮，篇篇谈的都是老百姓关心的话题，观点切中要害，论述深刻精当，语言简明生动，体现了一份党报的社会担当。暨南大学新闻与传播学院院长、博士生导师范以锦表示，"龙年新春八评"体现了《深圳特区报》的权威性，与"猴年新春八评"一脉相承，体现了《深圳特区报》的办报思想和意图。"8 篇文章浑然一体，又层层深入。篇与篇之间有着很强的内在联系，总体上回答了当下关注的问题。"[1] 华中科技大学新闻与信息传播学院院长、博士生导师张昆撰文认为，"龙年新春八评"以科学理论为引导，以现实问题为线索，以民众共识为依归的论说方式，高扬改革旗帜，堪称有理、有据、有情。

第四节　中央领导祝贺《深圳特区报》30 华诞

2012 年 5 月 24 日，《深圳特区报》迎来 30 华诞。时任中共中央政治局常委李长春 5 月 9 日发来贺信，5 月 18 日在时任中共中央政治局委员、广东省委书记汪洋陪同下，来到报社检查指导工作。

一　实现"四个统一"，力争再立新功

作为《深圳特区报》老读者，李长春曾对记者说："我每天上班一坐进车里，就

---

[1]　冯庆：《"龙年新春八评"体现深圳特区报权威性》，《深圳特区报》2012 年 2 月 17 日。

能看到你们的报纸。"①

在《深圳特区报》30 年报庆到来之际，李长春同志早早发来贺信。"值此《深圳特区报》创刊 30 周年之际，谨表示热烈祝贺，并向报社全体同志致以亲切问候！"李长春在贺信中写道，"创刊 30 年来，《深圳特区报》始终坚持正确舆论导向，围绕中心，服务大局，积极宣传党的路线方针政策，大力推进解放思想、实事求是、与时俱进，大力宣传中国特色社会主义理论体系，深入报道深圳改革开放和现代化建设的巨大成就，热情讴歌深圳干部群众团结奋斗、开拓进取的精神风貌，为推动深圳经济特区改革开放和科学发展提供了有力的思想保证、精神动力和舆论支持，已经成为展示深圳特区良好形象的重要窗口，并为党报既坚持正确导向、又充满发展活力创造了新鲜经验"。

"当前，全党全国各族人民正在深入贯彻落实党的十七届六中全会精神，深化文化体制改革，推动社会主义文化大发展大繁荣。希望你们以全会精神为指导，牢牢把握正确导向，坚持贴近实际、贴近生活、贴近群众，深入开展'走转改'活动，发挥自身优势，不断改革创新，切实提高舆论引导的及时性、权威性和公信力、影响力，努力打造有竞争实力的一流现代传媒，在深圳继续解放思想、坚持改革开放，努力当好推动科学发展、促进社会和谐排头兵的宏伟征程中，再创佳绩，再立新功。"

5 月 18 日，李长春来到报社，深圳报业集团时任党组书记、社长黄扬略向李长春汇报："30 年来，《深圳特区报》向全国传递深圳改革开放的新尝试、新探索与新经验，较好地占领了阵地与市场，实现了社会效益与经济效益双丰收。"李长春充分肯定《深圳特区报》为全国党报创造了新鲜经验，树立了典范，实现了"四个统一"，即体现党的意志和反映人民心声的统一，思想性、指导性和可读性的统一，占领阵地和占领市场的统一，社会效益和经济效益的统一。李长春希望深圳特区报社继续弘扬深圳"拓荒牛"精神，继续坚持"四个统一"，为办好党报创造新经验。

5 月 22 日，时任中共中央政治局委员、广东省委书记汪洋发来贺信，寄望《深圳特区报》"坚持新闻立报、文化强报、服务兴报、品牌盛报理念"，"不断增强传播力、竞争力和影响力"。

---

① 参见李文生《深圳特区报，好》，《深圳特区报》2007 年 11 月 9 日 A01 版。

在李长春视察之前，时任广东省委常委、深圳市委书记王荣于5月17日到报社调研，高度评价深圳特区报社30年来取得的辉煌成就，并对报社未来发展寄予厚望，要求报社进一步加快转型升级，全力打造具有广泛影响力的一流现代传媒。

5月24日，时任深圳市委副书记、市长许勤来到深圳特区报业大厦，参观"东方风来——《深圳特区报》创刊30周年成就汇报展"，为深圳特区报人送上祝福。他称赞道："《深圳特区报》始终坚持改革创新，勇立潮头，是新闻战线的一面旗帜，也是深圳经济特区的一面旗帜，为特区改革发展做出了重大的贡献。"

二 "特立三十载 报春第一枝"

深圳特区报社围绕创刊30周年，推出以"特立三十载 报春第一枝"为主题的系列庆祝活动。

编委会高度重视创刊30周年这一重要时间节点。早在2011年初，即成立以时任总编辑陈寅为组长的报庆筹备工作领导小组，明确提出，"三十而立"既是《深圳特区报》发展的一个重要节点，又是一次展示《深圳特区报》形象、风貌的良好机会，报庆系列活动要体现热烈、庄重、简朴的原则，各项活动要细致策划、周密部署、逐项落实，确保高质高效完成，把报庆各项活动办得圆满成功。

2012年3月26日，"特立三十载 报春第一枝"专栏见报，刊发《深圳特区报》创刊30周年回忆文章，同时推出创刊30周年报庆标识。

4月5日，《深圳特区报》"庆祝创刊30周年系列活动与报道"正式启动，推出"特立三十载 报春第一枝"之"高端访谈"专栏，采访一批领导和社会知名人士，请他们为深圳经济社会发展和文化强市等建言献策，为进一步办好《深圳特区报》指点鞭策。首篇为《（肩题）中国记协党组书记翟惠生深情寄语深圳特区报常看常新、常看常青——（主题）永做改革开放前沿"哨兵"》。

报社与深圳市关爱基金会共同策划发起以推动募捐、表彰慈善为目的的"公益金百万行"公益行动。

5月18日，由华中科技大学新闻与信息传播学院时任院长、博士生导师张昆，深圳特区报社总编辑陈寅主编的《旗报——〈深圳特区报〉史稿》由中国人民大学出版社出版发行。

5月22日，创刊30周年"读者开放日"活动举行，众多热心读者积极参与，共叙友情、同瞻未来。

5月23日，《深圳特区报》创刊30周年答谢会举行。"特报公益慈善基金"同时正式启动，著名导演陆川等知名人士被聘请为首批爱心传播大使。

《深圳特区报》从当日起，每日12个版，连续3天推出大型报道特辑，回望走过的30年峥嵘岁月，在一份报纸和深圳这座城市的故事中，展开对深圳改革开放历史的鲜活记忆，展示一代又一代报人不忘初心，薪火相传，对党和人民事业一片赤诚的奋斗历程。

5月24日，《深圳特区报》创刊30周年座谈会隆重举行，时任广东省委常委、深圳市委书记王荣出席并讲话。新老特区报人欢聚一堂，共忆创业峥嵘岁月，再谋改革发展华章。

5月28日，全国副省级城市党报总编辑联席会议（中期）暨《深圳特区报》创刊30周年党报转型发展研讨会在深圳举行。20余家党报负责人齐聚一堂，探讨新形势下党报的转型发展之路。中国新闻文化促进会会长、新闻出版总署原副署长李东东出席会议并致辞，称赞《深圳特区报》不愧为"中国改革开放第一报"。

第五节　自主办网促报网融合

一　特网上线

2010年5月19日，深圳特区报社与百度实行"报网互动"试点，"今日网事"报道版开辟专栏"深圳贴吧"。

5月27日，与深圳新闻网联合开展"十大民生热点问题"调查，列举20个热门话题，供网友选择，结果将为人大代表、政协委员发言和议案建议、提案选题提供参考。

2010年10月，报社成立新媒体部，负责建设自己的网站特网。经编委会深入讨

特网上线

论，决定自主办网。虽然自主办网人力、财力投入较大，但报网融合程度高，对母报品牌回报高。以单个纸媒为单位建立网站，将纸媒、网络媒体合二为一，一体化运作，对报纸、网络媒体进行资源整合，打造新型融媒体。2011年1月29日，特网上线。

就网站定位、名称、域名、LOGO、色调、频道、规划等，编委会曾多次召开会议讨论研究。报社曾征集到四五十个网站名称，特网因简洁明了、朗朗上口脱颖而出。特网成为《深圳特区报》向新媒体进发的新起点。

新媒体部组建时，人才、技术、经验、资金都缺乏。部门负责人谢俊艺从报社内外找来几员战将，挤在一间几十平方米的小会议室办公，用A4纸打印"新媒体部"四个大字贴在门上，就此正式开张。"至今我仍时常怀念我们当年的'网吧'。"时隔多年后，谢俊艺经常回忆起创办新媒体部的那段日子，"最开始 8 个人，后来陆续又招入了几个人，人多地狭，只能大家排排坐，电脑'睡通铺'，就像是一个网吧。"

2011 年 1 月 12 日，官方微博特博开通。当天，报社参加深圳两会报道的记者在新浪微博首次开通"特报'两会'微博"，邀读者、网民、人大代表、政协委员一起"互粉"，共织"围脖"。另外，报社还和市公安局联合开设"微博警事"栏目，搭建市民和警方沟通的新桥梁。

特网上线后，正式与《深圳特区报》和特博联动呼应。由此，报社以特网为平台，以权威声音为旗帜，依托《深圳特区报》核心资源和力量，在打造扎根深圳、具有全国影响力的新媒体的道路上迈出一大步。

大运直播室引发追星潮

深圳特区报社记者 滕琪 摄

二 特网大运会报道一炮而红

2011 年 8 月 12 日世界大学生运动会在深圳开幕，特网迎来第一场大战。对于一个新上线网站，这是一次千载难逢的推广机会。特网不仅要完成常规宣传报道，还面临与新浪、搜狐、腾讯等门户巨头的竞争，如果靠资讯拼点击量，必无胜算。对深圳特区报人来说，怎么用新媒体打好大运会这场大仗，如何让纸媒和网媒既有分工，又能协同作战，都是考验。

相比报纸，特网最大的优势是即时互动；相比门户巨头，特网最大的优势是东道主。报社找准方向，制订了报网融合的核心战术，并启动即时新闻报道，在赛事报道方面充分利用 80 名前线持证记者的资源优势，由新媒体部策划并组织实施"大运快报"计划，出台《关于大运期间通过新媒体发布即时新闻的奖励办法》，提升前线记者和后方编辑积极性，前后方紧密配合，实现对几乎每一场比赛的文字、图片或视频现场直播，使得特网成为大运会赛事信息的首发平台。

除赛事报道，特网还开设了大运直播室，联系大运指挥部，邀请包括钢琴家郎朗在内的 10 余名大运火炬手、形象大使等嘉宾，进行网络访谈直播，激起一波追星潮。

同时，特网紧紧围绕大运主题，广泛展开线上线下活动，不仅成为大运会的宣传者和记录者，还成为大运工作的参与者。

从 2011 年 3 月开始，特网配合报社区域新闻部、民生新闻部等部门，组织开展 20 多批次网友参与"办赛事、办城市、看变化"系列活动，每场都引来大批网友积极报名参加。在大运会开幕前，特网就带网友走进大运中心、深圳湾体育中心，走访深圳正在为大运而更新的角角落落。面对特网记者，网友们谈印象、谈变化、谈感受，现场拍照片、上论坛、发微博，通过特网论坛和微博传播出去，与更多网友、读者分享。

2011 年 7 月 19 日，由《深圳特区报》、特网等联合策划发起的"绿色出行 微博助力"活动在网上产生强烈反响，并通过微博在全国广泛传播，包括时任万科董事会主席王石在内，深圳、北京、上海、香港等地一大批知名人士、演艺明星、作家、学者等纷纷通过微博转发该活动内容，号召众粉丝和亲友共同接力"绿色出行"，以实际行动支持大运会。据统计，在活动启动后的7天时间里，《深圳特区报》在新浪微博和腾讯微博的粉丝、特网微博的粉丝剧增45000多名，活动相关信息在微博上转发达4500多条，评论1200多条。同时，在特网论坛上，该活动帖文点击量3000多次，留言近200条。

大运会期间，特网专为赛事志愿者、建设者和工作人员举行"我的大运日记"活动，响应热烈，好评不断，不仅为大运参与者搭建了直抒胸臆的平台，也使《深圳特区报》和特网的影响力得到彰显和提升。

2011年大运会，特网一炮而红。《深圳特区报》和特网通过"制度化、集约化、互动化、即时化"的融合探索，初步展现出融媒体的魅力。

三 努力消解报网"两张皮"

报社的大运会融媒体报道采取大兵团作战，大家上下一心，激情澎湃，打了一个大胜仗。但大运会毕竟是10年不遇的重大事件，结束之后，报社很快发现，大运会模式只能适用于"战时"，回到平时，报纸和网络在策采编发等方面仍然"你就是你，我就是我"。

报网"两张皮"的问题亟待破解。从流程看，报纸是延时生产，网络是实时生产，时间和流程无法契合；从语言风格看，报纸严肃严谨，网络轻松活泼；从展现方式看，报纸是平面化的图文，网络是多媒体化、立体化的，这决定了传统报纸的采编人员，不可能一上手就能生产新媒体内容。

2012年初，报社提出纸媒和新媒体融合发展新战略思路，以《深圳特区报》为核心发展新媒体，用新媒体之长补报纸之短，把报纸核心竞争力推送到新媒体产品线中，消除"两张皮"的问题。

2012年6月，报社通过制度建设、技术培训等，将所有采编人员纳入新媒体运营框架中，出台《深圳特区报报网融合采编考核制度（试行稿）》和《深圳特区报网站工作人员考核规定》，对采编人员参与新媒体采编工作进行考核激励。

培训方面，为让纸媒记者拥有发布新媒体稿件的能力和思维，报社对全体采编人员多次开展新媒体技能培训，邀请国内外专家学者举行了数十场讲座。

报社为采编人员配备智能手机之后，以上制度正式试行。新制度刺激了采编人员网上发稿积极性，截至当年 12 月初，报纸版面编辑共编发网络稿 12000 多篇，报社记者发布即时新闻约 2800 篇。2012 年 8 月，深圳机场附近发生火灾，报社记者通过现场采访、微博即时播报，澄清了网上传言。"广东发布""深圳微博发布厅"及深圳众多区、局职能部门的政务微博都将特博列为权威信息源。中宣部调研组到报社调研时，认为《深圳特区报报网融合采编考核制度》在国内是一大创新。

第四篇

融合创新 转型发展

2013 ～ 2022

第八章

新时代 新标杆 新机制

跨 过而立之年的《深圳特区报》迎来新时代，迈入全媒体条件下的新发展阶段。深圳特区报社以习近平总书记关于党的新闻舆论工作的一系列重要论述为指引，紧紧抓住粤港澳大湾区建设、深圳建设中国特色社会主义先行示范区（简称"双区"）的重要历史机遇，守正创新，勇担使命，立足进一步擦亮"改革开放第一报"品牌，深入推进机制创新，奋力朝着打造城市党报新标杆的目标迈进。

第一节　进入新时代

一　新闻舆论工作担负新使命

2012年11月8～14日，中国共产党第十八次全国代表大会召开，从此中国特色社会主义进入新时代。2017年10月18～24日，中国共产党第十九次全国代表大会召开，确立习近平新时代中国特色社会主义思想的历史地位，确定决胜全面建成小康社会、开启全面建设社会主义现代化国家新征程的目标。党的新闻舆论工作在新时代被赋予新使命，实现新发展。

党的十八大报告指出，要牢牢掌握意识形态工作领导权和主导权，坚持正确导向，提高引导能力，壮大主流思想舆论。党的十九大报告指出，要牢牢掌握意识形态工作领导权。坚持正确舆论导向，高度重视传播手段建设和创新，提高新闻舆论传播力、引导力、影响力、公信力。

党的十八大以来，习近平总书记围绕党的新闻舆论工作发表了一系列重要论述，提出了一系列新思想新观点新论断，为做好新时代党的新闻舆论工作提供了根本遵循。

关于新闻舆论工作的重要性，习近平指出，做好党的新闻舆论工作，事关旗帜和道路，事关贯彻落实党的理论和路线方针政策，事关顺利推进党和国家各项事业，事关全党全国各族人民凝聚力和向心力，事关党和国家前途命运。[1] 做好党的新闻舆论工作，营造良好舆论环境，是治国理政、定国安邦的大事。[2]

关于新闻舆论工作的职责和使命，习近平指出，在新的时代条件下，党的新闻舆论工作的职责和使命是，高举旗帜、引领导向，围绕中心、服务大局，团结人民、鼓舞士气，成风化人、凝心聚力，澄清谬误、明辨是非，连接中外、沟通世界，要承担起这个职责和使命，必须把政治方向摆在第一位。[3]

关于新闻舆论工作的原则，习近平指出，党性原则是党的新闻舆论工作的根本原则。[4] 要坚持党管媒体原则不动摇，坚持政治家办报、办刊、办台、办新闻网站。坚持党性和人民性相统一。要树立以人民为中心的工作导向。坚持团结稳定鼓劲、正面宣传为主的重要方针。[5]

关于新闻舆论工作的方法，习近平指出，要做到因势而谋、应势而动、顺势而为。宣传思想工作创新，重点要抓好理念创新、手段创新、基层工作创新。[6] 对新闻

---

[1] 习近平 2016 年 2 月 19 日在党的新闻舆论工作座谈会上的讲话，参见《习近平论新闻舆论工作（2016年）》，"学习强国"学习平台，2018 年 11 月 16 日。

[2] 习近平 2016 年 11 月 7 日在会见中国记协第九届理事会全体代表和中国新闻奖、长江韬奋奖获奖者代表时的讲话，参见《习近平论新闻舆论工作（2016 年）》，"学习强国"学习平台，2018 年 11 月 16 日。

[3] 习近平 2016 年 2 月 19 日在党的新闻舆论工作座谈会上的讲话，参见《习近平论新闻舆论工作（2016年）》，"学习强国"学习平台，2018 年 11 月 16 日。

[4] 习近平 2016 年 2 月 19 日在党的新闻舆论工作座谈会上的讲话，参见《习近平论新闻舆论工作（2016年）》，"学习强国"学习平台，2018 年 11 月 16 日。

[5] 习近平 2013 年 8 月 19 日在全国宣传思想工作会议上的讲话，参见《习近平论新闻舆论工作（2012 年11 月 8 日至 2013 年 12 月 31 日）》，"学习强国"学习平台，2018 年 11 月 16 日。

[6] 习近平：《把宣传思想工作做得更好（二〇一三年八月十九日）》，载习近平《论党的宣传思想工作》，中央文献出版社，2020，第 14 页。

媒体来说，内容创新、形式创新、手段创新都重要，但内容创新是根本。[1] 党的新闻舆论工作必须创新理念、内容、体裁、形式、方法、手段、业态、体制、机制，增强针对性和实效性。[2] 要把握好时、度、效，增强吸引力和感染力。[3] 要抓住时机、把握节奏、讲究策略，从时、度、效着力，体现时、度、效要求。[4] 把握好网上舆论引导的时、度、效，使网络空间清朗起来。[5]

关于国际传播，习近平指出，要创新对外宣传方式，着力打造融通中外的新概念新范畴新表述，讲好中国故事，传播好中国声音。[6] 讲故事是国际传播的最佳方式。[7] 要把握国际传播领域移动化、社交化、可视化的趋势，在构建对外传播话语体系上下功夫，在乐于接受和易于理解上下功夫，让更多国外受众听得懂、听得进、听得明白，不断提升对外传播效果。要采用贴近不同区域、不同国家、不同群体受众的精准传播方式，推进中国故事和中国声音的全球化表达、区域化表达、分众化表达，增强国际传播的亲和力和实效性。[8]

关于新闻工作者队伍，习近平指出，要加快培养造就一支政治坚定、业务精湛、作风优良、党和人民放心的新闻舆论工作队伍。[9] 广大新闻记者要坚持正确政治方向，做政治坚定的新闻工作者；坚持正确舆论导向，做引领时代的新闻工作者；坚持正

---

[1] 习近平 2015 年 12 月 25 日在视察解放军报社时的讲话，见《习近平论新闻舆论工作（2015 年）》，"学习强国"学习平台，2018 年 11 月 16 日。

[2] 《习近平在党的新闻舆论工作座谈会上强调 坚持正确方向创新方法手段 提高新闻舆论传播力引导力》，新华网，2016 年 2 月 19 日。

[3] 习近平 2015 年 12 月 25 日在视察解放军报社时的讲话，见《习近平论新闻舆论工作（2015 年）》，"学习强国"学习平台，2018 年 11 月 16 日。

[4] 习近平 2015 年 12 月 25 日在视察解放军报社时的讲话，见《习近平论新闻舆论工作（2015 年）》，"学习强国"学习平台，2018 年 11 月 16 日。

[5] 《习近平 2014 年 2 月 27 日在中央网络安全和信息化领导小组第一次会议上的讲话》，《习近平论新闻舆论工作（2014 年）》，"学习强国"学习平台，2018 年 11 月 16 日。

[6] 习近平 2015 年 12 月 25 日在视察解放军报社时的讲话，见《习近平论新闻舆论工作（2015 年）》，"学习强国"学习平台，2018 年 11 月 16 日。

[7] 习近平 2015 年 12 月 25 日在视察解放军报社时的讲话，见《习近平论新闻舆论工作（2015 年）》，"学习强国"学习平台，2018 年 11 月 16 日。

[8] 《习近平 2021 年 5 月 31 日在十九届中央政治局第三十次集体学习时的讲话》，《习近平论新闻舆论工作（2021 年）》，"学习强国"学习平台，2021 年 12 月 21 日。

[9] 《习近平 2016 年 2 月 19 日在党的新闻舆论工作座谈会上的讲话》，《习近平论新闻舆论工作（2016 年）》，"学习强国"学习平台，2018 年 11 月 16 日。

确新闻志向，做业务精湛的新闻工作者；坚持正确工作取向，做作风优良的新闻工作者。[1] 要引导广大新闻舆论工作者做党的政策主张的传播者、时代风云的记录者、社会进步的推动者、公平正义的守望者。要不断增强脚力、眼力、脑力、笔力，努力打造一支政治过硬、本领高强、求实创新、能打胜仗的宣传思想工作队伍。

二 报业媒体融合发展迫在眉睫

（一）全国报纸出版业面临严峻挑战

统计数据显示，从2013年开始全国出版各类报纸的份数逐年下降，截至2020年，由478亿份降至277亿份，8年共减少42%，其中2020年降幅最大，达到12.16%，年均降幅约5.3%，而同期国内生产总值平均增幅为6.3%。从全国整体看，报纸出版业萎缩持续时间长、幅度大，至今没有回稳，且有加速下跌之势。

与报纸出版份数下降密切相关，2012年中国报业广告收入首次出现下降，从此一直处于加速下滑之中，2015年降幅达到35.4%，2016年下降38.7%，呈现断崖式下滑，党委机关报相对稳定，都市类报纸大幅下滑。从2017年到2019年，全国报业每年广告降幅都达到30%左右，从2011年的488亿元下滑到2019年的44亿元，不足先前的一成。

（二）深圳报纸出版业大力推进融合发展

统计数据显示，与全国趋势基本一致，深圳从2013年开始，各类报纸出版印数也逐年下降。作为深圳最大的报纸发行机构，深圳报业集团自2013年以来，面对行业发展的严峻挑战，大力推进融合发展、转型发展、创新发展，取得一定成效。截至2021年底，主要发展情况包括以下六个方面。

一是媒体融合、舆论"四力"水平稳步提升。2016年以来，报业集团瞄准做大做强网络平台，先后推出7个自办客户端（读特、读创、晶报、深圳+、见圳、深学、宝安湾）、2个合办客户端（深圳Zaker、深圳网易）、8个媒体官方微博、12个

① 习近平：《做党和人民信赖的新闻工作者》，载习近平《论党的宣传思想工作》，中央文献出版社，2020，第254页。

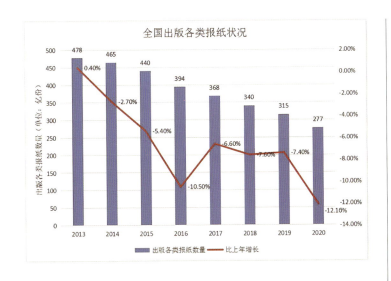

2013～2020 年全国
出版各类报纸状况
资料来源：历年中国统
计年鉴

官方微信公众号及"深政观察""圳论"等政务评论类微信
公众号。此外，还有 25 个其他传播平台账号，代运营政务
新媒体项目 108 个，承接全市 8 个区的融媒 App 项目建设，
和深圳广电集团联合承办"学习强国"深圳学习平台，建
立"纸媒＋网站＋客户端＋官微＋政务新媒体运营＋传媒智
库"的融媒体矩阵，形成"《深圳特区报》＋读特客户端＋深
圳新闻网"领衔、"《深圳商报》＋读创"等垂直分众媒体
及《香港商报》等对外传播平台组成的全媒体传播新格局。
截至 2021 年底，全媒体综合用户（含粉丝量）总数超 1.62
亿，其中，读特下载量突破 4000 万，读创下载量约 800 万。
2020 年以来，集团全媒作品传播数据屡创新高，产生了逾
30 件传播量上亿的现象级"爆款"，受到上级领导和宣传部
门新闻阅评肯定表扬上百次，主流舆论阵地不断巩固扩大。

　　二是党媒集团舆论优势充分彰显。《深圳特区报》充分
发挥集团旗舰媒体作用，立足深圳、面向湾区、辐射全国，
全力打造精品党委机关报。2020 年以来，集团各报网端微实
施"集团军"协同作战模式，网络传播力大幅提升，全网阅
读量上亿及千万级作品成倍增加。

三是对外传播影响力日益扩大。集团各对外传播平台立足讲好中国故事、广东故事、深圳故事，有力发挥联接中外、沟通世界的重要作用。香港商报社建成全媒体对外传播平台；香港经济导报社创新采编报道形式和内容生产模式，扩大在台影响力；英文深圳日报上线"爱深圳"（Eyeshenzhen）英文官网等新媒体平台。

四是垂直分众平台建设初见成效。集团着力建设垂直分众平台。深圳商报社瞄准财经科技类媒体全面转型，读创客户端升级为深圳300万商事主体社交平台。深圳晚报社优化"借船出海""超级协同"模式，合资组建深圳喜马拉雅，构建深圳独一的音频平台，打造"中国广具影响力的创意型传媒"。晶报社秉承"阳光媒体 非常新闻"宗旨，创新政务新媒体代运营之路，至2020年底，代运营新媒体项目108个，总粉丝数超3600万，成为国内规模最大的政务媒体运营机构。教育传媒集团于2020年5月挂牌成立，探索"传媒＋教育"产业发展新路。

五是多元化运营新路径探索初见成效。报业集团近年来聚焦"云上、线上、直播、未来"新业态，促进"传媒＋""＋传媒"双向融通，加快打造以"国、新、物、资"（即国家级平台建设、新技术新业态拓展、物业经营、资本运营）为柱梁的现代传媒产业体系，培育新增长点，非传统业态收入与传统业态收入的差距在不断缩小。集团旗下投资平台一本投资公司得到转型发展专项资金连续3年的出资款投入，贡献利润超千万元，其投资的"一点两云"3个项目IPO均已提交注册阶段。全国报刊出版集团经济规模综合评价排名显示，2015～2019年，除2017年度排名第十一外，深圳报业集团均进入前十。

六是"瘦身健体"改革效果进一步凸显。在转型发展专项资金支持下，报业集团持续去除过剩、落后产能。2015年以来，集团领导班子职数从17名减至11名，减幅35%；集团处级干部总数精简39%；员工总数4482人，较2015年初减少696人，减幅13.4%。同时，集团旗下《深圳都市报》平稳停刊，《游遍天下》杂志顺利转让，电子商务公司完成混改，《汽车导报》2021年底休刊。

第二节　打造新标杆

一　坚守人民立场，更好服务群众

2013 年 4 月 22 日，深圳市委宣布调整深圳报业集团领导班子，决定陈寅任中共深圳报业集团党组书记、深圳报业集团社委会社长。陈寅继续担任深圳特区报社总编辑。

2013 年，深圳特区报社深化"走转改"活动，向基层倾斜，大力改进文风，落实"短、实、新"。据不完全统计，2013 年刊发"走转改"相关稿件 700 余篇，其中头版 234 篇、头版头条 18 篇、报眼 4 篇，取得良好的宣传效果和社会反响。

改进头版和要闻版。不拘一格上头版、选头条。头版稿件原则上不超过千字。头版关注度高、可读性强、短小精悍的报道明显增多，市领导动态报道明显减少。在此带动下，其他版块的新闻报道也普遍"瘦身"，信息量增大，可读性增强。

改进政务报道。一般性政务报道压缩处理，每篇 200 字以内。发在"政务要览"栏目；开设"政务清风"专栏，以短小清新实在的稿件报道政务新气象；尽可能不做长标题，杜绝工作要求性标题、标语口号式标题。出现一批文风朴实清新的政务报道稿件。2013 年 9 月 10 日头版消息《不能成绩讲了一堆，而问题一带而过》，从标题到内容都很朴实；9 月 13 日头版消息《请直奔主题，谈问题建议》，标题简练、直白，内容则抓住了群众路线教育实践活动中的新气象。

大胆改进评论文风。2013 年深圳两会期间，市政协会议开幕，头版社论《知情方明政 感言能担当》，560 字；市人大会议开幕，头版社论《建言通民意 共谋新发展》，496 字；开设评论栏目"两会观察"，所发评论均在 600 字以内。这些评论篇幅虽短，但开门见山，从市民关心的热点问题说起，剔除了官话、空话、套话，直切主题，意尽言止，拉近了与百姓的距离。

稿件评级向"短、实、新"类作品倾斜。鼓励记者运用群众语言反映社情民意，从普通读者视角入手，多讲故事、写现场、抓活鱼，做到"以小见大""以短见长"，增强新闻吸引力、感染力。

创新基层报道。头版来自基层的稿件明显增多，及时反映了全市各区在改进作风、服务基层、推动经济发展和社会建设等方面所产生的最新亮点。

二 把《深圳特区报》的品牌擦得更亮

2013 年 12 月，深圳市委宣布，决定胡恒芳任深圳报业集团党组成员、社委会委员、编辑委员会副总编辑、深圳特区报社总编辑，吕延涛任深圳报业集团社委会委员、编辑委员会副总编辑、深圳特区报社副总编辑。[①]

为把《深圳特区报》的品牌擦得更亮，报社编委会带领报社员工，一如既往地秉承改革创新的立报之魂，将"听党指挥、服务人民、英勇善战"的要求铭记在心，坚持"新闻立报、文化强报、服务兴报、品牌盛报"的办报理念，报道改革强音，传播权威资讯，弘扬特区文化，回归读者为本，精心经营传统优势品牌，适时推出一些新专栏、新品牌、新频道，新老品牌竞相生辉，"新春系列评论""民生面对面""前海特报""改革进行时"等品牌影响力进一步扩大，报纸品质持续提升，精心打造新媒体现象级产品，媒体融合发展取得新突破。

2014 年，报社一方面将"评论版""理论周刊""人文天地""财经""大都会新闻"等颇具影响的老品牌擦得更亮，另一方面相继创办"改革进行时""前海特报""大爱深圳""国防特报"4 个新品牌，增强"吸粉"与"吸金"能力。继续深入开展"走转改"活动，编委会成员和各采编部门主任经常带领大家深入基层采写稿件，更接地气的报道显著增多，一些人物通讯鲜活实在，生动感人。

2015 年，深圳特区报社进入转型发展的新常态，处于"广告经营换挡期、转型发展阵痛期、媒体融合关键期"。报社着力深耕本地新闻，增加本地新闻版面，充实区域记者力量。强化言论和深度报道，出台《关于大力打造提升理论评论品牌的十条措施》，明确指出将特区报理论评论质量提上新水平，争取使特区报成为国内同行标杆和引导深圳舆论的一面旗帜。加强活动策划，精心维护、积极推广既有品牌栏目，倾力打造新的品牌专栏、专版，进一步增强报纸影响力。优化采编流程，建立奖惩机制，推动员工踊跃为新媒体平台提供作品，采取包装推广和利润分成方式激

[①] 当时深圳特区报社领导班子其他成员包括：副总编辑邓自强，编委刘琦玮、张宝兴、李剑辉、唐亚明、叶晓滨。

励员工通过微信公众号等形式，做好做精做大自媒体矩阵。

2016 年，报社加快推进融合发展、转型发展、创新发展。《深圳文化创新发展 2020（实施方案）》指出，要将《深圳特区报》办成具有较强国内外影响力的大报。为实现这一目标，深圳特区报社在继续办好多年来培育打造的品牌内容的同时，寻求突围与创新。一是突出报道策划。策划推出"猴年新春系列评论""探访海上丝路"跨年度大型采访，以及"中国共产党的精神"大型采访等 3 项报道活动，均被中宣部《新闻阅评》表扬。二是改革创新时政报道。每项重点工作之后用综述、评论等进行阶段性回顾。领导活动报道写实写活，在写好常规消息的同时，多写现场特写、即时讲话等。三是做好理论评论这篇大文章。针对重点工作、重点报道精心组织理论评论佳作，及时出思想、亮观点、发声音，体现党报的权威性和公信力，关键时刻起到定海神针的作用。四是抓好读特客户端建设。重点在生产原创内容、音视频建设、与用户互动、整合党政资源上下功夫。

2017 年是党的十九大召开之年、香港回归 20 周年，《深圳特区报》迎来创刊 35 周年。报社特别强调抓住重要机遇和关键节点开拓创新。报社着力突出采编主业，突出提高采编质量，重视鼓励和奖励深入采访、写有影响有深度的好稿、多做好版面；调整优化版面结构，把更多版面、频道向本地新闻、街区新闻倾斜；强化全媒体意识，树立先端后报意识。全面推进《深圳特区报改革发展融合发展实施方案》，推动媒体融合发展再上新台阶，提出以短视频生产为突破口，策动党媒融合弯道超车，多次推出新媒体视频爆款作品。

2018 年，报社抓住改革开放 40 周年、全国两会、深圳经济特区建立 38 周年等重要事项和关键时间节点，全力打造有思想、有温度、有品质的优秀新闻作品，推出更多鼓舞人、激励人的中国故事和深圳故事，创新采用全媒体融合报道方式，打造更多主流媒体"报红""网红"，进一步扩大《深圳特区报》和读特客户端的传播力、影响力。

三 矢志打造城市党报新标杆

2018 年 6 月，深圳市委宣布，决定周斌任深圳报业集团党组副书记、社委会副社长、编辑委员会总编辑，2019 年 1 月 6 日起兼任深圳特区报社总编辑。2019 年 8 月起，邱刚、蓝岸、郑向鹏任深圳特区报社编委[①]；2019 年 12 月，米鹏民任深圳特区报社编委。

2019 年，报社提出矢志打造地方党报新标杆的发展理念。按照中共中央政治局委员、广东省委书记李希同志"对标《人民日报》，提升地方党报的格局与气象"的指示要求，报社提出，要从政治站位、工作机制、媒体融合、专业素养等方面主动对标《人民日报》，打造新时代地方党媒新标杆，力争在报纸的版面呈现和新媒体的迭代升级上有新突破。践行"四力"，推出沾着泥土、带着露珠的鲜活报道，采撷反映改革开放和新中国建设成就的生动故事；改进本地时政新闻文风；提升理论水平和副刊品位；坚持每日推出一批短视频，内容产品不断刷新。

四　不断擦亮"改革开放第一报"金字招牌

2021 年 2 月，深圳市委宣布，决定丁时照任深圳报业集团党组副书记、副社长、总编辑，兼任深圳特区报社总编辑。[②]

2021 年 5 月 24 日，《深圳特区报》编辑部发表创刊 39 周年致读者文章《不断擦亮"改革开放第一报"金字招牌》，文中写道，"我们将守正创新、主动作为，做更有品相、更有价值的新闻，突出报道权威性、内容精品化，不断擦亮'改革开放第一报'的金字招牌"，"我们将通过流程优化、平台再造，实现各种媒介资源、生产要素有效整合，实现'全员全融、真融深融'，做到'每个部门都是新媒体部'，催化融合质变，坚持一体化发展，放大一体效能，全力将'读特'新闻客户端打造成为与深圳城市特质和时代使命相匹配的'改革开放第一端'"。"我们将打造国内外观察中国改革开放、展现深圳国际化城市形象的重要窗口平台，跻身国内新媒体第一

[①] 当时深圳特区报社领导班子其他成员包括：副总编辑吕延涛，编委刘琦玮、李剑辉。原副总编辑邓自强 2018 年 6 月起分管深圳晚报社工作，2019 年 8 月任深圳晚报社总编辑；原编委张宝兴 2017 年 7 月任深圳报业集团社长助理，香港商报社常务副社长、执行总编辑，2019 年 8 月任深圳报业集团社委会委员、编辑委员会副总编辑；原编委唐亚明 2017 年 8 月任深圳晚报社常务副总编辑，2019 年 7 月任深圳新闻网总编辑；原编委叶晓滨 2019 年 7 月任深圳晚报社常务副总编辑。

[②] 当时深圳特区报社领导班子其他成员包括：副总编辑吕延涛，编委刘琦玮、李剑辉、米鹏民、蓝岸。

方阵。""我们将坚持《深圳特区报》精品党报的定位，在做精做优上下功夫，对准内容建设这个'城墙口'持续冲锋，坚持走高质量精品生产路线。我们将进一步做精政务报道、做强理论评论、做优品牌栏目，增加生动鲜活报道、深度报道和特色报道，加强深度调查研究报道、跟踪体验式报道，围绕重要主题报道推出系列策划报道，占领主流舆论传播制高点。我们将积极践行'四力'，坚持开门办报、改进文风，让报道接地气、冒热气、有生气，让各种新闻产品精致耐读、更有价值，让读者用户喜闻乐见。"

第三节　建立新机制

为推动媒体融合向纵深发展，报社立足实际，不断探索体制机制改革。坚持问题导向，抓住深化改革的关键着力点，解决制约报社发展的核心问题，向机制要活力，为新闻事业长远健康发展提供坚实有力的制度保障。

一　探索大部门制运作

早在 1999 年，报社即打破用工终身制，实行全员聘用合同制，促进了员工合理流动。2001 年初，报社开始对原干部身份的人员全面实行聘用合同制，并面向社会公开招聘记者。这些记者与集团采编人员享受同等待遇。从此，正式员工与招聘员工、干部与工人的身份界限被打破。同时，报社精简机构，取消行政级别，实行科学设岗、严格定编等。

2016 年 4 月 6 日，报社编委会决定，按照《深圳报业集团人事制度改革指导意见》提出的人事改革方向，借鉴集团总部人事制度改革经验，积极探索报社新闻采编工作流程再造，实现新兴媒体与传统媒体协同融合，建立顺畅高效的组织架构。通过改革对报社中层干部职数、人员编制与机构设置进行缩减和优化，完善报社绩效管理体系、同工同酬的薪酬体系和人才激励机制，加速推动传统采编人员向新媒体转岗。

当年 9 月 20 日，编委会审议通过《深圳特区报改革发展融合发展实施方案（修订稿）》，提出要全力完成集团下达的未来 3 年人事制度改革目标任务。具体目标为：优化部门与人员结构，严格控制传统采编人员的社会招聘，2016 年内设机构减少 10%，中层干部减少 10%，采编人员全员转型等。

报社按照精简高效的原则，重组管理链条，探索实行大部门制运作模式，实现了减少内设机构数量和中层干部职数的目标，进一步激发了创新活力，提高了工作效率。2020 年 2 月，报社将文教新闻部与综艺副刊部整合，新部门沿用"文教新闻部"名称，保留原两个部门的所有工作职能，现有人员统一调入新部门；将综合办公室与发展研究部整合，新部门沿用"综合办公室"名称，保留原两个部门的所有工作职能，现有人员统一调入新部门。2021 年 1 月 6 日，将突发新闻部与机动记者部整合，新部门沿用"突发新闻部"名称。

二 以"三首"评聘、视频培训等策动人才转型

2010 年 9 月 15 日，报社编委会审议通过《深圳特区报人才发展规划纲要（2010—2015）》以及配套的《"首席记者、首席编辑、首席评论员"工程实施办法》。2017 年 5 月 18 日，在进行细致调研、周密部署后，制定《深圳特区报评聘"三首"打造"三名"工程实施方案》。

（一）"三首"评聘与管理

该方案规定，"三首"属专业序列岗位，无行政职级，在行政上归属报社各部门管理。"三首"在全报社动态评聘，总数不超过当年报社采编岗位总人数的 10%，且规定副处级（含副处级）以上实职干部不参与"三首"评聘。新聘人员通过公开竞聘的办法产生。报社组织符合条件的申报人员公开竞聘，通过公开展示业绩、做出正式承诺、汇报未来规划等方式展开竞聘并接受现场打分，初步遴选出候选人，再由编委会对候选人进行综合评定，确定公示名单，公示无异议后正式聘任。首席采编岗实行一年一聘，动态管理，聘期结束后岗位待遇相应取消。

（二）"三首"考核与待遇

该方案规定，首席采编人员享受岗位津贴。首年 3000 元 / 月，续聘每年增加 1000 元 / 月，逐年递增，8 年封顶，即最高岗位津贴为 10000 元 / 月。

新聘首席记者、首席评论员按年度进行考核，除完成原岗位要求的基本考核任务外，主要进行项目或业绩考核。全年新媒体全网（全平台）阅读量 10 万 + 稿件 5 篇、阅读量 50 万 + 稿件不少于 1 篇，全年 C 稿不少于 24 篇，若有特别突出成绩、做出巨大贡献或为报社赢得荣誉等情况，可一并列入考核。首席编辑以所负责版面（频道）、栏目的社会效益进行考核，按年度提交业绩报告，编委会研究评估后决定栏目是否终止、次年是否续聘，全年须完成 C 稿 8 篇、参加重大报道活动或策划重大报道活动 4 次以上并发挥了较大作用。

"三首"实行分级考核机制，分合格和优秀两个等级，合格以上即可续聘，优秀者将额外给予一次性奖励，奖励金额为 50000 元。

（三）打造"三名"工程

报社通过培养全媒型名记者、名编辑、名评论员，推进提升报社品牌、扩大影响力的名优栏目、版面、频道建设。

首席采编人员可组建工作室或成立工作团队，工作室和团队人员由首席人员在全报社选择，以虚拟形式运作。报社根据需要为其配置资源、组织人员参与推进，并设置专项资金扶持。

首席采编人员撰写的深度报道在报纸、客户端优先刊发。重大题材或热点事件的报道，报社组建临时工作团队进行多平台集中推送。

首席采编人员可获得报社多渠道、多平台的个人集中推介，并为其配置一定资源，授予其一定权力，比如栏目、频道与"个人工作室"的冠名权；重要报道的"首席"署名权和一定的选题策划、采访报道的自主权，以及稿件、版面处理的建议权等。

（四）17 名首席脱颖而出

2017 年 6 月 11 日，报社举行首批"三首"人员竞聘会。30 多位优秀一线采编人员上台演讲，展开竞聘，经评委现场评分，8 名人员脱颖而出，他们是杨媚、丁庆林、孙锦、刘一平、陈震霖、谷少传、綦伟、余晓泽。

2018 年 2 月 5 日，报社启动第二批"三首"人员评聘工作，9 名优秀员工脱颖而出，他们是盛佳婉、姚卓文、郑丽虹、徐兴东、何龙、姚龙华、解树森、李楚翘、吴德群。

加上首批 8 人，这支包括记者、编辑、评论员在内的首席战队达到 17 人。他们纷纷推出独具特色的个性化栏目。首席记者杨媚的"深圳演艺榜"、丁庆林的"叮视频"、孙锦的"外眼"、陈震霖的"土川 TV"、谷少传的"谷哥特搜"、綦伟的"说说政事"，首席编辑刘一平的"心理工作室"、余晓泽的"6008 创意工坊"，首席评论员姚龙华的"深政谈"等，均相继推出不少有社会影响力的报道，受到广泛好评。

（五）让视频制作成为技能标配

多年来，报社储备了雄厚的新闻人才，但要适应新媒体时代的内容生产，队伍还需要改造、提升。为此，从 2017 年开始，报社分批组织人员前往杭州二更学院进行视频制作培训，每期投入数十万元经费。实施培训的每位教员都是国内视频制作领域的权威人士，课程也是根据深圳特区报社的实际量身定制的。为确保培训效果，每期均由一位编委带队，到杭州全脱产学习。学成归来，每人均配置视频生产设备，逐个武装起来。报社还设立了微视频原创大赛，努力打造成常设赛事，以推动短视频创作持续发展。

截至 2018 年 5 月，报社共组织了 4 期脱产培训，报社近 400 名员工中轮训人数达到 132 人。通过培训，视频拍摄、制作成为一线采编人员的技能标配。如此规模的视频制作队伍在全国媒体中也是罕见的，被不少媒体领导认为是大手笔，纷纷予以效仿。①

---

① 参见胡恒芳《以短视频生产为突破口，策动党媒融合弯道超车——以深圳特区报为例》，《新闻战线》2018 年第 13 期。

三　建立为新媒体供稿考核激励机制

为激励采编人员积极适应报业转型发展需要，报社在读特客户端正式上线前后采取一系列举措，进一步完善新媒体考核制度。

2015 年 12 月 21 日推出的《深圳特区报新媒体考核办法（试行）》，明确了新媒体部和报纸采编部门的考核办法，新媒体客户端正式上线后实施。

新媒体部主任（总监）、副主任（执行总监）奖金参照报纸采编部门同级人员发放。各频道和各工作室主管奖金按采编人员平均奖发放，每月另给予岗位津贴 1500 元。

为鼓励新媒体发展，每月另给新媒体部发放一笔机动奖，额度为当月新媒体部采编人员奖金总额的 5%。该笔机动奖由部门主任根据部门采编人员当月业绩表现发放。此外，新媒体部根据业务发展需要对部门进行定岗定编，对各岗位的职责、任务做出明确规定，认真考核。连续两个月没有完成任务或一年中有 3 个月没有完成任务，则下岗培训。

报纸采编部门方面，每名记者每月须为报社新媒体提供至少 8 条稿件，其中 5 条为新媒体客户端、官方微信稿件，3 条为官方微博稿件，所供稿件被新媒体采用后才能计入任务。在新媒体先发布的稿件再在报纸刊发可重复计酬。

每周评选新媒体 A、B、C 级好稿 8～10 条，奖励办法等同报纸好稿。由新媒体部根据点击量等指标，每周一集中推选上周好稿，由报社现有好稿考核小组投票产生。

2016 年 3 月 28 日读特客户端正式上线后，报社推出《向读特供稿考核与奖励办法（试行）》，进一步明确了采编人员的供稿要求与奖励、外部约稿办法等。

报纸采编部门每位记者每月须为读特提供至少 8 条稿件，驻外地记者为 4 条（驻港澳台记者除外），原则上要求先供给读特后供给报纸，其中至少 1 条为专供读特的原创稿件，所供稿件被新媒体采用后才能计入任务完成数。除记者外，报社其他员工（含报纸编辑、新媒体部编辑、发展研究部员工以及行政人员等）均可自行为读特供稿，稿件被采用后可享受稿酬。

读特外部约稿稿酬参照报纸的标准执行。约稿阅读量作为是否继续约请该作者供稿的重要依据。原则上连续 3 次阅读量低于读特每月平均阅读量的，不再约请该作者撰稿。

2016 年 10 月 1 日，报社编委会制定印发《深圳特区报新媒体薪酬管理办法（试行）》，本着按劳分配、绩效优先的原则，建立兼具内部公平和外部竞争力的薪酬管理体系。

该办法以岗位价值产出作为分配依据，注重能力、贡献、责任的关联匹配，收入分配适当向可替代性小的专业技术岗位倾斜。新媒体运营部（读特编辑部）实行与月度绩效挂钩的岗位绩效工资制。薪酬实行总量控制，与报社整体业绩挂钩。薪酬水平相对高于报社采编及行政部门。根据岗位任职要求和特点，分为管理序列、专业技能序列、采编序列、行政序列，薪酬结构为固定薪酬加浮动薪酬。该办法同样规定了绩效考核规则，针对不同的职位序列设置相应的考核系数。

第九章

媒体融合发展提速走深

2013 年以来，深圳特区报社在传统媒体和新兴媒体融合发展的道路上不断向纵深推进，经过"你中有我，我中有你"的艰辛探索，趁势推出读特客户端，以其为牵引龙头和质变依托，带动全报社迅速朝"你就是我，我就是你"的融合发展目标逼近。

第一节　党中央要求做好媒体融合这篇大文章

党的十八大以来，就媒体融合发展，习近平总书记做出了一系列重要论述，党中央出台了重要指导意见，为深圳特区报社加快推进媒体融合发展提供了根本遵循和行动指南。

习近平总书记指出，融合发展关键在融为一体、合而为一。内容永远是根本，融合发展必须坚持内容为王，以内容优势赢得发展优势。[①] 全媒体不断发展，出现了全程媒体、全息媒体、全员媒体、全效媒体；要坚持一体化发展方向，加快从相加阶段迈向相融阶段，通过流程优化、平台再造，实现各种媒介资源、生产要素有效整合，实现信息内容、技术应用、平台终端、管理手段共融共通，催化融合质变，放大一体效能，打造一批具有强大影响力、

[①] 《习近平 2016 年 2 月 19 日在党的新闻舆论工作座谈会上的讲话》，参见《习近平论新闻舆论工作（2016 年）》，"学习强国"学习平台，2018 年 11 月 16 日。

竞争力的新型主流媒体；人在哪儿，宣传思想工作的重点就在哪儿，要坚持移动优先策略，建设好自己的移动传播平台，管好用好商业化、社会化的互联网平台；要探索将人工智能运用在新闻采集生产、分发、接收、反馈中，用主流价值导向驾驭"算法"，全面提高舆论引导能力。①

2014 年 8 月 18 日，中央全面深化改革领导小组第四次会议审议通过《关于推动传统媒体和新兴媒体融合发展的指导意见》。中央全面深化改革领导小组组长习近平强调，推动传统媒体和新兴媒体融合发展，要遵循新闻传播规律和新兴媒体发展规律，强化互联网思维，坚持传统媒体和新兴媒体优势互补、一体发展，坚持以先进技术为支撑、内容建设为根本，推动传统媒体和新兴媒体在内容、渠道、平台、经营、管理等方面的深度融合，着力打造一批形态多样、手段先进、具有竞争力的新型主流媒体，建成几家拥有强大实力和传播力、公信力、影响力的新型媒体集团，形成立体多样、融合发展的现代传播体系。要一手抓融合，一手抓管理，确保融合发展沿着正确方向推进。

2020 年 9 月，中共中央办公厅、国务院办公厅印发《关于加快推进媒体深度融合发展的意见》(以下简称《意见》)，明确了媒体深度融合发展的总体要求，要求坚持正确方向，坚持一体发展，坚持移动优先，坚持科学布局，坚持改革创新，推动传统媒体和新兴媒体在体制机制、政策措施、流程管理、人才技术等方面加快融合步伐，尽快建成一批具有强大影响力和竞争力的新型主流媒体，逐步构建网上网下一体、内宣外宣联动的主流舆论格局，建立以内容建设为根本、先进技术为支撑、创新管理为保障的全媒体传播体系。

《意见》指出，要推动主力军全面挺进主战场；要走好全媒体时代群众路线，大兴"开门办报"之风，强化媒体与受众的连接；要以先进技术引领驱动融合发展，推动关键核心技术自主创新；要推进内容生产供给侧结构性改革，更加注重网络内容建设，始终保持内容定力，专注内容质量，扩大优质内容产能；要深化主流媒体体制机制改革，建立适应全媒体生产传播的一体化组织架构，构建新型采编流程，形成集约高效的内容生产体系和传播链条；要发挥市场机制作用，探索建立"新闻 + 政务

---

① 习近平：《加快推动媒体融合发展（二〇一九年一月二十五日）》，载习近平《论党的宣传思想工作》，中央文献出版社，2020。

服务商务"的运营模式，创新媒体投融资政策，增强自我造血机能；要按照资源集约、结构合理、差异发展、协同高效的原则，完善中央媒体、省级媒体、市级媒体和县级融媒体中心四级融合发展布局等。

第二节　联动上台阶 布局再调整

2013 年，报社基本完成官方网站特网、官方微博特博、官方微信特信、新闻客户端特点 4 条新媒体产品线布局，并建立与之相适应的生产流程。

4 条产品线既相对独立，又相互交织，初步呈现"你中有我，我中有你"的融合特点。特点、特网和特信依托特网实现互相融合，特博也在特信上得到呈现，这进一步拓展了报网联动和融合发展的条件。

2013 年，报社把报纸因版面限制无法刊登的文图、视频和程序等刊发于特网，然后由特网提供二维码刊登在报纸

2013 年 4 月 24 日，《深圳特区报》刊发《慰藉，雅安！》视频介绍及二维码

痛失亲人和家园的人们，此时更需要社会多一份关爱

本报制作《慰藉，雅安！》视频
被点击传播超过10万次

请扫一扫
用手机看

深圳特区报讯（记者 林少喜）"并非到灾区现场才是救灾，关心也是一种力量！深圳特区报新媒体部制作的视频《慰藉，雅安！》昨天正式上线，随即被挂到新浪新闻首页、人民网等引发网络热播。截至昨晚9点发稿时止，放在新浪、腾讯、优酷等的视频共被点击传播超过10万次，本报新媒体集群也通过特网、微博、微信等渠道进行传播，引导网民一起共同慰藉那些痛失家园和家人的心灵，共同传播正能量。目前点播量还在直线上升中。

雅安地震发生后，灾区各种灾情有待救助，其中灾民心理健康也是一个亟待解决的问题，特别是那些痛失亲人或家园的灾民，在这个时候需要社会多一份关怀和关爱。在这背景下，本报新媒体部制作了歌曲视频《慰藉，雅安！》，宣传理性救灾，呼吁全社会共同关注灾民的身心健康。从创意策划、选歌、翻译、选图片、制作视频，本报新媒体部共花费两天时间。歌曲选用英国COLD-PLAY（酷玩）乐队的主打歌曲《FIX YOU》，歌曲表达了慰藉那些痛失亲人和爱人，同甘共苦、风雨相伴的真情挚意，曾是

2005年伦敦大爆炸后广泛流传的安抚疗伤歌曲，通过互发网络上广泛流行的救灾和灾情图片，反复修改制作出这个歌曲视频作品，在慰藉灾民的同时，也向关注、关心、关爱灾区的人们致敬。

《慰藉，雅安！》视频一经本报在人民网、新浪、腾讯等官微发布后，立刻受到同行的支持和网民的关注，新浪网、人民网在新闻首页上给予了推荐，深圳新闻官微博、深圳微博发布厅第一时间进行了转发，网民也纷纷转发视频和留言，如网民"乐图in深圳"跟评："传播正能量！为芦山祈福！"北京网民"伶2012"跟评："很好的微博，好内容值得推荐！"网民"设计之都公益广告大赛"留言："雅安加油！一切都会安好！我们同你们在一起！让我们共同慰藉那些痛失家园和家人的心灵！"……网民通过转发视频传播正能量，支持理性救灾，表达关心、关注和祝福灾区人民的愿望。截止到记者发稿时止，《慰藉，雅安！》在新浪、腾讯微博上阅读量超过10万次，直接转发量达到1000多次，二次以上转发量难以统计。

向关注、关心、关爱
灾区的人们致敬！

版面上，通过"浏览更多新闻扫描二维码"的方式供读者在手机端阅读，改变报纸单一传播状态，实现报网联动。芦山地震、新机场转场、公益金百万行等报道均通过二维码得到扩展传播。2013年4月24日，《深圳特区报》A8版刊发为芦山抗震救灾制作的《慰藉，雅安！》视频介绍和二维码，通过扫描报纸二维码观看视频的点击量超过10万次。

2013年8月，特博和特信开放问题互动和投票功能。8月27日至9月25日，结合《深圳特区报》"邀你一起玩转公园"系列报道，特博和特信均举行"深圳最美公园投票"活动，获得350万浏览量、6万评论和9万转发量，创当时深圳媒体微博活动记录。同时，特博开始在每天早上7点刊发《深圳特区报》当天内容导读，方便读者了解当天报纸内容。

2014年4月，报社依靠"特报＋特网"两条主要产品线，根据融媒体发展的战略需求，重新布局"特报＋特网＋特博＋特信＋特点"5条品牌产品线，突出了移动互联网特征。

此次调整对特网的重新定位几乎是颠覆性的，特网退隐成为报社新媒体内容的支撑后台。特网刚开始的定位是中型新闻门户网站，与同属深圳报业集团的深圳新闻网定位重叠。特网架构学习深圳新闻网，导致内容重复生产，包括数字报，深圳新闻网生产，特网也在生产。新闻门户网站是知识密集型产业，编辑人力投入远大于报纸，相当烧钱不说，时机也已错失10年。所以，特网弱化门户定位，把编辑力量向微博、微信等移动新媒体倾斜，也将移动互联网的人气引向网站，反向整合包抄，用移动互联网来带动传统网站发展。

与此同时，特博也进行了较大幅度改版。首先是多用接地气的微博语言，拟人化自称"特报君""小编"，放下党报身段与粉丝交朋友。其次是丰富内容，增加原创内容含量。原创微博内容提升到30%以上，建立"当年今日""轻松一刻""快讯"等专栏；加大评论力度，抢夺微博话语权。最后是整合深圳服务信息资源，建立垂直服务账号"深圳掌上微博"，打造深圳权威的各类服务信息资讯平台，构建独特竞争力。再加上一系列粉丝营销活动，特博不仅粉丝量明显增加，粉丝活跃度也明显提升。

报社新媒体部同时把特信提升到比特博更重要的战略层面，加大研发创新力度，突破一天只能推送几条新闻的限制，将其改变成为浏览器框架，嵌入数字报、每日精选、掌上服务内容，使特信真正变成海量信息媒体。

第三节　融合龙头读特客户端上线

2014年下半年，面对全国上下风起云涌的传媒竞争格局，深圳特区报社思危求变，着眼于提升党报在移动互联网传播阵地上的舆论影响力，酝酿打造领先全国、与深圳城市地位相称、与深圳改革发展形势相适应的融媒体项目——读特新闻客户端。

一　做足准备，多方助力

为推出读特，报社开展了一系列准备工作。首先，组成考察调研小组，由总编辑带队赴北京、上海、浙江等地学习取经。其次，组织全体采编人员参加新媒体培训，从腾讯、新浪、百度等互联网企业邀请培训老师及专家，全年组织各类培训10多次。再次，通过申请国家专项补助，报社获得财政部立项资助600万元，为读特搭建起融媒体指挥中心、融媒体展示厅、融媒体演播室等"一中心一厅一室"，并保证了软件平台建设。复次，出台多项关于新媒体工作的文件和制度，包括《读特App上线工作方案》《深圳特区报融媒体编辑中心采编流程指引》《深圳特区报新媒体考核办法》《深圳特区报新媒体App频道内容分配计划》等。最后，报社还积极调整报纸版面，从报纸采编部门抽调17名精兵强将充实到新媒体运营部，基本满足了启动新媒体运营的人员需求。

经过一年多筹备和内部测试，2016年3月28日，读特上线仪式在深圳特区报业大厦会堂举行，时任广东省委副书记、深圳市委书记马兴瑞，广东省委常委、宣传部部长慎海雄，国家网信办移动网络管理局副局长侯召迅，中国国际文化传播中心部长李学文，广东省网信办专职副主任曾胜泉，深圳市领导李小甘、郭永航、吴以环等出席，并共同启动读特上线。

读特上线仪式　深圳特区
报社记者 刘羽洁 摄

二　读特的独特竞争力

在整体设计上，与此前的新闻客户端不同，读特将新闻客户端、手机网站、手机微视频、微信、微博等移动互联网应用融于一体，整合《深圳特区报》内容数据库、用户数据库，全面加强与党政干部、企业高管、社会精英、都市白领的互动传播，整合推送民生服务、舆论监督、舆情分析、信息定制等信息增值服务和数据分析服务，从而有效放大党报的传播力、引导力、影响力和公信力。

读特坚持市场化运作，坚持移动化、社交化、视频化传播，坚持传统媒体和新兴媒体优势互补、一体化发展，推动党委机关报和新兴媒体在内容、渠道、平台、经营、管理等方面实现深度融合。

读特首先依托《深圳特区报》品牌价值和影响力，以及耕耘多年的高端读者群，其次依托深圳特区报社拥有的一支素质过硬、政治坚定的采编团队，这是读特内容生产的最大保证；最后依托深圳特区报社前两年在融媒体上的积极探索，建立了"五位一体"的融媒体矩阵，读特上线之时，深圳特区报社融媒体矩阵已拥有近 300 万粉丝，形成了比较成熟的内容生产流程和经验。

读特产品线布局主要包括：一是基于特网改造升级而成的"读特网"，拥有国家一级新闻资质，定位为资讯和服务门户的传统互联网站；二是基于"读特网"组建的移动网，采用 HTML5 技术，兼容微视频，嵌入微信、微博、App 等移动端中，跨系统、跨终端展现网站内容；三是着眼于形式、内容以及用户互动创新的手机客户端读特。此外，读特融媒也会在微信和微博等社交媒体和自媒体平台上，大力推送精华内容，扩大读特融媒的影响力和传播力。

读特内容建设瞄准"最前"，紧贴港澳和国际水准要求；"最特"，特区特色，改革品质，独家的差异化内容；"最新"，新颖界面风格，新鲜新闻事件和观点；"最深"，挖深挖透新闻，追求新闻的深度、思想的高度；"最快"，争分夺秒推送，根据内容进行界面的创新和设计工作，借鉴国内外最新排版风格，做到简洁、清爽、易用，有独特视觉呈现效果。读特推出"识圳"栏目，重点关注深圳市主要领导的政务活动，重点报道涉及全局的新闻事件，重点解读新闻背后的新闻；"读特观点""读特观察""读特分析""读特现场""读特人物""读特视觉""读特聚焦"等专栏兼具深度和广度；与福田、罗湖、宝安、龙岗、坪山等区合办区域频道，与深圳市委组织部、应急管理局、司法局分别合办党建、应急、法治等频道，新闻内容日益丰富。

三　当年上线，当年见效

报社编委会为读特确定了"当年上线，当年见效"的目标。至 2016 年底，读特开通频道 12 个，先后推出宝安博览会、深圳特区建立 36 周年系列视频，直播防御台风"妮妲""海马"以及深圳女律师横渡琼州海峡、中日自由搏击争霸赛等活动；音频节目"聆听美文"初步形成品牌效应，拥有了一批固定粉丝；围绕端午节、母亲节、父亲节、重阳节、文博会、高交会、双创周、博物馆大会、地铁 11 号线开通、深圳特区报"公益金百万行"活动等进行的选题策划取得良好效果，特别是重阳节的《候鸟老人》系列视频、深圳特区报"公益金百万行"的《七米爱情》微视频等高质量独家作品，体现了独特品位。

截至 2016 年底，《深圳特区报》官方微博粉丝从 2016 年初的 286 万上升至 549 万，增长了 92%；官方微信粉丝从年初的 8.6 万上升至 19.3 万，增长了 124%。

随着特网、特信、特博改版，读特上线，以及各个全新部门的成立，一个以《深圳特区报》为依托，以读特为龙头，有自己鲜明特点的信息生产、传播和互动的立体融媒体矩阵渐渐建成。

第四节　迭代升级　走向智媒

一　激发创造力，解放生产力

2014 年 3 月 3 日，报社成立前海全媒体工作部，在前海先行试水媒体深度融合发展。

2016 年 11 月 8 日，报社成立数字影音工作室，调入新媒体运营部视频编导、主持人、摄像、音视频编辑等岗位人员及摄影部部分记者，组建专业化数字影音制作团队，融媒体产品生产分工进一步细化。

深圳特区报企业发展有限公司也作为报社融媒体矩阵的一部分，探索新媒体盈利模式。该公司 2017 年获得广东省新闻出版广电局颁发的《广播电视节目制作经营许可证》，拥有提供 4K 高清视频制作、航拍、VR 全景等服务资质和能力，围绕政府和企业对影视制作服务需求全力拓展市场。

2017 年报社编委会再度调整媒体融合发展战略。第一，加大传统纸媒改革力度，发挥市委机关报和报纸进入中南海优势，进一步做大做强纸媒综合实力和影响力；第二，按照"内容为王、掌控渠道，决胜终端"的思路，打造有影响力的网络媒体拳头产品，大幅提升网络舆论话语权；第三，实施"数字优先、网络优先、移动优先"战略，再造新闻生产流程，组建高效组织架构，将此前的"报网一体"改为"网端一体",网端总编室合一,统一指挥,统一生产流程,根据互联网和移动互联网特点分发,加强创意生产,建立创意生产部门和直播部门;第四,打破固态架构,打造液态的组织网络,消解各个组织板块之间的壁垒,形成有机联系的创意共同体。

报社提出,只要有利于激发创造力和解放生产力的体制机制,都可以大胆尝试。报社不断调整和制定更加系统的奖励办法和激励机制。2017 年,报社在新媒体部门实行薪酬制度改革,将固定工资与浮动奖金比例由 6∶4 改为 4∶6,以"出勤 + 工作量 + 传播效果"来计算每月薪酬;制定《深圳特区报新媒体运营收入奖励分配暂行办法》,新媒体项目盈利部分奖励给项目团队,并且积极孵化和培育一批融媒体创业项目。这些制度有效激发了新媒体部门人员的工作积极性。

二　下载量突破 4000 万

2017 年,读特相继推出 2.0 和 3.0 版本,特别是 2017 年 3 月 28 日,读特上线一周年时正式上线 3.0 版本,推出党建频道,开启"智慧党建"新模式,得到中组部大组工网肯定。省委宣传部《新闻阅评》给予高度评价:"开设了多个互动性较强的栏目,策划推出了多个较具影响力的活动,迅速成为特区党建宣传的一个重要平台。"2018 年 3 月 28 日,读特上线两周年之际,"深圳号"平台上线,迎来市纪委、市直机关工委、市公安局等 60 家单位入驻。

在 2019 年 1 月 4 日举行的第 14 届中国传媒大会上,读特荣膺"金长城传媒奖·2019 中国传媒融合创新年度影响力新闻客户端"奖项。2019 年 12 月 18 日,读特 4.0 版上线,在界面设计、频道设置、内容构成上都进行了更新,通过优化生产流程,增设新频道,汇聚深圳报业集团旗下媒体精华内容,成为深圳内容最全、最权威的新闻门户客户端。

2020 年 8 月 5 日,读特 5.0 版上线测试。该版本采用极简风格界面,实现大湾区资讯强强联动,强化短视频应用,新增用户生产版块,设立大湾区版块,分设"9+2"分频道,第一时间传播大湾区权威资讯。

2021 年 3 月 26 日,读特上线 5 周年之际推出 6.0 公测版。在该版本中,读特增开改革频道，进一步强化"改革开放第一端"特色；同时推出全国首创的飞卡阅读，为 2000 多万用户带来全新体验。该飞卡阅读依托人工智能，兼顾 5G 时代车载阅读和移动阅读双场景，融快速浏览、方便分享、全媒播报于一体，符合快速、高效、方便的智媒阅读理念，为打造智媒移动平台迈出关键一步。

截至 2021 年底，读特实现下载量 4168 万，在全国地市级党报客户端下载量排名中位列第二[①]，深圳特区报微博粉丝 951.9 万、微信公众号粉丝 47.4 万。2021 年 12 月，"读特 AI 飞卡阅读"入选中宣部、国家新闻出版署 2021 年中国报业深度融合发展创新案例。2021 年全年读特发稿超过 15 万件，其中原创 6.27 万件。

2021 年底，读特推出全场景客户端 7.0 版。该版本解决了飞卡多场景终端的自适配难题，让飞卡阅读模式可通过图片自适配，将客户端阅读场景从手机场景升级到手机、穿戴、车载、家电 4 种信息传播场景，用户可在不同场景启用飞卡阅读模式下的人工智能朗读功能，亦可随时随地在"鹏友圈"中分享记录生活的点点滴滴。

第五节　强化作品创意，亿级爆款频出

深圳特区报融媒体作品不仅常规的图文、视频、音频做得有声有色，海报、游戏、长图、手绘、漫画、H5、动漫等创意产品也竞相出彩、大受欢迎，成为深圳特区报融媒体建设的顶梁柱。报社以全员创意、重点孵化、市场试水、技术优化、全案推广为流程，建立一套滚动推进的创意产品生产线，生产出大量优质爆款作品，不少传播量上亿。

一　围绕节点凸显大主题

"你们可以下岗，我们上岗，祝你们一路平安。"1997 年 7 月 1 日香港回归祖国，在中英防务交接仪式上，中方指挥官谭善爱代表中国军方喊出这句话，震撼世界。

---

① 参见《读特这项指标全国第二！人民网研究院发布〈2021 全国党报融合传播指数报告〉》，深圳特区报微信公众号，2021 年 12 月 29 日。

在香港回归祖国20周年之际，《深圳特区报》深情再现当时场景，通过时任中方指挥官谭善爱、仪仗队执行官张洪涛、驻港部队宣传处处长胡恒芳3位军人的相聚、回顾，让这句话再次红遍全国。6分钟视频《"你们可以下岗，我们上岗"——20年前中英防务交接仪式亲历者揭秘》于2017年6月29日上午9时通过读特客户端首发，人民网、新华社客户端、央视、凤凰卫视、共青团中央等网站、客户端及微博、微信纷纷转发，据不完全统计，全网传播量超1.5亿次。

该作品采访拍摄耗时34天，先后进行了11次拍摄，积累近600G视频素材，有效素材总时长超过10小时，之后通过23天制作，前后修改16次，字斟句酌，反复打磨，最终推出了这部6分钟的短视频。

这是深圳特区报社首次打造现象级爆款视频作品，也成为深圳特区报媒体融合的经典案例。该视频分别获得2017年度全国党媒优秀原创视频十佳选题奖，广东省委宣传部颁发的2017年度媒体融合传播优秀产品奖、2017年深圳首届微视频大赛金奖。

在其他重要节点报道中，深圳特区报融媒体也是亮点频出。2018年10月24日，习近平总书记考察深圳，深圳特区报融媒体全线出击，推出的新媒体产品既有集纳习近平总书记在广东重要讲话的海报，又有独家短视频《总书记的深圳足迹 这些瞬间令人动容》，通过手绘长图加视频形式将总书记在深圳的足迹呈现出来，在深圳特区报"两微一端"同步推出，被各大新媒体平台迅速转发，影响巨大。

党的十九大召开之际，《深圳特区报》先后推出短视频《这几天纽约街头好多人在说深圳事！》《梦中的桥》，原创歌曲MV《你的命运连着我的呼吸》，被国内各大新媒体和网站转发，受到广泛好评，点击量均在250万次以上。

二　紧扣热点唱响主旋律

2013年四川雅安芦山地震期间，深圳特区报微博与特网之间的网端无缝联动也是一大成功案例。当时前方特派记者组不断通过微博和微信发送前线第一手消息，后方则通过3D地图、视频，在网端和微博上与前方记者和读者充分互动。深圳特区报微博和特网发布的信息不少成为新华社等媒体的消息源。

2018 年 9 月 23 日，中国农民迎来第一个"丰收节"，报社由王小可、滕琪、丁庆林、邢峻豪、莫荣宝、张耀波等人组成摄制组，经过一年多酝酿、拍摄和制作的微电影《丰收》上线。作品记录了 1999 年出生的大一学生钟杏文，在暑假期间回到深圳报业集团对口帮扶的河源市古竹镇雅色村的家里，和父亲一起喜迎丰收的真实故事。2018 年 9 月 23 日晚，央视综合频道晚间新闻以"我们的收获·我是父亲最大的收获"为题，用时逾 2 分钟播出该作品，获得广泛影响力。

2021 年中国脱贫攻坚取得决定性胜利。5 月 13 日，由深圳特区报社与宝安区委宣传部联合出品，反映脱贫攻坚的微电影《水柜》上线，引起巨大反响。2016 年 9 月开始，深圳市结对帮扶广西百色、河池，其中，宝安区结对帮扶的河池市都安瑶族自治县、大化瑶族自治县属于极度贫困县，4 年多时间里，宝安区累计支持帮扶两地资金 6.85 亿元，在两地共开展 1505 个帮扶项目，帮扶两地共 239 个贫困村全部脱贫。2021 年 5 月，由丁庆林、李瀚、朱良骏、叶志卫、方胜和方慕冰等人组成的深圳特区报社拍摄组，深入大化县七百弄乡深山，以纪实手法，拍摄宝安扶贫工作队通过建"水柜"解决村民千百年来吃水困难的故事。拍摄历时 10 天，行程 400 多公里，精剪和修改用时近两个月。5 月 13 日，《水

《深圳特区报》创意漫画作品《侠客行之火线女侠出征记》

柜》在深圳报业集团新媒体大厦举行上线仪式，并在读特、深圳特区报微信和微博，以及今日头条、梨视频、抖音、快手官方账号和学习强国等平台同时发布，迅速被新华网、人民网、南方+、光明网、中国新闻周刊、中国文化传媒等平台转发，上线1小时传播量即超过60万次。

2020年初，新冠肺炎疫情特别是武汉战疫牵动着全国人民的心，全国各地医疗队纷纷驰援武汉、驰援湖北，援鄂人员成为各自城市的城市英雄。对这些英雄人物，大多数媒体以采访典型个人典型故事的方式进行报道，虽然内容翔实但缺乏新意。读特则另辟蹊径，以别出心裁的创意，收到超预期的效果。

2020年3月8日，"三八"妇女节，读特从这一天起每天推出一集大型系列创意漫画《侠客行之火线女侠出征记》。该作品以驰援湖北的5支深圳医疗队共42名女医护人员为原型，由读特优秀设计师合力手绘，连续5天分5组推出，将真实的照片头像和风格各异的手绘女侠形象完美结合，形成"容城卫""江城盟""雷神山""警医卫""康宁阁"5大系列。作品推出后，大受用户尤其是医疗界人士喜爱，被医护人员争相转发分享。

读特没有就此止步，接着又组织设计师为广东医疗队中其余35位男性医护人员一一画像，做成由5组77幅手绘漫画海报组成的大型系列作品集《侠客行——战疫群侠逆行归来》。作品集在深圳最后一支医疗队3月31日返回时推出，全长23米的医护人员"侠客"形象电子画卷推出当日被"学习强国"平台选用，新华网及其客户端、光明网、澎湃新闻、新浪新闻、腾讯新闻、搜狐新闻、网易新闻等媒体网站连续转载5期全部作品，全网传播量超6000万次。其中，新华社客户端更用英文转载作品，并向海外推送，在海外引发热烈反响。

在2020年全国抗击新冠肺炎疫情的关键时期，读特制作《H5小游戏 | 全民战疫，有你必胜！》，用户参与量达到6200万人次，随后又陆续推出2.0版《打破谣言，关于新型冠状病毒，你知道多少？》、3.0版《2020新冠肺炎防治统一考试（全国卷）》，3.0版的传播量和参与量超过1.6亿人次，3个版本游戏参与量和传播量累计超2.5亿人次；同时推出的MV《全民战疫，有你必胜》也被认为是一首"有传唱度、能激发士气"的抗疫说唱音乐作品，点击量6000万次以上。

三　以小见大传播正能量

2019 年春节刚过，《深圳特区报》和读特客户端推出记者谷少传采写的《深圳无人花店春节收到 33 笔转账》（以下简称《无人花店》），讲述深圳百合花卉小镇一位花店店主在回家过年期间尝试无人售卖，市民买花自觉付款的故事。故事虽小，却折射诚信建设大问题。

这篇融媒体报道上线后，《人民日报》、新华社、央视等央媒转载，全网传播量过亿次，网友纷纷点赞。广东省委宣传部和深圳市委宣传部《新闻阅评》均对其给予高度评价。

《无人花店》报道由深圳特区报"两微一端"首发，报纸跟进，打通了新媒体与报纸融合报道的"最后一公里"，同时，文字、图片和视频报道融为一体，成为融媒体实战的一个成功范例。

《无人花店》报道不仅在传播上取得巨大成功，也在现实生活中产生良好示范作用。百合花卉小镇专门开辟无人花店专区，把铺位低价租给年轻人创业，深圳其他地方陆续出现更多无人花店。

2018 年 2 月 18 日，《深圳特区报》紧扣春运主题，推出

百合花卉小镇管理处和"无人花店"店主为《深圳特区报》送来锦旗

微视频《站台上的"胎教"在这个春节感动亿万人》，讲述一个出生于铁路世家，作为家里第三代铁路工人的怀孕女职工放弃休假、坚持在春运期间上班的故事。作品采用纪实拍摄，故事主人公在真实工作场景讲述自己工作、生活细节，用朴实的语言和真实的情感，将一个爱岗敬业的新时代铁路职工形象呈现在读者（观众）眼前，以小事件小人物展现大视野正能量。该视频在 2018 年春节前夕一经推出，立即被 40 多家媒体平台转发推送，上线当天点击量突破 100 万次，一个月点击量超过 2600 万次。

2020 年 9 月 16 日，《深圳特区报》推出融媒体作品《深圳交警"膨胀"了》，报道深圳交警装备一款带风扇的新型制服，通过拍摄交警身穿新型制服的现场执勤片段，反映交警日常执勤的辛苦，引起网友共鸣。作品不仅从一件制服的角度体现深圳城市的人文关怀和创造力，还设置制式服装着装规定和标准、新制服对健康以及执法严肃性的影响等诸多话题，引发网友热烈讨论。视频在微博、微信、视频号等平台发布后获得全网 1.1 亿次点击。

第六节　聚合优势资源，精准服务用户

《深圳特区报》在媒体融合发展中始终坚持以用户体验为核心，围绕用户配置资源，从真正解决用户需求出发，更好地为用户服务。

首先，作为深圳市重点发展的新闻客户端，读特要服务于党政干部和公务员群体。为此，《深圳特区报》和读特联合相关部门，举办了一系列活动，其中，福田区中小学生环保知识竞赛暨征文比赛，上万名学生在读特上完成环保知识竞赛，上千名学生参加了环保征文比赛，活动评选出 15 名环保小卫士；"读特杯"国际象棋大师赛每届都邀请 6 位世界排名前 20 位的棋手到深圳对局；"思维之星"深圳大学生思辨大赛，每年吸引深圳 9 所高校积极组队参赛，截至 2021 年已经连续举办 7 届，成为深圳高校每年的品牌赛事；深圳海滨栈道 20 公里大型公益徒步活动，每个计时点均使用读特打卡，每年都会吸引数千市民参加。2018 年 12 月 1 日，深圳市公安局举办警营开放日，全市 140 个警点使用读特扫码签到，转发领取公安局印制的精美

礼品。这些活动有力提升了读特品牌影响力，促进了读特的有效下载。

其次，针对深圳年轻人群数量庞大和年轻人热情、时尚、好玩的特点展开服务。2019年，读特上线3周年时推出探索版。该版具备用户画像、大数据精准推荐、聊天、支付、语音通话和发红包等功能，可通过性别、年龄、设备、地理位置等维度统计用户信息，根据用户阅读习惯精准推荐相关新闻内容；支持用户自行创建群聊或私聊；用户间可以相互发红包；用户观看新闻附带的广告后可获得积分奖励，积分可兑换成零钱。通过社交对客户端赋能，以原有用户为基础进行二次引流，促使老用户通过微信、QQ、手机通讯录等方式邀请新用户撬动潜在用户。读特由此从单一新闻客户端迅速发展成为"新闻＋服务"的综合客户端。

再次，为用户赋能，让用户参与到新闻生产全链条各环节中来。读特允许用户通过报料、社区、朋友圈动态等形式生产内容，利用社区、社群等形式将具有相同属性、相同兴趣爱好的用户聚集起来，在读特构建网络社区，以此来促进用户间的有效互动，并更好地进行舆论引导和监督工作。同时，展开如话题类、娱乐类等差异化社交玩法，为用户提供更多社交纽带。

最后，以政务服务和便民服务为基础构建读特服务中心，并逐步引入第三方商业服务，包括出行服务、生活服务、医疗服务、电商服务、金融服务、游戏服务等。与之配套，读特还为用户提供多种服务入口，包括固定模块入口、下拉菜单入口等，以提高各类服务的曝光度。与此同时，利用大数据等技术手段对各类服务进行推荐，分析用户潜在使用需求，并对用户进行一定的引导。

<table>
<tr><td>第十章</td><td>

为新思想在深圳开花结果提供舆论支持

</td></tr>
</table>

2012 年 11 月，党的十八大实现了中央领导集体的新老交替。习近平当选为十八届中央委员会总书记。从此，围绕实现社会主义现代化和中华民族伟大复兴的总任务，一系列理论创新和实践创新相继展开，中国特色社会主义新时代的大幕徐徐拉开。

《深圳特区报》主动选择时代担当，始终心系"国之大者"，积极投身到对以习近平同志为核心的党中央提出的一系列治国理政新理念新思想新战略的宣传报道中，投身到对深圳经济特区贯彻落实习近平总书记、党中央决策部署宏伟实践的宣传报道中，推动党的创新理论最新成果在鹏城大地落地生根、开花结果。

第一节　持续掀起学习宣传贯彻新思想的热潮

一　唱响来自党的十八大现场的"好声音"

2012 年金秋召开的党的十八大，举世瞩目。深圳特区报社对十八大报道高度重视，派出由编委吕延涛带队，肖意、陈富、陈冰、鲍传文、李舒瑜、杨丽萍、綦伟 7 名骨干记者组成的前方报道组，赴京直击报道大会盛况。10 天时间里，报道组成员全情投入，全力以赴，团结协作，克服诸多困难，共发表现场报道近 60 篇、图片近 30 张。这些报道在弘扬主旋律的同时不失贴近性和可读性，严肃中不失活泼，呈现出鲜明的特色。

一是邀请权威专家深度解读报告亮点。"盛会·专见"专栏每天都围绕报告亮点，推出若干专家学者的深度解读。历史学家雷颐、经济学家胡鞍钢、经济学家沈骥如等著名专家学者登上专栏，就报告中有关改革开放、自主创新、文化建设、社会公平正义等方面的亮点表述发表独到见解。

二是突出基层代表，生动展现履职风采。前方报道组在现场报道中突出对基层代表的报道，所开专栏"盛会·现场""盛会·印象""盛会·代表手记""盛会·主角""盛会·热度""盛会·镜观"等均以基层党代表为主角，通过不同形式、不同角度，展示党代表们积极反映广大党员群众心声，认真履行职责的风貌。记者以"听，那些来自一线的'好声音'"为题，报道农民代表贾东亮、下岗女工代表杜晓娟、外来工代表闫文静在广东团分组讨论现场发言，反映基层代表的心声和积极履职的热情。记者还以"她们带来了岭南的气息"为题，以"年轻""热情""务实"为关键词，对广东团基层女性代表群像进行了扫描，获得广东省委宣传部表扬。

三是瞄准热点人物，抓住热点话题。前方报道组推出数篇高端、权威访谈，包括十八大代表、十八大新闻中心主任翟惠生，商务部部长陈德铭，中国证监会主席郭树清，中国人民银行行长、党委书记周小川，中国银监会主席、党委书记尚福林等的访谈。访谈紧扣文化建设、华为中兴"安全门"、国际板、利率市场化改革等热点，具有很强的引导力、可读性。此外，十八大开幕的日子恰逢中国第 13 个记者节，来自媒体的党代表人数为历届党代会之最，并首现网络媒体代表，记者抓住热点人物和话题，以"我是代表，也是记者"为题，不仅展现了媒体人代表的风采，也表达了新闻传播在执政兴国中发挥着越来越重要作用等观点，收到良好宣传效果。

四是加强评论力量，突出独家视角。前方报道组每天推出评论专栏"盛会·观察"，5 篇评论《亲切感》《合拍感》《舒适感》《平衡感》《三因制宜》不说空话、大话，通过引述党代表和党员群众的发言感受，以小切口反映大主题，表达评论员对十八大的独特观察。在《合拍感》一文中，评论员敏锐捕捉到在收听、学习、研读十八大报告中浮现出来的党与大众的"合拍感"，认为："对于执政党来说，与民意合拍是一种境界。十八大报告，是执政党对人民期待的谦恭应答。而落实十八大精神，更需要执政党拿出勇气和实招，进一步与民意合拍。"

《深圳特区报》对十八大的报道亮点频出、特色鲜明，受到中宣部阅评表扬。

二　讲深圳逐梦故事，掀中国梦报道热潮

在中华民族伟大复兴新征程开启之际，2012 年 11 月 29 日，习近平总书记在参观《复兴之路》展览过程中发表重要讲话，首次提出并阐述实现中华民族伟大复兴的中国梦。

深圳是中国最大的"梦工场"。没有哪个城市像深圳这样，与中国梦的联系如此密切。宣传报道中国梦，是深圳媒体当仁不让的时代使命。《深圳特区报》高站位、精视角，巧做文章、善做文章，迅速兴起中国梦宣传报道热潮。

2012 年 12 月 7 日，《深圳特区报》头版显位刊发由 10 位记者集体采写的长篇通讯《织就深圳梦 托举中国梦》，从深圳经济、政治、文化、社会和生态文明"五位一体"发展入手，抒写深圳梦的底气、发展梦的标杆、文化梦的张力、家园梦的温馨、绿色梦的畅想，阐述伟大的中国梦是由每一位国民、每一座城市和每一个地区的逐梦、织梦、圆梦组成的，只有靠大家共同奋斗，才能实现。

第一时间启动中国梦重大主题宣传道后，《深圳特区报》开设"共筑中国梦我们做什么·深圳人的逐梦故事"专栏，运用系列评论、专家访谈、征文活动等多种形式，凝聚共识，引导和激发广大干部群众积极投身实现中国梦的伟大实践。

宣传中国梦，宣传习近平总书记治国理政新理念新思想新战略。从 2013 年初开始，《深圳特区报》在一版开设多个专栏，从多个角度学习宣传贯彻落实十八大精神。如"十八大报告精神亮点解释报道""学习贯彻落实十八大精神·专家专论""学习贯彻落实十八大精神""领导干部带头学，推动深圳新发展"等，推动党的创新理论成果家喻户晓。

《深圳特区报》关于中国梦的宣传报道得到市委主要领导充分肯定。深圳市委书记王荣接受深圳特区报社总编辑陈寅专访时说，"深圳是总书记离京视察的第一站，一定会牢记特区新使命，为率先实现中国梦勇做先锋，提供样本"。

三　匠心报道习近平总书记首次考察深圳

（一）重发新春评论《多干实事》

2012年12月7日，当选总书记后第一次外出调研，习近平来到广东，来到深圳，勉励深圳牢记"空谈误国，实干兴邦"，继续发挥窗口、试验田和排头兵的作用，不仅坚定不移走改革开放的强国之路、富民之路，而且要有新开拓，要上新水平。

善于在改革开放重大关头发出时代强音，是一张特区旗报的应有品格。12月8日，《深圳特区报》除在头版刊发评论员文章《奋勇推进改革开放》、述评《实干在复兴之路上》外，还在3版重发"猴年新春八评"之四《多干实事》，配发的编者按指出：20年前的春天，《深圳特区报》连续刊发

《深圳特区报》重刊"猴年新春八评"第四篇《多干实事》

蜚声中外的"猴年新春八评"。其中，第四篇《多干实事》，强调的就是特区事业的发展要靠实干。今天，我们重温这篇评论，"言行之间，行重于言"，"干，才是改造世界的直接力量"，评论中的观点放在今天依然不过时，依然发人深省。

20年前改革开放总设计师邓小平考察深圳的足迹和20年后新一届党的总书记考察深圳的足迹，在这里重叠。《深圳特区报》重发《多干实事》，以其独具的深意，引发海内外众多媒体关注，国内主要门户网站转载。《长江日报》发文称：在习近平视察深圳，出行不封路不迎送之际，昨日《深圳

特区报》重刊评论《多干实事》。中国经营网综合报道称：《深圳特区报》重发《多干实事》一文，评习近平考察深圳。

（二）聚焦出行不封路不迎送等细节

中外媒体注意到，习近平考察深圳期间，出行不封路、不迎送，轻车简从，一派新风。这是党的总书记对中央政治局刚刚审议通过的《关于改进工作作风、密切联系群众的八项规定》的身体力行。《深圳特区报》12月14日见报的《南海之滨又东风——习近平总书记在深圳考察纪实》对此进行了生动的描述："沿途并没有封路。广深高速、深南大道上，不时有社会车辆从车队旁驶过，有的驾驶者还好奇地侧过头来看一眼。也许，人们压根儿没有想到，习近平总书记就坐在这支悄然行进的车队中巴上。""不封路，不入住高档场所，不事宴请，全程自助餐，免了迎来送往，不铺红地毯，务实亲和、平易近人的习近平总书记给以改革创新闻名的深圳带来了一阵清新的风。"

四　全体采编人员挂点全市 600 多个社区

2013年是全面贯彻落实党的十八大精神的开局之年，是改革再出发之年。作为全国瞩目的深圳市委机关报，《深圳特区报》以十八大精神为指导，深入贯彻以人民为中心的新闻理念，深化"走转改"（走基层、转作风、改文风），加强队伍战斗力、报纸传播力、舆论引导力、品牌影响力建设，不断改革创新，再发新声续写新辉煌。

年初，《深圳特区报》以"深入贯彻落实十八大精神系列述评"和蛇年新春改革六论破题，向国内外发出深圳新起点上改革创新的强烈信号。

7月1日，深圳拉开党的群众路线教育实践活动序幕，《深圳特区报》翌日起开设专栏、制作专题、刊发系列评论，一马当先从多个维度展开报道。

为宣传报道好这个重大活动，深圳特区报编委会明确提出从去除采编工作中的"四风"开始。按照报社统一部署，深圳特区报社全体采编人员挂点联系全市600多个社区，形成"走转改"全覆盖，深入社区基层单位，走进居民家中，了解社情民意，开拓一线新闻源。《深圳特区报》在一版开辟"走群众路线·记者基层行"专栏，推出一批记者在基层一线抓到的新闻"活鱼"。

在深入开展党的群众路线教育实践活动报道中大力宣传习近平总书记系列重要讲话精神，《深圳特区报》先后重磅推出"贯彻总书记讲话精神，深入开展教育实践活动"专栏、"深入学习贯彻习近平总书记一系列重要讲话精神"系列评论、"学习贯彻总书记系列重要讲话精神"理论专栏等，全力投入，着力创新，先声夺人。

五 深入报道习近平对深圳工作作出的重要批示精神

（一）在准、新、实上下功夫

2015 年 1 月，习近平总书记对深圳工作作出重要批示，要求深圳市牢记使命、勇于担当，进一步开动脑筋、解放思想，特别是要鼓励广大干部群众大胆探索、勇于创新，在全面建成小康社会、全面深化改革、全面依法治国、全面从严治党中创造新业绩，努力使经济特区建设不断增创新优势、迈上新台阶。这是习近平总书记首次赋予一座城市创造"四个全面"新业绩的光荣使命。

深圳特区报社迅速行动。习近平总书记对深圳工作作出重要批示的消息见报当天，报社派出精兵强将，分多路采访全市各界对总书记重要批示精神的强烈反响。从消息发表次日起，开辟学习习近平总书记重要批示精神专栏，刊发一批全市各区、各部门、各单位学习批示精神的相关情况，发表一批重要批示精神系列评论，推出一批国内知名理论专家对重要批示精神的解读，组织召开研讨会、座谈会，形成一批对重要批示精神的研究成果。

《深圳特区报》这一时期的报道着力在准字上下功夫，把习近平总书记重要批示的重大指导意义、丰富内涵、精神实质讲清楚，把深圳面临的形势背景、目标定位、方向目标等讲清讲透。着力在新字上下功夫，结合习近平总书记在党的十八大后对"四个全面"的系列重要论述，把重要批示精神领会好、宣传好、阐释好。着力在实字上下功夫，面向实际，注重实效，以更具厚度、更有温度、更接地气和老百姓喜闻乐见的话语开展宣传，确保习近平总书记重要批示精神为广大干部所掌握、为人民群众所了解。

这次对习近平总书记重要批示精神的成功宣传，为之后《深圳特区报》及时、全面、深入宣传好总书记系列重要讲话、重要指示批示精神做了很好的练兵。

（二）书写实践新发展理念的深圳样本

习近平总书记在对深圳工作作出的重要批示中，再次点明我国改革进入攻坚期和深水区，经济发展进入新常态，国内外风险挑战增多，对深圳经济特区在新时代新形势下不断增创新优势、迈上新台阶寄予厚望。

2015 年 10 月 29 日召开的党的十八届五中全会审议通过《中共中央关于制定国民经济和社会发展第十三个五年规划的建议》。其中提出创新、协调、绿色、开放、共享五大发展理念，成为指导"十三五"时期中国发展新的"思想灵魂"。

宣传好五大发展理念，首先要联系实际学深悟透，做到入脑入心。深圳特区报社组织广大采编人员立学立行，迅速在头版连续推出系列报道和评论，同时在重要版面开辟专栏，通过全面深入的报道，围绕五大发展理念的引领和深圳发展的印证，发出深圳声音，表明特区态度。

11 月 11 日，深圳特区报社参与承办的深圳市社科理论界学习贯彻党的十八届五中全会精神座谈会举行。专家学者们从理论上探讨了五大发展理念的意义、内涵和要求，从不同角度研究讨论深圳"十三五"规划的思路，结合深圳建设现代化国际化创新型城市的目标，为深圳实现新的发展建言献策。

11 月 25 日，《深圳特区报》头版显位刊发编辑部文章《打造实践五大发展理念特区新样本》，全面梳理深圳"十二五"发展成果，展望"十三五"蓝图，雄辩地阐明了深圳经济特区改革发展实践是五大发展理念的精彩印证，五大发展理念具有坚实群众基础，五大发展理念必将指引深圳创造新辉煌。

在《深圳特区报》的有力舆论烘托下，2016 年 1 月 11 日，中共深圳市委六届二次全会召开，会议提出，要让五大发展理念进规划、进计划、进实践，在"率先"上下功夫，在"落实"上见成效，确保"四个全面"战略布局率先落地生根。

第二节　推动新思想在深圳落地生根

一　大手笔全媒体报道党的十九大

2017年10月18～24日，中国共产党第十九次全国代表大会在北京举行。党的十九大着眼中国特色社会主义事业长远发展，郑重提出习近平新时代中国特色社会主义思想，并把这一思想确立为党必须长期坚持的指导思想写进党章，实现党的指导思想的又一次与时俱进。

深圳特区报编委会高度重视党的十九大报道。10月15日晚，由编委叶晓滨带队，包括肖意、甘霖、綦伟、李舒瑜、杨丽萍、周元春、叶志卫、陈建洲、滕琪、莫荣宝等10余名精兵强将的深圳特区报社特派采访团队抵达北京。

早在8月31日，有关党的十九大10月18日在北京召开的消息公布后，《深圳特区报》便第一时间在头版开辟专栏"创造新业绩 喜迎十九大"，并刊发首篇文章《深圳打造十大制造业创新中心 培育千亿级产业集群 夯实实体经济》。9月2日推出专栏"喜迎十九大"每天一篇。10月2日二版开设专栏"十九大代表风采"。10月17日头版开出"牢记嘱托 深圳答卷"专栏，并刊发首篇文章《在中华民族伟大复兴征程中勇当尖兵》。

特派采访团队在首都大酒店设置十九大报道全媒体访谈室，集文字、图片、音频、视频功能于一体。大会召开期间，杜玉涛、费英英、钟松民、徐文坚、闫文静等十九大代表先后来此，围绕如何全面贯彻落实党的十九大精神、开创更加美好的明天接受记者访谈，并与读者网友交流，访谈和交流内容通过报纸、读特客户端以及深圳特区报官方微博、微信等多平台进行全媒体全方位立体报道。

党的十九大刚刚胜利闭幕，《深圳特区报》便迅速掀起学习宣传热潮，推动习近平新时代中国特色社会主义思想、党的十九大精神率先在深圳落地生根，形成生动实践。

10月27日开始，集中刊发全市各级各部门、各区各单位学习宣传贯彻党的十九大精神的消息。11月2日起，接连推出《不忘初心再出发》《奋力谱写新时代深圳新篇章》《率先建成现代化经济体系》《加快建设"法治中国示范城市"》《激发文化创

新创造活力》《为坚决打赢脱贫攻坚战作出应有贡献》《不断增强人民的获得感幸福感安全感》《建成美丽中国典范城市》《打造彰显中国共产党先进性纯洁性的精彩样本》9篇学习贯彻党的十九大精神系列评论。11月6日，推出综述《奋力走在新时代新征程最前列——深圳迅速兴起学习宣传贯彻党的十九大精神热潮》。11月14日，刊发专版《为实现中华民族伟大复兴而奋斗的行动指南 中共深圳市委党校学习贯彻党的十九大精神专题会议发言摘要》……仅1个月，《深圳特区报》便刊发各类学习贯彻党的十九大精神的消息、评论、专家访谈等200余篇，引导广大干部群众准确领会把握党的十九大精神的思想精髓、核心要义，原原本本、原汁原味学习好党的十九大精神。

《深圳特区报》报道党的十九大盛况

对话 基层党代表

党的十九大代表杜玉涛：

"科技报国的决心更加坚定"

■ 深圳特区报特派记者 叶志卫 杨丽萍 甘霖 李舒瑜 姜伟 何龙 文/图

来自深圳的党代表杜玉涛做客深圳特区报十九大报道演播室，接受深圳特区报记者专访。

她是手工实隆罐的"世界记录"的开创者之一，她也是高科技企业国际化团队党建创新的探路者。

杜玉涛，这位来自深圳的基层党代表、基层技术专家，昨日接受本报记者深访时表示，我们不仅要在"基因科技造福人类"的道路上不断前行，还要积极发掘党组织及党员在科研创新过程中的引领模范作用，让党作为管理者和技术骨干始终站在创新的最前沿。

"党员就是要勇于亮明身份"

1977年出生的杜玉涛，已经是有20多年党龄的老党员。1996年，在大学就读期间，在学校老师的鼓励和推荐下宣誓入党，当时她是学院的第一个宣誓入党。"入党是一件非常光荣、催人进步的事情"，她说。

在华大基因研究院，除了是业务上的带头人，杜玉涛还是华大基因研究院党委书记。身兼管理企业的一名党务工作者，对于基层党建创新，她也颇有一番心得。"我正在北京访察高科技企业基层党建新模式，高学历、年轻化、技术型的党员结构是突破点。"杜玉涛告诉记者，华大基因研究院党务分布在全国万里世界各地，他们中很多海外留学和工作经历，如

此国际范儿的团队如何通过创新党建形式，增强党组织凝聚力，这也是坚持不懈在多元化党组织活动中能让大家战胜时神荣国，时时牢记"基因科技造福人类"的使命感。

考虑到研究党党员的特点，杜玉涛一直在分推行"党建+互联网"。落实"三会一课"时，开展"微党课""微考题"等形式的培训讨论，使业务模块负责人成为交流党建投影、激发工作生活力的重要平台，此外还家梳"双向进入、交叉任

职"，支部班子成员与业务模块管理层相互进入，把党的思想、信念与华大"基因科技造福人类"的核心价值观以及科研背景目标结合起来，提升了党组织的影响力与号召力，激励党员作为管理者和业务骨干始终站在创新的最前沿。

杜玉涛对记者说，华大基因研究院所有的党员都会把"党员亮明身份"将其更高的要求，相当于一种无形压力，作为党员更要事事当先，日常行为是否符合党

员的要求，"党员就是要勇于亮明身份"。

"这是值得奋斗终身的伟大事业"

"费是一名来自科研一线的代表，当多年在国家科学、工作，聆听十九大报告，我倍受鼓舞，爱国情怀被强烈激发，投身科技报国路，产业报国的决心更加坚定，"杜玉涛说。

杜玉涛特别注意到，报告中提到以快建设创新型国家。"为满足人民对美好生活的向往，助力中华民族实现伟大复兴，我们必须加倍努力，按照十九大报告的要求，在科学技术的各个领域以道路和开拓创新，最终实现全世界领跑。"

"作为一条一线科技工作者，在过去的几年里，我亲身经历和见证了国家科技创新的'飞跃'，以基因科技为例，10年前基因科技只是口号，而现在基因科技已经进入寻常百姓中，利用国际领先的基因检测技术，华大基因的科学家们为240多万名幼儿进行了筛查，避免了1.7万多例唐氏综合征患儿的出生。基因科技拉住生命线，促进人民健康，这是值得奋斗终身的伟大事业。"

"我非常庆幸自己能从事这样一份可造福人类的事业，"杜玉涛说，华大基因研究室正针对珠三角、西藏及河北等地开展试基因检测、遗传病测定、亚健康管理咨询为主的健康管理服务项目。"每一次看到同一双眼睛神的眼睛，我都常常有感触，稍着基因科技的不断突破与进步，我相信一定会让基因检测成为一个普惠型的健康服务。"

（深圳特区报北京10月21日电）

十九大代表、宝安区社会福利中心保育部副部长费英英：

"感受到党中央对基层劳动者的重视"

对话 基层党代表

■ 深圳特区报特派记者 叶志卫 姜伟 甘霖 李舒瑜

19日，来自深圳市宝安区的十九大代表费英英，在接受本报记者采访时表示，"党的十九大报告为我们描绘了宏伟蓝图，指出了新思想、新征程和新目标，让我倍感振奋，倍受鼓舞。"

费英英是宝安区社会福利中心保育部副部长，15年来一直从事残疾儿童护理工作。因为工作原因，她比较较关注报告里社会民生方面的内容，她认为，报告里关于社会民生的论述，让每名普通福利事业将随约服务发展方向，从一名普通的护理员成长为十九大党代表，这位普通的她深切感受到党中央对基层劳动者的关心和重视。

让孩子们感受到社会主义大家庭的温暖

费英英告诉记者，她注意到报告中提出，"完善社会救助、社会福利、慈善事业、优抚安置等制度，健全农村留守儿童和妇女、老年人关爱服务体系"。"报告里这些论述，描述了社会福利事业发展的

路径，为我和我的团队指明了前进的方向，"她说。

15年来，费英英参与照顾了1500多名厚实、弃婴，帮助800多名孩子健康全家庭收养，成功融入社会，她认为，"这些孩子和社会上其他孩子并无分别，他们一样是最棒的，他们制作的舞蹈、绘画、随制作品被深圳大运会作为纪念品送给了参赛运动员，他们的舞蹈、绘画、随制作品多次获得国内外大奖。"

在照顾这些孩子的过程中，她和她的同事们们也保持了共产党员的本色，把好的楷模模范作用，让团队成为社会福利战线上的坚强堡垒多堡垒。

来自深圳的党代表费英英做客深圳特区报十九大报道演播室。
深圳特区报特派记者 何龙 摄

把平凡的事情做到极致就是不平凡

费英英说，"我是一名最基层的劳动者，能够成为十九大代表，充分体现了党对基层一线劳动者的关心和重视，我既感到莫上光荣，更感受到肩上沉甸甸的责任。"

2002年，费英英应聘到深圳宝安社会福利中心专门负责护理厚婴。2006年，她光荣加入了中国共产党。2010年，她应选为深圳市第三次党代会基层的党代表之一，她还清楚地记得2006年入党时，她要事自己要用爱心去服务，为最需要关怀与呵护的孤残儿童提供无私的护理和照顾，要求自己在护理员这个平凡的岗位上，把每一件小事都做到极致，实现

自己的梦想。"从普通厚婴员成长为一名十九大党代表，离不开我的引领和培养，绝不的致励和鼓励，绝不只是我一个人的奋斗，离不开组织的长期培养和专员的关心，我一定要尽心尽力把工作做得更好，绝不能让组织失望，把平凡的事情做到极致就是不平凡。"

"福利院里照顾的儿童，必须有工作

人员365天、24小时、三班倒不间断地护理他们。"工作当中15年间的15个春节，费英英都没有回家过一次年，但是看到又长了一岁的孩子的甜甜的笑声，"我感受所有的付出都是值得的，孩子们让我学会了感恩，让我可以珍贵以恒随通过自己的付出和努力，让他们过上幸福的生活。"

将运用"互联网+"思维搭建履职平台

费英英告诉记者，为了更好地履职、参会之前，她在深圳多处工厂车间、居民社区座谈调研，倾听更多群众的声音。

在调研过程中，她感受最深的是，深圳现在的基层组织政治功能和服务功能更加凸显。目前，深圳645个社区建设立党群服务中心，把党委政府的各种服务资源融为一体，提供"一站式"服务，以更加方便主渠道提供市民群众，为群众解决了许多身边事，党群关系更加水乳交融。

费英英还认为，深圳基层党建时代性更加鲜明，"深圳年轻人多、年轻党员、深圳职级打工非常多。"目前，市总和基层党组织都形成了搭建运用微信和手机多个平台，把党组织和党员的信息有机结合，把学习教育和组织生活相适上，很多年轻党员觉得党组织更亲近了，也更有效力了。"为此，她计划未来结合深圳'区域化党建网络'平台，运用'互联网+'思维搭建更多的履职平台和服务，争取在更多领域发挥更大作用，为民生福利事业贡献自己的力量。"

（深圳特区报北京10月19日电）

十九大代表、广州打捞局高级潜水员钟松民：

只要人人立足岗位无私奉献，就能实现宏伟蓝图

对话 基层党代表

党代表钟松民做客深圳特区报十九大报道演播室。
深圳特区报特派记者 何龙 摄

■ 深圳特区报特派记者 杨丽萍 叶志卫 李舒瑜 姜伟

今年47岁的是十九大代表、广州打捞局高级潜水员钟松民，在24年的工作生涯中，先后参加了著名的"南海1号"古沉船打捞、"华星"号沉没气驳、"夏长"号等10多项沉船打捞与打捞工作，先后多次获得荣誉称号"救捞功臣""救捞勇士"及"先进个人"等荣誉称号。

20日，在接受本报十九大采访时，钟松民说，党的十九大报告指出要创新动力，全面描绘发展的重点，

告诉他们就是伟大蓝图。

贯彻新发展理念更好履行应急救援保障职责

钟松民告诉记者，听了报告后，自己感触很大。他为国家每一个专业救助队伍、为广东省海防工作作出巨大贡献，中国救援功能、应急管理体系中，发挥了更大的作用。"党领导的的肯定让我感觉到很大激励，为广东经济发展保驾护航，为经济发展保驾护航"钟松民说。

2002年起，中国救援功能、应急管理体系创建之初的120人才技动，发展成为与国际相接的国际救助功能，成为一位资源、综合自己的工作，更能够成长起来，我们说钟松民一步一个脚印，就能实现

要实现的宏伟蓝图。

"广东港口多、航线长、紧临南海，为满足广东沿海的广东经济发展的需要，不断创新救援方式，创建广东沿海救助范围、为广东经济发展保驾护航"钟松民说。

"三位一体"的创救组合。一套军衣潜水设备，一套自救救护设施一体，以江途学校、海洋防护保障对象服务功能、为广东经济发展保驾护航。

党员模范带头永是一面旗帜

钟松民认为，共产党员是一面旗帜，旗帜决定方向，只有旗帜鲜明才能永不迷失方向。党员就要身先士卒，以身作则要作出表率，党员在任何岗位都要做好、做实，真正把担当作为一名共产党员的责任和要求。

在各年的救捞工作中，"抢生的希望留给别人，把死的危险留给自

己。"正是钟松民作为一名共产党员的真实写照。

2011年12月8日，"德靖588"远洋船被困浅滩前的珠海海上遇难，大浪涌不断将被困在摇晃船舱的渔民推落水中，正在附近打捞船"力神6号"的钟松民冒着生命危险，大浪滔天往往船上救起遇险渔民，钟松民紧紧抓住渔民的手臂奋力，他不顾凶险、不放在船上，救援行动最后终于成功，救起所有遇险渔民，用自己实际行动诠释了一名共产党员的奉献与担当。正是钟松民这样全心全意为人民一次次以深切付出证明了，救援海上的人民生命，坚守岗位挺身而出，从生命线上守护救援。

（深圳特区报北京10月20日电）

党的十九大期间，杜玉涛、费英英、钟松民等代表做客深圳特区报全媒体访谈室

二　倾力做好习近平总书记再次来深考察报道

2018年10月22～25日，时隔6年，习近平总书记再次来到广东、来到深圳考察。10月24日，习近平先后参观"大潮起珠江——广东改革开放40周年展览"，前往广东自由贸易试验区深圳前海蛇口片区实地察看前海开发情况，来到深圳市龙华区民治街道北站社区，了解社区公共服务、基层党建、社区管理等情况，再次向世界宣示中国改革不停顿、开放不止步的决心。

10月23日，《深圳特区报》在头版专栏"在习近平新时代中国特色社会主义思想指引下 走在最前列 建设先行区"刊发综述《深圳：率先建设社会主义现代化先行区》，全景式报道深圳改革开放再出发，努力在"四个走在全国前列"中走在最前列、勇当尖兵，当好"两个重要窗口"的生动实践。与此相呼应，在三版显位刊发《牢记习近平总书记的嘱托 前海：一张白纸画出最美最好的图画》《世界级大湾区加速起航 深圳携手周边城市共建粤港澳大湾区核心引擎》《高标准建设深港科技创新特别合作区》等系列报道；在五版刊发《长虹卧波 碧海通途 港珠澳大桥香港段航拍即景》，配发《深圳特区报》特别制作的《一图读懂｜港珠澳大桥通行指南》；在六版头条位置刊发《盐田港区：从荒凉滩涂变身世界级大港》；在"理论周刊"刊发《改革开放是一场深刻革命 深入学习贯彻习近平新时代中国特色社会主义思想》；等等。版面联动、版块联动、题材联动、体裁联动，全方位、多角度呈现深圳在习近平新时代中国特色社会主义思想指引下阔步前行的新时代新气象。

10月24日，除在头版头条位置图文刊发新华社《习近平出席开通仪式并宣布港珠澳大桥正式开通 韩正出席仪式并致辞》图文消息外，《深圳特区报》再发长篇综述《牢记总书记嘱托 奋力走在最前列——深圳经济特区新时代改革发展综述》，报道党的十八大以来深圳始终牢记习近平总书记嘱托，经济特区进入发展新境界。紧接着，从第三版到第七版，用4个半版篇幅集中报道港珠澳大桥建设、前海美丽蝶变与深圳全力打造服务效率最高综合成本最佳城市的实践。

10月25日，《深圳特区报》报道力度不减，推出《深圳：共建共治共享 让幸福持续升级》《深圳扎实推进党的建设新的伟大工程》《深圳司法体制改革向纵深迈进》《深圳坚决打好三大攻坚战 拿出一批标志性成果》《深圳机场：现代化国际航空枢纽

2018年10月26日，《深圳特区报》用8个整版规模，将习近平总书记考察广东、考察深圳的报道推向高潮

正在崛起》等稿件，将报道持续引向深入。

10月26日，《深圳特区报》在头版和二版刊发《习近平在广东考察时强调 高举新时代改革开放旗帜 把改革开放不断推向深入》，配以总书记考察的8张图片，又即时开辟"学习贯彻落实习近平总书记重要讲话精神"专栏，多路记者沿着总书记在深圳考察的足迹，走访建设者、创业者，记录广大干部群众的热烈反响，反映各区贯彻落实举措，邀请专家解读，采访企业家、高校师生，报道深圳各行各业发展新成绩，共用8个整版，立体式、全方位将整个宣传报道推向高潮。

三　宽视野深层次报道"双区"建设"双改"示范

（一）就习近平总书记对深圳工作再次作出重要批示报道展开精心策划

2018年12月26日，习近平总书记对深圳工作再次作出重要批示，要求深圳朝着建设中国特色社会主义先行示范区的方向前行，努力创建社会主义现代化强国的城市范例，希望深圳市广大干部群众继续解放思想、真抓实干，改革开放再出发，不断推动深圳工作开创新局面、再创新优势、铸就新辉煌，在新时代走在前列、新征程勇当尖兵。

重要批示在2019年1月5日由新华社首发。正值周末，深圳特区报社快速反应，当天拿出宣传报道方案，当天分发各部门实施。1月6日是星期天，《深圳特区报》头版刊发重要批示，推出"学习宣传贯彻习近平总书记重要批示精神"专栏，及时报道省委常委会、市委常委会学习贯彻的消息，以及深圳广大干部群众对重要批示的强烈反响，同时在显位推出系列评论首篇《努力向党中央交出新时代优异答卷》。

从1月7日开始，原"在习近平新时代中国特色社会主义思想指引下 走在最前列 建设先行区"专栏，改栏题为"在习近平新时代中国特色社会主义思想指引下 建设先行示范区创建现代化强国城市范例"，与"学习宣传贯彻习近平总书记重要批示精神"专栏并行。

对习近平总书记重要批示的报道，一直持续到2月28日。据统计，共发出稿件近百篇，为深圳建设中国特色社会主义先行示范区开好局起好步营造了良好舆论环境。

《深圳特区报》迅速推出"学习宣传贯彻习近平总书记重要批示精神"专栏

（二）为报道"双区"建设尽锐出战

2019年是深圳"双区"建设元年。2月18日，《粤港澳大湾区发展规划纲要》全文公布；8月9日，中共中央、国务院印发《关于支持深圳建设中国特色社会主义先行示范区的意见》。

深圳特区报社尽锐出战，宽视野、深层次做好"双区"建设的报道。

1. 宽视野报道《粤港澳大湾区发展规划纲要》

2 月 19 日，《深圳特区报》除以头版转文形式全文刊发《粤港澳大湾区发展规划纲要》（以下简称《规划纲要》）外，同时开设"实施大湾区规划纲要 增强核心引擎功能"专栏，迅速掀起宣传热潮。

2 月 20 日至 3 月 2 日，《深圳特区报》在头版刊发各级党委政府及各级各部门学习贯彻《规划纲要》动态消息，同时每天至少用一个要闻版，报道深港澳各界的热烈反响、专

《深圳特区报》头版转文形式全文刊发《粤港澳大湾区发展规划纲要》

家学者的深入解读，以及深圳贯彻落实的举措和行动。《港人港企热议〈粤港澳大湾区发展规划纲要〉"我们都是粤港澳大湾区人"》《香港特区政务司司长、推进大湾区建设及内地合作督导委员会主任张建宗：粤港澳大湾区规模和潜力可媲美世界三大知名湾区》《专家学者表示 深圳应立足于新发展理念 加快全球海洋中心城市建设》《前海：认真落实粤港澳大湾区规划纲要 努力打造大湾区国际化城市新中心》《"80后"香港"创客"谢智衡：让更多香港青年在大湾区建设中发挥力量》《对标国际最先进水平推进粤港澳大湾区污染防治 深港联手打造大气环境治理区域标准》《牢牢扭住大湾区建设这个"纲"——深圳牢记嘱托举全市之力推进粤港澳大湾区建设》等一系列深圳特区报社记者采写的报道，将粤港澳大湾区建设的方方面面呈现在广大读者眼前。

3月3日，进入全国两会时间。如何保持对大湾区报道的热度不减？《深圳特区报》开设"推进大湾区建设系列报道""全国两会粤港澳大湾区联合访谈室""湾区市长谈"等栏目。其中，"推进大湾区建设系列报道"共发7期，每期一个整版，先后聚焦"打造具全球影响力的国际科技创新中心""打造具全球竞争力的一流营商环境""构建具有国际竞争力的现代产业体系""先进制造助实体经济'腰杆'更直""加强粤港澳合作挺进广袤'深蓝'""三大平台引领粤港澳全面合作"等主题。《深圳特区报》与《香港商报》合办"全国两会粤港澳大湾区联合访谈室"，先后迎来盛国集团有限公司主席张俊勇、香港中华出入口商会会长林龙安、香港岛各界联合会会长蔡毅、观澜湖集团主席朱鼎健、香港交通安全队总监洪为民、广东宏伟集团董事长陈伟忠、全国妇联执委陈曼琪等代表、委员接受专访。参加全国两会的江门市市长刘毅、湛江市市长姜建军、河源市市长叶梅芬、佛山市市长朱伟，先后登上"湾区市长谈"栏目，畅谈融入大湾区建设，携手共建大湾区。

自2月26日起，《深圳特区报》"理论周刊"持续推出关于建设粤港澳大湾区的专文专论，首篇刊发广东省社会科学院国际经济研究所课题组文章《打造粤港澳大湾区高质量发展典范》，半年时间内发出10篇高质量理论文章，将建设大湾区的报道引向深入。

2. 深层次营造先行示范区建设强大舆论声势

《深圳特区报》对建设中国特色社会主义先行示范区的报道分为两个阶段，与中央对支持深圳建设先行示范区的信息公开步骤相呼应。

7月25日至8月6日，为报道"序曲"。

7月24日，习近平总书记主持召开中央全面深化改革委员会第九次会议，审议通过《中共中央国务院关于支持深圳建设中国特色社会主义先行示范区的意见》（以下简称《意见》）。25日，《深圳特区报》头版头条刊发新华社消息，并在头版推出评论员文章《牢牢把握"先行示范"这个总体要求》，指出"习近平总书记的重要批示和中央的大力支持，是深圳发展史上具有里程碑意义的大事要事和重要机遇，为新时代深圳发展明确了战略定位、指明了前进方向、注入了强大动力"。同时，以"牢记总书记殷殷重托 加快建设先行示范区"为题，刊发深圳各界的热烈反响。

25日当天，深圳特区报社驻京记者庄宇辉、李萍便采访到《求是》杂志社原总编张晓林、中国宏观经济研究院国土开发与地区经济研究所所长高国力和《粤港澳大湾区发展规划纲要》编制组核心成员、中国国际经济交流中心产业规划部部长王福强等专家，请其对中央支持深圳建设先行示范区进行解读，所写报道《为新时代深圳发展明确战略定位提供强大动力和根本遵循》次日在《深圳特区报》头版刊发。8月6日，"理论周刊"一版头条重磅推出深圳大学中国经济特区研究中心主任、教授陶一桃专文《从"先行先试"到"先行示范区"》，开宗明义指出：《意见》的出台是中央深化改革的战略部署，是对深圳在中国改革开放40年历史进程中地位、功能、使命的肯定，是对以率先改革开放而著称的深圳这座年轻城市的厚重希冀，是对中国最成功的经济特区新时代新使命的郑重赋予，是中国道路又一伟大实践的时代性开启。权威专家的深入解读为整个报道增色不少。

8月19日至10月12日，为报道"高潮"。

8月18日，《意见》公布。19日，《深圳特区报》以头版头条转文方式刊发《意见》全文，并配发社论《改革开放再出发 建设先行示范区》。紧接着，要闻2～8版用7个整版开出"高举新时代改革开放旗帜 建设中国特色社会主义先行示范区"专栏。其中，二版为"南方宏论"《担当好"先行示范"的历史使命》；3版是图说《意见》；四至八版紧扣党中央、习近平总书记赋予深圳建设先行示范区的五大战略定位（高质量发展高地、法治城市示范、城市文明典范、民生幸福标杆、可持续发展先锋），每版一个主题，依次推出《加快实施创新驱动发展战略》《扎实推进法治中国

《深圳特区报》以头版转文方式刊发《中共中央国务院关于支持深圳建设中国特色社会主义先行示范区的意见》全文，并配发社论

示范城市建设》《奋力打造现代城市文明典范》《全力绘就民生幸福新画卷》《交出生态文明建设的深圳答卷》。组合拳式的报道营造出强大宣传声势。

8月20日起，《深圳特区报》连续3天推出沈仲文文章《先行示范区，深圳凭什么能？》《先行示范区，深圳该怎么干？》《先行示范区，深圳为什么燃？》。同日，开辟"建设中国特色社会主义先行示范区系列谈""加快建设中国特色社会主义先行示范区"两个专栏，全面深入解读《意见》，

先行示范区，深圳该怎么干？

沈仲文

建设中国特色社会主义先行示范区系列谈

先行示范区，深圳为什么燃？

沈仲文

建设中国特色社会主义先行示范区系列谈

先行示范区，深圳凭什么能？

沈仲文

建设中国特色社会主义先行示范区系列谈

跟进报道落实举措，营造全社会大力支持、积极参与中国特色社会主义先行示范区建设的良好氛围。深圳市社科院副院长王为理、南方科技大学党委副书记李凤亮、深圳大学中国经济特区研究中心主任陶一桃、深圳设计之都推广办主任韩望喜、深圳报业集团社长陈寅、深圳大学法学院院长叶卫平等深圳学者、专家，或接受记者采访，或为《深圳特区报》撰文。《深圳特区报》对深圳建设先行示范区的报道，得到市委书记王伟中表扬肯定。

3. 持续跟进报道深圳综合改革试点

2020 年 10 月 11 日，在习近平总书记出席深圳经济特区建立 40 周年庆祝大会前夕，中共中央办公厅、国务院办公厅印发《深圳建设中国特色社会主义先行示范区综合改革试点实施方案（2020—2025 年）》（以下简称《综改方案》），赋予深圳更多改革自主权。

10 月 12 日，《深圳特区报》以头版头条转文方式刊发《综改方案》全文，刊发社论《高举新时代改革开放旗帜，

《深圳特区报》连续 3 天推出沈仲文文章，纵论深圳建设中国特色社会主义先行示范区

深圳综合改革试点实施方案出炉，《深圳特区报》以头版显位转文方式刊发方案全文，并配发社论

勇担崇高新使命》。二版刊登深圳干部群众反响报道《以实干创造让世界刮目相看的新的更大奇迹》，以及深圳学者对《方案》的解读《综合改革试点是"中国之治"的新探索》。

改革没有完成时，对改革的报道也需要与时俱进。2021年3月2日，《深圳特区报》推出"综合改革进行时"专栏，持续刊发深圳综合改革新进展新成效。

2021年10月11日，《综改方案》发布一周年之际，《深圳特区报》头版头条推出综述《破冰探路，深圳改革蹄疾步

《全面深化前海深港现代服务业合作区改革开放方案》印发,《深圳特区报》火速推出12个版报道

稳》,集中报道综合改革试点取得的阶段性成效:首批40个授权事项清单中,9个已落地见效,13个取得实质性进展,实现任务过半,呈现出全面发展、多点突破、蹄疾步稳、亮点纷呈的良好态势。

4.火速推出12个版报道《前海方案》

2021年9月6日,中共中央、国务院印发《全面深化前海深港现代服务业合作区改革开放方案》(以下简称《前海方案》),前海合作区将打造粤港澳大湾区全面深化改革创新试验平台，建设高水平对外开放门户枢纽，合作区总面积由 14.92 平方公里扩展至 120.56 平方公里。

这是深圳发展史上的大事喜事，深圳特区报编委会高度重视、提前准备，早在一个月前，深圳特区报社就按照市委宣传部的相关部署，制订了详尽的报道方案。总编辑丁时照靠前指挥，以高度的责任心和新闻专业意识，于 9 月 7 日火速推出 12 个版报道，引起强烈反响。

以"全面深化改革开放，前海再出发"为主题，《深圳特区报》充分运用文字、图片、视频等多媒体形式，在报纸、新闻客户端、官方微信公众号和官方微博等各融媒体平台深入宣传党中央的部署要求、全面深化前海合作区改革开

《深圳特区报》刊发长篇综述、报告文学，展现前海发展巨大变化

放的重大意义、方案的主要内容和深刻内涵，大力宣传深圳推进全面深化前海合作区改革开放的具体举措、进展成效和境内外对此的热烈反响，为新时期前海全面深化改革开放营造良好舆论氛围。

《深圳特区报》在重要版位开设专栏，对市委、市政府以及各区各部门传达学习《前海方案》精神的相关情况，市主要领导相关活动及时进行报道。第一时间对相关部门主要负责人进行专访，宣传贯彻落实《前海方案》的思路举措。对熟悉粤港澳大湾区发展、区域合作的知名专家，以及参与相关政策制定的学者进行专访，谈对《前海方案》的认识和理解，提出落实意见建议。组织专门力量采写长篇报告文学《港眼睇前海》，从香港人眼中的前海这一角度，从细处着手，以一个个生动的故事展现前海发展的巨大变化。

同时，《深圳特区报》刊发社论、系列评论等专题评论，报道深圳、香港各界人士反响，集中刊发前海系列图片，通过新旧对比展现前海 11 年来的成长和变化，以"前海成长"为主题制作相关视频，展现前海发展取得的成绩和更加美好的明天。除在第一时间转载、突出位置刊发中央、省主要媒体重点稿件外，还全文转发新华社消息和《前海方案》全文，及时制作"一图读懂"、海报等新媒体产品，扩大《前海方案》知晓率、影响力。

四　浓墨重彩报道深圳经济特区建立 40 周年

2020 年 10 月，在庆祝深圳经济特区建立 40 周年之际，习近平总书记又一次来到广东、来到深圳，出席庆祝大会并发表重要讲话。这一年，深圳特区报社围绕深圳经济特区建立 40 周年和先行示范区建设一周年重大主题，精心策划推出系列评论、特别报道、高端访谈等内容，形成贯穿全年的诸多亮点。

（一）黄金八月

2020 年 8 月 18 日是《中共中央 国务院关于支持深圳建设中国特色社会主义先行示范区的意见》发布一周年，《深圳特区报》集中推出万字综述《奏响先行示范的新时代强音》、社论《风起扬帆正当时 乘势而上开新局》、大事记《先行示范区建设

深圳经济特区建立40周年之际,《深圳特区报》跨版报道,呈现深圳实现的历史性跨越

一年间》加上"征程万里 踏浪前行"16个版专题,形成强大报道合力。

8月26日是深圳经济特区建立40周年的日子,《深圳特区报》头版跨版刊发万余字综述《改革东风鼓千帆 初心不改谱新篇——写在深圳经济特区建立40周年之际》,全面呈现40年来深圳实现的历史性跨越,当前正以习近平新时代中国特色社会主义思想为指导,坚定扛起新时代使命,把经济特区的"金字招牌"举得更高、擦得更亮。头版显位刊发的社论《四十载砥砺奋进 新时代再创奇迹》回望深圳经济特区发展历史,展望深圳先行示范区建设未来,寄望深圳继续向着实现中华民族伟大复兴的光辉彼岸进发。《深圳特区报》当天还推出140个版特辑,全方位、多角度、立体式报道深圳各区各部门各单位各行业逐梦40载、再启新征程的光荣与梦想。长篇综述、社论、百版特辑组合推出,向

深圳经济特区 40 岁生日致敬。

2020 年 9 月起，《深圳特区报》又陆续推出"高质量发展——经济特区行""高质量发展——经济特区行·高端访谈"等策划报道。

（二）火红十月

2020 年 10 月 14 日，深圳经济特区建立 40 周年庆祝大会隆重举行，习近平总书记出席并发表重要讲话。

隆重庆祝深圳经济特区建立 40 周年，是深圳特区报社 2020 年全年最具标志性的大事，是全年宣传报道工作的重中之重。报社编委会高度重视，统筹协调，靠前指挥，部主任精心策划，狠抓落实，各线记者深入采访，勤恳写作，推出了一批思想性和新闻性强、传播效果显著的报道，把 40 周年庆典所激发出来的巨大热情，化为深圳加快"双区"建

2020 年 10 月 15 日，《深圳特区报》头版跨版报道习近平总书记出席深圳经济特区建立 40 周年庆祝大会并发表重要讲话

设、再创特区辉煌的蓬勃力量，发挥了《深圳特区报》作为党报和主流媒体的应有作用。据统计，10月14～19日，6天中《深圳特区报》共刊发庆祝40周年的有关版面110多个、稿件180多篇、图片260多张。丰富多彩的文图和精心设计的版面（页面），营造了热烈、喜庆的氛围，把40周年庆祝报道推向高潮。

特别是10月15日，《深圳特区报》16个要闻版全部聚焦宣传报道习近平总书记出席庆祝大会发表重要讲话并在深圳考察。深圳特区报总编室匠心独运，头版跨版刊发总书记在深圳经济特区建立40周年庆祝大会上的讲话和庆祝大会消息，以及习近平来到莲花山公园向邓小平同志铜像敬献花篮等大幅照片，又在二版以"习近平总书记在深圳"为题推出一组图片报道，营造出浓烈的喜庆氛围，在当天各媒体中独树一帜。

（三）经济特区40年重大主题贯穿全年

2020年5月15～21日，《深圳特区报》以"庆祝深圳特区建立40周年 奋力夺取双胜利"为主题推出6篇系列评论，紧紧围绕习近平总书记对深圳工作重要批示精神，以建设粤港澳大湾区和先行示范区等重大国家战略为指引，呼吁特区人鼓足干劲迎接挑战，跑出先行示范的深圳"加速度"。这组评论受到中宣部《新闻阅评》充分肯定，深圳市委书记王伟中也批示表扬：《深圳特区报》聚焦主题深度报道，成绩可贺，望继续努力，再创佳绩。

6月22日，《深圳特区报》头版"经济特区40年 先行示范再出发——走基层看变化"专栏刊发《改变的，不仅是服务态度——从深圳行政服务大厅看营商环境改革给市民、企业带来的"获得感"》，受到市长陈如桂肯定。

庆祝深圳经济特区建立40周年大会召开前，深圳特区报社精心组织撰写3篇署名为"沈仲文"的重磅述评《胸怀大局为国家》《坚持人民至上》《中流击楫勇担当》。文章立意高远，观点鲜明，为深圳经济特区建立40周年庆祝大会的召开做了很好的铺垫。

2020年6月中旬到10月底，《深圳特区报》还连续4个月在头版推出"经济特区40年 先行示范再出发·高端访谈"系列报道，刊发对国内26位专家学者的访谈，为深圳先行示范区建设提供经验借鉴和理论支持，在国内引起很大反响。

2020 年 6 月 15 日，《深圳特区报》推出"经济特区 40 年 先行示范再出发·高端访谈"首篇报道

2020 年 11 月 3 日开始，《深圳特区报》又相继推出深圳"一把手访谈"系列报道，以及专访全省各市和省直厅局主要负责人的"续写'春天的故事'·走笔南粤权威访谈"专题报道，在广东各地反响强烈。

五 别开生面宣传报道党的十九届六中全会精神

党的十九届六中全会于 2021 年 11 月 8～11 日在北京举行，全会审议通过《中共中央关于党的百年奋斗重大成就和历史经验的决议》。全会公报指出，党确立习近平同志党中央的核心、全党的核心地位，确立习近平新时代中国特色社会主义思想的指导地位，反映了全党全军全国各族人民共同心愿，对新时代党和国家事业发展、对推进中华民族伟大复兴历史进程具有决定性意义。

宣传好党的十九届六中全会精神，意义重大。《深圳特区报》除开设专栏"在新时代新征程上赢得更加伟大的胜利和荣光 学习贯彻党的十九届六中全会精神"，及时刊登省委、市委及全市各区各部门、社会各界学习贯彻全会精神的动态新闻外，尤其重视发挥评论、理论优势，宣传报道别开生面。

（一）"沈仲文"连发三篇重磅文章

11 月 15 日，《深圳特区报》用半个头版并转文第二版，刊发沈仲文文章《深圳：奋力争创践行习近平新时代中国特色社会主义思想最佳示范》。文章从深圳肩负的新时代历史使命起笔，纵论"深圳奇迹，皆源于思想伟力""奋进新征程，深圳勇当尖兵""先行示范，豪情满怀再出发"，全面阐述深圳在新时代新征程引领带动改革开放事业不断开创新局面新境界，笔力雄健，大气磅礴，发表后引起强烈社会反响。

11 月 24 日、29 日，《深圳特区报》在同样版位、以同样篇幅再发两篇沈仲文文章《党的百年奋斗历史经验 深圳实践篇章精彩印证》《在新的赶考路上继续交出优异答卷》，分别从"深圳发展历程生动诠释、精彩印证'十个坚持'历史必然性和历史

中共中央 国务院 中央军委
关于给聂海胜颁发"一级航天功勋奖章"
给刘伯明颁发"二级航天功勋奖章"
授予汤洪波"英雄航天员"荣誉称号并颁发"三级航天功勋奖章"的决定
（2021年11月23日）

2021年11月
24 星期三

习近平对全军后勤工作会议作出重要指示强调

加快推动现代后勤高质量发展
为实现建军一百年奋斗目标提供有力支撑

中海油陆丰油田群区域开发项目投产
我国南海首次实现3000米以上
深层油田规模化开发

促进巩固拓展脱贫攻坚成果同乡村振兴有效衔接
第九届中国慈展会线上开幕

在新时代新征程上赢得更加伟大的胜利和荣光
学习贯彻党的十九届六中全会精神

学百年奋斗历史经验 深圳实践篇章精彩印证

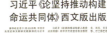

习近平《论坚持推动构建人类
命运共同体》西文版出版发行

今日12版
2021年11月
29 星期一

习近平在中央军委人才工作会议上强调
聚焦实现建军一百年奋斗目标
深入实施新时代人才强军战略

省委常委会召开会议
认真学习贯彻习近平总书记重要讲话精神
李希主持会议

深圳书展接待读者超155万人次
读书月全网阅读量突破2亿人次

龙华再次创造土地整备"奇迹"

在新时代新征程上赢得更加伟大的胜利和荣光
学习贯彻党的十九届六中全会精神

在新的赶考路上继续交出优异答卷

正确性""以史为鉴、开创未来，深圳努力续写更多'春天的故事'，努力创造让世界刮目相看的新的更大奇迹"等维度展开，多视角全方位阐释深圳取得举世瞩目伟大成就的理论逻辑、历史逻辑和现实逻辑，将学习宣传贯彻全会精神引向深入。

　　三篇文章在学习贯彻落实十九届六中全会精神的重要时刻推出，引起专家、学者和社会各界关注和点赞。国家发展改革委区域战略专家张燕表示，"沈仲文文章的发表，营造了良好的舆论氛围，提供了强大的理论宣传阐释支撑"。中国社科院马克思主义研究院马克思主义中国化研究部副主任、研究员贺新元说，"这三篇文章有高度、深度、广度、温度，还有很强的可读性，为深圳在新的赶考路上，勇担使

为宣传贯彻党的十九届六中全会精神，《深圳特区报》在头版先后刊发三篇沈仲文文章

命，交出新的优异答卷，擂响了战鼓"。

（二）"理论周刊"密集推出特刊专论

11月16日起，《深圳特区报》每周二的"理论周刊"密集推出解读党的十九届六中全会精神理论文章，迅速形成宣传全会精神的浓厚理论氛围。

集中版面资源。"理论周刊"在每期4个版中，拿出3个版的头条位置刊登宣传解读全会精神的理论文章。头版为"新思想引领新时代理论特刊"，二版为"专论"，四版为"习近平新时代中国特色社会主义思想研究中心专家谈"，分别刊发重要理论文章、专文专论及党建研究成果等，对全会精神进行全方位解读。

会集各方专家。为宣传解读好全会精神，"理论周刊"积极向专家学者约稿，广求力作。中央党校（国家行政学院）马克思主义学院副院长、教授辛鸣，广东省习近平新时代中国特色社会主义思想研究中心暨南大学研究基地研究员魏传光等理论名家供文刊发，提高了宣传影响力。

内容全面丰富。仅两个月内，"理论周刊"即已刊发宣传全会精神的重点理论文章7篇、专论文章7篇、专家谈文章9篇及专家观点摘编2版，内容涉及党的十九届六中全会精神的丰富内涵、深刻理解"马克思主义中国化新的飞跃"、习近平新时代中国特色社会主义思想的"根"与"魂"、中国式现代化道路的世界意义以及弘扬伟大建党精神、坚持人民立场、坚持独立自主、坚持理论创新、坚定理想信念、强化党内监督、推进法治建设、科技自立自强、实现共同富裕、文化产业高质量发展等诸多方面。

《深圳特区报》在宣传报道党的十九届六中全会精神过程中凸显思想性、理论性，打开了舆论宣传新局面，赢得多方一致肯定。

第三节　办好"学习强国"深圳学习平台，打造深圳特区报学习强国号

2019 年 10 月，"学习强国"深圳学习平台启动建设，由深圳市委宣传部主管，深圳报业集团、深圳广电集团承办，组成联合编辑部。当年 12 月 18 日，"学习强国"深圳学习平台正式上线。

2020 年 2 月 14 日，经深圳报业集团党组决定，"学习强国"深圳学习平台编辑部作为深圳特区报社新增单位。深圳特区报社在人才队伍、制度保障、资源整合等方面全力支持平台建设。

据"学习强国"深圳学习平台编辑部主任王文杰介绍，

《深圳特区报》"理论周刊"密集推出解读党的十九届六中全会精神的理论文章

深圳市首个学习强国
号——深圳特区报学
习强国号正式上线 深
圳特区报社记者 耿超逸 摄

由骨干力量组成的编辑部下设综合协调部、图文编辑部、音
视频编辑部、学习推广部 4 个部门，并依托各区的区级融
媒体中心，设立了 11 个区级供稿中心。深圳学习平台坚持
"内容为王"，上线第一年便取得了"双料第一"的好成绩：
上全国平台的稿件数量全省第一；2020 年阅读量在全国城市
平台中排名第一。

上线以来，深圳学习平台围绕宣传贯彻习近平新时代
中国特色社会主义思想，紧扣深圳市委市政府中心工作，严
把导向关和质量关，陆续开设"在新思想指引下""特区 40
年""大湾区建设"等 15 个栏目和 120 余个二级栏目。截至
2021 年 9 月，深圳学习平台累计签发通过稿件 4.3 万余篇，
被全国学习平台采用 4680 篇。

依托《深圳特区报》活动资源，深圳学习平台多次举
办特色活动，开展线下推广，推动"学习强国"走进千家万
户。2019～2020 年，深圳学习平台连续两届参与读特粉丝
节，开设"学习强国"展位专区。2021 年 5 月，深圳学习平
台作为主办方之一，与深圳特区报社、读特客户端共同举办
第三届读特粉丝节暨"学习强国"深享会，开展党史知识竞

赛，建设"学习强国"展馆，活动反响热烈。

2021 年 8 月 26 日，深圳市首个学习强国号——深圳特区报学习强国号正式上线，设有"头条深圳""粤港澳大湾区""先行示范区""光影鹏城""城区集萃"5 个栏目。《深圳特区报》充分发挥党媒作用，统筹整合报纸、读特客户端等新闻资源，推送图文、音视频、动漫、H5 等多种形式的优质稿件。上线一个月，深圳特区报学习强国号便有 14 篇稿件被全国平台选用，成绩亮眼。

"学习强国"深圳学习平台和深圳特区报学习强国号的先后上线，标志着"学习强国"平台上有两大宣传阵地展示深圳形象、讲述特区故事、传递改革强音，全方位、多角度、立体化展示深圳建设中国特色社会主义先行示范区的生动实践和风采魅力。

第十一章

牢记嘱托 守正创新 发出强音

《**深**圳特区报》以习近平总书记关于党的新闻舆论工作的系列重要论述为指引，忠实履行党的新闻舆论工作职责使命，坚持导向为魂、移动为先、内容为王、创新为要，着力强化内容建设，在理论评论、鼓呼改革、做优栏目、宣传典型、重大策划、报道突发事件等方面，取得一系列重要成果，立足深圳，立足"两个重要窗口"（向世界展示我国改革开放成就的重要窗口和国际社会观察我国改革开放的重要窗口）和"两个最前沿"（改革开放最前沿和意识形态斗争最前沿），面向全国，服务全局，以先行示范的政治自觉和使命担当，发出了新时代强音。

第一节 理论评论：举旗引领，走在前列

理论评论是党报的旗帜与灵魂。创刊 40 年来，高度重视理论评论一直是《深圳特区报》的鲜明特色，堪称报社核心竞争力。近 10 年来，报社继续巩固、完善、壮大理论评论优势，举旗引领，走在新时代前列。

一 新春评论：报春第一枝

1992 年那个春天，在邓小平南方谈话的春风里，《深圳特区报》以震撼海内外的"猴年新春八评"发出时代强音，自此开启了每年与春天的约会。30 年来，几代报人呕

心沥血，焚膏继晷，锻造出新春系列评论这个响亮的新闻品牌。

陈寅从 2009 年 12 月就任深圳特区报社总编辑，再到担任深圳报业集团党组书记、社长，13 年来，在新春系列评论写作上从未缺席。他说，一年之计在于春，新春意味着一年的开始，新春系列评论必须突出前瞻性和指导性，对全年工作能起到"路线图""指南针"和"动员令"的重要作用。

（一）选题务必紧扣当年脉搏

新春系列评论是《深圳特区报》每年的"例牌菜"和"拳头产品"，每年都能在全国范围内引起一定反响。那么，该系列评论是如何做到选题创新的？陈寅认为，关键一点是把握当年前后的一个脉搏，即时代的主题。

2012 年是邓小平南方谈话发表 20 周年，党的十八大将于下半年召开，《深圳特区报》推出"龙年新春八评"，以凝聚改革共识、激发改革激情。2013 年推出"蛇年新春改革六论"。2014 年是全面深化改革的开局之年，顺势推出 6 篇"改革之年论改革"系列评论。2015 年伊始，习近平总书记对深圳工作作出重要批示，李克强总理考察深圳，对创新提出新要求，《深圳特区报》推出 6 篇"羊年新春论创新"系列评论，对创新做出独特阐释，点燃特区创新激情。2016 年是贯彻五大发展理念及"十三五"规划开局之年，《深圳特区报》以"改革、创新、发展"为脉络，推出 6 篇"猴年新春论发展"系列评论。2017 年是党的十九大召开之年，《深圳特区报》推出以优异成绩迎接党的十九大的"丁酉新春八评"。2018 年以"论改革开放再出发"为副题，推出"戊戌新春系列评论"。2019 年以"以优异成绩迎接新中国七十华诞"为副题，推出"己亥新春系列评论"。2020 年是深圳经济特区建立 40 周年，年初新冠肺炎疫情突然袭来，《深圳特区报》推出 6 篇评论，纵论"奋力夺取双胜利，以优异成绩庆祝深圳经济特区建立四十周年"。2021 年是中国共产党成立 100 周年，《深圳特区报》推出"以优异成绩庆祝建党百年"新春系列评论。2022 年是党的二十大召开之年，《深圳特区报》推出 8 篇壬寅新春系列评论，副题为"论以实际行动迎接党的二十大胜利召开"。

《深圳特区报》"每次的新春系列评论，都充分考虑到其特定的时代背景，因此具有很强的针对性"。暨南大学新闻与传播学院名誉院长、教授、博士生导师范以锦认为，在社会转型期的复杂形势下，对于如何进一步推进改革开放，《深圳特区报》新春系列评论进行了有理、有据、有力的回答，发挥了机关报的舆论引导作用。①

（二）以深圳表达体现国家立场

新春系列评论从选题策划开始，即强调"中国立场、深圳表达""深圳声音、国家情怀"，看起来讲的是深圳事例，实际上说的是全国的主题。评论面向全国，服务全局，从问题、角度、视野到观点，都站在国家全局的高度来把握，将大局意识贯穿始终。

除了1992年的"猴年新春八评"，其他如2016年的"猴年新春论发展"系列评论：《全面创新激活发展动力》《均衡协调增强发展效能》《倡导绿色彰显发展底色》《厚植开放抢占发展制高点》《公平共享提升发展温度》《奋力实干再迎发展春天》，紧扣党的十八届五中全会首次提出的"创新、协调、绿色、开放、共享"五大发展理念立论，提出当务之急是树立和践行五大发展理念，有力地引领了新发展理念的落地生根和普遍实践。《公平共享提升发展温度》一文获得2016年广东新闻奖评论一等奖。

2017年，"丁酉新春八评"发表后，中宣部《新闻阅评》指出，这组评论"突出迎接十九大这条主线，贯彻落实习近平总书记重要讲话精神，用中国改革开放'试验场'和'排头兵'视角，以深圳表达体现国家立场，对全国各地改革发展皆有借鉴意义，体现了'改革开放第一报'的高度和深度"。

"深圳是全国人民的深圳，特区要服务全国、服务大局。"《深圳特区报》创刊40年来一以贯之的理念就是立足深圳，办一份有全国影响的大报，这其中，新春系列评论功莫大焉。

新春评论的立论视野和思想高度，决定了其权威性和影响力，诚如范以锦所言，"《深圳特区报》每年开春刊发的系列评论，其影响力已超越了媒体业界、超越了深圳地域。从这个角度来看，作为身处改革开放前沿的《深圳特区报》的新春系列评

---

① 范以锦：《特区"春雷"为改革开放鼓与呼》，陈寅主编，胡恒芳副主编《报春第一枝——深圳特区报新春评论辑选》序二，人民日报出版社，2018。

论，具有特殊的意义"①。

（三）阐发令人耳目一新的观念

思想是内容的灵魂，也是举旗引领工作的灵魂。《深圳特区报》新春系列评论特别注重阐发改革开放的新思维、新思路，以此来构筑举旗引领的思想性和权威性。

如 2012 年"龙年新春八评"：《根本出路还是改革》《必须摒弃"GDP 为王"》《以公正促共富》《释放社会活力》《民力创未来》《改革是第一政德》《国民精神定成败》《深圳将继续证明》，每一篇标题所述核心观念都令人耳目一新。

新春系列评论的领先观念逻辑严密，深刻独到。比如，"天上不会掉馅饼，机遇也没有贴上标签""老百姓不'仇'科技致富的'袁隆平'，'仇'的是财富分配不公平、'忿'的是拿钱过程不公正""有污染的 GDP 不能要，绿色 GDP 才是真正的财富""对不合理的产业结构、资源利用方式、能源结构、空间布局、生活方式，哪怕眼下'实惠'再大，也果断舍、坚决变"等等。

（四）话语方式短、实、新

新春系列评论大胆创新写作手法，在短、实、新上下功夫，形成了清新的文风、独特的语言。

新春评论大量使用短句，读起来节奏明快，铿锵有力，言简意赅。如"如法不责众，见法不见'罚'，滥用自由裁量权，如此种种，法治焉存？""创新源泉，在民众中。赏心三两枝，不若横斜千万朵。创新不能一枝独秀、独月当空，而是万紫千红、群星璀璨。"等等。

道理实、感情真。有些话朴实深刻，饱含哲理。如"拼物质，拼的是一时；拼精神，拼的是后劲，拼的是千秋"。有些话，感情饱满，其声铮铮。如"天予不取，反受其咎；奋力改革，时不我待！""这个局怎么破？高擎法治的大旗，高擎公平正义的大旗！"

此外，新春评论充分使用比喻、对偶、排比、设问等修辞手法。其中，比喻

---

① 范以锦：《特区"春雷"为改革开放鼓与呼》，陈寅主编，胡恒芳副主编《报春第一枝——深圳特区报新春评论辑选》序二，人民日报出版社，2018。

尤为生动形象，如"公共政策出台，民众分明想吃'白菜'，端上来的却是'萝卜'""遇到矛盾'请假'，碰到问题'绕道'，面对风险'潜水'"等等。

（五）一群人在战斗

新春系列评论从筹划、选题、撰稿、改稿，到刊发、传播、反响，形成了完整的生产链条和成熟的运作模式。

在每年春节前一两个月，报社就开始策划这组评论。近年来，深圳市委宣传部主要领导多次率队到报社，亲自确定指导思想，与大家商讨主题。集团社长和报社总编辑直接挂帅，组织成立写作小组，成员由报社分管编委和时评理论部相关人员组成。

每年由集团社长和报社总编辑直接召集的讨论会往往就有数次，题目初步拟定后，由集团社长进行修改审定。然后，起草小组先集体讨论每一篇要阐述的观点，分几个层次，每个层次写什么，在集体智慧的基础上再分工执笔，每人先列一份详细提纲，社长和总编辑认可后，以时评理论部为主的起草小组负责撰写初稿。

集团社长和报社总编辑既进行"顶层设计"，也直接投入战斗。起草小组高强度工作往往持续月余。每篇评论，至少修改四五次，十次八次很常见，最多超过20次，也有整篇推倒重写的。通常每篇写完后，执笔人给大家念一遍，其他人发表意见，讨论完了，再修改，改完再念，大家再提意见，如此反复打磨，才能完成初稿。接着分管编委审改，报社总编辑再修订，报集团社长审定。

2012年以来，陈寅、胡恒芳、周斌、吕延涛、刘琦玮等对新春系列评论进行了悉心指导、严格把关和精心修改。金文蓉、陈冰、鲍传文、邓辉林、姚龙华等多次参与写作。金文蓉说，每年春节前夕，写作小组就会进入昼夜写稿时间。"经常有这样的场景发生，我们修改稿件之后，大家一起吃饭，吃饭都会变成讨论会，为了一个更精彩的标题，为了一句话、一个词，大家挖空心思、绞尽脑汁，执笔人埋头记录，饭吃了几个小时，菜还是一桌子，人还饿着，最后赶紧扒两口，回去继续写稿。"

邓辉林表示，新春系列评论是报社的"招牌菜"，对"做菜"的人来说却是一件磨人的事。从文章框架、每部分的结构、小观点的表述乃至每一处遣词造句，都是反复推敲。"有一点让我特别认同，就是集体写作模式"，每篇评论都是集体智慧的成果。"我的感受是，意见提得越多，成品质量越高；也许当时会觉得少提点意见好，事后看却不是这样。好文章是磨出来的，新春系列评论是硬核例子。"

姚龙华说，新春系列评论写作，是一年中最苦、最累但也是进步和收获最大的写作经历，"我们写作小组的评论员，付出了辛勤的汗水，也品尝到了甜美的果实"。

每一篇新春评论上版的夜晚，集团社长、报社总编辑、分管编委、执笔评论员和总编室的编辑们，都各持一份报纸小样，一支笔，围坐在大桌前，逐字逐句推敲和润色，评论中一些精彩的例子、句子、用词，就来自这最后一个环节的集体创作。

每逢此时，陈寅更是马力全开，灵感如泉涌，常有点睛之笔，有时下班回到家仍在改稿状态。他精益求精的作风令金文蓉印象深刻，"有次稿子发出来后，他对我们写作小组成员颇有些遗憾地说，我后来琢磨啊，有句话要是这么说就更好了，有个词要这么用就更妙了！他的神情更像一个对作品倾尽心力、无比珍视的普通作者"。

每一次推出新春系列评论，报社都主动出击，实施全覆盖多元化立体传播。报纸、电视、广播等传统媒体齐上阵。近几年，中央电视台《第一时间》和中央人民广播电台《新闻和报纸摘要》栏目都对新春系列评论进行播报点评，凤凰卫视《有报天天读》也曾多次摘播，深圳卫视通常在当晚的新闻节目中就会播出。评论也同步在深圳特区报微博、微信力推，人民网、新华网、新浪网等多家知名网站竞相转载，得到读者大量点赞、转发和讨论。

二　创新评论版面，打造品牌栏目

党报要占领舆论制高点，需要发挥评论的作用，用思想引领舆论，展现媒体思想的力量。

2014年4月14日，《深圳特区报》评论版由半个版扩展到一个整版。在原有"要论""深议""论见""微言堂""漫话"等栏目基础上，增设"专栏""锐角""外观"等栏目。其后，评论版在保持栏目稳定的前提下，不断进行调整创新，"前沿观潮""廉议汇"等栏目纷呈版上。

每逢国家、省、市重要会议、重要时间节点、重大活动及重大政策出台，报社都会适时组织撰写"要论"等评论。评论站在党的立场，从大局着眼，将党和国家的大政方针、重大战略决策与深圳实践紧密结合起来进行言说，既有理论高度，又紧接地气，富于针对性、前瞻性、指导性，有力地引领了社会思潮和改革实践，充分发挥了党报评论的舆论引导作用。

《深圳特区报》评论秉持冷静客观的风格，经常选取社会生活中一些带有全局性、代表性、倾向性的事件、问题和现象，及时准确地加以剖析、阐释，讲明道理，针砭时弊，体现出一股生气、正气、锐气。

（一）"廉议汇"热辣评说反腐热点

聚焦反腐倡廉热点话题的"廉议汇"栏目创立于 2015 年 6 月，由深圳市纪委与深圳特区报社合作创办。它一般由两部分构成，一是邀请 3 位嘉宾针对所选话题，从不同角度进行讨论，形成观点碰撞；二是报社评论员的总结评论，以热辣的语言、犀利的表述把问题说清说透，把思考引向深入，让反腐倡廉的观念、做法入脑入心。

"廉议汇"创立以来，围绕全面从严治党主题做文章，形式新、可读性强，传递的正能量足，赢得大批忠实粉丝，成为《深圳特区报》评论的一个重要品牌。"廉议汇"获评 2016 年广东省新闻媒体优秀品牌栏目。

（二）打造"深政谈"等融媒体深度评论栏目

"深政谈"栏目创立于 2018 年 5 月，是依托深圳特区报"一报两微一端"全媒体平台精心打造的一个观点栏目，主要深耕深圳本地重大题材，着力打造有特色的深度时政评论，以不同形式和风格分别在网端（3000 字左右）和报端（1500 字左右）呈现，成为媒体融合发展的一项有益尝试。

该栏目开篇之作《人才竞争持续升级，深圳靠什么赢？》，阅读量直接冲上 10 万 +，一炮打响。随后，栏目持续稳定输出得到社会认可的内容，彰显了深度评论在新媒体领域的价值。

近年来，报社时评理论部立足"好读、好看、好听"，进一步发力内容创新。创立于 2019 年 4 月的融媒体产品"圳访谈"分别刊载于《深圳特区报》、读特客户端以及"圳论"公众号、今日头条号、腾讯视频号、B站等平台，创立以来采访大量名家名人，内容充实、形式新颖，获得良好社会反响。接受"圳访谈"访问的知名专家有樊纲、郑永年、朱永新、何梦笔、花建等。其中，樊纲、郑永年等专家访谈全网传播量达到千万次以上。

（三）评论版"瘦身"归来

2020年1月中旬，报纸评论版暂时取消，2021年7月15日，改为半个版的评论版"瘦身"归来。改版后，继续坚持守正为本、创新为要，呈现两个特点。

一是坚持做强时政评论的优势，打造发出权威思想之声的"重型武器"。紧扣"双区"驱动、"双区"叠加的发展背景，把习近平新时代中国特色社会主义思想、习近平总书记系列重要讲话精神与深圳改革开放实践更加紧密地结合起来，打造精品评论，发出深圳改革强音。

二是紧扣社会热点问题，推出短小精悍的评论。针对深圳本地最新时政、经济和社会等方面的热点，推出"短平快"评论，观点鲜明，文风朴实生动。围绕国内外大事要事和社会热点焦点问题设置议题，约请社外知名评论员、专家撰写评论，通过富于建设性、专业性的思考引导舆论。

（四）"沈仲文"敲响黄钟大吕

除办好评论版外，报社近年还着力打造了评论品牌"沈仲文"。

2010年是深圳经济特区建立30周年，当年9月4日，《深圳特区报》头版刊发署名"沈仲文"的重要文章《为国家现代化建设勇当开路先锋——写在深圳经济特区建立三十周年之际（上）》，"沈仲文"这一笔名第一次出现在报纸版面上。第二天，《在国际化进程中展示中国气派——写在深圳经济特区建立三十周年之际（下）》在头版刊发。

据时任深圳特区报社编委的吕延涛介绍，"沈仲文"是"《深圳特区报》重要文章"的缩写谐音，由时任深圳特区报社总编辑陈寅敲定。

此后，每逢重大事件和重要时间节点，"沈仲文"署名文章几乎从未缺席。

2019年8月，《中共中央 国务院关于支持深圳建设中国特色社会主义先行示范区的意见》出台，《深圳特区报》连续推出 3 篇"沈仲文"署名文章：《先行示范区，深圳凭什么能？》《先行示范区，深圳该怎么干？》《先行示范区，深圳为什么燃？》。文章认为，我们要用深圳建设中国特色社会主义先行示范区的生动实践和丰硕成果，充分彰显中国特色社会主义的制度优势和成功实践，充分彰显中国方案、中国智慧的世界意义。

2020 年 10 月 12 日，《深圳建设中国特色社会主义先行示范区综合改革试点实施方案（2020—2025 年）》印发，且庆祝经济特区建立 40 周年大会即将召开，《深圳特区报》再次连续推出 3 篇"沈仲文"署名文章《胸怀大局为国家》《坚持人民至上》《中流击楫显担当》。文章立意高远，观点鲜明，呼吁深圳干部群众迎风顶雨向前冲，轨物范世为国家！以突出的改革新成效和卓越的改革新业绩，充分彰显习近平新时代中国特色社会主义思想强大的真理力量、思想力量、实践力量。

2021 年 4 月 27 日，深圳市第七次党代会召开，此前 3 天，《深圳特区报》推出"沈仲文"署名文章《战风斗雨过大关》《东风万里润鹏城》《重任千钧再出发》，全面回望深圳从市第六次党代会以来的发展历程，为深圳踏上发展新征程鼓与呼。

2021 年是中国共产党成立 100 周年，"七一"前夕，《深圳特区报》连续 3 天推出"沈仲文"署名文章《乘风破浪党领航》《胸怀丹心行大道》《赓续光荣献鸿猷》。文章明确指出，有党掌舵领航，"深圳号"冲锋舟驶过了壮阔的航程，必将驶抵更加辉煌的未来！

总体来看，"沈仲文"署名文章立足于大格局、大视野，以高屋建瓴的论点、深入透彻的说理、文采飞扬的语言，诠释重大主题，为深圳改革发展营造了良好舆论氛围，充分体现了党报的思想性、权威性和指导性。

（五）"市民论坛"架起政府和市民沟通的桥梁

深圳特区报社与深圳新闻网联合创办的"市民论坛"从 2004 年一直延续到 2017 年，总共刊播 499 期。它以 13 年的坚守，成为当时深圳地区享有很高知名度的新闻栏目。2012 年，"市民论坛"被广东省委宣传部评为广东省新闻媒体首批"知名特色品牌栏目"；2013 年获评广东省新闻媒体优秀品牌栏目。

"建设性"是该栏目鲜明的特色。2009 年，深圳泥头车频频出事，"市民论坛"

连续 3 期探讨这一现象，把 7 家相关部门负责人请到现场与网友互动，直播时，在线网友高达 30 多万人次，跟帖 2600 多条，这种"热闹"场面在当时的媒体生态中比较罕见。随后出台的《深圳泥头车管理办法》直接吸收了"市民论坛"提出的"废标机制""倒查机制"等建议。此外，针对深圳一些幼儿园收费不规范、AED 心脏除颤仪缺失等话题，"市民论坛"也进行了讨论，并提出解决之道。

"市民论坛"有庞大的粉丝群和嘉宾库，参与的网民不限于深圳本地，而是分布于整个珠三角地区，甚至不少来自北京、上海、武汉、长沙、成都、西安、兰州等地。

从 2005 年 7 月 7 日开始一直主持"市民论坛"的刘丽华表示："深圳一些政府部门在出台与市民关系密切的政策前，往往先给我们发函，希望通过'市民论坛'这个平台来征求民众意见。'市民论坛'成为政府与市民沟通的重要桥梁。"

三　理论周刊：广聚专家学者，汇集思想先声

理论宣传是主流媒体新闻工作的重要组成部分，是体现党报思想水平和政治水准的重要手段，是帮助读者理解党和国家重要决策、凝聚人心的有力武器。处在改革开放前沿的《深圳特区报》，一直以来高度重视理论宣传。

陈寅就任深圳特区报社总编辑后，即着手展开理论版的扩版工作。2010 年 9 月 21 日，"理论周刊"扩版后的第一期出版，从原来的一周 1 个版增加到一周 4 个版。截至 2021 年 12 月 28 日，"理论周刊"已出版 511 期，共刊登理论文章 4000 多篇。

"理论周刊"一版主要登载重大主题稿件。党的十八大以来，"理论周刊"重点宣传阐释习近平新时代中国特色社会主义思想、习近平总书记在庆祝中国共产党成立 100 周年大会上的重要讲话精神、习近平总书记在深圳经济特区建立 40 周年庆祝大会上的重要讲话精神，粤港澳大湾区建设、深圳先行示范区建设、前海合作区建设，以及中央和省委市委的其他重大决策部署。习近平总书记每次发表重要讲话、中央和省委市委全会召开之后，该版均迅速推出有分量的理论文章，进行深入阐释。同时，该版会围绕一些重大理论问题刊登学术文章，进行深入研究和探讨。

2018 年 8 月，深圳特区报社与广东省习近平新时代中国特色社会主义思想研究

中心合作，在"理论周刊"开设"新思想引领新时代"理论特刊。自 2018 年 8 月 21 日至 2021 年 12 月 28 日，已刊登 115 篇重要理论文章。稿件既有理论深度，也有前瞻性，既贴近实践，又兼具学理思考。

2022 年 1 月 11 日，新年伊始，"理论周刊"一版刊发署名"沈学思"的整版理论稿件《固本培元 守正创新——推动优秀传统文化创造性转化和创新性发展的深圳实践》。这是"沈学思"首次亮相，该名是"深圳学习习近平新时代中国特色社会主义思想"的缩写谐音。此文由报社时评理论部金文蓉、姚龙华和文教新闻部韩文嘉共同执笔。文章站位高、格局大、视野宽、气势足，阐释了党的十八大以来，深圳在习近平新时代中国特色社会主义思想指引下，坚持固本培元、守正创新，从传统文化中不断汲取思想内涵，进行创造性转化和创新性发展的生动实践与丰硕成果。

"沈学思"突出理论宣传的生动性，着力于思想性、学理性、哲理性的统一，深入宣传阐释习近平新时代中国特色社会主义思想在深圳的生动实践和精彩演绎。

"思与辨"栏目是该周刊一版常设栏目。每期邀请 3 位相关领域专家，从专业角度分析解读社会热点或重要政策，兼顾时效性与关注度，又有学理分析。尤其对一些社会关注度高的重大政策措施出台及时进行专业解读，对理论前沿话题进行深入剖析，取得很好的社会效果。

二版"专论"，主要刊发专家学者在政治、经济、法律、文化、创新发展、社会治理等方面的思考性文章，以及专家访谈文章，同时开设"大家""学海一瓢""文萃"等栏目。

三版"观澜"，主要刊登名家学术随笔。文章一般围绕经济、法治、文化、社会、历史、教育、政治等方面落笔，兼顾学术性与可读性，字数一般在千字左右，文风清新。经济学类的文章既有对经济学理论的探讨，如《作为公共产品的基础研究》；也有对现实问题的经济学分析，如《让市场失意者有尊严地谋生》。法治类随笔既有对宏观法理的探讨，如《法律应开发善性抑制恶性》；也有对具体司法体制的解读，如《法官员额制是一个合理的制度设计》。文化类随笔既有对传统文化的探讨，也有对现代文明的阐释等。

天津财经大学法学院教授、中国法律史学会执行会长侯欣一，在 2020 年将其给"观澜"撰写的学术随笔集合成册，出版《百年法治进程中的人与事》一书。

2021年"理论周刊"在第四版开设"党建"专版，设置"百年党史""特区党建""深圳党史大事记"等栏目，到11月底刊登党史教育稿件81篇，从党的百年历史出发，回顾党的光辉历程，诠释中国共产党为中国人民谋幸福、为中华民族谋复兴的初心使命，为建党100周年献礼。

"理论周刊"拥有优质作者群，很多作者来自中央党校、中国社会科学院、广东省委党校、省内外各知名高校。张卓元、郑永年、樊纲、李义平、辛鸣、张晓林、刘元春等著名学者，都是"理论周刊"的"常客"。

"理论周刊"着力开展理论探索，拓展理论阵地，在关键时刻、重大问题上，阐释了理论新内涵，发出了特区好声音。上海市政治学会副会长秦德君认为，"理论周刊"新锐活跃，开放包容，办得非常有质量、有生命活力，充分体现了中国特色社会主义理论体系、制度的主线，透出深圳改革开放的大气象。

2015年、2016年连续两年，《深圳特区报》受邀参加中宣部理论宣传工作相关会议，是唯一获邀参会的副省级城市党报。

第二节　为"双区"建设营造良好舆论氛围

党的十八大以来，《深圳特区报》始终紧紧围绕深圳市委市政府中心工作，服务深圳全面深化改革、加快高质量发展的大局，为深圳抢抓"双区"驱动、"双区"叠加、"双改"示范重大历史机遇，创建社会主义现代化强国的城市范例、率先实现社会主义现代化营造良好舆论氛围，提供强有力的思想舆论支持。

一　为深圳改革发展鼓与呼

（一）重发20年前的《东方风来满眼春》

2012年1月31日，龙年正月初九，正当国人还沉浸于春节的喜庆气氛之中时，《深圳特区报》头版极为罕见地重新刊发一篇20年前的新闻"旧作"：《东方风来满眼春——邓小平同志在深圳纪实》。这一特别之举，迅速引发海内外舆论关注。

深圳特区报
SHENZHEN SPECIAL ZONE DAILY

东方风来满眼春
——邓小平同志在深圳纪实

龙城春色好 转型正红火
——大运街道的"三城两园"行

紧抓机遇不断增强 可持续发展能力

2015年上海金融市场交易额将达1000万亿

1294场次文体活动丰富假期

谢谢你,深圳义工

中方提出严正交涉

龙年首个交易日 股市未现开门红

2012年1月31日,《深圳特区报》在头版重新刊发曾发表于20年前的新闻"旧作":《东方风来满眼春——邓小平同志在深圳纪实》

2012年2月,在深圳"纪念南方谈话20周年,加快推进深圳改革开放"座谈会上,时任深圳市委常委、宣传部部长王京生指出,当年一篇《东方风来满眼春》,一时间"洛阳纸贵",也铸造了《深圳特区报》的辉煌。

就在《深圳特区报》重发《东方风来满眼春》当天,人民网发表题为"纪念小平南方谈话,勿忘为何而出发"的评论文章,对《深圳特区报》以这种"意味深长"的方式重温南方谈话精神给予高度评价。"深圳是常为先的。"文章说,

"正如 20 年前，当大家都在犹疑于'姓社还是姓资'时，这些发自深圳的篇章廓清迷雾，凝聚共识，引领了一个时代的风潮。20 年后，当大家都在议论'改革开放到底该怎么走'时，作为'排头兵'的深圳在龙年旧文重发，意味深长，也必将引领全国新一轮的思想冲击波。"

改革一脉相承，开启新的未来。2013 年 2 月 24 日起，《深圳特区报》推出"改革进行时"专版。深圳市委书记、市委全面深化改革领导小组组长王荣欣然为专版撰写发刊词，希望"改革进行时"为全面深化改革鼓与呼，为推动深圳新时期改革营造良好舆论氛围，要求努力把"改革进行时"打造成为中国媒体传播改革资讯、促进改革发展的知名品牌，推动深圳将改革进行到底。

（二）采访 68 位世界名城市长，助推深圳国际化

2010 年 6 月，深圳市第五次党代会提出，努力当好科学发展的排头兵，加快建设现代化国际化先进城市。2011 年 11 月首届"深圳国际化城市建设研讨会"举行，与会海内外嘉宾和知名专家学者来到深圳。深圳如何打开一扇窗更好地观察世界？应该主动走出去，探寻众多国际名城的发展之道和成功故事，倾听他们对于国际化的见解，了解这些城市的知名度是如何炼成的，请他们为深圳国际化建言献策。为此，《深圳特区报》积极展开行动，一个关于国际化城市建设的新闻栏目"国际名城市长访谈"于 2012 年 6 月 8 日诞生，其目的就是让正在国际化城市建设征途上跋涉的年轻深圳获得更多榜样的力量。

报社与深圳市外事办合作每周推出一篇对一位国际名城市长的专访。栏目历时 1 年 9 个月，专访了美国洛杉矶、英国伦敦金融城、西班牙巴塞罗那、韩国首尔等 35 个国家的 68 位国际名城市长，全面捕捉世界先进城市发展中的亮点和经验，涉及产业转型升级、科技创新、绿色低碳、文化创意、城市管理等诸多方面，探寻了国际化城市建设的秘诀，为深圳建设国际化城市提供重要借鉴。

采访过程中，记者常常会"遭遇"一些突变。开栏之作，对美国洛杉矶市市长安东尼奥·维拉莱戈沙的专访就充满戏剧色彩。记者孙锦与其进行了一次深入对话。对于远道而来的深圳客人，这位市长表现出典型美国式的热情好客。原定半小时的采访持续了近一个小时，而其间美国总统奥巴马突然来电，也未对专访产生多大影响。

"国际名城市长访谈"栏目于2012年6月8日诞生

孙锦说："在采访进行到近一半时，市长秘书走进办公室告知：奥巴马总统的电话2分钟后将接入。市长随即确认通话时长是2～5分钟，然后告诉记者：'很抱歉要暂时打断一下，大约5分钟后再继续接受采访，一定会回答完所有问题。'而我也因为总统来电临时加问了一个奥巴马力推的与中国合作的问题。"

这种"突发"情况有时也体现为采访过程中主题的改变。"通常情况下，我会围绕采访提纲拟定的主题来采访，

深圳特区报社记者孙锦
采访美国加州首府萨克
拉门托市市长后合影

但有时采访中会产生一些'灵感'，需要随机应变，从而取得意想不到的效果。如果足够幸运，遇上一位善于表现的被访者，他们会从一个问题中引出另一个更有意思的话题，使我的专访主题也完全变换一种思路来展开，从而产生一些独家'佐料'。"孙锦说。

尤其值得一提的是，此次策划报社上下总动员，深圳报业集团社长、深圳特区报社时任总编辑陈寅，副总编辑张兴文带队采访，记录下国际名城的成长故事和珍贵经验。

栏目自启动以来广受海内外关注。在专访陆续刊出过程中，深圳时任市长许勤专门作出批示："市外办和特区报开展此项活动很有意义。希望继续大胆创新，更好地推进深圳国际化城市建设。"辽宁、杭州、广州、成都等兄弟省市领导不仅持续关注该栏目报道，还主动要求将报道结集成书作为参考读本。

（三）翔实记录深圳治水历程

2016年以来，《深圳特区报》对深圳河流严重污染问题进行了大规模报道，从深圳湾到茅洲河，从沙井河到共和涌，由报社领导分头带队深入一线采访，派出多路记者实地暗访，深入剖析污染原因，介绍深圳治水提质计划，从1月4日到13日短短10天时间，发稿约6万字。

同时，深圳特区报"两微"也开设专栏，向网友征集对深圳河流治理的意见建议，并曝光黑臭水体的现场图片。市民、网友纷纷建言献策，憧憬深圳河流治理的美好未来。版面精心编排，稿件精雕细琢，形式丰富多样，从评论员文

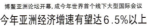

2021年4月19日、20日、21日，《深圳特区报》连续3天刊发《驯水记：茅洲河样本》

章、深度调研、专家代表委员建议、网络访谈、他山之石等多角度反映主题。2016年1月5日，刊发《规划不足 开发无序 治理滞后 监管缺位 多因素叠加致茅洲河水环境恶化》；1月6日，刊发《茅洲河中上游：干流治水积极冲刺 支流整治十分紧迫》；1月7日，刊发《我市治水主攻八大突出问题 亮出"治水十策"和"十大行动"治水利剑》；1月8日，刊发《深圳污水管网缺口近6000公里》，这些重磅报道直击问题要害，探析破解之策，客观准确，鞭辟入里，得到各方高度肯定，为深圳城市管理治理年治水攻坚战打响舆论头炮。

此后，《深圳特区报》继续跟踪深圳治水进程，见证并翔实记录深圳如何用4年时间补齐40年水环境基础设施历史欠账。截至2019年底，全市159条河流水体、1467个小微水体稳定消除黑臭，五大河流考核断面平均水质全部达到地表水Ⅳ类及以上。面对深圳治水取得的可喜成绩，《深圳特区报》于2021年4月19日、20日、21日连续3天刊出《驯水记：茅洲河样本》（上篇）、（中篇）、（下篇），介绍深圳治水经验，产生强烈社会反响。

二 做优做强一系列品牌栏目和专版

《深圳特区报》一直坚持精品党报的定位。做优品牌栏目，增加生动鲜活报道、深度报道和特色报道是落实上述定位的必由之路。

（一）打造网络问政专栏"民生面对面"

2013年4月18日，《深圳特区报》重磅推出网络问政专栏"民生面对面"，对各区和市属各委、办、局以及重要公共服务企业、机构的"一把手"进行访谈，旨在"解读民生政策、发布民生信息、回答民生问题、呼应民生诉求"。运作两年多，该栏目共计推出逾百期，获得点击量超过百万次，接收和解答市民问题数千条，打造了网络问政的新平台，建立了权威发布的新渠道，探索出报网融合的新路径。

"民生面对面"栏目开办之后，在当时深圳特区报官方网站特网上建立了专题频道（ms.tetimes.com）。该栏目的操作方式是，举行访谈之前，通过报纸和特网发布嘉宾做客的预告消息，网页以及深圳特区报官方微博、微信、邮箱、热线电话皆可

2013 年 4 月 19 日，《深圳特区报》推出"民生面对面"专栏

接收市民、网友提出的问题；接着举行在线访谈，在深圳新闻网、特网同时直播（后改为深圳特区报官方客户端读特直播）；访谈次日，《深圳特区报》大都会综合版大篇幅报道，重要信息头版发布。

网友提问踊跃，有的是关于城市建设的意见建议，有的是关于宏观政策的疑惑，有的是具体事项的咨询求助，一些热点单位如市住建局、深圳地铁集团等领导接受访谈时，网友提问达数百条。这种对话方式不仅得到网友认可，也备受参与嘉宾好评，对扩大报纸及栏目影响、获得更多新闻资源和受众，都产生了重要作用。

（二）合作推出品牌专版

2013 年 11 月 4 日，深圳特区报社与深圳市委政法委联合开办的"法治鹏城"专版亮相。该专版紧扣深圳法治建设进程脉搏，秉持"大法治"报道格局，重点关注政法领域热点，提供深度类、现场类、服务类兼顾的法治新闻，有效提

2014 年 3 月 5 日，《深圳特区报》推出"前海特报"专版

升了《深圳特区报》政法报道的权威性、服务性和可读性，受到读者广泛欢迎。

2014年3月5日，深圳特区报社与前海管理局联合主办的"前海特报"专版推出，包括"前视野""金产业""最创新""海天地"等栏目。该专版是前海管理局与报社联手打造的全媒体发布载体和综合信息服务平台。同日，深圳特区报社前海全媒体工作部、"前海特报"专版编辑部在前海管理局办公楼挂牌成立，王剑锋任主任，成员有马培贵、范

2014年6月1日，《深圳特区报》推出"科普周刊"专版

京蓉、程思玮等。

2014 年 6 月 1 日，为传播和普及当今最新、最权威的新兴前沿科技知识，并对各种渠道流传的伪科学信息进行甄别，《深圳特区报》推出"科普周刊"专版。每周一刊出，将普及科学知识与报道科技新闻、热点事件、焦点人物、精彩故事、市民生活等紧密结合。每期设置科学真相、科技趋势、研发故事、前沿聚焦、科普常识、科普专家、生命健康、生活智慧等栏目。

2014 年 8 月 1 日，《深圳特区报》推出"国防特报"专版

　　2014 年 8 月 1 日，《深圳特区报》推出"国防特报"专版，旨在打造国内优质的国防教育品牌，为读者打开一扇了解中国防务、世界军情的视窗。该版由深圳市国防教育办公室、深圳警备区、国防大学战略研究所、深圳特区报社联合主办。主要栏目包括最新军情、专家连线、特区军营、驻港雄师、武警风姿、民兵天地、鱼水情深、军迷俱乐部、武备图库等。

　　2014 年 9 月 18 日，《深圳特区报》推出"大爱深圳"专

2014 年 9 月 18 日，《深圳特区报》推出"大爱深圳"专版

版，旨在弘扬大爱精神，全面宣传深圳市社会文明风尚和社会建设成果，尤其是民生领域改革创新的最新成果，为深圳建设"爱心之城""慈善之城"鼓与呼，通过"帮困行动"和"圆梦行动"等，帮助有困难的人走出困境，助力有梦想的人实现梦想。该专版每周二出版，每期一个版。专版开设本期关注、帮困行动、圆梦行动、基金会、社区行、公益达人、公益对话等栏目。时任深圳市委常委、宣传部部长王京生撰文《让城市包容温暖每一个人——写在〈大爱深圳〉出版之际》，为专版出版鼓劲。民政部部长、副部长，深圳市委书记、市长等领导，李连杰、王石、邓国胜等慈善界、企业界、学界名人，民间公益人士、五星级义工等纷纷寄语"大爱深圳"，对专版面世给予高度支持认可。

三　深入挖掘报道多位先进典型人物

（一）李亚威："最美爱心艺术大使"

2013 年，《深圳特区报》推出先进典型人物李亚威报道。李亚威是深圳市文联的一名导演，她历时近两年，跋涉 2 万多公里，拍摄出 41 集大型风情丛片《火之舞·告诉你一个楚雄》，为落后贫困的楚雄打开一扇通往外界的窗。为挖掘她的先进

《深圳特区报》2013年推出先进典型人物李亚威报道，2014年推出陈文亮家庭报道

事迹，2013年1月、7月，深圳特区报社特派记者金涌两次赴云南楚雄彝族自治州，沿着李亚威曾经工作过的重点市、县、镇、村寨，翻山越岭，克服种种困难，深入调查采访各民族干部群众近百人，掌握大量一手材料。在此基础上，金涌对李亚威的事迹进行认真梳理，精心提炼，撰写6000余字《关于李亚威同志事迹情况的调查报告》（由市委宣传部印发）。2013年4月8日，《深圳特区报》发表长篇通讯《彝家火把照亮她的人生——记深圳"最美爱心艺术大使"李亚威》，2013年7月30日发表《十年倾情记录彝寨变化——李亚威和暑立里乡亲们的感人故事》等，总计逾3万字，被海内外多家知名媒体转载。

经《深圳特区报》多次宣传报道，2013年9月26日，在由中宣部、中央文明办、解放军总政治部等举办的第四届全国道德模范评选中，李亚威获得"诚实守信类"道德模范提名奖。

（二）陈文亮家庭："挺起英雄脊梁的至美双亲"

2014年9月15日，《深圳特区报》头版刊发记者金涌采写的长篇通讯《大爱的呼唤》，广东省委常委、宣传部部长庹震当天在报道上批示："看了《大爱的呼唤》这篇报道，令人感动。这是一个大爱的故事，闪耀着人性的光辉。陈文亮父母18年的坚守，真不容易，可以作为第三季度'广东好人'评选的候选人。请深圳在宣传陈文亮父母的同时，也可以宣传关心他的战友，以及社会各界人士。"

陈如豪、吴清琴夫妇祖籍广东省汕尾市红草镇，20世纪80年代来到深圳。1997年，陈如豪、吴清琴夫妇的儿子陈文亮在一次执行公务中负伤成了植物人，至今仍未醒来。18年来，陈如豪、吴清琴夫妇始终无微不至地照顾儿子，患难之中，他们坚强不息、乐观自尊，从来没有要求任何特殊照顾，还积极为家乡建设、抗震救灾等捐款捐物。他们用爱延续着儿子的生命，事迹得到社会各界普遍赞誉，被誉为"挺起英雄脊梁的至美双亲"。

（三）陆建新："工匠精神"的优秀代表

2016年4月8日，《深圳特区报》头版头条刊发近8000字长篇通讯《矗起高楼的脊梁——记中建钢构公司城市地标建设者陆建新》，这是《深圳特区报》在全国率先推出的新时期工匠精神典型代表人物陆建新的事迹报道，引起广泛社会反响。

2016年初，深圳市委宣传部、市精神文明办决定全面宣传陆建新的先进事迹，指定由《深圳特区报》采写并刊发。深圳特区报社对此高度重视，由报社领导率队，民生新闻部主任沈清华，记者窦延文、方胜参加集中采访。

《深圳特区报》关于陆建新的系列报道刊出后，深圳市住建局下发通知，在全市建设系统开展向陆建新学习活动；同时，市建筑业协会发出倡议，号召建筑业广大员工学习陆建新敬业爱岗的职业操守和攻坚克难的责任担当，并举行陆建新先进事迹报告会。中国钢构有限公司组织开展陆建新先进事迹巡回报告会，先后在南京、

2016年4月8日，《深圳特区报》推出对"工匠精神"优秀代表陆建新的报道

杭州、广州等地举行 10 余场报告会，场场爆满。

2019 年 9 月 5 日，陆建新获评第七届全国道德模范。这是继《深圳特区报》报道的丛飞、孙影、陈如豪吴清琴夫妇之后，深圳涌现出的又一名全国道德模范。

（四）张莹莹：勇敢的雨燕，逆风飞翔

雨燕，翼长而身材小巧，却是飞翔速度最快的鸟类。在深圳，有这样一位"勇敢的雨燕"，她是深圳市雨燕残疾人

415

2021年6月15日《深圳特区报》头版推出专栏"勇敢的雨燕 逆风飞翔",连续报道张莹莹的事迹

关爱事业发展中心党支部书记、主任,龙华区公共文明促进会会长张莹莹。幼年时,一场小儿麻痹症让她的下肢几乎丧失了行动能力。然而,她坚强乐观,积极探索出一条残障者就业的"多元化就业"模式,帮助2700多名残障人士成功就业。2021年,张莹莹获得"中国青年五四奖章",获评全国道德模范。

从2018年起,《深圳特区报》对张莹莹的事迹进行大篇幅跟踪报道,2021年掀起报道高潮。2021年5月5日,《深

圳特区报》二版头条推出通讯《帮助残疾人重获勇气笑对生活——记第 25 届"中国青年五四奖章"获得者张莹莹》；6 月 15 日，在头版开设专栏"勇敢的雨燕 逆风飞翔"，连续 4 天刊发 4 篇通讯，从多个角度报道张莹莹的事迹，传递其自强不息、热心公益、大胆创新的精神；11 月 5 日，在张莹莹获评第八届全国道德模范当天，读特客户端于焦点位置、深圳特区报公众号于头条位置推出获奖消息，以及事迹综述稿件；11 月 6 日，《深圳特区报》头版刊发获奖消息，二版推出长篇通讯《最美"雨燕"带领 2700 多残障者就业——记第八届全国道德模范张莹莹》，并配发评论《榜样如炬 见贤思齐》，读特制作开屏画面；11 月 7 日，《深圳特区报》及其公众号推出张莹莹载誉归来特写报道，读特推出视频、海报等融媒体产品；11 月 8 日，《深圳特区报》刊登综述《一个善良的人与一座向善的城》，展现深圳礼遇模范、积极帮扶残疾人创业的精神文明城市风貌。

四　勇于舆论监督，助解民生难题

2014 年 7 月 8 日，《深圳特区报》开始推出连续报道《汽修乱象何时休》，大胆深入地曝光汽修行业种种乱象，引起全社会关注。7 月 15 日，深圳市法制办表示"汽修法制滞后"，要"通过法定程序推进立法"。7 月 16 日，市交通运输行政执法支队针对汽修行业违法违规行为，在全市展开"利剑"行动。同日，深圳特区报社举办汽修行业规范管理座谈会，请消费者、人大代表、政协委员以及汽修企业、政府部门和第三方机构等方面人士参会，深入研讨汽修行业规范问题。

2014 年 11 月 5 日，《深圳特区报》发表通讯《光明凤新路烂尾 群众联名投诉》，引起深圳市市长许勤的关注。"问题不能等到媒体曝光后再去解决！"许勤在光明新区调研时，现场谈到了报道反映的问题，并要求有关单位马上整改，全力以赴解决问题，更加主动自觉地做好工作，进一步营造良好发展环境。

随着快递行业发展壮大，深圳电动自行车数量以几何级数增长。2020 年深圳存量电动自行车达 400 万辆左右。电动自行车交通违法、交通肇事频频发生，交通秩序、交通安全压力越来越大。如何破解电动自行车管理难题？从 2020 年 4 月 6 日起，《深圳特区报》连续刊发报道，反映电动自行车种种乱象，受到市民热烈关注。交警部门闻风而动。4月7日，深圳交警首次发布年度文明行为规范实施主题和不文明行为治理清单，向全体市民发出骑乘电动自行车佩戴头盔、不逆行、不冲红灯的"一戴两不"倡议。围绕电动自行车的规范管理与整治举措，市人大代表、政协委员以及法律工作者纷纷提出建议，有力地促进了问题的解决。

第三节　在重要节点推出重大主题报道

每逢重大新闻事件、重要历史节点，深圳特区报社都会精心策划，全力以赴，推出一批具有政治高度和创新水准的重磅报道，体现出一份特区党媒难能可贵的职责担当。

一　两会上本报记者向总理提问

2017年3月15日上午，初春北京的气温在零下徘徊，寒风凛冽刺骨，这已经是深圳特区报社时政记者甘霖第9次参加一年一度的全国两会报道。

为了在人民大会堂金色大厅抢占到一个好一点的位置，甘霖和摄影记者何龙早上7点不到就来到人民大会堂门口排队，那时天还没亮，他们在寒风中等着会场开门。

4小时后，甘霖迎来了自己的幸运时刻，十二届全国人大五次会议闭幕后举行的李克强总理记者会上，在第8次举手之后，工作人员将话筒递到了他手上。他向李克强总理提出一个关于"双创"的问题，那是那一年的热点，也得到了总理全面细致的回复，深圳甚至广东地方党报由此实现了历史性突破。[①]甘霖就此所采写稿件《金色大厅的中国"强"音——向总理提问亲历记》获广东新闻奖一等奖。

全国两会是一座"新闻富矿"，两会报道也是一场"新闻硬仗"。在每年全国两会报道中，深圳特区报社都会派出精兵强将，发出主流媒体强音。每每在全国党报

---

① 参见韩文嘉《新闻英才丨甘霖：让文字更有温度》，深圳特区报微信公众号，2021年12月6日。

2017 年 3 月 16 日，《深圳特区报》头版报道十二届全国人大五次会议闭幕

中先声夺人，受到中宣部阅评表扬。

（一）早谋先动，精心谋划

全媒体、多终端的新闻呈现方式，让媒体报道策划能力的"标尺"被提到前所未有的高度。深圳特区报社 2017 年全国两会报道筹备工作早在会议开幕两个月前就已启动。报社召开各部门联动的策划会不下 10 次。两会期间，前方报道组每天深夜发完稿后，都会召开策划会，分析当日新闻产

品传播效果，策划次日报道选题，大家热烈讨论、互相启发、碰撞火花，为的是把最好的新闻产品呈现给读者、用户、粉丝。

（二）突出深圳视角，强化权威表达

2017年3月3日全国政协大会开幕当天，《深圳特区报》在广东媒体中率先推出"牢记总书记指示要求 奋进实干交好特区答卷"专栏，此后连续刊发12篇大型述评，全面展示深圳多个方面交出的精彩答卷。这组报道策划早、分量重、影响大，被称为"深圳最强音"。

2018年全国两会期间，重点策划推出"深圳只争朝夕创新局 改革开放再出发"系列述评，从多方面报道深圳改革发展亮点，截至3月19日，共刊发16篇述评，受到广泛关注。其中3月19日头版刊发的长篇综述《沿着总书记指

2017年3月15日，深圳特区报社记者甘霖获得向李克强总理提问的机会 深圳特区报社记者何龙 摄

引的道路奋勇前进——深圳经济特区学习贯彻习近平总书记参加广东代表团审议时重要讲话精神综述》，在深圳各界引起强烈反响。

2021年全国两会期间，紧密结合习近平总书记在全国两会上的重要讲话精神，以及政府工作报告、"十四五"规划和2035年远景目标纲要的亮点新意，《深圳特区报》围绕中心，突出深圳视角，紧密联系深圳改革创新精彩实践，策划推出"高端访谈"栏目，几乎每天推出一篇，如《（肩）知名经济学家、国家发改委原副秘书长范恒山接受本报记者采访寄望深圳（主）为国家扛旗 为时代示范》《知名经济学家、中国国际经济交流中心首席研究员张燕生：深圳尤其要讲好科技创新故事》《国家发改委区域发展战略研究中心副主任夏成：加快打造引领高质量发展第一梯队》等。这组"高端访谈"访谈对象权威性、高端性突出，内容独家原创，富于思想性、指导性、贴近性，充分彰显了《深圳特区报》权威党报的地位。[①]

（三）融合报道带来不一样的精彩

"读特，你可以采访了。"

"两会正在召开，您参加两会辛苦啦！请问，您这几年是如何履行您的职责的？今年，您又准备了哪些提案、议案或建议呢？"

接受采访的全国政协委员陈志列不禁笑了，连夸提问者"很称职"。

这是2017年3月发生在《深圳特区报》全国两会融合报道演播室的一幕。对陈志列委员进行采访的，不是普通记者，而是报道团队中的"新面孔"：智能新闻机器人"读特"。

通过人机互动、智能搜索、数据库检索等途径，读特机器人不仅能播报新闻和介绍背景知识，还可开启激光雷达导航系统，按事先规划的路径自行前往指定区域完成采访任务。读特机器人的亮相，引起多家中央媒体和海外媒体的关注，中央电视台"两会新鲜事儿"栏目对读特机器人进行采访报道，央广网还以"智能机器人亮相全国人大代表广东团驻地""两会采访'神器'再升级 智能机器人集采、编、发于一身"等为题进行了报道。

---

① 庄宇辉、李萍系：《策划原创报道，形成宣传声势——深圳特区报全国两会报道特色分析》，《新闻战线》2021年第7期。

央视记者采访亮相全国
两会的智能机器人读特
深圳特区报社记者 何龙 摄

　　在这次全国两会上，深圳特区报社记者何龙成了多家媒体追访的对象。他右肩绑着可穿戴式云台相机，手持单反相机和全景摄像机轮换拍摄，全副新式装备引人注目。深圳特区报社两会采访组所有记者都成为"多面手"，每天为编辑部不间断地采集采写的稿件、图片、音频、视频等素材，通过后方新媒体编辑部制作后，生成了短视频、动画、H5、VR、街采等一系列融媒体产品。据统计，从 2017 年 3 月 3 日至 3 月 11 日，读特客户端刊发图解漫画、音频视频、H5、微博、微信等新媒体作品 130 多条，总阅读量 979.5 万次。①

二　全方位挖掘"丝路故事"

　　2016 年 4 月 15 日，随着《奥克兰刮起"海上丝路"风》见报，深圳特区报社自 2015 年 9 月启动的"探访海上丝路"大型系列报道终于告一段落。

---

① 读特：《萌萌哒！超正经！两会上这个新闻机器人火啦！》，深圳特区报微信公众号，2017 年 3 月 12 日。

（一）这是一座新闻"富矿"

建设 21 世纪海上丝绸之路是 2013 年 10 月习近平总书记提出的。媒体在其中当起到特殊的作用。幸运的是，对比一般城市，深圳媒体守着一座新闻"富矿"。自改革开放以来，无数深圳企业以"敢为天下先"的气魄奋力开拓国际市场，深圳也以海纳百川的气度吸引着海内外优秀人才和企业落户。这是深圳建设国际化先进城市、争创"四个全面"排头兵的宝贵财富，也是深圳媒体人取用的新闻源泉。在这种大背景下，2014 年底，深圳特区报社开始筹划"探访海上丝路"报道，并陆续拜访深圳市交通运输委员会、深圳市外事办公室、深圳市侨务办公室、中国国际贸易促进委员会深圳市委员会（深圳市贸促委）、深圳中国国际旅行社有限公司等部门和单位。他们为此次采访活动提供了业务指导和部分采访对象的联系方式等。最终，在报社内外共同努力下，"探访海上丝路"首条采访路线得以在 2015 年 5 月底成行。

（二）遭遇"意外"不动摇

在安排此次报道活动过程中，有两起比较大的"意外"。第一，筹备伊始，报社牵头的同事就根据海上丝绸之路的范围，开列了 10 条线路，但由于非洲埃博拉病毒突然肆虐，不得不将两条非洲线路取消，最终成行 8 条。同样遗憾的还有韩国。本来此条线路的同事已经办好了手续，但在启程前夕韩国暴发了中东呼吸综合征（MERS）疫情，只好忍痛割爱。第二，报道策划相当早，但由于种种原因，一些兄弟媒体在《深圳特区报》的报道正式推出前也展开了类似主题的采访活动。虽然和许多媒体相比，《深圳特区报》的采访和报道范围更为广泛，但也让人颇有"赶个晚集"的担忧。为此报社仔细研究了同行的报道活动，学习好的经验，也进一步坚定了报道思路：一是要努力让报道故事更典型，采访更扎实，文字更生动；二是要坚持深圳特色，紧紧围绕深圳企业和市民在海外的故事展开采访，推出与其他媒体不一样的优秀报道。就这样，深圳特区报社 20 多位记者利用业余时间，查找资料、广泛联系、仔细调研，让采访报道的蓝图日益明晰。从 2015 年 1 月开始，深圳特区报社记者相继组队拜访中兴、中集、康佳、大族、迈瑞等典型企业，为海外报道积累更多素材。[①]

（三）分赴近 20 个国家，采访近百位要人

在近一年时间里，深圳特区报社派出 20 多位记者，沿着"海上丝路"的轨迹，分赴意大利、日本、新加坡、印度、土耳其、澳大利亚等近 20 个国家，采访各类机构数十个，采访对象包括中国国际贸易促进委员会副会长、中国驻斯里兰卡大使、马来西亚贸工部副部长、希腊外交部副秘书长、印尼万隆市市长、西班牙巴塞罗那自贸区联盟执行主席、日本冲绳华侨华人总会会长、新西兰"一带一路"促进会首席执行官等国内外政要和机构负责人近 100 位，带回了大量珍贵资料和图片、视频，真实记录了中兴、中集、大族、迈瑞、比亚迪、漫步者、艺之卉、中建钢构、光汇石油等 20 余家深圳企业在海外的发展情况，在报纸、网站、"两微一端"等媒体刊发各类报道近 200 篇（幅）次，成为深圳打造海上丝绸之路"桥头堡"最真实的写照。

三 寻访抗日大战场，见证民族精神

2015 年是中国人民抗日战争暨世界反法西斯战争胜利 70 周年，深圳特区报社精心策划了"寻访抗日大战场"大型采访活动。2015 年 6 月 8 日，采访组启程，一路北上、西行、南下，从 2015 年 7 月 7 日起，《深圳特区报》陆续推出"寻访抗日大战场"大型系列报道。

（一）抢救珍贵的历史资料

深圳特区报社副总编辑吕延涛回忆起"寻访抗日大战场"采访活动策划过程时说，当时和记者马强、丁庆林等商量方案，最后决定发挥媒体强项，派记者踏访抗日重要战场，了解当年的情况，感受今天的变化。

策划组意识到，现在很多老兵年龄已经很大了，如果媒体再不做一些抢救性的工作，一些珍贵的资料或将永远隐没在岁月的长河之中。《深圳特区报》作为特区的

[①] 参见胡恒芳、吕延涛、沈清华、方胜《做好记者，当好使者——以深圳特区报"探访海上丝路"报道活动为例》，《传媒》2016 年第 13 期。

2015年7月7日,《深圳特区报》推出"寻访抗日大战场"大型系列报道

媒体应该有特区的历史担当,在关键时候发挥作用。记者后来所采访到的战争亲历者,年纪最小的当时已有82岁,有些已经口齿不清、记忆模糊,从他们口中传达出的信息只有两种,一是战争给他们带来的苦难,二是对入侵者的仇恨。记者采访比较深入,去了一些以前媒体去得比较少的地方,采访到诸多关键人物,获得一批珍贵史料。在跟当事人交流中挖出的不少历史细节是以前没有披露过的,比如松山战役的具体细节等。

深圳特区报社副总编辑吕延涛（左一）和深圳特区报社记者尹传刚（左三）在当年的抗日战场"二十四拐"采访
深圳特区报社记者 丁庆林 摄

（二）记者每天工作 12 小时以上

在副总编辑吕延涛带领下，记者丁庆林开着私家车，行驶两万多公里，历时一个多月，和记者马强、郭平保、尹传刚共同完成了全国 13 个抗战战场的采访，分别是上海四行仓库，江苏淮阴刘老庄，山东台儿庄，吉林靖宇县，北京卢沟桥，河北易县黄土岭，山西灵丘县平型关、阳泉市狮脑山，湖北宜城南瓜店，湖南衡阳市、芷江县，贵州晴隆县，云南松山。这些战场涵盖了抗战中几乎所有经典战役。

由于战场大多在山区、郊野，道路曲折难行，丁庆林一人肩负开车、摄影、航拍等多项工作，加上途中意外时有发生，行车时间、工作时间都远远超出原来的计划。采访组往往是到达一个地点后，拉着行李直接去采访，晚上才能回到宾馆，回到宾馆后也顾不上吃饭，还要花数小时整理当天拍摄的图片、资料，给无人机充电，并做好第二天出车前的准

备工作，等忙完所有工作，基本都到了凌晨两三点。一个多月当中，记者们每天的工作时间都在 12 小时以上。

记者丁庆林（左）在当年的抗日战场采访
深圳特区报社记者 郭平保 摄

（三）采访组跑了近两万公里

这次采访从组织上来说比较简明。记者丁庆林全程开车，马强、郭平保、尹传刚分阶段参与。历时两个月，记者共采访战争亲历者和抗战老兵 29 位，走访战场遗迹 37 处，从长白山抗联打响抗战第一枪，到畹町桥中国远征军将日寇逐出国土；从卢沟桥事变抗战全面爆发，到芷江县见证侵略者签字投降，采访组总共跑了 19100 公里。报道结束后举办了摄影展，并出版《寻访抗日大战场》一书，产生了持久影响力。

2015 年 8 月 3 日起，《深圳特区报》又推出"重走东纵路"大型系列报道，成为当年纪念抗战胜利 70 周年报道的又一大亮点。

四 率先追寻"中国共产党的精神"

2016 年 5 月,深圳特区报社联合中国社会科学院马克思主义研究院、深圳宝安区委宣传部共同举办纪念建党 95 周年"中国共产党的精神"大型采访活动。记者兵分三路驱车奔赴全国 16 个省、自治区、直辖市采访,每条线路的行程都超过 1 万公里,沿途采访了党的多种精神发源地,报纸同步进行图文并茂的报道,在全国引起很大反响,被媒体广泛转载,得到了中宣部阅评表扬。

(一)策划"匠心独具"

2016 年 2 月,深圳特区报社副总编辑吕延涛开始牵头策划党的精神大型采访,经大量收集资料,反复讨论,多方征求专家建议,数易其稿,形成初步方案。最后决定采取"记者 + 学者"的模式,一方面记者到现场,探实地、见人物、看变化,另一方面邀请中国社会科学院马克思主义研究院专家做理论解读;要进行多元化、立体化深度挖掘,不仅出一组报道,还要搞一场座谈会、办一个影展、出一本专著。

策划方案提出,聚焦多种中国共产党的精神,包括井冈山精神、照金精神、遵义会议精神、长征精神、沂蒙精神、南泥湾精神、延安精神、西柏坡精神、铁人精神、雷锋精神、焦裕禄精神、改革开放精神、载人航天精神和抗震救灾精神,通过寻访精神发源地、当事人、传承者等,挖掘这些精神的传承发展、现实意义与当代实践。

(二)"深圳的格局就是不一样!"

独具匠心的主旋律策划报道引起共鸣,记者沿途采访时,无论走到哪里,都有人竖起大拇指,而听到最多的鼓励就是,"特区报作为地方媒体,能有这样的情怀和气魄,在全国做这种大型采访,深圳的格局就是不一样!"

深圳报业集团党组书记、社长陈寅在活动启动时就叮嘱记者,不仅要做共产党精神的记录者、阐释者、传播者,更要做继承者、践行者、发扬者,希望大家深入

2016年6月1日,《深圳特区报》推出"中国共产党的精神"大型系列报道第1期

采访、精心写作。陈寅不仅做动员,还做表率。他带队前往陕西采访,不但采访了延安市委书记,还来到习近平总书记插队当村支书的梁家河,与村民聊天,和房东大娘拉家常,深入采访并报道了照金精神、延安精神。

在一个多月里,记者兵分三路,穿行在崇山峻岭、山区老区,遭遇了洪水、塌方、大雾、迷路、伤病,但一直有一种精神支撑着大家,没有一个记者退缩。西北线摄影记者丁庆林回忆,每次走近老红军老八路、支前模范、革命英雄,无不被他们无私奉献、充满正能量的精神感动，也促使记者克服各种各样的困难，不断按下快门，记录下尽可能多的细节。东北线记者在采访"沂蒙六姐妹"唯一健在的尹淑英老人时，她已重病在身、卧床不起，但仍挣扎着为记者讲述"只要还有一口气，就要保护好孩子"的"沂蒙红嫂"的故事。2016 年 6 月 21 日，"沂蒙精神"稿件刊发一周后，尹淑英老人与世长辞，这张照片成为老人在世的最后一张新闻照片，"沂蒙六姐妹"永远定格在深圳特区报社记者的镜头里。

（三）专家解读赋予报道深刻思想性

与一般采访不同，党的精神大型采访非常重视专家的权威解读，在专题报道中开设了一个固定专栏"专家解读"，邀请中国社会科学院马克思主义研究院以及陕西、上海等地的党史研究专家，对每种精神的来龙去脉、准确内涵、当今价值进行精准解读，与记者生动的现场采访一起，组成一个内容丰富、思想深刻的新闻专题。

党史专家们的权威解读，增强了党的精神专题报道的思想性，让报道更具深度，更富有指引意义，给予读者深刻启示。

报道连续推出的同时，报社在北京举行理论座谈会，思想理论界专家学者和新闻舆论界代表相聚一堂，畅谈中国共产党精神的深刻内涵、重要意义和深远影响。他们认为，"中国共产党的精神"大型系列采访活动和理论座谈会，为深入推进"两学一做"学习教育，为中国共产党精神在当代闪烁出更为耀眼的时代光芒，贡献了党媒的一份力量。

（四）让党的精神更加深入人心

光明日报社原总编辑何东平认为，这次大型报道最可贵的地方就是主动走出去，向党的精神诞生地学习，传承、弘扬共产党精神，在学习中实践，在重温中传承，使党的精神、党的形象、党的伟绩更加深入人心，对进一步研究和传播中国共产党精神是一次积极的推动。

此次活动共推出 25 个版的报道，并在深圳举办了图片巡回展，展出记者行程万里拍摄的优秀摄影作品共 398 幅。通过这些真实影像，人们从嘉兴、井冈山、瑞金、遵义、照金、延安、南泥湾等地，在王进喜、雷锋、焦裕禄、甘祖昌等人身上，追寻了中国共产党的精神源泉。图片展吸引 20 多万市民参观。[①]2016 年 11 月，在报道的基础上，深圳特区报社携手中国社会科学院马克思主义研究院，对中国共产党精神进行梳理和分析，编撰出版《中国共产党精神的时代解读》一书，深刻回答了"不忘初心，继续前进"这个重大的时代课题，向党的 95 岁生日献上一份厚礼。

五 展现扶贫攻坚"大局"中的深圳力量

从 2017 年 7 月起，深圳特区报社精心组织策划了"大局"大型采访报道，全面梳理、深入挖掘深圳对口帮扶方面的工作亮点，助力深圳帮扶工作再创佳绩。报道从 2017 年一直持续到 2020 年底，共推出专版报道 100 多个，堪称《深圳特区报》历史上持续时间最长、投入版面最多的一项专题报道。

（一）这是对大局观的最佳诠释

为何要开展如此规模的"大局"报道？第一，这是党和国家扶贫工作的需要。2020 年全面建成小康社会、实现第一个"百年目标"是中国共产党做出的庄严承诺；"感恩改革开放，回报全国人民"是深圳经济特区的使命担当。作为深圳市委机关报，搞好扶贫攻坚主题宣传义不容辞。第二，这是反映深圳大局观的大文章。深圳扶贫协作和合作交流地区涉及全国 10 省（自治区、直辖市），除哈尔滨为平行对口合作外，其他地区均为对口扶贫性质，包括：对口支援新疆喀什市和塔什库尔干县，西藏察隅县和察隅农场，四川甘孜州德格、石渠和甘孜 3 县，重庆市巫山县；东西部扶贫协作对口广西百色、河池市；振兴粤东西北全面结对帮扶河源和汕尾两市以及驻村定点帮扶 323 个贫困村；帮扶贵州省毕节市、云南省昭通市和江西省寻乌县。党的十八大以来深圳累计投入财政帮扶资金约 302 亿元，援建公共服务和基础设施项目约 4 万个，培训干部人才约 2.5 万人次。第三，这是扶贫无名英雄的新闻富矿。党的十八大以来，深圳向扶贫协作和合作交流地区选派挂职干部和支医支教人员约 3400 人次，他们舍小家为大家，披荆斩棘，跋山涉水，长年累月默默奋战在扶贫攻

[①] 参见翁惠娟《做好主旋律报道需要"工匠精神"——深圳特区报"中国共产党的精神"大型采访活动剖析》，《新闻战线》2017 年第 5 期。

《深圳特区报》"大局"系列报道版面

坚一线，涌现出一大批无名英雄，产生了无数感人故事，值得大书特书。①

（二）10组记者奔赴各地蹲点采访

2019年，在中华人民共和国70华诞、深圳建市40周年之际，报社编委会继续从大局出发，从深圳扶贫协作和合作交流的特殊视角，推出"大局·献礼中华人民共和国70华诞"大型系列报道。此次采访报道共分10组，第一组新疆喀什、第二组西藏察隅、第三组广西百色河池、第四组四川

---

① 参见耿伟、方兴业《一份特区旗报的担当情怀——深圳特区报新中国70华诞大型报道策划的大格局意识》，《青年记者》2019年第30期。

甘孜、第五组江西寻乌、第六组贵州毕节、第七组云南昭通、第八组重庆巫山、第九组广东河源、第十组广东汕尾。每组由报社编委会领导带队，配备文字记者 2 名、摄影记者 1 名、新媒体记者 1 名，通过蹲点式深入采访，挖掘有温度有故事的新闻，避免扶贫项目的脸谱化介绍。从 2019 年 7 月开始，《深圳特区报》先后推出"大局·献礼中华人民共和国 70 华诞""大局·深圳对口支援进行时"专栏，当年持续刊发报道 37 个整版，播发短视频 27 个。

（三）采访组翻雪山冒大雨访藏乡

2019 年 7 月 5 日，"大局·献礼中华人民共和国 70 华诞"系列报道首篇见报。《深圳特区报》头版刊发长篇通讯《援藏路上写忠诚 雪域边关展担当——来自西藏察隅的深圳援藏工作蹲点采访报告》，由报社总编辑周斌带队，编委叶晓滨和记者肖意、吴德群共同采写。

这篇稿件娓娓道来：一是写现场，描述竹瓦根镇、古拉乡发生巨大变化的一幕幕动人片段。二是写人物，23 岁的藏族姑娘阿桑、深圳援藏干部顾东忠等一众人的感慨和讲述，令新闻源真实丰富。三是写变化，包括医疗、教育、产业等。藏民次仁旺姆开心地说，深圳援藏人员不仅修了这座漂亮的彩虹桥，还重建了紧挨着桥头的电力公司宿舍楼。四是写故事，"这里一年有半年大雪封山，开学季节，老师们翻越折拉雪山到校，单程就要 7 个小时"。在深圳爱心企业捐建的华伦同心楼前，古拉乡中心小学校长胡加祥说，这座崭新的 3 层楼房让 80 多名孩子住上了安心舒适的新宿舍。五是写采访经历，"翻越益秀拉、昌拉、雄珠拉 3 座海拔 4500 米以上的雪山垭口，采访组经历 5 个多小时跋涉，一路冒着高山峡谷中的滂沱大雨，于傍晚时分来到了处于怒江、伟曲河谷交汇处的察瓦龙乡"[1]。

---

[1] 参见耿伟、方兴业《一份特区旗报的担当情怀——深圳特区报新中国 70 华诞大型报道策划的大格局意识》，《青年记者》2019 年第 30 期。

六　聚焦"中国力量"，献礼共和国 70 华诞

《深圳特区报》在新中国成立 70 周年推出的重大策划报道，除"大局·献礼中华人民共和国 70 华诞"外，还有"中国力量——走进中国大工程大项目"系列报道，也非常引人注目。

（一）34 个主题讲述"中国力量"

2019 年 6 月 11 日，"中国力量"采访启动。深圳特区报社总编辑周斌等编委成员牵头，分成 6 组，每组 2 名文字记者、1 名摄影记者、1 名摄像。几十名记者兵分多路，奔赴东北、华北、华东、华南、西南、西北等地。报道中积极运用全媒体手段，每个工程报道 1 个整版，并通过短视频创新传播方式，向每位科学家和建设者致敬。

每组报道基本包括：综合稿，报道工程设计建设的来龙去脉，领先的科技价值、国际影响等；专访；建设者群像；记者手记；摄影视频。系列报道共分 34 个主题，包括"两弹一星"、神舟五号、世界首颗量子科学实验卫星"墨子号"、嫦娥四号探测器、海南文昌发射中心、青藏铁路、京沪高速铁路、海上巨型风机 SL5000、全球最大的海上钻井平台"蓝鲸 2 号"、无人机技术领先全球、深圳国家基因库等等。截至 2019 年 10 月 8 日，出动记者 85 人次，刊发报道 24 版、文章 72 篇、图片 72 幅。

（二）寻找线索可谓"无巧不成书"

7 月 15 日，首组报道《东海大桥风电场：从一张白纸到打出中国品牌》精彩亮相！这组报道由编委李剑辉带队采写，记者王剑锋、李丽、秦绮蔚、何龙、邢峻豪参与。

王剑锋回忆说，关于"东海大桥风电场"，行前他问了很多同事、朋友，上网也查，就是找不到建设单位，最后是在一条新闻消息里发现了一个单位名称，但也没有电话，然后他就向 114 查，终于查到了建设单位——上海东海风力发电有限公司。电话打过去，刚巧就是负责办公室工作的同志接听的，听了我们的策划，他们觉得非常好，很快就同意接受采访，并安排我们到现场去。另一个项目人造太阳，负责

2019 年 7 月 15 日，《深圳特区报》刊发"中国力量——走进中国大工程大项目"大型采访第一组报道

人李建刚院士是王剑锋大学的"师兄"，不久前在深圳刚刚见过，有了这层关系，联系采访就方便了，对方说随时可以到合肥科学岛采访。

记者们每一天都有兴奋感、震撼感和自豪感。王剑锋介绍说，在采访过程中，无人机、相机、录音笔、摄像机等各种工具齐上阵，每个人都能为整个团队着想，所以，虽然工作头绪多，但都能做到有条不紊，不留遗憾。一路上，大家还不时拍摄行程中的短视频，让中国力量的旗帜在移动互联

2020 年 2 月 9 日，深圳特区报社记者跟随深圳医疗救援队，奔赴武汉报道一线抗疫，发回报道

网上高高飘扬。

七 冲锋在前，全景呈现战疫画卷

2020 年新冠肺炎疫情防控报道持续时间长、涉及范围广，是一次非同寻常的新闻大战。报社编委会大胆创新，以更灵活的融合报道机制释放更强大的舆论影响力，为打赢疫情防控阻击战提供强有力的舆论支持。2020 年 1 月中旬至 5

月 31 日，《深圳特区报》累计刊发抗疫报道 4500 多篇、图片 800 多张，推出专栏近 50 个，为全市上下同心抗疫、共克时艰营造了良好舆论氛围。

（一）闻令而动，特派记者驰援湖北

疫情发生后，2020 年 2 月 9 日，深圳特区报社两位特派记者何龙、唐光明跟随深圳医疗救援队奔赴武汉、荆州采访，医疗队工作每天四班倒，记者却都是一班倒，凌晨蹲守成了家常便饭，每天工作十七八个小时。在东西湖方舱医院，记者用镜头为读者呈现了一个充满烟火气息的方舱世界；在雷神山医院，记者见证了中医医疗队救治危重病人的奋战。一系列报道被新华社客户端、央视、学习强国等媒体平台转载，迅速成为网络传播热点。

因为进出疫区，记者何龙的相机最终也在酒精和紫外线反复的消杀中操作失灵，负责院感工作的郭竹英护士每次见

深圳特区报社特派记者何龙（右）、唐光明深入武汉、荆州采访

到何龙都特别不好意思，但记者内心是充满感激的，郭竹英护士大可拦住何龙不让进去，但她宁愿每次多花时间帮记者仔细消杀机器，确保没有病毒，让记者可以安全进出记录下疫区发生的一幕幕。何龙说，虽然相机损坏了，但"牺牲"在战场上是这个"武器"的最好归宿。因为通过它见证了中国抗疫为什么能赢！在武汉工作的52天，记者唐光明奔波在方舱医院、雷神山医院、汉口医院、协和医院以及汉口血液中心之间，35次进入病区，贴身采访医护人员，通过运动相机、手机录制音频、视频，挖掘素材663G，每天工作16小时以上，最忙时，一天撰写文字稿12000字。正是一线记者秉持不畏艰险、敢干能干、冲锋陷阵的顽强作风，才挖掘出大量新闻素材，见证了方舱医院从无到有、从有到无，也见证了雷神山医院的日日夜夜，全面、形象记录下深圳医疗队在湖北的抗疫历程。

方舱医院收治轻症患者，而雷神山医院是重症和危重症病区，在这里每天都上演着与病魔的生死对决。何龙、唐光明与医疗队一同上下班，记录下医护人员电脑班、药房班、院感班等外围班忙碌的身影，更多次进入隔离病区危重病房，用镜头直击深圳中医医疗队高强度、高危险、高水平的工作，展现了医护人员对救治工作一丝不苟、舍生忘死的大爱情怀。

利用前线记者拍摄的珍贵素材画面，后方根据中医队的特点联动制作了《战疫雷神山满月，深圳中医的妙计都在这3个锦囊里！》《国家中医医疗队深圳分队：站好雷神山最后一班岗》等融媒体作品，多次登上学习强国，广泛传播了雷神山一线战疫情况。

（二）配合"集团军"作战机制勇担当

面对疫情，报社编委会成员靠前指挥，采编队伍尽锐出战，与集团兄弟媒体协同出击，全渠道、全网络、全手段、全形态、全时段展开立体化报道。

深圳报业集团组建以深圳特区报社记者为主体的战疫特别报道组，多次推出重磅通讯与深度报道，全网推荐阅读量超14亿次。报道组由集团社长挂帅，集团总编辑指挥，深圳特区报社肖意、綦伟、崔霞、甘霖、林捷兴、陈小慧、陈雯莉等全程参与，力挑重担，圆满完成任务。

自2020年2月17日起，报道组持续推出系列通讯"深圳为坚决打赢疫情防控

2020年5月14日《深圳特区报》头版推出报告文学《深圳战疫纪（上）》

人民战争全线出击全力奋战综述"，全面反映深圳战疫各个层面、各条战线的担当作为，截至4月12日，共计推出18篇综述，每篇一推出即成为媒体转发热点，单篇阅读量均达6000万次以上，累计全网总推荐阅读量超过14亿次，受到省委宣传部和市委宣传部高度评价。"每篇稿子都认真看了，报纸也都专门留下来了！"多位专家学者在接受采访时为这组战疫系列综述点赞。

2020年5月14～15日，《深圳特区报》推出报告文学

《深圳战疫纪》，回顾深圳战疫中令人难忘的100多个日日夜夜，细述全市各界所付出的艰苦卓绝的努力、所取得的重大成果，充分彰显中国抗疫精神和深圳担当，获得《广东新闻阅评》表扬，全网推荐阅读量1.8亿次。

2020年5月20日，在全国两会即将召开之际，《深圳特区报》在头版显著版位刊发长篇评述《深圳战疫启示录》，深刻总结、生动展示了战疫中深圳牢记使命的担当精神、笃干力行的务实精神、迎难而上的拼搏精神、城市治理的先锋精神、化危为机的创新精神、走在前列的尖兵精神，全网推荐阅读量7549万次。

《深圳特区报》上述3组重磅报道均得到了深圳市委书记王伟中，市委常委、宣传部部长李小甘肯定。

此外，2020年2月21日，《深圳特区报》头版刊发长篇通讯《患难之际见真情 深港携手抗大疫》，全网阅读量超过6800万次，受到省委宣传部高度肯定，市委书记王伟中对报道提出表扬。

深圳特区报社记者又一次在重大事件的重大战役报道中勇挑重担，冲锋在前，不辱使命，展现出特别能吃苦、特别能战斗、特别能担当的精神。

（三）攻坚克难、精心锤炼独家原创力作

疫情发生后，民生新闻部主任余海蓉，记者罗莉琼、戴晓蓉等迎难而上，巾帼不让须眉。余海蓉密切关注深圳疫情进展，统筹每天采访，罗莉琼提前结束春节休假，回到岗位投入采访，每天不是在医院忙碌，就是奔波在核酸检测现场。2020年2月24日，余海蓉、罗莉琼采写的稿件《深圳拉响广东战疫第一声警报》，是一篇意义重大的独家稿件。这是媒体首次对广东省首个病例和首个确诊家庭病例进行的深度调查报道。记者花了大半个月时间，独立调查还原了病例发现的完整过程，揭示了其对全市、全省乃至全国战疫的重要意义。此稿刊发后一周内，全网传播量突破3200万次。

深圳特区报社美编颜庆雄创作的《10幅漫画带你回望战"疫"的2020》获得2020年度广东新闻奖一等奖。该作品构思创作历时半年，几易其稿，最终确定采用富于视觉冲击力的黑白"木刻版面"这一艺术表现形式，以《习近平在全国抗击新冠肺炎疫情表彰大会上的讲话》为文本，集中运用多种漫画手法，绘成一部抗击疫

情的"大片"，全景式表现在党中央统一领导下全国上下同舟共济、抗击疫情的非凡历程，凸显了中国在全球抗疫中所发挥的重要作用、所体现的互助精神。2020 年 12 月作品在读特和深圳特区报微信公众号一经发表，立即引起社会的强烈认同。

八　全媒体组合拳宣传报道建党百年

2021 年"七一"前后，围绕庆祝中国共产党成立 100 周年大会等重大活动，深圳特区报社编委会精心谋划、周密部署，以"精编厚报 + 重磅综述 + 系列评论 + 爆款直播"组合拳，推出多形式、多视角、多载体、多渠道的全媒体报道，浓墨重彩、气势恢宏，全景展现庆祝大会盛况，全情呈现百年伟大征程，全力弘扬伟大建党精神，用情用心将庆祝建党百年宣传报道推向高潮，以深圳奇迹印证中国力量，以深圳软实力展示中国硬实力。

（一）3 篇雄文鸣响生日礼炮

6 月 28 ～ 30 日，《深圳特区报》在头版重磅推出"沈仲文"3 篇文章《乘风破浪党领航》《胸怀丹心行大道》《赓续荣光献鸿猷》，系统阐述了党的坚强领导是深圳经济特区 40 年各项发展成就的根本保证，以及深圳用自身跨越式发展充分彰显了中国特色社会主义的道路自信，同时突出百年历史交汇点这一方位，激励特区人不忘初心、牢记使命、永远奋斗、赓续荣光，心怀"国之大者"，拔锚启航新征程。3 篇重磅文章反复提炼主题，精心谋篇布局，立意高远，观点鲜明，体现出《深圳特区报》作为党报的站位高度、思想深度和宏大视野，为随后的高潮报道起到了很好的助推作用。

（二）大气磅礴献上 128 个版的"厚礼"

7 月 1 日，党的百年生日当天，《深圳特区报》推出 128 个版的"厚礼"。一系列策划突出了高度、厚度与深度的叠加，彰显了《深圳特区报》"改革开放第一报"的风范。

头版采用跨版组合报道，要闻版整版推出系列图文报道《深圳 一张白纸上的精

2021年7月2日《深圳特区报》跨版报道庆祝中国共产党成立100周年大会

彩演绎——党领导深圳创造发展奇迹大事记》《深圳党史：百年光辉党史中精彩华章》等，以及"深圳青年对党说"系列报道；并以"奋斗百年路 启航新征程之深圳奇迹"为主题，策划推出"百年百版"专辑，与要闻版呼应，集中报道深圳各行各业在党的领导下创新发展所取得的辉煌成就。

7月2日，深圳特区报社再次精心编辑制作推出20个版的特别报道。报纸头版采用跨版编排，浓墨重彩，突出呈现建党100周年庆祝大会庆典现场的庄重气氛和宏大场景。这个跨版实现了四个突破：一是与自己相比有突破。7月1日、2日连续两天头版通版编排，这在特区报历史上还是第一次。二是与省内兄弟党报相比有突破。当日《南方日报》《羊城晚报》《广州日报》均没有通版处理。特区报采用通版处理，发出先行示范区党报的最强音。三是与其他省级党报相比有突破。当日新华社外稿线路刊发一张习近平总书记凭

2021 年 7 月 1 日《深圳特区报》跨版报道庆祝建党 100 周年

栏远眺的照片，主流党报均未选用，特区报在头版显要位置刊发此照片，彰显大国领袖风范，令版面效果更上一层楼。四是突破头版稿件刊发惯例。当日还有省市重要政务活动，根据惯例应在头版刊发，特区报突破条条框框，为头版腾出空间刊发图片和提要，进一步彰显大国盛典的宏大气势。

（三）推出报告文学《莲花山顶揽奇迹》

记者韩文嘉、杨丽萍执笔的报告文学《莲花山顶揽奇迹——写在中国共产党百年华诞之际》，紧扣习近平总书记在庆祝深圳经济特区建立 40 周年大会上的重要讲话精神，由"登临莲花山"起笔，用"探路先锋""向海逐浪""初心如磐""走向未来"4 个篇章，精心描绘深圳经济特区在党的坚强领导下创造出的璀璨夺目的世纪奇迹，印证了一个百年大党的伟大光荣。

在重大题材上，推出报告文学是《深圳特区报》的创新。《莲花山顶揽奇迹》的成稿过程，体现了《深圳特区报》一直以来上下协同、通力合作的优良作风。该文由深圳报业集团党组书记、社长陈寅点题，集团总编辑、深圳特区报社总编辑丁时照部署，并确定以莲花山为核心意象，编委米鹏民组织执笔记者多次商榷探讨，定下文章思路与风格。成稿后，报社上下层层把关，反复修改，最后由陈寅定下主副标题，在 7 月 1 日头版头条隆重推出。

为了离历史现场更近一步，执笔人韩文嘉与杨丽萍虚心向中共深圳市委党校教师和深圳历史学者求教，在近一个月时间里啃下了大量关于深圳历史的书籍与相关文献，其中有《中国共产党深圳历史》《深圳红色故事》，以及《深圳通史》《深圳古诗拾遗》《深圳掌故漫谈》等，还翻阅了《邓小平时代》和袁庚、王石等人的传记，以期从中捕捉到可资采用的内容。往往为了验证文中的一句话、一座雕塑或者一件物品，记者亲赴莲花山、蛇口时间广场、大潮起珠江——广东改革开放四十周年展览等处探访，几近"上穷碧落下黄泉，动手动脚找东西"。

虽然两位记者已有 10 多年有关深圳文史、党建报道的经验积累，但下笔后，也颇感艰难。要事事可查，又要句句可读；要驰骋时空，又要聚焦主题。史料虽丰，但要筛选串联，再用文学表达，不得不字斟句酌、费尽苦心。文章刊出后，不少同行将此文作为党报重大题材报道的范例，加以研究学习。

（四）讲好大时代中的小故事

《深圳特区报》转变报道视角，在"七一"前的预热报道中策划推出"身边党员 一线先锋"栏目，刊发《群众身边的"小巷总理"》《车厢是"客厅"乘客当亲人》《"年轻的老书记"一直在基层》等 10 余篇报道。这组报道不以采访优秀党员本人的方式，而是通过走访他们身边的同事、亲人和工作对象，从他人的视角勾勒出优秀党员群像，体现党员的示范带动作用，表现"一名党员，就是一面旗帜"的主题。

专版"入党那一天我终生难忘"、"深圳青年对党说"系列报道等，也都是以身边人物讲述的"小故事"反映大主题。这些受访者，有的从爷爷讲的故事中了解了党的过往，有的用自己的脚步丈量党的历程，有的从一只口罩认识党的精神，有的用一幅木刻传递对党的深情……一个个普通人在党引领下的成长故事，平实而鲜活，让厚重严肃的主题变成一个个切实可感的生动画面，直抵人心，温暖而有力。

九　五城耀粤赣，融抱大湾区

2021 年 12 月 10 日，赣深高铁正式通车。赣深高铁是京九高铁最南段，是国家高速铁路网"八纵八横"的重要组成部分，是国家和省重点建设项目，连接着广东、江西两省深圳、东莞、惠州、河源、赣州五市。以赣深高铁通车为契机，深圳报业集团以深圳特区报社为主与赣南日报社、东莞报业传媒集团、惠州报业传媒集团、河源日报社等五家党报党媒以"五城粤赣 融抱大湾区"为主题进行联动，共建赣深高铁五城党媒联盟。深圳特区报社和读特客户端记者深入五市进行实地采访，讲好"湾区故事""客家故事""深圳故事"，力求展示深圳在粤港澳大湾区建设中核心引擎的作用。

"体验式"全媒报道展现粤赣两省协同高质量发展。《深圳特区报》、读特客户端以现场直播 +H5+ 短视频 + 长图 + 图片 + 文稿等形式，多角度展现粤港澳大湾区城市群的发展优势，为正式通车做足了预热宣传，深入解读赣深高铁通车对粤赣沿线地区发展的推动作用。读特客户端策划推出直播《赣深高铁沿途怎么玩？读特记者带你提前解锁！》，带领读者领略高铁沿线两省五市的风采。《"国之重器"助推粤港澳大湾的建设与发展》《体验腾讯高科技，品味古城慢生活！五城记者感受深圳中心城区创新活力》《临深产业园"起飞"，世界玩具之都"升级"五城联动采访活动走进东莞》《赣深高铁"鲜"打卡 / 河源即将加入"粤港澳一小时经济圈"套餐》等报道，全面展示五地优质的投资环境、文旅资源、科技创新、智能制造等，突出宣传与深圳产业共建的成效，以融媒体方式讲好粤赣两省铁路沿线地区高质量发展的精彩故事。

"全景式"组合报道展现湾区城市群辐射带动作用。12 月 10 日通车当天，《深圳特区报》、读特客户端滚动推送通车消息、直播和视频，掀起报道高潮。《深圳特区报》推出 20 个整版的特辑报道，浓墨重彩推介五座城市，头版刊发重磅综述《千里赣深一线牵 风驰电掣越关山——写在赣深高铁开通运营之际》，并配发《让高铁提升发展能级》，从承载革命荣光的"苏区"引出，在改革开放走在最前列的"双区"接入，满载机遇的赣深高铁正牵引"苏区""双区"携手并进，奋力跑出新征程再出发"加速度"。读特客户端开设的"建设历程""五城联动""站点探营""多彩河源""美丽赣州""创新深圳""魅力东莞""大美惠州"8个专栏，报道视野随着铁路线延伸，反映出深圳的辐射力，从经济、科技、文化、生态等角度报道赣深高铁开通将给粤赣两省沿线带来的变化。在这轮报道中，《深圳特区报》和读特客户端利用阵地优势、资源优势，发挥城市间互融、互利、互补、互学、互鉴的推动者作用，扩大深莞惠湾区城市群的影响力，助力深圳拓展"北上"发展空间。

党媒联动声势大，探索媒体融合新模式。11月4日，党媒联盟启动大型联合采访活动，《深圳特区报》、读特客户端与其他四市党媒同步推出"五城耀粤赣 融抱大湾区"融合报道专栏，声势浩大，奏响赣深高铁利国利民的好声音。《深圳特区报》刊发《媒体"大咖"共话五家党媒联动推动五城互通互联互利互学互鉴》、读特客户端推出《赣深高铁即将发车，开往一座两千年客家古邑——河源》，拉开五城党媒联动的序幕。通车当日，读特客户端推出近3小时的五城党媒联动直播《赣深高铁即刻出发》，记者跟随首发列车采访，带观众云体验旅程，现场感强、互动性高、关注度高，被新华社、《香港商报》等20多家媒体同步转载，实时在线人数近300万。五城党媒联动为"融媒"课题贡献新实践、新经验，有利于巩固主流舆论阵地，充分发挥党报媒体平台的传播力、影响力、凝聚力。

赣深高铁全线通车后，粤港澳大湾区"半小时生活圈"和粤赣两地"两小时经济圈"基本形成，五城党媒联盟为促进城市品牌相互推介、城市资源交叉展示、传播力影响力相互加持。《深圳特区报》和读特客户端积极参与其中，不仅展示深圳核心引擎重要作用，全力做好新闻报道，也是媒体本身的一次创新、探索媒体融合发展的一次尝试。

第四节　在突发事件报道中体现责任与使命

芦山地震、光明滑坡、山竹台风……当灾难一次次从天而降，深圳特区报人总是在现场，一次次勇敢地矗立在风口浪尖，以媒体人的无私无畏传播力量与信念。

一　震区有座为《深圳特区报》立的碑

"公元 2013 年 4 月 20 日 8 时 02 分，顷刻山崩地裂，地动山摇，岩石滚滚。我村遭受重创，房屋严重受损，入村道路中断。一方有难，八方支援，是深圳特区报社冒着生命危险，迎着无数次余震，来到我社，为我社户主捐款十多万元……"

雅安芦山地震一周年刚刚过去，当深圳特区报社摄影记者丁庆林再度奔赴震区，来到当时受灾最严重的雅安市雨城区上里镇箭杆林村三组时，当地村民正在刻碑，碑文上清晰地记载着深圳特区报社在震时为灾民提供无私帮助的故事。

（一）第一位"逆行者"

2013 年 4 月 18 日，汶川地震 5 周年纪念日临近，深圳特区报社编委吕延涛带领记者陈冰、丁庆林、曹崧、綦伟和李伟文组成采访组，兵分两路奔赴四川和陇南。

参加四川线采访的吕延涛、陈冰、丁庆林和曹崧选择在汶川地震的震中映秀镇落脚。4 月 20 日 8 时 2 分，记者们刚刚起床洗漱，准备展开采访，突然间地动山摇，雅安芦山发生 7 级强震！

采访组马上向总编辑陈寅请示，陈寅立刻拍板："记者就该去第一线！"采访组立即启程奔赴震中。因为出发地接近震中，加之行动迅速，深圳特区报社记者成了芦山灾区的第一批"逆行者"。

箭杆林村三组村民为《深圳特区报》刻碑
深圳特区报社记者 丁庆林 摄

深圳特区报社记者陈冰
在震中龙门乡发稿
深圳特区报社记者 丁庆林 摄

深圳特区报社记者丁庆
林在震中龙门乡发稿
深圳特区报社记者 陈冰 摄

采访组一边向震中挺进，一边拍照片写简讯，上午 10 时 41 分，深圳特区报微博发出第一条地震简讯，半小时内回复和转发超过 300 次。从国道开到省道，再到县道、乡道，最后步行翻山，经过 5 小时跋涉，在灾区道路上挺进 200 公里，采访组终于在 14 点左右抵达震中龙门乡。

采访组迅速展开采访，并于 15 时 9 分通过短信向后方发回第一条现场报道，深圳特区报微博阅读量瞬间达到 10 万+。17 时 50 分，李克强总理、汪洋副总理等党和国家领导人乘坐直升机抵达龙门乡，采访组立即发回照片和稿件，深圳特区报微博发布了中国媒体最早的一篇李克强总理在灾区指挥部署救灾工作的图文报道。

第二天，《深圳特区报》就芦山强震刊发 9 个整版专题报道，包括 70 篇稿件 36 张图片，前方记者陈冰、丁庆林采写的《（肩）深圳特区报记者昨天从映秀镇赶赴芦山灾区，第一时间发回现场报道——（主）芦山地震首日目击》和吕延涛、曹崧在映秀发回的《（主）"别人有难了，我们不能不管!"——（副）映秀村民自发组织救灾队奔赴雅安》等重点稿件，被全国媒体广泛转载。

深入灾区，采访组明确了目标，要在黄金 72 小时内尽量将需要救助的灾区信息更多地传递出去。随后一天，采访组分别前往太平镇、雅安人民医院等灾情严重地区进行采访，发回的《（肩）芦山地震第二天，深圳特区报记者走进重灾区龙门乡和太平镇——（主）救灾紧张进行 生活开始恢复》和《（肩）在黄金救援时间里雅安市区成了救助生命中转站——（主）救援组为伤者构筑生命通道》等多篇重磅稿件，获得极高转载量。

（二）受灾群众为何给《深圳特区报》立碑？

灾后第三天的采访任务是最重的。陈冰、丁庆林的目标是宝兴县，那是救援部队后一天将要打通道路的方向。吕延涛和曹崧的目的地则是受灾严重的中里镇，而且黄金 72 小时即将过去，能多走一处就多走一处。

又是天不亮就起床赶路，陈冰和丁庆林紧跟着用挖掘机开路的部队官兵，在悬崖下冒着飞石和水涌完成了一场危险的急行军。好在傍晚时分，吃了 3 天冷水泡面的他们，在宝兴中学体育场的灾民食堂终于吃上了一顿热米饭。当两个胡子拉碴浑身脏得像野人一样的大男人把第一口热饭送进嘴里后，相视一笑，又相拥落泪，"那时真的感觉很幸福，重回人间的那种幸福"。

深圳特区报社编委吕延涛（右一）在雅安向灾民赠送救灾物资　深圳特区报社记者 曹崧 摄

深圳特区报社记者曹崧
在箭杆林村采访灾民
深圳特区报社记者 吕延涛 摄

作为灾区前线记者中少有的"60后"老将，吕延涛和"85后"小将曹崧在这一天的行程更加艰巨。他们先赶到中里镇龙泉村采访，其间听说芦山主峰上的箭杆林村受灾更严重，而且缺乏救援，两人二话不说就决定徒步上山。他们找到一位龙泉村民当向导，在已经没有路的山上冒着大雨和频发的滚石、滑坡，"爬行"两个多小时才终于赶到箭杆林村。

山上的灾情比想象的更严重，大多数房子都塌了，走进几家特别困难的五保户家里，吕延涛和曹崧把身上的现金都捐完了。"眼见村里这么困难，我下山后立刻向陈寅社长请示，通过《深圳特区报》的'公益金百万行'，给村里99户人家每户捐赠2000元钱，定向救助。"吕延涛回忆。

善款在灾后不久就送到了箭杆林村，2000元钱不多，但对每户人家来说都是雪中送炭，村民发自内心地感谢《深圳特区报》，除了给《深圳特区报》立了一座碑，还给报社寄来半扇腊肉。

震后第4天，各路记者开始源源不断地涌向震中，而在黄金72小时内跑完所有主要重灾区的深圳特区报社采访组已经开始向外围走了。他们接下来去采访了转到西南财大进行复课备考的芦山中学高三学生，去看了灾民在临时安置区里的新生活，也去帮碧峰峡的大熊猫向大家报了平安……

最终，《深圳特区报》"'4·20'四川芦山强震"专题报道一直持续到2013年5月2日，12天共刊发45个版267篇稿件和110张图片，深圳特区报官方微博发稿168条，阅读量超过233万次，被转发1185次。

同时，深圳特区报新媒体部在雅安地震第3天制作推送《慰藉，雅安!》音乐视频，发出理性救灾的呼吁，并向关心、关怀、关爱灾区的人们致敬。视频一经发布，点击量迅速攀升至10万+，微博一次转发量超过1000次，二次、三次以上转发量难以统计。

当芦山地震过去半个多月，其他媒体记者纷纷撤离灾区时，深圳特区报社采访组依然在四川坚守，因为芦山地震只是一次突发意外，而采访组此行的本来任务是采访报道汶川地震5周年后的变化。

二 映秀镇的人类学报告

深圳特区报社记者对映秀镇非常熟悉，因为从汶川地震到震后一周年、两周年，报社都派出过采访组前往映秀采访。这也意味着，报社在这里再继续常规操作没有任何意义，如何让汶川地震5周年的报道出彩，是一个新课题。

从深圳出发之前，采访组就定下采用新闻报道跟人类学调查手法相结合进行深度报道的方向。不走马观花，通过踏踏实实地采访当地每家每户，看看5年来他们经历了什么，大灾之后社会呈现出什么样的变化，希望能通过一些个体现象，反映一些人类共同的东西。

这一采访思路和报道策划显然是有所突破的，因此"震·奋——纪念汶川地震五周年"专题报道很精彩。从2013年5月6日起，《深圳特区报》每天用一个整版刊发报道，5月12日和5月13日更是每天刊发4个整版报道。该系列报道共刊发文字稿件42篇、图片报道65幅，其中文字稿件几乎全部以专题形式呈现。

从"'4·20'四川芦山强震"到"震·奋——纪念汶川地震五周年"，两个接

2013 年 5 月,《深圳特区报》推出纪念汶川地震 5 周年专题报道"震·奋"

连推出的重磅专题,在最危急最艰难的时刻,充分展现了《深圳特区报》的社会责任、职责、担当和专业追求。

三　光明滑坡后的 72 小时接力

2015 年 12 月 20 日 11 时 40 分,深圳市光明新区光明办事处凤凰社区恒泰裕工业园后侧发生山体滑坡。得知灾情后,深圳特区报社立即调集采访力量,迅速做出部署,14 时

左右，第一批记者就已抵达距报社 38 公里外的事发现场。

现场已经戒严，深圳特区报社记者跟随视察灾情的领导同志一同进入现场，不到 15 时就用手机发回第一篇现场图文报道，在官方微博上点击量很快达到 10 万 +。17 时 33 分发布的《光明新区山体滑坡现场视频：高楼轰然倒塌》，在官方微博上获得超过 130 万次播放量。

进入救援现场的采访组根据现场情况，立即兵分几路，一路紧跟救援指挥部，一路紧跟展开救援的消防和武警部队官兵，一路紧跟急救人员，保证重要新闻绝不漏过。

救援是不间断进行的，深圳特区报社也组成多个采访组接力采访，每天凌晨 4 时左右换班，保证任何时刻救援点都有深圳特区报社记者在现场。

现场救援中最重要的是营救幸存者，但由于掩埋实在太深，多次救援尝试均告失败，救援黄金 72 小时窗口一步步关闭，救援队争分夺秒，深圳特区报社记者也跟着连轴转。

深圳特区报社记者丁庆林（左一）在光明滑坡现场采访 深圳特区报社记者 何龙 摄

深圳特区报社记者何龙深夜在光明滑坡现场发稿 深圳特区报社记者丁庆林 摄

12月23日凌晨3时，生命探测仪再度有所发现，已连续奋战60多个小时的报社采访组立即跟着救援队一起飞奔到现场。

3时25分许，救援人员确认幸存者神志清醒，可以对话。

3时50分许，救援现场布置警戒线，畅通救援通道。

4时许，医护人员在洞口开始给幸存者输液、输氧，救护装备介入……

尽管是深夜，救援进行的每一步仍然被深圳特区报社记者用相机、手机记录下来，并通过官方微信和微博发布，每条消息下，都会列满时刻关心救援情况的读者的温情祝福。

6时38分，幸存者田泽明被抬出洞口，成为光明新区滑坡灾害首名获救的幸存者。此时，距离灾害发生已经过去了67个小时。

在救援点蹲守了一个通宵的摄影记者何龙，拍到了田泽明被担架抬出的第一张照片，该事件的图文报道也荣获当年广东新闻奖一等奖和深圳新闻奖一等奖。

对整个光明滑坡事件，《深圳特区报》的报道从 2015 年 12 月 21 日一直持续到 2016 年 1 月 29 日，其间共动用 27 个版面，刊发 75 篇文字和 39 张图片报道，深圳特区报官方微博共发稿 105 条。

四　大兵团融媒体报道"山竹"台风

《深圳特区报》对抗击"山竹"台风的报道，是面对突发灾害首次展开全媒体大兵团作战。

2018 年 9 月 17 日，超强台风"山竹"正面袭击深圳。由于对台风早有预警，从 9 月 8 日开始，《深圳特区报》及其"两微一端"就开始对台风"百里嘉""山竹"的情况进行报道，9 月 14 ～ 17 日对台风"山竹"进行全方位追踪报道。

（一）132 人的超大采编团队

为迎战台风"山竹"，深圳特区报社组建多达 132 人的专门采编团队（其中夜班 42 人）。报社对采访力量进行统一调配：各条采访线 24 小时紧盯政府各职能部门动向及社会各领域反应，及时获取相关信息；同时摄影部全员出动，影音工作室也派出 4 组记者，组成 10 多个采访组，遍布深圳各个地标区域。摄影部主任李伟文提前向各采访组提出要求："穿短裤凉鞋，带上雨衣，车上备好干衣裤，这样的风雨靠挡是挡不住的。最重要的是，人可以淋湿，相机绝对不能淋湿！"

2018 年 9 月 16 日中午，台风中心距离深圳还有 200 公里，报社各路采访组已经出发。为确保市民人身安全，此时的深圳已经按下"暂停键"，道路上几乎只剩下深圳特区报社的采访车在疾驶。但没车的大道并不好走，已有无数环抱粗的大树被台风刮断，横七竖八地倒在大路上，到处是积水，很多道路都被阻断，2 公里左右路程，往往要走近 1 个小时。

面临最大考验的是迎着"山竹"奔赴东线的各采访组，他们很快发回消息："大梅沙海滩上的沙被全部卷走，海边栈道也被从海里卷起的大石头砸烂，甚至连巨

2018年9月,《深圳特区报》抗击台风"山竹"报道版面

大的'天长地久'石也被拦腰打断。"由于道路被断树和落石阻断,东线采访记者刘羽洁的车被堵在了半路上,突然一棵大树拦腰折断,砸坏了刘羽洁的车。好在旁边就是深圳海关缉私基地,刘羽洁决定进去避风,发现基地内已经接收了很多避险人员,刘羽洁立即投入采访,很快发回海关基地照顾避险人员的稿件。

各采访组与"山竹"奋战直到深夜,台风中心终于从深圳过境。风力虽然弱了点,大雨却没有停的意思,防风应急响应也仅仅从一级降为二级。为了第二天整个城市能够恢复正常,深圳的抗灾抢险队伍已经出动。刚刚才与"山竹"作殊死搏斗的深圳特区报社各采访组立刻合并成两组,跟随抗灾抢险队伍继续奋战了一个通宵,报道抗灾抢险的全过程。战斗到第二天早上,采访组继续留守一线,忠实记录下深圳人在灾后上班路上的实况,深圳特区报微博上那条《深圳人今天上班路上的照片,全国网友转疯了》,阅读量超过1025万次,并迅速登上热搜,成为当天全网最热的爆款新闻。

（二）63 小时不间断网络直播

由于采访素材丰富生动，《深圳特区报》抗击台风"山竹"的专题报道做得非常翔实精彩。

首先，以"直播＋微海报"形式滚动播报预警服务资讯。读特客户端开设专题"防汛'知多点'"，发布各单位、各部门防御通知和所采取的防御措施与部署，提醒市民高度重视生活、生产安全。其中，读特客户端推出时长 63 小时的不间断直播"超强台风'山竹'来了！你最关心的信息都在这里"，投入采编人员共计 78 人。直播中，读特第一时间发布市委市政府打赢超强台风"山竹"防御战的紧急动员令，迅速被广泛转发，有效放大传播效果。同时，《深圳特区报》融媒体为市民提供各种动态服务资讯、防御台风指引，不仅成为读者全方位了解台风登陆实况信息的"播放器"，也成为市民掌握防风抗风正确知识的"教科书"。

其次，通过即时推送图文报道澄清网上不实消息。针对台风期间网络流传的一些谣言，如"全市停水""开空调会烧机""深圳电网有变电站爆炸"等，深圳特区报报网端均第一时间进行辟谣，以正视听。其中，即时图文报道《广东物资储备充足价格平稳 不要慌，预警信号解除后复市》，阅读量达 30 万 +。

最后，《深圳特区报》用一套"视频＋图集"的组合方式，塑造"逆风而行"的城市守护者群像。截至 2018 年 9 月 17 日，深圳特区报"两微一端"推送的融媒报道《强台风"山竹"肆虐深圳，他们却逆风而行！一声谢谢，送给城市守护者》刷屏朋友圈，阅读量 60 万 +；《台风中，他拖开断折的树枝！为这位快递小哥点赞》阅读量 70 万 +，转发点赞评论量超 6000 次。

第五节　人文天地：聚合人文精气，涵育精神原乡

"人文天地"创刊于 2011 年 11 月 23 日，坚持"大副刊"视角，致力于主流文化新闻、专题和副刊的整合、开拓和凝聚。封面主打人文专题、重点新闻聚焦，封底主打娱乐新闻，中间版面主打艺术副刊和"首发"、"前海"副刊，形成"龙头、凤尾、中豹肚"的版面格局。

一 记录深圳文化基因的生成和绽放

"深圳文化与这座城市共同崛起。"2019 年 11 月 1 日，艺衡撰写的《一座城市文化基因的生成与绽放——深圳读书月二十届回眸和展望》在"人文天地"首发。因为副刊，这一崛起的历程被系统记录下来。

2012 年 9 月 24 日，第十二届全国精神文明建设"五个一工程"奖揭晓，4 部"深圳制造"文艺精品喜登榜单。《文

2019 年 11 月 1 日刊发艺衡撰写的《一座城市文化基因的生成与绽放——深圳读书月二十届回眸和展望》

化沃壤孕育时代力作——深圳精神文明建设"五个一工程"纪实》《深圳文艺精品凝聚时代气韵》等报道对深圳城市文化建设的动力和成果予以深入挖掘，记录了深圳繁荣文化事业、扶持精品创作的历程。2012 年 11 月 1 日，"人文天地"策划 4 个版对第十三届深圳读书月进行报道。2017 年 3 月，推出首届深圳"一带一路"国际音乐节系列报道。2018 年 8 月 7 日，推出深圳舞蹈月相关报道，记录深圳舞蹈的发展历程。

"人文天地"聚焦古今中外文化名人

除了报道文化事件，"人文天地"也深入挖掘深圳文化史和文化人物。2013年8月14日起，与深圳市档案馆合作推出"鹏城风流"专栏，以生动翔实的笔墨展现深圳历史风云人物的风采。2013年9月25日起推出"深圳先锋艺术扫描"系列报道，分析深圳前卫艺术、先锋音乐、先锋戏剧、先锋文学的现状和方向。2018年4月起，开设"深圳文艺名家"专栏，报道画家王子武、钢琴教育家但昭义、文艺理论家胡经之。2019年6月起，开设"2019深圳文艺名家推广计划"专栏，推介表演艺术家祝希娟、粤剧表演艺术家冯刚毅、摄影艺术家何煌友（已故）。

"人文天地"保持对深圳文艺事件、历史和人物的热切关注，是深圳文化的重要载体。同时，对海外最前沿、最重要文艺热点的深度追踪，也使其成为深圳文化和海外文化互相沟通的中介。

"人文天地"关注历届的香港书展、香港国际诗歌节、香港艺博会等活动，推出深度报道。2013年6月13日起刊发的"香江文化新观察"专题，分析近年来香港各文化领域的发展状况和问题。驻台记者推出了眷村走笔、台北百年书店街、台湾独立书店等报道。"窗外风"等专版聚焦诺贝尔文学奖、伦敦书展、奥斯卡金像奖、德国卡塞尔文献展、欧洲夏季音乐节、爱丁堡国际艺术节、爱丁堡国际电影节、柏林森林音乐会等世界级文化盛事。

二 莫言获奖当天紧急策划首个大型专题

当"人文天地"按一叠出版时，头版以当代人文领域的重点新闻、重要思潮、重大事件为关注点，挖掘其中的亮点与精髓，进行专题报道和阐述。同时，不定期推出跨版联动的大策划，强化报道效果。

近年来，"人文天地"头版大张旗鼓报道了莫言获诺贝尔文学奖、全国文代会与作代会、"南海一号"瓷器出水、北京人艺60年、西泠印社百年、人文精神讨论20年等重要人文事件。

2012年10月"'诺'言成真：莫言获诺贝尔文学奖"专题报道是"人文天地"的首个大型策划。"在本届诺贝尔文学奖揭晓之前，'人文天地'编辑部便做好了打'硬仗'的准备。""报社刚创办'人文天地'，我们都希望能做一期大振声威的报道。

2012 年 10 月"人文天地"推出"'诺'言成真：莫言获诺贝尔文学奖"专题报道

莫言获奖当天，大家聚集到一起，紧急策划'诺'言成真专题。对文学比较了解的同事，比如王樽、齐霁都一起来写稿，最后连推了4个专版报道。"①

《不是魔幻，是现实》《莫言：〈檀香刑〉比〈蛙〉走得更远》《百年梦圆：诺贝尔文学奖的中国之路》《莫言获奖成网络热点》等稿件受到读者好评。此后，"人文天地"跟进

① 尹春芳：《编读往来 网友热议"'诺'言成真"》，《深圳特区报》2012年10月25日。

2012 年 10 月 "人文天地" 报道莫言获诺贝尔文学奖

后续报道，自 10 月 15 日起连载《莫言评传》，报道方面集中在莫言获奖之后的 "热效应"：图书热销、莫言作品将编入中学教材、"莫言旋风" 影响股市、莫言作品版权、莫言作品译者、莫言首次亮相、谈新书等热门话题，并汇集深圳本土作家、专家学者以及外媒对莫言获奖的评价，以莫言获奖为切入点展开深度报道，反射当下文学现状。

三 "特别放松和愉快的写作体验"

"首发"专版每周刊发两篇四五千字的原创随笔、散文、小说作品;"前海"专版不断扩大作者队伍,聚集了一大批海内外优秀作者,成为国内知名作家和学者越来越看重的园地。

依托"首发""前海"专版,王蒙、于坚、韩东、阿来、肖复兴、李修文、洁尘、张鸣、肖克凡、白烨、葛红

2011 年 11 月 23 日"人文天地""首发"专版推出于坚《德国箭头》

兵、杨争光、叶开、张炜、林白等一批知名作家、学者应邀成为作者，为《深圳特区报》贡献了一批有质地、有分量的作品。于坚的《在敦煌》，韩东的《就在这动作中》《谎言美丽》，肖复兴的《虞美人》《川西三湖》，林白的《海南三章》等佳作均在"首发"专版刊登。

编辑部也致力于发掘作者。早在2010年，李元胜已经参加"诗歌人间"朗诵会。2012年到2014年6月，"首发"专版刊登其3篇作品《另外的世界》《十二月的泥潭河》《公路通向曼燕村》。2014年8月，李元胜凭借诗集《无限事》获得第六届（2010—2013）鲁迅文学奖诗歌奖。2015年10月13日，李元胜诗歌集《我想和你虚度时光》出版。

"诗歌人间"专版在国内报纸副刊中独辟蹊径，成为相对固定的诗歌园地。该专版先后由何小竹、臧棣、李少君、杨克、蓝蓝、陈先发、陈东东、李元胜、张执浩、朵渔、蔡天新、刘立杆、杨健等一线诗人轮流主持，开创了报纸副刊"客席主持"新模式，为版面注入汩汩活水。

"连载"专版推出了《走向辉煌》《莫言评传》《我的兄弟王小波》《王明中毒事件调查》《直到世界尽头——林丹传》《下一个倒下的会不会是华为》《少年 pi 的奇幻漂流》等精品佳作。

"我有一种特别放松和愉快的写作体验，他们尊重作者的兴趣点，尊重写作者的个性表达，他们还尊重写作者对于各种题材和体裁的自我处理和呈现方式。"[1]2012年11月23日，作家洁尘为满一岁的"人文天地"送上祝福。

四 "这些人是我们宝贵的人文财富"

每年年初，"人文天地"编辑部搜罗、整理当年文化名人的重要时间点，列出清单。如果碰到名人逝世，"往往下午知道消息，晚上就做这个版，大概四五个小时，时间很紧张。"记者领到任务，第一时间写一篇大综述，编辑再找一些与其有关系的人写副稿。"校对、版房、送样，全部是用跑的。"编辑刘晓莹说。[2]

---

① 洁尘：《愉悦的，自由的》，《深圳特区报》2012年11月23日。
② 据刘晓莹接受笔者采访时的记录，时间：2021年9月15日；地点：深圳报业集团新媒体大厦18楼。

在编辑部策划下,"人文天地"回顾报道了胡适、杜甫、汪曾祺、欧阳修、张国荣、巴金、钱穆、老舍、汪曾祺和查尔斯·狄更斯、让-雅克·卢梭、珀西·比希·雪莱、弗兰兹·卡夫卡、欧文·斯通、文森特·威廉·梵高、阿尔贝·加缪、玛格丽特·杜拉斯、马克斯·韦伯、米歇尔·福柯、罗曼·罗兰、杰罗姆·大卫·塞林格等文化名人,追念了周汝昌、黄裳、南怀瑾、也斯、渡边淳一、草婴、梅葆玖、金庸等大师的离世。

2011 年 12 月 16 日,"人文天地"特别策划胡适诞辰 120 周年纪念日专题报道,此为其中一篇:《著名学者袁伟时谈胡适:那个被误解了一个世纪的人》

借助各种契机，"人文天地"先后专访了汪国真、王鹤鸣、骆以军、杨丽萍、王跃文、黄灿然、马悦然、胡德夫、楚尘、西川、马原、傅高义、韩少功、于坚、王蒙、叶兆言、侯孝贤、徐冰、周国平、李欧梵、陈佩斯、钱谷融、金宇澄等文化名人。

设置"人文星汉"栏目，是为了介绍一大批年事已高的学者、文艺家和翻译家。开栏语写道，"这些人是我们宝贵的人文财富，他们经历了中国当代史上最波澜壮阔的岁月，每个人都有极为独特的人生经历和不同寻常的生命教训"。该栏目先后对钟叔河、沈昌文、何兆武、甘惜分、蔡鸿生、周有光、徐知免、李平沤、方汉奇等60多位文化巨擘进行面对面访谈。"采访这些老人，给我留下的记忆很宝贵，说不定他们哪天就离开了。"①资深媒体人、原深圳特区报社记者王绍培回忆。

"人文星汉"系列专访沈昌文

五 "'阅读周刊'也要有自己的'精气神'"

2012年3月2日，"阅读周刊"更名为"读与思"。该周刊包括书评、书讯、中

"人文星汉"系列专访何兆武

文书榜、英文书榜、港台畅销书等版块。郜元宝、吴予敏、黄德海、何怀宏等一众文化学者为该周刊撰稿。"读与思"具有"权威性、批评性、国际性、信息量大"等特点，新华网、人民网、凤凰网等主流网络媒体都转载过"读与思"周刊的书评。

"如同一个人必是有一定的脾气秉性，一份大报的阅读周刊也要自己的'精气神'"，"读与思"周刊主编庞贝曾说。周刊的策划总是令人耳目一新、蕴含智慧。2013 年 3 月 15 日，李克强当选为国务院总理，知名学者撰写的关于李克强夫人程虹教授《美国自然文学经典译丛》的深度书评，于当日在"读与思"头版刊出。2013 年 7 月 19 日刊发的头版专题《对话美国前副总统戈尔：世界正处在岔路口上》赢得喝彩。庞贝说，前期介入得很及时，与出版社一直沟通，努力争取到对戈尔的专访。在全国仅有的几家媒体里，《深圳特区报》就占了一席。

2019 年 2 月 16 日，"读与思"更名为"新阅读"周刊，包括主题书单、每期头条、重点推荐、书评等版块。

"新阅读"周刊以重大时事、热点话题切入，策划系列专题。2019 年 9 月 28 日、10 月 12 日，连续两周推出新中国成立七十周年专题，遴选推介《这就是中国》《中国寻路者》《中国传奇》《改革之路》等主题好书。2020 年 2 月 14 日至 3 月 7 日连推

2012年3月2日，"阅读周刊"更名为"读与思周刊"

4期抗疫专题，包括疾病、医疗工作者、生物、心理重建等主题。2021年1月16日率先推出建党100周年专题，刊发《文献中的百年党史》专版，2月20日又推出《火种：寻找中国复兴之路》专版。

诸如老舍先生120周年诞辰、日本走入令和时代、巴黎圣母院火灾、美国政治社会乱象、英国首相更迭等热点，"新阅读"周刊均推出了精心挑选的主题书单。

"我们出刊的日子虽然不长，但除了关注新闻热点，

2021年1月16日，"新阅读"周刊推出《文献中的百年党史》一书专版

还体现了一贯性，我们力争让一些报道成为我们的'传统'。"①"新阅读"周刊主编刘忆斯说。"新阅读"周刊每季度都会推出诗歌专题，包括现代诗歌、古典诗词、诗论，成为国内平面媒体中最关注诗歌的书评周刊。

---

① 据刘忆斯接受笔者采访时的记录，时间：2021 年 8 月 6 日；地点：深圳报业集团新媒体大厦 18 楼。

六　在世界读书日推出微信公众号

2014 年 1 月，恰逢创刊 500 期，"人文天地"推出专属网站，栏目设置以"人文天地"版面为基础，划分为新闻、人文纵横、读与思、前海、诗歌人间等。[①]

2015 年 4 月 23 日，正值世界读书日，"人文天地"官方微信公众号"搞文艺 Art up"应时推出。"搞文艺 Art up"密切关注国内外文艺界动态，评析代表性文艺作品，提供深圳艺文生活指南，揭示文艺名人、事件背后的故事。2016 年 4 月 24 日，"搞文艺 Art up"微信公众号和网易订阅号粉丝累计已达 8 万，微信单篇最高阅读量达 100 万 +，多篇文章阅读达 10 万 +，平均每条推文阅读 2 万 +，在网易的评论更是单篇高达数万条。[②]

2016 年 3 月，"人文天地"在读特开设"人文"和"乐活"频道，每周配合文化报道和周刊定期推出。2016 年为"诗歌人间"10 周年，诗歌音乐会举办当天，"人文天地"与读特直播团队合作，让观众足不出户便能领略诗意盎然的现场氛围。

---

① 孟迷：《〈人文天地〉网络版今日上线》，《深圳特区报》2014 年 1 月 20 日。
② 王俊：《〈人文天地〉旗下微信公众号"搞文艺"一周年》，《深圳特区报》2016 年 4 月 14 日。

第十二章

全媒体环境中的经"赢"策

近年来，在国内报纸广告刊登额大幅下滑、报业经营面临严峻挑战的形势下，深圳特区报社举全社之力，上下同心，迎难而上，苦心经营，求新求变，在新一轮市场竞争中挖掘市场潜力，拓展市场新空间，每年均较好地完成了经营考核任务。

第一节 实施全平台一体化营销

一 全媒体经营中心登场

2015 年 7 月，报社广告部制订并实施新的薪酬激励方案，打破年龄、工龄、学历等门槛，实行 30% 底薪 +70% 提成的薪酬激励改革，极大地调动了一线员工的工作积极性。同年，报社开展"业绩论英雄，实干创佳绩"劳动竞赛活动，任务目标层层分解，量化到各部、各人，最终实现劳动竞赛设定的 1000 万元营收目标。

为适应媒体融合发展新形势，更好地推动报社广告经营向全媒体转型，2019 年 5 月，广告部成立全媒体营销部，专门负责面向全报社的新媒体广告策划、营销、推广，新媒体经营由此跨出坚实的一步。

一年后，经营发生更大的变革。2020 年 4 月 17 日，报社编委会审议通过《深圳特区报全媒体经营中心组织架构调整方案》，决定将广告部和地产全媒体发展部合并，变更为"全媒体经营中心",精简整合原下设机构,组建全媒体事业部、消费事业部、地产事业部、金融保险事业部、公告会展事业部、版面服务部、综合服务部7个部门,各事业部及服务部设总监、副总监、主管、专员4个职级,实行择优上岗、绩效管理,薪酬固浮比例为3∶7。

此次变革贯彻"全平台一体化营销"理念,打破部门壁垒,简化组织架构,实现打通资源、理顺流程等目标,大幅提升了工作效率,有效拓展了广告经营空间。

二 大力开拓新媒体业务

2019年以来,报社广告经营工作重点向新媒体业务全面转移,2019年新媒体广告收入(不含读特共建频道)突破千万,2020年新媒体广告与活动收入超过2300万元。

为进一步规范新媒体广告运营流程,调动员工拓展新媒体广告的积极性,报社出台《深圳特区报新媒体广告运营规范及奖励办法》,对新媒体业务实行重奖,激励制度进一步完善。新媒体业务奖励包括广告拓展人员的拓展奖励和项目团队的制作奖励。拓展奖励统一为合同金额的10%,且广告拓展人员可根据拓展情况对拓展奖励进行二次分配。拓展奖励分两次发放,其中70%按月发放,预留30%年底根据各业务部门任务完成情况发放。

为打造新媒体营销实力战队,2019年9～10月,全媒体经营中心面向社会招聘10名专业人才,均为具有新媒体思维和新媒体从业经验的"90后""95后"年轻人,显著提升了新媒体营销效率。

全媒体经营中心独立设计制作和推广一批水准较高的新媒体产品,取得了良好社会效益和经济效益。

2020年,该中心抓住深圳经济特区建立40周年契机,早谋先动,年初即开始面向社会征集10幅反映深圳历史的老照片,然后用3个月时间寻找原图片拍摄地点和角度,在同一地点、用同一角度再拍摄新图片,通过新旧图片对比反映深圳40年沧桑巨变。该活动策划人丁庆林说:"我们将新旧照片通过软件合成动图,让深圳40年的变化在一张张3秒时间的动图里一一呈现,给人以耳目一新的视觉感受。"这款名为《特区 40 年惊世巨变，惊艳时光》的 H5，全网点击量数百万次。

同年，该中心策划推出"深圳经济特区建立 40 周年影像志"。项目团队从《深圳特区报》图片库中挑选江式高、刘廷芳、余海波、许光明、陈富等 10 位记者的 100 幅摄影作品，用软件合成动图，以专栏形式在读特推出 14 周，在《深圳特区报》刊出 71 期；同时，举办了两场线下摄影展。专栏吸引华为、中国工商银行、中兴公司、泊鹭集团冠名。

2020 年 7 月 28 日，"深圳·进而有为 华为云与计算城市峰会 2020"在深圳举行，该中心制作的宣传视频《40 年，正年轻！献给进而有为的深圳人》作为主视频在会场播放，并被新华网、人民网、央视网、读特等媒体采用、转发，于次日登上央视财经频道，全网播放量近百万次。该视频制作难度大，需要大量特效包装，对摄影器材要求较高，时间紧、任务重。视频开始制作时距峰会开幕只有约一周时间。7 月 21 日深夜项目团队接到任务，次日一早即联系一家电影公司进行制作，和导演的沟通一直持续到深夜。7 月 23 ～ 24 日完成所有拍摄，终于赶在 28 日制作完成。

基于对深圳特区报社团队的肯定，华为与报社开展第二轮新媒体合作，"华为——智慧城市圳发现直播"采取主持人体验式采访，对华为的 5 类智慧城市应用进行短视频录播报道，开启与华为的系列活动策划和新媒体产品宣传合作。

2021 年 11 月，全媒体经营中心为"智变·质变 深圳·进而有为 华为云城市峰会 2021"拍摄了一部名为《深圳·40+1》的宣传视频，并作为大会主宣传视频在 11 月 26 日举行的峰会现场播放，在读特、今日头条、梨视频等主流平台发布，杭州日报等 11 家副省级以上党报在新媒体转发。

三 用心服务赢得客户

面对传统媒体广告业务大幅下滑的现状，报社全媒体经营中心金融保险事业部创新服务形式，提高服务质量，走出一条特色鲜明的经营新路。

在深圳经济特区发展的一些关键时间节点上，该部总有大手笔。在 2018 年庆祝改革开放 40 周年之际，为中国银行深圳分行推出八连版广告，用创意手绘漫画，生动演绎该行发展历程。在 2020 年深圳经济特区建立 40 周年之际，推出"深圳特区

40 年，先行示范再出发"系列策划，分 5 个主题深度阐释各大金融机构的努力与探索，向全国展示高质量发展的"深圳答卷"。在 2021 年庆祝建党百年之际，"传承红色基因，续写时代华章"系列策划登场，盘点深圳金融业改革创新成就与经验。

出色的成绩靠的是不辞辛苦用心付出。该部主任朱海燕表示："我们基本一周拜访十几家客户，然后就是夜以继日地撰写纸媒稿件、创作新媒体产品、制作宣传海报、拍摄宣传视频。"金融保险业客户对稿件的专业性要求高，每次在稿件刊登前至少进行 3～5 次锤炼打磨。朱海燕说，每每觉得要熬不下去的时候，都是靠必胜的意志支撑。当收到客户一句"写得很好"时，疲惫和不堪一下子烟消云散，"这就好像你正在吃力地攀登高峰，手磨破、脚肿胀，身体已经吃不消了，但等到了峰顶看到广阔辽远的美景时，又觉得一切都值得"。

四 企业发展公司连续 5 年增长

2016 年 1 月 1 日，深圳特区报企业发展有限公司正式运营，注册资本总额 3200 万元。公司主要承担报社经营转型探索任务，是深圳市文化体制改革试点单位。公司按照市场化原则运作，实行全成本考核，自负盈亏，独立核算。

2019 年 12 月，报社编委会决定恢复品牌推广部运作，在深圳特区报企业发展有限公司加挂品牌推广部牌子，两块牌子、一套人马，在不增加人工成本的前提下，以品牌营销为抓手，承担全报社品牌推广工作，服务报社所有部门。为全力支持读特客户端发展，2020 年 12 月 4 日，编委会决定将该公司划归独立建制后的读特客户端。

该公司主要有三大业务板块，包括新媒体服务板块，负责运营市委组织部、市纪委、市普法办、市轨道办等单位政务新媒体，其中，所负责的市纪委"廉洁深圳"稳居全国副省级城市同类公众号排行榜前三位；影视制作服务板块，负责提供高清视频制作、微电影、VR 全景等服务；活动运营服务板块，发挥《深圳特区报》作为市委机关报的平台优势，开展创意型活动运营，先后承办市教育局优质民办中小学评选、坪山区安全文化教育基地项目对接会等活动。

该公司连续 5 年保持营业收入、净利润双增长。其中，2016 年成立当年营业收入 276.55 万元；2017 年 352.93 万元，增长 27.62%；2018 年 576.62 万元，增长 63.38%；2019 年 699.97 万元，增长 21.39%；2020 年突破 750 万元，增长 7.14%。

五 单日广告收入创纪录

在重大时间节点上，《深圳特区报》特别注重策划推出重大主题营销活动。

2020 年 8 月 26 日深圳经济特区建立 40 周年当日，报社策划实施"逐梦 40 载，再启新征程"大行动，以 140 个版、广告收入 1177 万元（不含新媒体）的业绩创下 2007 年以来报社单日广告收入最高纪录。2020 年 10 月 14 日，深圳经济特区建立 40 周年庆祝大会隆重举行，报社推出 52 个版的"答卷"专辑，广告收入 529 万元。

第二节 举办影响卓著的品牌活动

一 "诗歌人间"诵响全城

"诗歌人间"活动于 2007 年第八届深圳读书月期间，由晶报社时任总编辑陈寅牵头创立。活动一诞生，即响亮提出"让诗回到我们身边"的主旨。

前三届"诗歌人间"活动由晶报社承办，从第四届起，深圳特区报社接过接力棒。谈起发起该活动的初衷，陈寅表示，这项活动以推荐当代优秀诗人诗作和提升城市人文素养为己任，不断推陈出新，旨在营造深圳诗歌创作氛围，让更多人关注我们的城市文化建设。

至 2021 年，此项活动已连续举办 15 届。它每年设定一个活动主题，紧贴诗歌发展脉搏，致力于探求当代诗歌的发展方向。历届主题为 2007 年"归来——纪念中国新诗诞生 90 周年"、2008 年"心灵的卷轴"、2009 年"向经典致敬"、2010 年"诗脉永续：向陆游致敬"、2011 年"诗神远游——建构当代中国诗歌国际传播力"、2012 年"中国新诗 30 年"、2013 年"诗与自然"、2014 年"诗意回溯——古典诗歌精神的当代回响"、2015 年"诗情融汇"、2016 年"新诗百年"、2017 年"以

2021年第十五届"诗歌人间"海报

境映心——新时代·新诗篇"、2018年"致敬梦想"、2019年"扬风颂雅——致敬韩愈柳宗元"、2020年"赋词新时代——致敬辛弃疾"、2021年"诗风的变革与抵达——致敬王安石"。

每年的"诗歌人间"活动广邀诗坛名家。洛夫、于坚、舒婷、多多、梁小斌、杨争光、高兴、小海、小引、何小竹、杨键、任洪渊、韩东、翟永明、吕德安、春树等,都曾出现在活动中,与深圳众多诗歌爱好者分享属于诗歌的清新与美好。

"诗歌人间"与诗同行、不断创新,已成为一个包含诗歌朗诵、诗歌研讨、读者交流等多项内容的文化平台，成为每年深圳读书月一项具有重要影响的品牌活动，受到中国诗歌界关注。

二　"公益金百万行"为爱行走

2012 年 5 月 23 日，在《深圳特区报》创刊 30 周年晚会上，特报公益慈善基金正式宣告成立，开启"媒体＋公益"的深圳慈善事业发展新模式。"公益金百万行"活动是该基金的主要筹款平台，所筹善款全部交由深圳市关爱行动公益基金会管理。该活动由深圳特区报社联合深圳市关爱行动组委会办公室、深圳市关爱行动公益基金会共同发起，由深圳特区报社、深圳市关爱行动公益基金会承办，目前已成为深圳一个重要公益品牌。

倡导"人人为我，我为人人"公益精神的"公益金百万行"是怎样诞生的？2011 年，深圳特区报社时任总编辑陈寅酝酿成立一个公益慈善平台，将社会捐赠的善款集中起来，探索"媒体＋公益"的全新慈善模式。当时，港澳的"公益金百万行"活动已有多年历史，通过健康步行的方式宣传公益和募集善款，是深受港澳居民欢迎的传统慈善活动。深圳的"公益金百万行"借鉴港澳模式，旨在动员全市民众参与公益慈善事业。

2012 年 7 月 8 日上午 9 时 30 分，首届"公益金百万行"在深圳湾公园举行。近两万市民不顾烈日炎炎，以健康步行的方式为公益慈善项目募集善款。作为"深圳市关爱行动公益基金会·特报公益慈善基金"的常设项目，"公益金百万行"除通过组织步行活动进行募捐之外，其他时间也接受企业、团体和市民的爱心捐款。首届"公益金百万行"共筹集善款近 390 万元，参与捐款者达 6 万多人次。

首届"公益金百万行"组委会对善款的用途拟定了五大指向：救助困难环卫工人、突发灾害困难救助、国内重大自然灾害救助、资助深圳在校大学生科研或社会实践团队、资助设立长者关爱热线。

2012 年 8 月 9 日，"公益金百万行"将首笔善款送到遭受水灾的横岗街道马六村廖日光家中。当年 7 月 25 日，台风"韦森特"袭击深圳各区，马六村河堤垮塌，水淹全村。廖日光的两个儿子都罹患肌肉萎缩症，妻子在交通事故中左脚韧带断裂。

突如其来的水灾使这个家庭的境况雪上加霜。得悉这一情况后，"公益金百万行"为廖日光一家送上1万元善款。

活动自2012年起每年举行一次，获评2014年度"广东省扶贫济困优秀项目"。2014年起，"特报公益慈善基金"改名为"特报读者公益慈善基金"，善款使用方向也进行了调整，主要分为五类：深圳辖区内突发灾害困难救助、深圳长者关爱、深圳困难环卫工人援助、深圳幸福社区项目、深圳助学项目（资助深圳困难大学生、来深建设者子女教育）。

活动自开展以来，培养了许多"铁粉"。有爱心企业，有捐款上万的普通市民，有将零花钱省出10元、20元来捐款的小学生。他们的爱心汇入洪流，形成一股可以改变许多人命运的力量。

深圳市同心俱乐部、佳兆业集团、汉满爱心基金、宝能集团、祥祺集团、南岭股份合作公司、东海集团、观澜湖集团、华南城集团、鹏瑞地产……这些年里，一系列爱心企业和团体的名字在"公益金百万行"的慈善榜单上闪亮。

公开透明、运作高效是"公益金百万行"被捐赠人津津乐道的特质。从设立之初，这一项目就建立了一套完善的运行机制：求助人向"特报读者公益慈善基金"管委会提出救助申请，经审批后，由深圳关爱行动公益基金会负责审核发放善款。从申请到发放，最快只需不到3天时间。每一笔善款的去向都会在《深圳特区报》上及时公布。捐赠人还可以通过关爱基金会网站"捐赠查询"栏目，查到自己捐款的次数和金额。

2013年4月，四川雅安发生7级强震，芦山县、宝兴县等受灾严重。"公益金百万行"拨出善款100万元，分别设立金额为60万元的"宝兴奖教助学基金"和金额为40万元的"芦山奖教助学基金"，分3年分别对宝兴县、芦山县困难中小学学生和优秀教师进行资助。

根据募集基金使用指向，"公益金百万行"先后在深圳大学、深圳职业技术学院、深圳信息职业技术学院、南方科技大学4所高校设立了助学金，向前3所高校每年捐助20万元，向南科大每年捐助10万元，每年都有数百名贫困大学生收到"公益金百万行"发放的助学款。

2020年初，新冠肺炎疫情突袭而至。1月25日，大年初一，"公益金百万行"

2019 年 12 月 14 日，第八届"公益金百万行"在深圳湾公园举行，近 2000 人组成的爱心方阵迎着朝阳集结，为爱行走　深圳特区报社记者 李伟文 周红声 摄

将深圳市中洲投资控股股份有限公司捐助的 1000 万元专项基金用于支援武汉抗击疫情。此笔捐助是"公益金百万行"创立以来收到的数额最大的一笔善款。2020 年 2～4 月，疫情形势严峻，"公益金百万行"向深圳市人民医院、深圳市第三人民医院、深圳市第二人民医院、深圳市坪山区人民医院、深圳华大基因等单位捐赠了消毒喷雾剂、口罩、负压救护车等抗疫物资设备。

据不完全统计，"公益金百万行"共募集各类爱心善款超过 3000 万元。从云贵地震、雅安地震到潮汕水灾、汕尾等地遭受强台风袭击、新冠肺炎疫情等等，"公益金百万行"从未缺席，以"媒体＋慈善"的特殊方式扶危济困、雪中送炭，把深圳的大爱和《深圳特区报》的责任与深情书写在广袤的中国大地上。

三　读特粉丝节成为市民的节日

2019 年 12 月 21 日，以"发现城市之美"为主题的读特首届粉丝节在莲花山公园风筝广场隆重举行。当天参展单位

第三届读特粉丝节，党史知识竞赛现场　深圳特区报社记者 李伟文 周红声 摄

第三届读特粉丝节，市民踊跃参与活动　深圳特区报社记者 李伟文 周红声 摄

达 100 家，参与活动的市民突破 1 万人次，读特现场下载量超过 1 万次，现场诞生读特第 1000 万名粉丝。活动现场对特约通讯员和优秀通讯员进行了表彰，颁发媒体融合优秀奖、新闻宣传优秀奖、年度品牌影响力奖、年度创新突破奖、年度高质量发展标杆奖、年度社会责任奖、年度服务品质奖、年度粉丝选择口碑奖等奖项。陈冰、庞贝等深圳特区报社名记名编与粉丝们交流互动，分享新闻背后的故事。活动还设置了丰富的展示与体验区，通过抽奖等环节为粉丝们送上福利礼包。

2020 年 12 月 12～13 日，第二届读特粉丝节在卓悦中心上演。活动以"汇聚城市之美"为主题，设置非遗文化展示、岭南文化小吃街、公益慈善特色空间以及品牌和自媒体展示区等活动区域，77 名深圳抗疫英雄登台分享故事，深圳"拓荒牛"回顾奋斗经历。不仅如此，深圳经济特区建立 40 周年图片展、高科技体验互动、汉服走秀、提振消费现场直播间、特色商品展销、行业特色展示、夜间音乐节等活动也交相辉映，总价值 40 万元的抽奖活动轮番进行，吸引到场市民热情参与。现场诞生读特第 2000 万名粉丝。

2021 年 5 月 22 日，第三届读特粉丝节在卓悦中心北区举行。在全市上下掀起党史学习教育热潮的背景下，本届粉丝节以"荣光记忆"为主题，聚焦党的建设，以党史知识竞赛、"学而时习之"风采展示、"寻访特区红色印记"大型纪实深圳摄影展等方式普及党史知识，来自教育、公安、扶贫、慈善公益、金融等领域的职能部门、相关机构和多家企业带来富有代表性的党建成果。本届粉丝节同时是一场"学习强国"深享会，"学习强国"主题展馆在现场集中展示"学习强国"深圳学习平台内容建设和推广成果，并提供丰富的互动式学习体验。

通过举办读特粉丝节，报社为全市人民奉献了一场场精彩纷呈的文化盛宴、时尚盛会，实现了两个效益双丰收。

四　"金融风云榜"树立行业标杆

从 2007 年开始，报社每年组织金融机构参与"金融风云榜"评选，见证铭记金融机构的成就和效益。到 2021 年，该评选活动已连续举办 15 届，堪称深圳金融界"奥斯卡"。

2021 年 12 月 24 日，《深圳特区报》推出"2021 第十五届金融风云榜金榕树奖"专版

评选秉持倡导诚信、鼓励创新、奖励先进、树立榜样的理念，从产品服务、营销创新、品牌价值、企业成长性和企业社会责任等多个方面对金融机构综合考评，多角度深入呈现深圳金融业发展面貌。

评选活动时间定在每年 11 ～ 12 月，11 月上旬在报纸上发布消息，刊发评选活动形象广告，公布本届评选主题、候选金融机构名称、选票和网络投票地址等，接受市民和读者公开投票。

第十四届"金融风云榜"
评选信息

　　活动采用集中出刊、统一刊头的形式，邀请各家金融机构认购版面进行形象展示，包括品牌形象、明星产品、优质服务、经典营销策划、业务明星等方面内容。展示历时一个半月。在12月评选活动结束后，刊登上榜品牌荣誉榜。次年1月举办颁奖典礼。

　　"金融风云榜"已成为深圳金融行业年终盘点的权威品牌活动，创造出跨行业合作的典范，活动自举办以来为报社创收超过4000万元。该活动之所以能够连续成功举办15届，与广泛性参与、高标准审核、品牌化运营、大平台推动等密不可分。权威媒体的影响力和评选活动的号召力让"金融风云榜"很快打出了品牌，获得深圳地区金融机构的广泛认可和支持。到2021年，参与和入选"金融风云榜"的金融机构累计达上百家，涵盖银行、保险、基金、证券等行业，已然成为深圳金融圈的"最佳期盼"，并吸引报纸和网络财经频道大量转载，实现资源整合、效益最大化。

深圳特区报社历任主要负责人名录 ①

张洪斌

总编辑（1982.4—1985.5）

罗妙

社　长（1983.12—1988.5）

区汇文

总编辑（1986.1—1988.5）
社　长（1988.5—1993.8）

王荣山

总编辑（1988.5—1993.8）

吴松营

总编辑（1993.8—1999.12）
社　长（1993.8—2002.9）

陈锡添

总编辑（1999.12—2002.9）

---

① 自 2002 年 9 月 30 日成立深圳报业集团后，集团社长为深圳特区报事业
法人代表。

黄扬略

总编辑（2002.9—2005.1）

杜吉轩

总编辑（2005.1—2005.7）

王田良

总编辑（2005.7—2009.12）

陈寅

总编辑（2009.12—2013.12）

胡恒芳

总编辑（2013.12—2018.06）

周斌

总编辑（2019.01—2020.12）

丁时照

总编辑（2021.02—　）

附录2　**深圳特区报社个人获得省级及以上新闻成就奖一览**

获奖者	时间	获奖奖项	评奖单位
陈锡添	1994 年	首届广东省新闻金枪奖	广东省记协
江式高	1994 年	首届广东省新闻金枪奖	广东省记协
贺海亭	1995 年	首届广东省新闻金梭奖	广东省记协
张兴文	1996 年	第二届广东省新闻金枪奖	广东省记协
杜吉轩	1997 年	第二届广东省新闻金梭奖	广东省记协
杨黎光	1998 年	第三届广东省新闻金枪奖	广东省记协
薛以凤	1999 年	第三届广东省新闻金梭奖	广东省记协
辜晓进	2000 年	第四届广东省新闻金枪奖	广东省记协
陈锡添	2000 年	第四届韬奋新闻奖	中国记协
林　青	2001 年	第四届广东省新闻金梭奖	广东省记协
陈君聪	2002 年	第五届广东省新闻金枪奖	广东省记协
李延林	2003 年	第五届广东省新闻金梭奖	广东省记协
吕延涛	2004 年	第六届广东省新闻金枪奖	广东省记协
陈　寅	2005 年	第六届广东省新闻金梭奖	广东省记协
侯　军	2006 年	第七届广东省新闻金枪奖	广东省记协
邓自强	2007 年	第七届广东省新闻金梭奖	广东省记协
刘琦玮	2009 年	第八届广东省新闻金梭奖	广东省记协
张宝兴	2011 年	第九届广东省新闻金梭奖	广东省记协
李剑辉	2012 年	第十届广东省新闻金梭奖	广东省记协
叶晓滨	2013 年	第十一届广东省新闻金枪奖	广东省记协
陈　寅	2016 年	第十四届韬奋奖	中华全国新闻工作者协会
李伟文	2017 年	第十三届广东省新闻金枪奖	广东省记协
曾文经	2018 年	第十三届广东省新闻金梭奖	广东省记协
米鹏民	2019 年	第十四届广东省新闻金枪奖	广东省记协

深圳特区报社个人获得省级及以上
重要奖项和荣誉称号一览

姓名	时间	获奖奖项	评奖单位
彭茂光	1991 年	全国优秀新闻工作者	中国记协
陈锡添	1993 年	国务院特殊津贴	国务院
庄锡龙	1993 年	国务院特殊津贴	国务院
姜开明	1995 年	全国报业经营管理先进工作者	新闻出版署
吴松营	1998 年	国务院特殊津贴	国务院
吴松营	1998 年	全国报业经营管理先进工作者	新闻出版署
陈君聪	1999 年	新闻科学技术进步一等奖	新闻出版署
林 青	1999 年	广东省优秀青年新闻工作者	广东省记协
陈 寅	1999 年	广东省优秀青年新闻工作者	广东省记协
刘 众	1999 年	广东省优秀青年新闻工作者	广东省记协
吉书龙	1999 年	新闻科技技术进步一等奖	新闻出版署
陈君聪	2000 年	全国报业经营管理先进工作者	新闻出版署
吴松营	2000 年	广东省报业先进工作者	广东省新闻出版局
陈君聪	2000 年	广东省报业先进工作者	广东省新闻出版局
吴松营	2002 年	广东省五一劳动奖章	广东省总工会
黄扬略	2002 年	全国百佳新闻工作者	中国记协
曹 红	2002 年	全国十佳青年新闻摄影记者	中国记协
齐洁爽	2002 年	全国十佳青年新闻摄影记者	中国记协
吴松营	2003 年	全国五一劳动奖章	中华全国总工会
余海蓉	2003 年	全国新闻界抗击非典新闻宣传优秀记者	中宣部
余海蓉	2003 年	广东省委、省政府"抗非"二等功	广东省委宣传部
吉书龙	2003 年	全国十佳新闻技术工作者	中国新闻技术工作者联合会
徐 华	2005 年	全国优秀新闻工作者	中宣部、中央外宣办
徐 华	2005 年	广东省优秀新闻工作者	广东省记协
黄扬略	2006 年	国务院特殊津贴	国务院
李延林	2007 年	广东省优秀新闻工作者	广东省记协
徐 华	2008 年	全国五一劳动奖章	中华全国总工会
李伟文	2009 年	广东省劳动模范	广东省委、省政府
徐 华	2010 年	全国劳动模范	中华全国总工会
叶晓滨	2018 年	广东省五一劳动奖章	广东省总工会
何 龙	2020 年	广东省抗击新冠肺炎疫情先进个人；广东省优秀共产党员	中共广东省委、广东省人民政府

附录4　　**《深圳特区报》历年获全国新闻奖目录**

作者	时间	题目	获奖奖项
庄锡龙	1984	深圳掠影	全国好新闻漫画奖
	1985	态度和气可亲，回答令人失望	全国好新闻漫画三等奖
黄　年	1985	一百五十位正副经理中五人被解聘	全国好新闻三等奖
叶兆平 钟闻一	1987	首次土地拍卖在深圳举行	首届中国新闻奖一等奖
陈锡添	1992	东方风来满眼春	第三届中国新闻奖一等奖
吴松营	1996	眼光、技巧和开拓精神	第七届中国新闻奖新闻论文三等奖
程　萌	1997	阳光下的临终关怀	第八届中国新闻奖摄影三等奖
庄锡龙	1997	旅途憾事	第八届中国新闻奖漫画作品铜奖
杨　华	1997	人生灿烂是花季	第八届中国新闻奖报纸副刊作品铜奖
杨　华	1998	历史剧，校正"准星"	第九届中国新闻奖报纸副刊作品铜奖
申应东	1998	招募20名青年志愿者赴黔从教 两千鹏城儿女竞相报名	第九届中国新闻奖三等奖
庄锡龙	1998	你们在我的地头抓人，事前为啥也不打个招呼？	第九届中国新闻奖漫画作品铜奖
程　萌 叶　飒	1999	感人的捐献（组照）	第十届中国新闻奖摄影二等奖
左　力 杨　政	1999	可可西里野牦牛队在行动	第十届中国新闻奖摄影二等奖
卢绍武	1999	感受亲情与友谊	第十届中国新闻奖报纸副刊作品铜奖
刘桂瑶	1999	老妈吃醋	第十届中国新闻奖报纸副刊作品铜奖
张兴文 李　杰 苏荣才	2000	永远的目光	第十一届中国新闻奖三等奖
庄锡龙	2000	各有滋味在心头	第十一届中国新闻奖新闻漫画三等奖
庄锡龙	2000	你看他沉下去了，又浮起了，啊呀，又沉下去了	第十一届中国新闻奖漫画作品复评暨2000年全国新闻漫画作品年赛铜奖
王笑园 何合民	2000	走进哈佛大学的盲人学子	第十一届中国新闻奖副刊作品复评金奖
卢绍武	2000	思念长萦七岭子	第十一届中国新闻奖副刊作品复评铜奖
黄汗青	2000	雌雄大擂台（专栏）	第十一届中国新闻奖报纸副刊作品一等奖
卢　林 李剑辉 黄昌海	2000	版面：一版	第十一届中国新闻奖报纸版面复评铜奖

作者	时间	题目	获奖奖项
陈国凯 谢　华	2000	刮目看"副刊"	第十一届中国新闻奖副刊作品复评铜奖
李伟文	2001	直击反偷渡	中国新闻奖摄影作品年赛银奖
苏荣才	2001	56 名女工状告工厂搜身侵权	第十二届中国新闻奖消息二等奖
马　彦	2001	中国首例克隆牛诞生	中国新闻奖摄影作品铜奖
樊　鹏	2002	两公司玩猫腻串通投标遭查处 10 名"瞎眼"评标专家被清出局	第十三届中国新闻奖二等奖
杨　勇 刘　伟 张兴文	2003	深圳六家国企整体改制	第十四届中国新闻奖消息三等奖
齐洁爽	2003	女老板撒泼	第十四届中国新闻奖摄影作品复评银奖
丁庆林	2003	深圳遭遇十年来最多雷击	第十四届中国新闻奖摄影作品复评铜奖
曹丽华	2003	无题	中国新闻奖漫画作品铜奖
黄扬略	2004	党报集团应成为高奏主旋律的"交响乐团"	第十五届中国新闻奖新闻论文三等奖
徐　华	2005	丛飞：把奉献当成责任	第十六届中国新闻奖系列报道三等奖
马　彦	2005	爱心丛飞	中国新闻奖摄影作品银奖
许业周	2005	光明使者姚晓明	中国新闻奖摄影作品银奖
丁庆林	2005	东纵老战士泪洒"警日钟"	中国新闻奖摄影作品铜奖
许光明	2005	5 万学子竞聘 6000 职位	中国新闻奖摄影作品铜奖
岑志利	2005	暴雨中见证人间真情城市力量	中国新闻奖摄影作品铜奖
王田良 李文生 王　湛	2006	直通车	第十七届中国新闻奖新闻名专栏一等奖
安裴智	2006	最难忘那慈祥的目光 ——记与冰心先生的一次会晤	中国新闻奖报纸副刊复评铜奖
叶晓滨	2006	一座城市向一位普通市民告别	第十七届中国新闻奖消息二等奖
颜庆雄	2006	看不透的红色	中国新闻奖新闻漫画金奖
梅　戈	2006	当街遭扒裤	中国新闻奖摄影作品银奖
曹丽华	2006	"够不着"	中国新闻奖新闻漫画铜奖
颜庆雄	2007	春天来了	中国新闻奖新闻漫画铜奖
陈　寅	2009	提高舆论引导能力"八度"	第二十届中国新闻奖三等奖
刘桂瑶	2011	"霉花三弄"的《乡村爱情交响曲》	第二十二届中国新闻奖报纸副刊作品金奖
陈　寅	2015	时度效的内涵、应用及着力点	第二十六届中国新闻奖一等奖
曾文经 吴向阳 焦子宇	2016	《深圳特区报》国际新闻 A14 版	第二十七届中国新闻奖报纸版面类三等奖

附录 5 **《深圳特区报》大事记**（1981～2022）

1981 年

2 月 20 日 深圳市委向广东省委宣传部呈送《关于兴办深圳报纸计划的请示》。成立深圳市委办报领导小组，市委副书记黄施民任组长，市委宣传部部长李伟彦任副组长。

4 月 14 日 广东省委宣传部复函，同意深圳市委创办机关报《深圳特区报》。

6 月 6 日 《深圳特区报》试刊第一期问世，对开 4 版，竖排繁体字胶印。由著名书法家、中山大学教授秦咢生题写报头。

12 月 24 日 试刊最后一期——第五期面世，共 8 个版。

1982 年

2 月 2 日 中共中央总书记胡耀邦在深圳新园招待所接见深圳市委负责人时，赞许《深圳特区报》说："还是有点新鲜味道，是新事新办的味道。"

4 月 26 日 深圳市委任命张洪斌同志为深圳特区报社总编辑。

5 月 24 日 《深圳特区报》正式创刊。暂为周报，逢星期一出版，竖排繁体字。由深圳特区报社主办的综合性月刊《海石花》出版面世，随报附送。

1983 年

7 月 17 日 在上海文汇报社印刷厂设立航空版分印点。

12 月 1 日 《深圳特区报》由周报改为日报，同日发表社论：《任重道远努力奋斗——〈深圳特区报〉改刊日报献词》。报社印刷厂采用柯式胶印，正式投产。

1984 年

1 月 1 日 在北京人民日报社印刷厂设立航空版分印点。

9 月 11 日　　深圳市委批准了深圳特区报编委会《关于深圳特区报的性质、方针和任务的报告》。

1985 年
3 月 10 日　　首派驻香港记者，在港建立深圳特区报社香港记者站。

1986 年
1 月 1 日　　《海石花》改名《深圳风采》，设独立编辑部。
5 月 1 日　　由繁体字改为简体字竖排出版。
12 月 26 日　　驻广州记者站成立。

1987 年
1 月 1 日　　由竖排改为横排，当日出彩报。

1988 年
11 月 7 日　　经市委同意，深圳特区报社实行人事制度改革，当日召开了编辑部优化组合动员大会。
12 月 6 日　　人民日报社社长钱李仁到深圳特区报社考察。
12 月 28 日　　深圳特区报印刷厂的华光 IV 型电脑激光照排系统正式投产，自此成为长江以南首家采用电脑照排的日报。

1989 年
1 月 1 日　　《深圳特区报》由对开 4 版扩为对开 8 版，成为全国 6 家日出 8 版的大报之一。
1 月 18 日　　市委书记李灏等到深圳特区报社指导工作。
3 月 21 日　　广东省政协主席吴南生到深圳特区报社视察。
5 月 24 日　　《深圳特区报》全部采用华光 IV 型计算机激光照排系统大屏幕组版，沿袭多年的铅字组版时代正式宣告结束。

1990 年
8 月 25 日　　开设"股市行情"专栏。这在中国内地党报属首创。
12 月 3～10 日　　主办中南六省新闻工作座谈会。

1991 年
4 月 20 日　　开始利用中缝刊登广告。

1992 年

1 月 19～23 日　邓小平第二次视察深圳。根据市委宣传部安排，深圳特区报社副总编辑陈锡添和摄影部主任江式高跟随采访。

2 月 20 日～3 月 6 日　在市委宣传部组织领导下，《深圳特区报》连续发表 8 篇编辑部　文章，总标题为"猴年新春八评"，在国内外产生强烈反响。

3 月 12 日　《深圳特区报》以头版半版、二版全版篇幅刊登照片《邓小平同志在深圳》，均为独家首发。

3 月 26 日　《深圳特区报》发表陈锡添的长篇通讯《东方风来满眼春 —— 邓小平同志在深圳纪实》，在全国引起巨大反响。

5 月 23 日　头版头条刊登中共中央总书记江泽民、国家主席杨尚昆、国务院总理李鹏为《深圳特区报》创刊 10 周年的题词。江泽民的题词是："改革开放的窗口"。

5 月 24 日　《深圳特区报》报徽正式启用。

1993 年

1 月 1 日　《深圳特区报》由对开 8 版扩至 12 版。

4 月 12 日　经市委、市政府批准，深圳特区报社当年起正式实行"事业单位，企业化管理"，经济上独立核算、自负盈亏。

10 月 3 日　中共中央政治局委员、国务委员李铁映在深考察并观看《深圳特区报》展览。

11 月 26 日　深圳特区报社与香港星岛（中国）有限公司合资成立深港报业有限公司。

12 月 11 日　人民日报社社长邵华泽到深圳特区报社考察。

12 月 23 日　深圳特区报社在位于香蜜湖东面、深南大道旁的新址举行奠基仪式。

1994 年

1 月 1 日　《深圳特区报》扩为对开 16 版。

1 月 2 日　为配合深圳建设国际性城市，《深圳特区报》编辑出版英语新闻版"英语角"，每周一期。

3 月 31 日　深圳特区报社和市教育局主办的《深圳青少年报》试刊号面世。

9 月 26 日　由中国新闻史学会等主办的"我们最喜爱的全国百家优秀报刊"评选结果揭晓，《深圳特区报》荣获"全国百家优秀报刊"称号。

12 月 9 日　深圳特区报社驻龙岗区记者站成立。

12 月 23 日　深圳特区报社驻宝安区记者站成立。

1995 年

1 月上旬	深圳特区报社驻罗湖区、福田区记者站成立。
3 月 3 日	《深圳特区报》在 16 个版的基础上增出"鹏城今版"。
3 月 8 日	深圳特区报社驻北京记者站成立。
5 月 15 日	深圳特区报社与香港星岛中国有限公司合办的《深星时报》试刊第一期面世。
5 月 31 日	深圳特区报社举行赞助深圳足球俱乐部签字仪式，深圳足球队穿着印有"深圳特区报"字样的球衣，打进甲 A。
10 月 28 日	深圳特区报社在香港召开新闻发布会，宣布从 11 月 1 日起，《深圳特区报》进入香港 7-11 便利店零售网络的 200 多家分店。

1996 年

1 月 10 日	深圳特区报社驻上海记者站成立。
4 月 9 日	被深圳特区社报并购后的新《投资导报》首期出版。
11 月 10 日	中宣部副部长徐光春视察深圳特区报社。
11 月 18 日	深圳特区报社驻四川记者站成立。

1997 年

2 月 20 日	邓小平于 2 月 19 日在北京逝世。《深圳特区报》出版题为"极其悲痛地哀悼邓小平同志逝世"的《号外》。
5 月 24 日	深圳特区报社隆重庆祝创刊十五周年。李鹏、宋任穷、薄一波、习仲勋、邹家华、吴邦国、姜春云、迟浩田、费孝通、雷洁琼、卢嘉锡、赛福鼎·艾则孜、霍英东、朱光亚等为《深圳特区报》题词。
6 月 1 日	《深圳特区报》从当日起在一版开辟"走近回归日"专栏，特派采访组深入香港采访。
6 月 29 日	深圳特区报业大厦落成。
7 月 1 日	深圳特区报主办的中国经济特区第一张英文报纸 *Shenzhen Daily*（《深圳日报》）正式创刊。
8 月 29 日	深圳特区报业发行公司成立。
9 月 26 日	深圳特区报社驻汕头记者站成立。

1998 年

3 月 30 日	深圳特区报社驻盐田区记者站成立。
4 月 1 日	深圳特区报电子版制作成功，并通过中宣部外宣办对外宣传平台正式上网。

4月24日	国务院新闻办公室主任赵启正到深圳特区报社参观考察。
6月20日	深圳特区报社被新闻出版署授予1996～1997年度全国地方报社管理先进单位。
6月25日	深圳特区报社收购《车报》，更名为《深圳汽车导报》，每月一期。
11月21日	著名科学家、全国政协副主席钱伟长到深圳特区报社视察。
12月30日	深圳特区报社总部正式迁入深圳特区报业大厦办公。

1999年

1月14日	市委书记张高丽，市委副书记李容根，市委常委、宣传部部长白天到深圳特区报社视察。
1月20日	《人民日报》首次头版头条刊发深圳特区报社记者陈寅与人民日报社记者胡谋等采写的稿件《（主）增创新优势更上一层楼 （副）深圳两个文明建设协调发展》。
2月10日	与深圳结为友好城市的美国休斯敦市市长李·布朗参观深圳特区报业大厦。
3月10日	深圳特区报社和微软（中国）有限公司签署软件合作协议。微软创始人比尔·盖茨和深圳市领导出席了签字仪式。
3月13日	世界先进水平的纽斯兰印刷机在深圳特区报印刷厂投入使用。
3月30日	中宣部常务副部长刘云山在省市领导陪同下到深圳特区报社视察。
5月15日	深圳特区报社驻武汉记者站成立。
8月3日	全国人大常委会副委员长吴阶平到深圳特区报社视察。
10月30日	深圳特区报社与美国密苏里大学新闻学院就双方今后的业务合作、人员交流达成共识，签署了意向书。
11月1日	经中央、省、市主管部门批准，深圳特区报业集团正式成立，成为我国报业集团试点之一，也是我国经济特区首家报业集团。
11月24日	"新中国成立50周年广东十大标志性工程"评选活动揭晓，深圳特区报业大厦被评为广东标志性工程。

2000年

1月28日	传媒大王之子詹姆斯·默多克参观深圳特区报业大厦。他称赞："这是我见过的最具匠心、最壮观的报业大厦。"
3月10日	英国《泰晤士报》原总编辑里斯·莫格勋爵夫妇参观访问深圳特区报社。
8月16日	人民日报社社长白克明到深圳特区报业集团考察。
8月29日	越南新闻代表团访问深圳特区报业集团。
10月18日	深圳特区报社总编辑陈锡添获得第四届韬奋新闻奖。

10 月 28 日　墨西哥新闻代表团访问深圳特区报社。

11 月 15 日　人民日报社总编辑许中田到深圳特区报社考察。

11 月 20 日　中共中央政治局委员、中宣部部长丁关根一行在深圳市委书记张高丽陪同下到深圳特区报社视察。

2001 年

4 月 26 日　新华社社长田聪明到深圳特区报业集团参观考察。

5 月 1 日　深圳特区报社成立法律室。

6 月 20 日　国家新闻出版总署署长石宗源到深圳特区报业集团考察。

6 月 29 日　深圳特区报社驻陕西记者站成立。

8 月 1 日　由深圳特区报业集团创办的一份新型综合性日报《晶报》创刊。

9 月 23 日　海外华文媒体代表团到深圳特区报业集团参观访问。

10 月 6 日　由深圳特区报业集团承办的世界中文报业协会第 34 届年会开幕。

2002 年

3 月 25 日　韩国新闻代表团到深圳特区报社参观访问。

4 月 2 日　陈锡添采写的长篇通讯《东方风来满眼春》被编入全日制普通高级中学《语文读本》。

9 月 30 日　深圳特区报业集团与深圳商报社联合，成立深圳报业集团。

2003 年

1 月 8 日　中共中央政治局委员、广东省委书记张德江到深圳报业集团视察。

2 月 4 日　中共中央政治局常委李长春到临深圳报业集团视察。

12 月 26 日　《深圳特区报》推出大型特辑"国际深圳"，当日的版面总数达 200 个版，创下了全国单日报纸出版数之最，当日的广告营业额首次突破 1000 万元。

2004 年

9 月 1 日　深圳报业指数正式发布。

9 月 14 日　全国纳税百强排行榜出炉，深圳特区报社纳税额位居报纸出版业第二位。

2005 年

8 月 6 日　世界品牌大会发布 2005 年度《中国 500 最具价值品牌》榜单，《深圳特区报》品牌价值为 36.9 亿元，列纸质媒体第 6 位。

11 月 14 日　尼泊尔政府代表团一行参观深圳报业集团和深圳特区报社。同日，墨西哥全国记者联合会新闻代表团一行 10 人访问深圳报业集团并参观深圳特区报社。

11月18日　深圳特区报社在第37届世界中文报业协会上入选世界中文报业协会执委会。

2006 年

1月4日　《深圳特区报》"直通车"专版面世。

4月21日　丛飞逝世，《深圳特区报》连续3天开辟专版，推出各界悼念丛飞的系列报道。

8月30日　国际大体联主席乔治·基里安访问深圳，《深圳特区报》为配合深圳申办大运会的活动，推出8个版的大型中英文双语特刊。

2007 年

1月17日　深圳申办2011年世界大学生运动会取得成功后，《深圳特区报》推出《号外》。

5月17日　为庆祝创刊25周年，由深圳特区报社举办的"全国党报社长总编辑峰会"召开。

7月5日　中国首部报业蓝皮书发布，深圳特区报社利税总额在报业经济第一方阵中排名第二。

2008 年

5月13日　深圳特区报社派出8名记者到四川地震灾区采访。在地震发生后，及时策划刊发"万众一心　抗震救灾"专版。

8月8日　奥运会开幕首日，《深圳特区报》举办"奥运激情夜"。

12月27日　2008年度全国报纸印刷质量评比揭晓，《深圳特区报》印刷质量以总分95.99分名列全国第一名。

2009 年

5月12日　为纪念汶川地震一周年，《深圳特区报》推出"'5·12'地震灾区回望"特辑。

5月29日　第二届中华印刷大奖颁奖典礼在香港举行，《深圳特区报》荣获中华印制大奖金奖，为报纸印刷类唯一金奖。

2010 年

1月1日　《深圳特区报》推出"深圳经济特区建立30周年大型系列报道：鹏城——当年今日话深圳"，为时一年。

3月11日　中共中央政治局委员、中宣部部长刘云山会见刘玉浦、王荣、王京生，谈话中对深圳特区报新闻报道工作给予肯定。

7月8日　省委常委、市委书记王荣到深圳报业集团调研。

8月1日　由市委宣传部和深圳报业集团主办、深圳特区报社承办的"新起点新跨越，深圳再出发——全国重点城市党报社长总编深圳采风行"活动启动。

8月11日　《深圳特区报》开设"宝岛纪行"专栏，刊发了深圳报业集团首批驻台记者的稿件及图片。

8月16日　由深圳特区报社和中国经济体制改革研究会联合主办的"庆祝深圳经济特区建立30周年理论研讨会"在京举行。

9月6日　深圳特区报社记者徐华与深圳经济特区改革开放30年30位杰出人物一起，受到了中共中央总书记胡锦涛等党和国家领导人的接见。

12月11～13日　由深圳特区报社和汕头大学长江新闻与传播学院联合举办的"报业数字化转型研讨会"在汕头大学举行。

2011 年

1月17～19日　《深圳特区报》国际新闻版开辟专栏，报道越共十一大换届详情。这是深圳特区报社首次派出记者走出国门采访政治事件。

2月25日　为纪念辛亥革命100周年，《深圳特区报》推出"辛亥先贤 南粤身影"大型报道。

4月13日　为纪念中国共产党建立90周年，《深圳特区报》推出"光辉南粤 先锋足迹"特别报道。

8月7日　《深圳特区报》推出"大运特报"。

9月6日　由深圳特区报社独家承办的"雪花杯·深圳特区报"国际棋联女子大奖赛开幕。

11月23日　《深圳特区报》"综艺副刊"改版，由国学大师饶宗颐题写刊名"人文天地"。

2012 年

1月12日　"中国传媒大会2011年会"召开，《深圳特区报》入选"金长城传媒奖·2011中国十大影响力城市党报"榜单。

1月18日　《深圳特区报》推出纪念邓小平南方谈话发表20周年系列报道《重温小平南方谈话　再创特区火红年代——深圳各界人士访谈录》。

1月30日～2月10日　《深圳特区报》连续刊发8篇"龙年新春评论"，以此纪念邓小平南方谈话发表20周年。

1月31日　《深圳特区报》在头版显著位置重新刊发20年前产生巨大影响的长篇通讯

《东方风来满眼春——邓小平同志在深圳纪实》。

4月23日	广东省首届新闻终身荣誉奖颁奖典礼在省委礼堂举行，深圳报业集团原党组书记、社长、高级编辑吴松营和深圳报业集团原总编辑、高级记者陈锡添获此殊荣。
5月9日	中共中央政治局常委李长春同志发来贺信，对《深圳特区报》创刊30年取得的成就给予充分肯定，称赞《深圳特区报》"已经成为展示深圳特区良好形象的重要窗口"，要求《深圳特区报》"努力打造有竞争实力的一流现代传媒"。
5月18日	李长春同志到深圳特区报社检查指导工作，充分肯定特区报实现了"四个统一"，为全国党报创造了新鲜经验，树立了典范。
5月18日	由华中科技大学新闻与信息传播学院院长、博士生导师张昆和深圳特区报社总编辑陈寅主编的《旗报——〈深圳特区报〉史稿》，由中国人民大学出版社正式出版发行。
5月22日	在《深圳特区报》创刊30周年之际，中共中央政治局委员、广东省委书记汪洋发来贺信，寄望《深圳特区报》"坚持新闻立报、文化强报、服务兴报、品牌盛报理念"，"不断增强传播力、竞争力和影响力"。
7月8日	深圳首届"公益金百万行"活动在深圳湾公园举行。
12月3日	由深圳特区报社主办的"深入学习贯彻党的十八大精神暨理论周刊出版100期专家学者座谈会"在京举行。

2013年

8月8日	国家新闻出版广电总局开展的首届"中国百强报刊"评选活动，《深圳特区报》入选其中。
8月11日	《深圳特区报》微信媒体——"特信"上线测试。
9月9日	2013年传媒中国年度盛典发布了2013年度传媒中国百强榜，《深圳特区报》入选传媒中国年度十大党报。
9月29日	广东省委宣传部召开新闻媒体品牌栏目创新与建设座谈会，《深圳特区报》"市民论坛"受到表彰。

2014年

3月5日	由前海管理局和深圳特区报社联合主办的"前海特报"专版正式推出。
12月4日	中央文明办揭晓11月"中国好人榜"名单，《深圳特区报》重点报道的陈如豪、吴清琴荣获"中国好人"称号。

2015 年

2 月 10 日　《深圳特区报》的官方微博——"特博"在新浪平台的粉丝数量突破 200 万大关。

5 月 25 日　由深圳特区报社主办的"探访海上丝路"大型采访活动启动。

9 月 18 日　国家新闻出版广电总局公布 2015 年中国"百强报刊"入选名单，《深圳特区报》入选"百强报纸"。

12 月 29 日　《深圳特区报》新闻客户端软件读特开始测试。

2016 年

3 月 28 日　《深圳特区报》新闻客户端读特正式上线，标志着《深圳特区报》的融媒体集群——读特、特博、特信"一端两微"完整架构正式形成。

8 月 1 日　深圳特区报社正式启用融媒体指挥中心，构建报（纸）、端（客户端）全面融合的一体化采编指挥平台。

8 月 22 日　人民日报媒体技术股份有限公司与读特客户端签署战略合作协议。

11 月 2 日　深圳报业集团党组书记、社长陈寅获第十四届长江韬奋奖（韬奋系列）。

11 月 8 日　成立深圳特区报数字影音工作室。

2017 年

2 月　　　《深圳特区报首席采编人员评聘暂行规定》开始实施，推行"三首"制度（首席记者、首席编辑、首席评论员）。

3 月 15 日　在全国人民代表大会闭幕后举行的"总理中外记者会"上，深圳特区报社记者甘霖获得向国务院总理李克强提问的机会。3 月 28 日　读特新闻客户端 3.0 版正式上线，广东省委副书记、深圳市委书记马兴瑞，广东省委常委、宣传部部长慎海雄出席上线仪式。

6 月 15 日　由深圳特区报社策划的"大局"——迎接党的十九大大型采访活动正式启动。

10 月 17 日　"喜迎十九大　全国党端联动再出发"仪式在人民日报社中央厨房大厅举行，读特新闻客户端作为首批 38 家党媒客户端之一，签约入驻"全国党媒公共平台"。

2018 年

3 月 28 日　《深圳特区报》新闻客户端读特上线两周年，60 多家本市知名公众号入驻读特深圳号，读特客户端深圳号正式宣告开通。

4 月 17 日　2018 年全省新闻媒体宣传管理工作电视电话会议举行。《深圳特区报》获得第三届"全国百强报刊"荣誉。

2019 年

5 月 20 日　　增设广告部全媒体营销部。

6 月 10 日　　深圳特区报社"中国力量——走进中国大工程大项目"大型采访活动
　　　　　　　启动。

12 月 18 日　　读特客户端 4.0 版正式上线。

12 月 21 日　　读特首届粉丝节在莲花山公园举行，读特下载量突破千万次。

2020 年

3 月 26 日　　原文教新闻部与综艺副刊部整合，新部门沿用"文教新闻部"名称；原综
　　　　　　　合办公室与发展研究部整合，新部门沿用"综合办公室"名称。

4 月 17 日　　广告部和地产全媒体发展部合并，名称变更为全媒体经营中心。

8 月 5 日　　读特 5.0 公测版上线。

8 月 26 日　　《深圳特区报》推出"逐梦 40 载 再启新征程"行动，出版 140 个版、单
　　　　　　　日报纸广告收入 1177 万元。

12 月 4 日　　新媒体运营部 49 人和品牌推广部全体人员划归独立建制后的读特客户端。

12 月 12 日　　读特新闻客户端举办的第二届读特粉丝节暨特色公益体验日活动举行，现
　　　　　　　场诞生第 2000 万个粉丝。

2021 年

1 月　　　　　深圳特区报社搬入深圳市商报路新媒体大厦办公。

1 月 6 日　　原突发新闻部与机动记者部整合，新部门沿用"突发新闻部"名称。

4 月 7 日　　暨南大学新闻与传播学院实习基地在深圳特区报社挂牌成立。

8 月 26 日　　《深圳特区报》学习强国号正式上线。

10 月 1 日　　《深圳特区报》、读特推出"喜迎国庆 一日看尽鹏城景——国庆大型线上
　　　　　　　直播"活动，直播当天全网网友互动参与量达 1685 万人次。

11 月　　　　中国互联网新闻中心授予深圳特区报社"中国融媒体创新传媒机构"
　　　　　　　称号。

12 月 1 日　　广西金嗓子杯"百年荣光"城市党媒短视频大赛结束，深圳特区报社报送
　　　　　　　的作品《献给深圳人民的硬核动画，每一帧都很热血！》荣获一等奖。

2022 年

1 月 25 日　　深圳特区报社启动百名编辑记者挂点百个社区活动。

2 月 11 日　　启动深圳特区报企业发展有限公司人事制度改革，吸纳一批懂经营、敢开
　　　　　　　拓、有创意的人才，逐步建立以市场为主体的人事制度。

第一版结语 ①

　　一座城市，一张报纸。报纸是城市物质状貌的投影，也是城市心灵轨迹的记录。深圳建市迄今不过 30 多年的历史，其作为中国改革开放的窗口，作为一系列奇迹的创造者，给这座城市居民以巨大的自豪感。

　　这样一座城市，赋予了《深圳特区报》独特的基因，那就是开拓创新、追求至善的精神品质。1981 年，深圳特区草创初期，一群满腔热血的创业者筚路蓝缕，创办了《深圳特区报》。从此《深圳特区报》与这座城市紧密相连，休戚与共。30 年的《深圳特区报》发展史，实际是深圳这座城市发展变化的一个缩影。它不仅记录了这座城市崛起的历史过程，勾勒了深圳经济特区从一个边陲小镇成长为现代化大都会的完整脉络，而且刻录了深圳市民的心路历程。

　　三十而立。经历 30 年的磨砺，如今的《深圳特区报》已是一份具有全国乃至国际影响的地方党报，在中国的改革开放历程中，拥有特殊位置。作为中国经济特区最早的一份党报，《深圳特区报》3 个精彩的 10 年，绽放出"改革开放的窗口"的特殊魅力。

　　在历史关键节点上敢于率先发声，体现出了一份特区党报的担当。

　　20 世纪 80 年代初期，深圳依靠国家的政策支持、毗

---

① 参见张昆、陈寅主编《旗报——〈深圳特区报〉史稿》，中国人民大学出版社，2012，第 280 页，该书记录《深圳特区报》1982 年至 2012 年历史。

邻香港的区位优势和敢为人先的改革精神释放出了前所未有的能量，创造了举世瞩目的"深圳速度"。《深圳特区报》敏锐地捕捉到特区创业中涌现出的新生事物，大胆探索，积极报道。从"时间就是金钱，效率就是生命"这一口号，到全国改革开放以来第一家合资企业、第一家股份制上市公司、第一次土地拍卖等，这些报道无不引起轰动。对国贸大厦三天一层楼的报道，使得"深圳速度"成了当时媒体提到深圳时的常用词。20 世纪 80 年代《深圳特区报》的新闻报道和评论，可以说是深圳开拓史的真实写照。如《我市第一家股份有限公司——三和有限公司组织章程及股票发行情况》《五十八家企业举行信任投票，一百五十一位正副经理中五个被解聘》《我市首次公开招聘局级干部揭晓》《承包工厂赚了大钱，百万元能否分给曹继光》《我市民主评议领导干部有结果，八名局级干部被免或降职》《六个实行董事会体制的国营企业有了实实在在的人事权》《我国第一家私人律师事务所在深开业》《深圳首次拍卖"的士"牌照》《我市市场体制改革的新探索，集资办大型批发市场》等等。从这些报道可以看出深圳人的勇敢探索和伟大实践，同时这些报道也引领了时代潮流，推动着人们观念的不断革新。

1992 年，是中国改革的又一关键时刻。当时关于深圳特区的发展模式国内存在不同声音，甚至引发了特区"姓社还是姓资"的争论。改革开放遇到了巨大的阻力。"猴年新春八评"和长篇通讯《东方风来满眼春——邓小平同志在深圳纪实》的发表，极大地推动了中国改革开放的步伐。《深圳特区报》因此名动天下，一举奠定其全国大报的地位。

21 世纪以来，中国经济在经过持续高速增长之后，面临经济发展方式的转变。对于以外向型经济为主的深圳，更是遭遇前所未有的挑战和压力。深圳的优势何在？深圳如何重新定位？政府在思考，普通市民也在思考。

2012 年 1 月 30 日，在纪念邓小平南方谈话发表 20 周年之际，《深圳特区报》在头版头条位置刊登编辑部文章《根本出路还是改革》，接着又连续刊登了《必须摒弃"GDP 为王"》《以公正促共富》《释放社会活力》《民力创未来》《改革是第一政德》《国民精神定成败》《深圳将继续证明》七篇评论。这八篇文章（即"龙年新春八评"）充分体现了特区报人的责任意识，重要关头再发改革强音，发挥了积极的舆论影响作用，在国内外引起了强烈反响。

　　《深圳特区报》一直努力在党报的权威性和贴近性、服务性及可读性之间找到最佳结合点。

　　自 1995 年推出"鹏城今版",《深圳特区报》始终强调贴近生活,注重服务,逐渐走出了一条"党报＋都市报"的办报模式。虽然深圳报业市场竞争日趋激烈,但《深圳特区报》读者数一直高居榜首,平均每期阅读率、家庭订阅比例以及忠实读者比例都是最高的,是深圳最具广告价值的强势媒体。《深圳特区报》读者群的不可替代性和差异性优势明显。

　　过去 30 年,是深圳创造经济社会发展奇迹的 30 年,也是《深圳特区报》作为改革开放的窗口,主动参与、忠实记录深圳改革历程的 30 年。

　　"却顾所来径,苍苍横翠微。"30 年的峥嵘岁月铸就了《深圳特区报》的品牌和荣誉。

　　成就属于过去。拥有光荣历史的《深圳特区报》,必将拥有更加辉煌的明天。

第一版后记 ①

    报纸是一地一城的灵魂。报纸不仅是消息纸，更是文化纸；它不仅记录城市的历史脉络，更承载着城市的文化精神。深圳作为一个现代化大都会，特区历史不过 30 余年，《深圳特区报》与之形影相随。深圳经济特区的崛起，为《深圳特区报》在中国报业中的成长与勃兴提供了土壤；《深圳特区报》的报道和引领，则催化着深圳的繁荣昌盛。30 年深圳的奇情壮采，有 30 年的《深圳特区报》见证。对《深圳特区报》自身发展的历史进行系统的梳理，具有特殊的价值。

    我们有幸生活在这个伟大的时代，这种特殊的时空环境，不仅使我们见证了深圳从边陲小镇向繁华都市的伟大嬗变，而且还目睹了《深圳特区报》从无到有、由弱到强，进而引领报界的精彩历程。我们一直有一个强烈的愿望，希望能够在改革开放和深圳崛起的大背景下，系统总结《深圳特区报》30 年的历史。为了实现这一目标，深圳特区报社与华中科技大学新闻与信息传播学院联合组建了《深圳特区报》历史研究课题组，从 2011 年夏开始了这部报史的编纂。

    《旗舰——〈深圳特区报〉史稿》就是课题组研究的成果。本书由华中科技大学新闻与信息传播学院院长张昆教授、深圳特区报社总编辑陈寅联合主编。课题组成员包

---

①   参见张昆、陈寅主编《旗报——〈深圳特区报〉史稿》，中国人民大学出版社，2012，第 299 页。该书记录《深圳特区报》1982 ～ 2012 年的历史。

括华中科技大学新闻学院三位博士研究生张继木、赵泓、雷晓燕，两位硕士研究生张晶晶、高欣音。具体分工是：张昆、陈寅确定编纂大纲、体例和指导思想，张继木、雷晓燕、赵泓分别负责上篇、中篇和下篇初稿的撰述，最后由张昆、陈寅统稿定稿。

在本书编纂过程中，《深圳特区报》历任主要领导王荣山、吴松营、陈锡添、黄扬略、杜吉轩、王田良等对本书给予认真审阅，并提出多处修改意见。吕延涛、高福生、耿伟进行了大量的组织协调工作，多次对书稿进行了细致修改。

本书的编纂工程量巨大，而且时间相对仓促。首先，资料的搜集整理就是一个严峻的挑战。深圳特区报社为此成立了阵容强大的资料团队，由耿伟、张苹、林俊彬负责组织协调，陈蔚、胡冠一、罗静玲、王岚、罗月娟等负责查阅提供大量资料。由于报社有关人事制度、管理制度、印刷、发行和广告等的资料欠缺，报社还特派张晋、黄昌海、黄瑞云、田惠分别专访有关负责人，补齐资料。除了广泛搜罗档案文献外，报社组织采访报社老同志，完成了口述历史75篇，弥补了纸质文献的不足。

课题组成员两次组织深圳特区报社历任领导座谈，商讨编写大纲，并就历史上的重大问题及其细节进行深入的采访，掌握了许多第一手资料。在此基础上还专门访谈了报社历任主要领导，极大地丰富了资料储备，为本书的编写打下了坚实的史料基础。

林俊彬、张苹分别对上篇和中篇提出诸多修改意见；何合民、罗静玲、陈蔚编辑修订了大事记等附录；彭军等对书稿进行了三次校勘。

由于课题组的共同努力，《旗舰——〈深圳特区报〉史稿》终于和大家见面了。作为一本当代新闻史著作，作为一个当代新闻史的个案研究，本书建立在比较翔实的资料基础之上。笔者秉持的基本原则是有一分资料说一分话。所以在体系建构、历史分期、事件与人物评价等方面，力求客观、公正，希望能够经得起时间的考验。但是，由于时间仓促，本书也存在着一些问题。首先，由于《深圳特区报》这30年的历史，刚刚发生或正在发生，还在释放着滚滚的热浪，远远没有沉淀下来，其完整的历史意义还需一个过程才能逐渐显现出来。在这种情况下，要想全面客观地描述眼前的变局，揭示历史的真相，对于写作者来说，都是巨大的挑战。其次，由于工作量巨大，凭主编者的微力，无论如何也难以在短时间里完成史稿的编纂，课题组就成了必然的选择。由于多人合作，多头编写，虽然在基本的历史观上一致，并且经过了主编的统稿和修改，但书稿各章风格仍欠完全协调。

也许正是这样，我们难抑心头的忐忑：以20余万字的"史稿"，记述这份有着30年历史的报纸，难免会有史实的偏漏，抑或存在评价的失准。此书取名"史稿"，正表明书中仍存有许多待完善之处。相信随着时间的推移，会有更多的史实被挖掘，也将有更多的意见被发现，对于这些事件的认识也会更加理性、客观。书中的遗憾只能在将来的修改时加以订正了。

这叠刚刚完成的书稿，可以说是集体研究的结晶。没有大家的通力协作，编纂本书的任务几乎是不可能完成的。中国人民大学出版社贺耀敏社长、曹沁颖编辑为本书的出版倾注了大量心血；深圳报业集团律师杨杉等对本书出版也给予了法律指导。

在本书正式出版之际，谨向课题组全体成员，向为本书编纂竭诚服务的报社发展研究部的各位同仁，向为本书提出建议的各位领导，向中国人民大学出版社领导和编辑，表示衷心的感谢！

张昆　陈寅　谨识

2012 年 3 月 14 日

第二版后记

报纸是历史的底稿，是昨日的回声。是哪些人，以一种怎样的干劲和激情，让报纸天天和读者见字如面？是哪些人，在什么条件下，让报纸在一次次变革大潮中扬帆启程、风生水起？《深圳特区报史稿》希望告诉大家的，就是这份报纸当年的模样。

深圳经济特区初创不久，《深圳特区报》正式创刊。1982 年 5 月 24 日的创刊日，与 1980 年 8 月 26 日的特区建立日，可以说是紧紧跟随。与特区同行、与特区共进，是《深圳特区报》奋进的姿态；为特区加油、为特区鼓劲，是《深圳特区报》持守的初心。传播党的政策主张、记录时代风云、推动社会进步、守望公平正义，《深圳特区报》念兹在兹、谋之行之。深圳倍道兼程、华彩蝶变的发展史，是载入《深圳特区报》的精彩作品；《深圳特区报》守正创新、开拓前行的历程，是深圳经济特区史的精彩篇章。

10 年前，由华中科技大学新闻与信息传播学院和深圳特区报社共同主编的《旗报——〈深圳特区报〉史稿》精彩面世，不仅梳理了深圳特区报社 30 年创业发展历程，还对其基因进行提炼，对党报改革和报纸未来发展之道进行探讨，这本著作得到学界和业界广泛好评。10 年之后，《深圳特区报》已到"不惑之年"，在创新求变、融合发展中积累了新的经验。为了梳理经验、促进交流、推动进一步发展，于是，有了这本在《旗报》基础上修订续编的《深圳特区报史稿》。

　　《深圳特区报史稿》延续保留 10 年前出版的史稿内容，介绍了《深圳特区报》确立大报地位、《深圳特区报》"舰队"形成、《深圳特区报》在深圳报业集团成立之后创新发展的历程；在此基础上，增加了一个部分，以移动互联网环境下的变革与突破（2013～2022）为主题。新增部分参照原书体例，总结提炼内容建设、媒体融合、机制改革与经营创新、队伍建设等方面的亮点、特色、规律，分若干章节编写。

　　过去 10 年中，移动互联网技术深刻地改变着传媒业格局，传统媒体在拥抱移动互联网的进程中奋力探索转型发展。中央先后印发了《关于推动传统媒体和新兴媒体融合发展的指导意见》《关于加快推进媒体深度融合发展的意见》，媒体融合从"物理相加"走向"化学相融"，不断向深水区挺进。传统媒体走向全媒体，到今天正在逐渐建设成型。宏阔的实践需要及时回顾与分析，用以推动未来的发展，这一朴诚的想法，贯穿于我们组织修订续编报史的全过程。

　　我们专门成立了修订续编报史的编写组，由深圳报业集团党组书记、社长陈寅任组长，深圳报业集团党组副书记、副社长、总编辑、深圳特区报社总编辑丁时照，深圳报业集团原副总编辑、深圳特区报社原副总编辑吕延涛任副组长。成员都是集团资深员工，他们分别是：集团舆情与传播研究院主任刘军锋，深圳特区报社综合办公室副主任方兴业，深圳特区报社政治新闻部副主任綦伟、大都会新闻编辑部副主任郭秦川、记者徐松，学习强国深圳学习平台编辑部尹传刚，集团深新传播智库张琦。具体分工是：组长和副组长确定编纂大纲、体例和思想，其他成员查阅资料、采访座谈、撰写初稿，初稿完成后历经反复修订完善，最后统稿定稿。

　　成事不易，唯有力行。在本报修订续编报史过程中，编写组先后召集讨论 10 余次，先后采访 70 余次，时间跨度长达 8 个月。写作组成员是在完成本职工作的前提下，利用业余时间，投入续编工作中的。加班加点、周末不休，对这些同志来说是家常便饭。

　　本书编写的最大特点是忠于事实。前 30 年的历史叙事，全景描绘了《深圳特区报》从地方性媒体到具有国际影响力的媒体，从事业单位到商业运作报业集团，从单一纸质媒体到全媒体的创业历程；后 10 年的历史叙事，详尽记述了《深圳特区报》在移动互联网浪潮下创新求变的转型历程。本书并没有回避面临的问题和困惑，并没有溢美和矫饰，从对这 10 年转型发展的客观记录和中肯评价中就能一窥全豹。这

40 年历史的记录，体现了新闻人唯真是命、唯真至尊的职业操守。

不可回避的是，国内媒体的融合发展在商业模式创新、产品创新、服务创新、重建一体化的全媒体融合生态上，还有很长的路要走。我们在媒体融合发展上的探索正在如火如荼地进行，实践经验并不完备，不能排除有些现在的经验在将来回头看不足道哉，因此，我们对经验的提炼还停留于浅层次，有一些尚显粗糙，这是读者需要注意的。此外，我们在回望《深圳特区报》最近 10 年的发展之路时，由于离得太近，有些东西我们可能反而看不清楚，一些将来可能被证明具有重要价值的事，也许就被我们疏漏了。这些历史编写的遗憾，只能留待今后弥补。

本书的出版来之不易，是各方通力合作的结晶。在此，我向修订续编报史的写作组全体成员，向为本书给予指导的各位领导，向社会科学文献出版社城市和绿色发展分社社长任文武，责任编辑李淼、高振华，表示衷心感谢！还要向 10 年前参与编著《旗报——〈深圳特区报〉史稿》的华中科技大学新闻与信息传播学院各位老师和同学表示感谢！《深圳特区报》未来的历史，仍待同仁诸君去续写！

本书编写组

2022 年 3 月

图书在版编目(CIP)数据

深圳特区报史稿/《深圳特区报史稿》编写组编著
. -- 北京:社会科学文献出版社,2022.5(2022.5重印)
ISBN 978-7-5228-0019-6

Ⅰ.①深… Ⅱ.①深… Ⅲ.①报纸-新闻事业史-深
圳-现代 Ⅳ.①G219.297

中国版本图书馆CIP数据核字(2022)第062210号

深圳特区报史稿

编   著 / 本书编写组

出 版 人 / 王利民
组稿编辑 / 任文武
责任编辑 / 李 淼   高振华
责任印制 / 王京美

出   版 / 社会科学文献出版社·城市和绿色发展分社 (010) 59367143
          地址:北京市北三环中路甲29号院华龙大厦 邮编:100029
          网址:www.ssap.com.cn
发   行 / 社会科学文献出版社 (010) 59367028
印   装 / 天津千鹤文化传播有限公司

规   格 / 开 本:787mm×1092mm 1/16
          印 张:34.5 字 数:568千字
版   次 / 2022年5月第1版 2022年5月第2次印刷
书   号 / ISBN 978-7-5228-0019-6
定   价 / 168.00元

读者服务电话:4008918866